Stenger · Verbandlehre

Stenger
Verbandlehre

Eibl-Eibesfeldt
Kessler

6., völlig neu bearbeitete und
erweiterte Auflage

226 Abbildungen in
329 Einzeldarstellungen
8 Tabellen

Urban & Schwarzenberg – München · Wien · Baltimore

Anschrift der Verfasser:
PD Dr. med. Bernolf Eibl-Eibesfeldt
Europa-Allee 1, 90763 Fürth

Prof. Dr. med. Sigurd Kessler
Chirurgische Klinik und Poliklinik
Klinikum Innenstadt
Ludwig-Maximilians-Universität
Nußbaumstr. 20, 80336 München

Lektorat: Annette Heuwinkel
Redaktion: Denise Karch
Herstellung: Peter Sutterlitte
Zeichnungen: Jonathan Dimes, Mary Anna Barratt-Dimes, Michael Budowick

CIP-Titelaufnahme der Deutschen Bibliothek

Stenger, Ernst:
Verbandlehre : Tabellen / Stenger. Von B. Eibl-Eibesfeldt und
S. Kessler. – 6., völlig neu bearb. und erw. Aufl. – München ;
Wien ; Baltimore : Urban und Schwarzenberg, 1997
ISBN 3-541-02856-4
NE: Eibl-Eibesfeldt, Bernolf [Bearb.]; Eibl-Eibesfeldt, 3010B.

---

1. Auflage 1969 (ISBN 3-541-02851-3)
2. Auflage 1974 (ISBN 3-541-02852-1)
3. Auflage 1980 (ISBN 3-541-02853-X)
4. Auflage 1985 (ISBN 3-541-02854-8)
5. Auflage 1993 (ISBN 3-541-02855-6)

Alle Rechte, auch die des Nachdruckes, der Wiedergabe in jeder Form und der Übersetzung in andere Sprachen behalten sich Urheber und Verleger vor. Es ist ohne schriftliche Genehmigung des Verlages nicht erlaubt, das Buch oder Teile daraus auf photomechanischem Weg (Photokopie, Mikrokopie) zu vervielfältigen oder unter Verwendung elektronischer bzw. mechanischer Systeme zu speichern, systematisch auszuwerten oder zu verbreiten (mit Ausnahme der in den §§ 53, 54 URG ausdrücklich genannten Sonderfälle).

Satz: Wagner GmbH, Nördlingen
Lithographie: Typodata, München
Druck: Wagner, Nördlingen. Bindung: Auer, Donauwörth
Printed in Germany
© Urban & Schwarzenberg 1997

ISBN 3-541-02856-4

Wir widmen dieses Buch unseren Frauen und Kindern, die durch ihren Ansporn und ihre praktische Hilfe viel zur Entstehung dieses Buches beigetragen haben.

Monika, Anna, Mara, Katharina Eibl-Eibesfeldt
Nelly, Reto, Björn, Gaudenz Kessler

Vorwort zur sechsten Auflage

Unter „Verband" faßt man heute eine Vielzahl von Techniken zusammen, die bei unterschiedlichen Indikationen für die Heilung oder Linderung eingesetzt werden.
Die 5. Auflage der Verbandlehre haben wir 1993 völlig neu verfaßt, wobei wir das Ziel verfolgten, neben traditionellen Techniken auch moderne Verfahren darzustellen, sofern sie sich in der Praxis bewährt haben. Das Konzept fand offensichtlich Anerkennung, so daß bereits nach 3 Jahren eine Neuauflage erforderlich wurde. Dadurch sowie durch zahlreiche Zuschriften fühlten wir unsere Grundkonzeption bestätigt.
Bei der jetzigen Auflage haben wir Neuerungen eingearbeitet, die durch Fotos anschaulich und verständlich dargestellt werden. Dem gut strukturierten Text liegt ein didaktisches Konzept mit Symbolen und farbiger Kennzeichnung zugrunde. Wir freuen uns, daß wir Frau K. Brönner, Frau R. Kothbauer und Herrn P. Schertel für die pflegerischen Belange, Frau Dr. S. Rösler für das Dekubitus-Kapitel und Herrn P. Knorr für die pädiatrisch/kinderchirurgischen Besonderheiten zur Mitarbeit gewinnen konnten. Herrn J. Dimes danken wir für die Anfertigung der neuen Zeichnungen und Herrn P. Pruy für die Fotografien. Besonderer Dank gilt dem Verlag Urban & Schwarzenberg und seinen Mitarbeitern – ganz besonders Frau A. Heuwinkel – für die engagierte und großzügige Unterstützung bei der Neuauflage.

München, Februar 1997
Bernolf Eibl-Eibesfeldt
Sigurd Kessler

„Verbinden ist eine Kunst, zu der eine gute Ausbildung,
Erfahrung und nicht zuletzt Liebe gehört."

E. Stenger, 1969

Vorwort zur ersten Auflage

Verbinden ist eine Kunst, zu der eine gute Ausbildung, Erfahrung und nicht zuletzt viel Liebe gehört.
Verbände sind ungemein wichtig und eine der häufigsten Arbeiten des Arztes, insbesondere des Chirurgen überhaupt. Sie gehören nicht nur zu jedem operativen Eingriff, sondern sie werden auch als selbständige therapeutische Maßnahme bei der Wundbehandlung, der konservativen Frakturbehandlung, der Behandlung der Distorsion, des Krampfaderleidens, des Unterschenkelgeschwürs und in vielen anderen Fällen angewandt. Ein guter Verband unterstützt die Heilung wesentlich. Schlechte oder falsche Verbände verzögern sie oder können sogar Schäden verursachen.
Leider werden die Verbände, da es sich oft nur um eine Nebenarbeit handelt, vom Arzt häufig vernachlässigt. Sie sind ein Stiefkind der Chirurgie. Dabei gehört ein schöner Verband zu den handwerklichen Leistungen des Arztes. Wenn der Verband unansehnlich und schlecht ist, drückt, rutscht und nicht hält, so führt dies zu einer ungünstigen Beurteilung des Arztes und entwertet trotz einer vielleicht hervorragend durchgeführten Operation oder Frakturreposition seine Leistung in den Augen des Patienten. Nicht selten überläßt der Arzt die Verbandanlage seinen Helfern, der Schwester, dem Pfleger oder der Sprechstundenhilfe, da er hierfür keine Zeit erübrigt und überdies die Technik manchmal auch nicht so recht beherrscht.
Der Student erlernt das Verbinden nur unzureichend. Im großen Kolleg wird darüber kaum gesprochen. Ein Verbandkurs, eine kaum besuchte Nebenvorlesung, wird nur an wenigen Universitäten abgehalten. Und selbst in diesem Kurs sieht er einen Verband jeweils nur einmal, während eine gute Verbandtechnik allein durch dauerndes Üben zu erlernen ist. Erst später, in eigener verantwortlicher Tätigkeit in Klinik oder Praxis, muß er als Arzt das Verbinden durch Selbststudium oder von seinen Helfern erlernen, statt daß er diese unterrichtet und anleitet.
Die Verbandmittel und die Verbandmethoden haben sich in den letzten Jahren so wesentlich geändert und vervollkommnet, daß auf Anregung des Verlages Urban & Schwarzenberg eine völlige Neubearbeitung des Stoffes erfolgte. In dieser, vor allem für Studenten und Ärzte, aber auch für ihre Helfer bestimmten Verbandlehre sollen die typischen, allgemein gebräuchlichen Verbände besprochen werden, ohne daß naturgemäß eine Vollständigkeit erreichbar ist. Überdies werden viele, oft sehr bewährte Methoden nur von einzelnen Ärzten oder Kliniken geübt. Beherrscht der Arzt aber die dargestell-

ten Grundverbände, so ist er immer in der Lage, sie für die Bedürfnisse des Einzelfalles zu modifizieren.

Klassische Verbände, die sich überlebt haben und die praktisch nur noch historischen Wert besitzen, wurden fortgelassen und durch bessere, moderne Methoden ersetzt. Einen breiten Raum erhielten die Schlauchmullverbände, welche die Verbandtechnik vielseitig verbesserten.

Nicht behandelt werden Verbände, die mit operativen Eingriffen einhergehen, so vor allem die Drahtzugverbände. Sie gehören in eine Operationslehre. Nicht behandelt werden ebenso alle Arten von Apparaten, die für den Sonderfall speziell angefertigt und angepaßt werden müssen, wie Bruchbänder, Schienenhülsenapparate usw. Begrenzt wurde die Auswahl des Stoffes im Hinblick auf die Anwendung in der Praxis des niedergelassenen Arztes und der Klinik, insbesondere des Chirurgen. Spezialverbände, die den erfahrenen Spezialisten und den größeren klinischen Fachabteilungen vorbehalten sind, wurden fortgelassen, um den Rahmen des Buches nicht zu sprengen.

Dank zu sagen habe ich meinen Mitarbeitern bei der Herstellung der zahlreichen Bilder, so vor allem dem Fotografenmeister, Herrn Kramer, der Zeichnerin, Frau Nüssel-Roselieb, und den zahlreichen Modellen, die sich geduldig zur Verfügung stellten. Dank zu sagen habe ich weiter dem Verlag Urban & Schwarzenberg, der meinen Wünschen stets entgegenkam, insbesondere für die großzügige Ausstattung des Buches mit so zahlreichen Abbildungen. Und schließlich habe ich Herrn Professor Dr. Dr. h. c. mult. F. Linder zu danken für seine ständige wohlwollende Unterstützung meiner Arbeit.

Heidelberg, September 1969   *Ernst Stenger*

Autorinnen und Autoren

Karin Brönner
Chirurgische Klinik und Poliklinik
Klinikum Innenstadt
Ludwig-Maximilians-Universität
Nußbaumstr. 20
80336 München
exam. Krankenschwester

Dr. med. Peter Knorr
Chirurgische Klinik und Poliklinik
Klinikum Innenstadt
Ludwig-Maximilians-Universität
Nußbaumstr. 20
80336 München
Arzt an der Kinderchirurgischen Klinik

Rosi Kothbauer
Chirurgische Klinik und Poliklinik
Klinikum Innenstadt
Ludwig-Maximilians-Universität
Nußbaumstr. 20
80336 München
exam. Krankenschwester
Leiterin der chirurgischen Ambulanz

Dr. med. Sieglinde Rösler
BG-Unfallklinik
Prof.-Küntscher-Str. 8
82418 Murnau
Fachärztin für Chirurgie und
Unfallchirurgie
Oberärztin der Abteilung
für Rückenmarkverletzte

Wegweiser durch das Buch

 = Merke

 = pädiatrische/kinderchirurgische Besonderheiten

Inhaltsverzeichnis

1 Allgemeine Wundlehre

B. Eibl-Eibesfeldt / S. Kessler

1.1	**Die Wunde**	3
	Lokalisation von Wunden	3
1.2	**Wundheilung**	3
1.2.1	Phasen der Wundheilung	3
	I. Exsudative Phase	3
	– Gerinnungsphase	3
	– Entzündungsphase	4
	II. Proliferative Phase	4
	III. Reparative Phase	5
	IV. Umbauphase	5
1.2.2	Wundheilung an anderen Geweben	6
1.2.3	Formen der Wundheilung	6
1.2.4	Störungen der Wundheilung	6
1.2.5	Wundversorgung	8
1.3	**Wundformen**	9
	Schürfwunde	9
	Schnittwunde	9
	Defektwunde	10
	Riß-Quetschwunde	10
	Hautablederung (Décollement)	11
	Stichwunde	11
	Schußwunde	11
	Brandwunde	11
	– Gradeinteilung von Brandwunden	12
	Wunden durch Laugen und Säuren	13
1.4	**Fraktur- und Bandheilung**	13
	Die Frakturheilung	13
	Heilungsstadien von Schaftfrakturen	14
	Die Bandheilung	16

2 Allgemeine Verbandlehre

B. Eibl-Eibesfeldt

2.1	**Funktionen eines Verbandes**	21
	Schutz	21
	Wundruhe	21
	Entlastung	21
	Druckentlastung	22
	Wundkompression	22
	Sekretaufnahme	22
	Medikamententräger	22
	Kälte- und Wärmeapplikation	23
	Blutstillung	23
	Thromboseprophylaxe	23
2.2	**Das Verbinden**	23
2.2.1	Diagnostischer Verbandwechsel	24
2.2.2	Therapeutischer Verbandwechsel	24
2.2.3	Pflegerischer Verbandwechsel	24
2.3	**Grundregeln des Verbindens**	25
2.4	**Durchführung des Verbandwechsels**	25
2.4.1	Zwei-Mann-Technik	25
2.4.2	Ein-Mann-Technik	26
2.5	**Verbandmaterialien**	26
2.5.1	Eigenschaften und Kriterien zur Beurteilung von Verbandstoffen	26
2.5.2	Gesetzliche Regelungen: Kennzeichnung und Normen . .	27
2.5.3	Rohstoffe	27
	Baumwolle	27
	Zellstoff	27
	Zellwolle (Viskosefasern)	28
	Vollsynthetische Chemiefasern	28
2.5.4	Wattearten	28
2.5.5	Mittel zur Verbandfixation	29
	Pflaster	29
	Klebemassen	30
	– Zinkoxid-Kautschuk	30
	– Vollsynthetische Kleber (Polyacrylat)	31
	– Flüssigkleber, Sprühkleber	31
	– Adhäsivstoffe	31
	Fixierbinden	32

2.5.6	Aufgaben von Wundauflagen	32
	Schutz vor Verklebung	32
	Saugfähigkeit	33
	Durchfeuchtungsschutz	34
	Luft- und Wasserdurchlässigkeit	34
	Schutz vor Fremdkörpern	34
2.5.7	Wundverbände	34
	Wundschnellverbände	35
	Nahtloser Wundverschluß durch Klammerpflaster	36

3 Bindenverbände

Eibl-Eibesfeldt

3.1	**Bindenarten**	41
	Mullbinden	42
	Elastische Mullbinden	42
	Elastische Fixierbinden	42
	Selbsthaftende Fixierbinden	42
	Elastische Binden (Idealbinden)	42
	Nichtgenormte Kompressionsbinden	43
3.2	**Allgemeine Verbandtechnik mit Binden**	43
3.2.1	Wickeltechniken	44
	Auf- und absteigende Bindentouren (ascendens, descendens)	44
	Schrauben- oder Spiralgang (Dolabra ascendens oder descendens)	44
	Serpentinengang (Dolabra serpens)	44
	Achtertour- oder Kreuzgang	45
	– Schildkrötenverband (Testudo inversa oder reversa) . .	45
	– Kornährenverband (Spica)	46
3.2.2	Spezielle Verbandtechnik mit Binden	46
	Mitra Hippocratis (Kopfkappe)	46
	Bauchverband (Bauchbinde)	47
	Beckenverband (Spica coxae ascendens oder descendens) .	48
	Fingerkuppenverband	49

4 Schlauch- und Netzschlauchverbände

B. Eibl-Eibesfeldt

4.1	**Allgemeine Verbandtechnik mit Schlauchmaterial**	53
4.1.1	Schlauchmullverbände	53
	Verbandtechnik mit Applikatoren	53
4.1.2	Elastische Schlauchbandagen	57
4.1.3	Netzschlauchverbände	57
4.2	**Spezielle Verbandtechnik mit Schlauchmaterial**	58
	Kopfverband tg®	58
	Gesichtsverband mit Netzschlauch	59
	Nasenschleuder	59
	Achselhöhlenverband	61
	Hoher Armverband	61

5 Kompressionsverbände

B. Eibl-Eibesfeldt

5.1	**Funktionsweise des Beinvenensystems**	67
5.1.1	Der venöse Rückstrom	67
5.1.2	Die Muskelpumpe	68
5.1.3	Chronisch venöse Insuffizienz	68
5.2	**Wirkungsweise der Kompressionsbehandlung**	69
5.3	**Material zur Kompressionsbehandlung**	70
5.3.1	Ruhe- und Arbeitsdruck	70
5.3.2	Bindenarten	71
5.4	**Grundsätze beim Anlegen von Kompressionsverbänden**	72
5.5	**Spezielle Kompressionsverbände**	73
	Pflasterkompressionsverband	73
	Zinkleimverband	73
5.6	**Kompressionsstrümpfe**	75
	Klasseneinteilung	75
	Anlegen des Kompressionsstrumpfes	77
	Antithrombosestrümpfe	77
5.7	**Lokale Kompressionsverbände**	78
	Druckverband auf einer gewölbten Oberfläche	78
	Druckverband auf einer ebenen Oberfläche	79

6 Stütz- und ruhigstellende Verbände

S. Kessler/P. Knorr

6.1	**Grundsätzliche Überlegungen**	83
6.1.1	Indikationen für ruhigstellende Verbände	83
6.1.2	Komplikationen bei der Behandlung	84
	Druckschäden	84
	– Hautnekrosen	85
	– Nervenschäden	85
	Thrombose	86
	Einsteifen der ruhiggestellten Gelenke	86
6.1.3	Grundsätze bei der Behandlung mit Hartverbänden	87
	Allgemeines Ziel	87
	Forderungen an den optimalen Hartverband	87
	Aufklärung des Patienten	87
6.1.4	Der Gipsraum	89
6.2	**Allgemeine Anlegetechnik des Hartverbandes**	89
6.2.1	Die Polsterung	89
	Unterzug aus Schlauchmull	90
	Polsterwatte	90
	Kreppapier- und Kunststoffbinden	90
6.2.2	Das Hartmaterial	91
	Gips	91
	– Prinzipien beim Anlegen der Gipsbinden	92
	Kunststoffe	94
	– Prinzipien beim Anlegen von Kunststoffbinden	96
6.2.3	Der Überzug	97
6.2.4	Formen des Hartverbandes	97
6.2.5	Die Nachbehandlung	99
	Kontrolle des Weichteildrucks	99
	Kontrolle und Korrektur der Frakturstellung	99
	Bearbeiten des Hartverbandes	101
	Entfernung des Hartverbandes	102
6.3	**Tapeverbände**	104
6.3.1	Bestandteile des Tapeverbandes	104
	Tapes	104
	Elastische Pflasterbinden	104
	Unterzugmaterial	104
	Polstermaterial	105
6.3.2	Indikationen für Tapeverbände	105
6.3.3	Allgemeine Anlegetechnik von Tapeverbänden	105

6.4	**Verbände mit Drahtleiterschienen**	**106**
6.5	**Schlauchmullverbände zur Ruhigstellung**	**107**
6.6	**Spezielle Technik der Stütz- und ruhigstellenden Verbände**	**107**
6.6.1	Obere Extremität	107
	Dorsale Daumenschiene	107
	Steigbügelschiene des Daumens	108
	Thermoplastischer Daumenverband	108
	Tapeverband für das Fingermittelgelenk	109
	Entlastungstape für Daumen und Handgelenk	110
	Finger-Fingerverband	111
	Hyperextensions-Fingerschiene (Stacksche Schiene)	112
	Dynamische Schienung nach Beugesehnennaht (Kleinert)	113
	Kahnbeincast	114
	Handgelenktape	115
	Unterarmschiene mit Fingereinschluß (dorsal, volar)	117
	Unterarmschiene ohne Fingereinschluß (dorsal, volar)	118
	Unterarmcast	119
	Langarmcast („Oberarmgips")	123
	Langarmgips bei Kindern	125
	Ellenbogenruhigstellung mit lateraler Schiene	126
	Ellenbogenruhigstellung mit Drahtleiterschiene	127
	Immobilisierender Ellenbogentapeverband	128
	Collar-and-Cuff-Verband (Blount)	130
	Gilchrist-Verband	130
	Desault-Verband mit Schlauchmull	132
	Oberarm-U-Schiene mit Schulterkappe	132
	Oberarmbrace nach Sarmiento	133
	Rucksackverband	134
6.6.2	Wirbelsäule	135
	Schanz-Krawatte	135
	Halofixateur	136
6.6.3	Thorax	138
	Semizingulum (Dachziegelverband)	138
6.6.4	Untere Extremität	139
	Großzehenverband, Zügeltechnik	139
	Zehen-Zehenverband	140
	Großzehenverband, Tapetechnik	140
	L-Schiene bei Außenbandverletzung am Sprunggelenk	141
	Sprunggelenktapeverband (nach Montag und Asmussen)	142
	Zehenplatte	145
	Unterschenkelrundverband (USRV) (engl. short-leg cast)	146

Antirotationscast	. . . .	150
Funktionelle Behandlung nach Sarmiento-Latta	. . . .	151
Funktionelle Schiene (Orthese)	. . . .	155
Tutor	. . . .	156
Laterale Beinschiene	. . . .	158
Oberschenkelrundverband (OSRV) (engl. long-leg cast)	.	158
Extension von Tibia- und Femurfrakturen	. . . . . .	162
Pflasterzügelbeinextension („Overhead-Extension")	. .	165

7 Sonderverbände

B. Eibl-Eibesfeldt / S. Rösler

7.1	**Verbände bei Druckgeschwüren (Dekubitus)**	. . . .	**171**
7.1.1	Entstehung		171
	Übermäßiger Druck		171
	Zeitfaktor/Druckeinfluß		171
	Allgemeine Durchblutungssituation und Stoffwechsellage		172
	Bagatellverletzungen		173
7.1.2	Prophylaxe		173
	Druckentlastung		174
	Regelmäßige Umlagerung		175
	Durchblutungsförderung		176
	Verbesserung der Stoffwechselsituation		176
	Vermeidung von Bagatellverletzungen		176
7.1.3	Stadien des Dekubitalgeschwürs		177
7.1.4	Wundbehandlung		177
	Wundreinigung		177
	Förderung der Granulation		178
	Epithelisierung		178
7.2	**Stomata**		**180**
7.2.1	Stomata zur Ernährung		180
	Gastrostoma		180
	Jejunostoma		181
7.2.2	Stomata zur Stuhlableitung		181
	Ileostoma		181
	Kolostoma		182
7.2.3	Versorgungsartikel		183
	Einteilige Systeme		183
	Zweiteilige Systeme		184

	Basisplatten	184
	Beutel	184
	Adhäsivpaste	185
7.2.4	Belastungsfaktoren für den Stomaträger	186
	Ängste und Unsicherheit	186
	Geruchsbelastung	186
	Partnerbeziehung	186
7.2.5	Stomaversorgung	187
	Hautunebenheiten	187
	Anpassen der Ringgröße	187
	Hautreizungen	187
	Aufkleben der Basisplatte bei heftiger Stomasekretion	188
	Versorgung eines doppelläufigen Anus bei liegendem Reiter	189
	Entfernen der Klebefläche	189
	Haarentfernung	189
	Hautreinigung	189
	Darmreinigung	190
7.2.6	Fisteln	190
	Fistelarten und ihre Versorgung	190
7.2.7	Stomata zur Harnableitung	191
	Ileumconduit (auch Bricker-Blase)	191
	Kolonconduit	191
7.3	**Tracheostoma**	192
7.3.1	Trachealkanülen	192
7.3.2	Maßnahmen und Regeln bei der Tracheostomaversorgung	194
7.4	**Katheter**	195
7.4.1	Grundregeln beim Verbinden von Kathetern	195
	Sterilität, Wundpflege	195
	Sekretaufnahme	195
	Fixation	195
7.4.2	Katheter zur Harnableitung	196
	Nierenfistel	196
	Ureterokutaneostomie	196
	Blasendauerkatheter	196
	Suprapubische Blasenfistel	197
	Urinale	197
7.4.3	Katheter zur Diagnostik und/oder zur Ernährung	198
	Magensonde	198
	Zentraler Venenkatheter	199
7.4.4	Katheter zum Ableiten von Sekret	199

	Thorax-Drainage	199
	Redon-Drainage	200
7.5	**Augenverbände**	201
7.5.1	Augenkompresse und Augenkissen	201
7.5.2	Augen- und Orbitadruckverband (einseitig und doppelseitig)	201
7.5.3	Uhrglasverband	202
7.6	**Verbände nach Faden- und Klammerentfernung** . .	202
7.7	**Verband bei Fixateur externe**	203

8 Verbandtechnik in der Ersten Hilfe

S. Kessler

8.1	**Verhinderung von Wundverunreinigungen**	207
8.2	**Blutstillung**	208
8.2.1	Äußere Blutung	209
	Druckverband	209
	Maßnahmen zur Drosselung der gesamten Blutzufuhr . .	209
	– Pneumatische Manschetten	210
	– Binden	211
8.2.2	Innere Blutung	211
	Bandagierung des Beckens	212
	Anti-Schock-Hose (ASH)	212
8.3	**Schmerzbekämpfung und Verhinderung von Folgeschäden**	215
8.3.1	Lokale Kühlung	215
8.3.2	Korrekte Lagerung	216
	Pneumatische Schienen	216
	Vakuumschiene	217
	Extensionsschiene	218
	Ersatzmaterialien zur Schienung	219

Literatur	223
Fremdwörterverzeichnis	225
Personenverzeichnis	227
Sachverzeichnis	229

Orientierungslinien, Richtungs- und Lagebezeichnungen am menschlichen Körper (zum Ausklappen)

1
Allgemeine Wundlehre

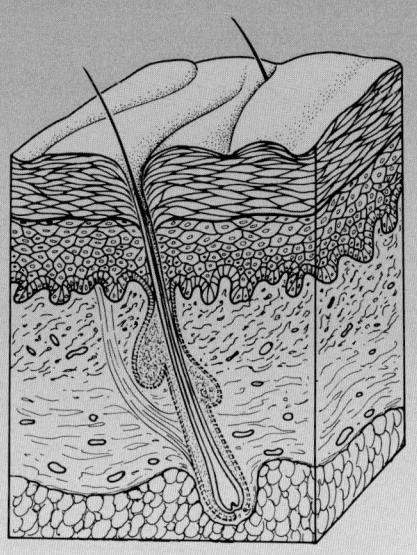

1.1 Die Wunde

Eine Wunde ist eine durch äußere Einflüsse entstandene Gewebe- oder Organzerstörung oder -durchtrennung.
Bei den äußeren Einflüssen handelt es sich entweder um mechanische, thermische, chemische oder strahlenbedingte Schädigungen.

Lokalisation von Wunden

Liegt die Wunde an der Oberfläche, spricht man von einer *äußeren Wunde,* ist die Hautdecke verletzt, handelt es sich um eine *offene Wunde.* Eine *innere Wunde* entspricht einer Verletzung in der Tiefe. Dies kann eine Organverletzung (Leber, Milz) nach einem stumpfen Bauchtrauma oder ein geschlossener Knochenbruch sein.

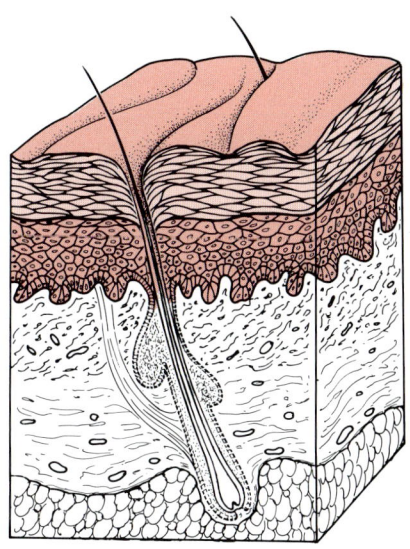

Abb. 1-1 Schichtweiser Aufbau der Haut.

1.2 Wundheilung

1.2.1 Phasen der Wundheilung

Die einzelnen Phasen der Wundheilung laufen nicht immer zeitlich streng getrennt nacheinander ab, sondern überschneiden sich. Die Wundheilung gliedert sich in vier Phasen, die *exsudative Phase,* die *proliferative Phase,* die *reparative Phase* und die *Umbauphase.* Die Wundheilung kann an der Haut (Aufbau siehe Abb. 1-1) am besten dargestellt werden.

I. Exsudative Phase

Sie wird in zwei Abschnitte eingeteilt, die Gerinnungsphase und die Entzündungsphase. Nach einer Verletzung ziehen sich die Blutgefäße im Wundbereich zusammen (Vasokonstriktion).

Gerinnungsphase

Ein Koagel entsteht.

Freiliegende Gewebegrundsubstanz (Kollagen) begünstigt die Anlagerung von Thrombozyten (Thrombozytenadhäsion) und aktiviert die Gerinnungsvorgänge (Gerinnungskaskade). Durch diese bildet sich ein Gerinnsel *(Koagel),* das die Wunde verschließt. Es bildet den sogenannten Wundschorf, der an der Oberfläche eintrocknet und einen mechanischen, aber auch einen Infektionsschutz für die Wunde bildet. Sein Fibringerüst ist die Leitstruktur für die weiteren Prozesse der Wundheilung (Abb. 1-2 a).
Dauer: Minuten bis Stunden.

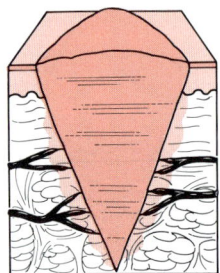 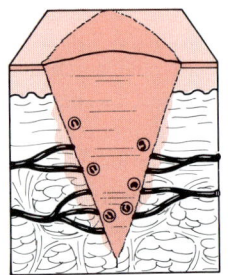

Abb. 1-2 a Die exsudative Phase. Ein vorläufiger Verschluß wird durch ein Blutkoagel erzielt, das den Wundschorf bildet.

Abb. 1-2 b Die Entzündungsphase. Neutrophile polymorphkernige Granulozyten wandern aus und ziehen Fibroblasten an.

Entzündungsphase

Entzündungszellen räumen auf und locken Faser- und Gefäßzellen an (inflammatorische Phase).

Die Freisetzung von sogenannten Mediatoren (z.B. Histamin aus Mastzellen) aus dem verletzten Gewebe und seiner Umgebung führt innerhalb von 10–20 Minuten zu einer Gefäßerweiterung (Vasodilatation). Die Gefäßwand (genauer: das Endothel) der ganz kleinen Gefäße wird durchlässig. Entzündungszellen (weiße Blutkörperchen) beginnen schon innerhalb von Stunden in das Verletzungsgebiet einzuwandern. Sie werden durch Fibrin, Bestandteile des sogenannten Komplements und Prostaglandin angezogen. Anfänglich überwiegen neutrophile polymorphkernige Granulozyten. Sie „fressen" (phagozytieren) abgestorbenes, nekrotisches Gewebe, Zelltrümmer und Bakterien. Diese Granulozyten überwiegen in den ersten Tagen, sterben jedoch bald ab. Wenn es nicht zu einer Infektion kommt, bilden ab dem dritten Tag die langlebigen Makrophagen den Hauptzellanteil. Auch sie räumen nekrotisches Material ab, leiten jedoch die nächste Wundheilungsphase ein, indem sie Fibroblasten (faserbildende Bindegewebszellen) anziehen und sie zur Ausreifung und zur Kollagensynthese anregen (Abb. 1-2 b).
Dauer: Stunden bis Tage.

II. Proliferative Phase

Infektresistentes, gut durchblutetes Granulationsgewebe entsteht (Granulationsphase). Es ist tiefrot, feucht und blutet bei Kontakt.

Fibroblasten erscheinen bereits nach 24 Stunden und entstehen aus ortsständigen Bindegewebszellen. Sie bewegen sich entlang dem Fibringerüst im Blutgerinnsel.
Die Epithelisierung (Bildung einer neuen Deckhaut) beginnt ebenfalls sehr schnell. Nach einem Tag verdickt sich die Haut im Wundrandbereich, randständige Basalzellen der Haut beginnen in die Wunde zu wandern. Ortsständige Basalzellen teilen sich, und ihre Tochterzellen wandern entlang den Fibrinleitschienen. Bereits nach zwei Tagen kann bei einer primär adap-

1.2 Wundheilung

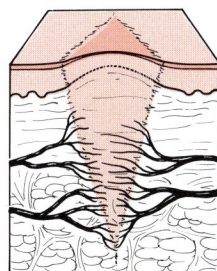

Abb. 1-2 c Die proliferative Phase. Es entsteht Granulationsgewebe.

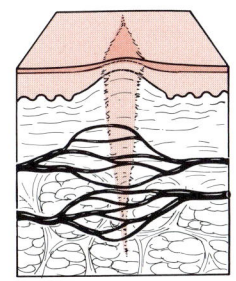

Abb. 1-2 d Die reparative Phase. Aus Granulationsgewebe bildet sich eine faserreiche Narbe.

tierten Wunde die Epithelisierung abgeschlossen sein. Epithel wächst um etwa 2 mm pro Tag (Abb. 1-2 c).
Dauer: Tage.

III. Reparative Phase

Aus rotem Granulationsgewebe bildet sich eine faserreiche Narbe (Narbenbildung).
Endothel-(Gefäßinnenschicht-)Zellen wandern mit den Fibroblasten aus den Blutgefäßen in die Wunde. Sie enthalten ein Enzym (Plasminogenaktivator), das das Fibringerüst auflöst. Es bildet sich ein Kapillarnetz aus, das sich auf Gebiete mit niedriger Sauerstoffspannung ausdehnt. Die Fibroblasten werden von den einsprossenden Kapillaren versorgt. Diese brauchen wiederum das von den Fibroblasten gebildete Kollagengerüst. Die Kollagensynthese nimmt während der ersten zwei bis vier Wochen stark zu. Es entsteht Bindegewebe. Überschüssiges Kollagen bildet einen Narbenwulst (hypertrophische Narbenbildung). Nach einigen Wochen ist ein Gleichgewicht zwischen Neubildung und Kollagenumbau erreicht (Abb. 1-2 d).
Dauer: ca. vier Wochen.

IV. Umbauphase

In der Umbauphase erhält die Narbe ihre endgültige Form.
Auch wenn die Wunde als bereits geheilt erscheint, ist die Heilung noch nicht abgeschlossen. Die zunächst ödematös und livide (bläulich-rot) wirkende Narbe wird in ihre endgültige Form umgewandelt. Der Umbau ist ein sehr komplexes Geschehen. Die anfänglichen einfachen Kollagenstränge verdichten sich. Stränge, die in Zugrichtung des Gewebes liegen, werden nicht abgebaut, kurze Ketten werden jedoch aufgelöst. Durch Bildung von Quervernetzungen bildet sich ein reißfesteres, dichteres Kollagen, maximale Faserlängen werden erreicht. Fasern mit hoher Quervernetzungsdichte werden im Rahmen des Umbaus weniger leicht aufgelöst und bleiben erhalten, während weniger stabile Kollagenfasern aufgelöst werden. Bei den Blutgefäßen besteht eine ähnliche Tendenz von einem zunächst regellosen Kapillarnetz zu einem geordneten Gefäßsystem mit größeren zentralen Gefäßen, die sich in kleine Äste aufteilen. Erst nach Abschluß der Umbauphase erhält die Wunde ihre endgültige Reißfestigkeit (Abb. 1-2 e). Wird eine hypertrophische

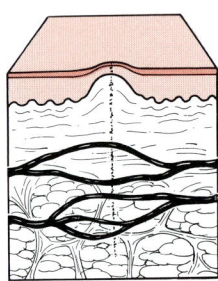

Abb. 1-2 e Die Umbauphase. Die Narbe erhält ihre endgültige Form.

Narbe in der Umbauphase nicht abgebaut, spricht man von einem *Keloid*. Es handelt sich dabei um eine überschießende, bleibende Narbenbildung. Von einem Keloid kann man allerdings erst nach Ablauf der Umbauphase sprechen.
Dauer: Drei bis neun Monate, abhängig von der Wundart.

1.2.2 Wundheilung an anderen Geweben

Die Wundheilungsphasen verlaufen im Prinzip an allen Organen gleich ab, die Phase des abschließenden Umbaus bis zur vollen Belastungsfähigkeit dauert jedoch unterschiedlich lang.
Knochenbruchheilung: Blutgerinnsel (Hämatom) → bindegewebiger Umbau → Knochenneubildung (Kallus).
Knochen können durch Knochenneubildung wieder vollständig heilen. Gebrauchs- bzw. Belastungsfähigkeit je nach betroffenem Knochen nach drei bis zwölf Wochen.
Muskeln: Hier bleibt eine fibröse Narbe im Bereich der Faserdurchtrennung, eine narbenüberbrückende Muskelneubildung erfolgt nicht. Belastungsfähigkeit nach ein bis zwei Monaten.
Sehnen: Narbe aus geordnetem, gerichtetem, kollagenem Fasergewebe. Belastungsfähigkeit nach zwei Monaten.
Innere Organe: Fasergewebige Narbe mit Organregeneration (Leber, Niere). Am Darm kann die Narbe nach Heilung oft nicht mehr nachgewiesen werden, der schichtweise Aufbau der Darmwand geht jedoch meist verloren.

1.2.3 Formen der Wundheilung

Primäre Wundheilung (Sanatio per primam intentionem = p.p.-Heilung):
Lückenlos, sauber adaptierte Wunden heilen innerhalb kurzer Zeit durch Überbrückung mit minimalem, neugebildetem Bindegewebe und schneller Epithelisierung, z.B. die chirurgische Schnittwunde (Abb. 1-3 a bis c).
Sekundäre Wundheilung (Sanatio per secundam intentionem = p.s.-Heilung):
Ein Wunddefekt wird langsam durch Granulationsgewebe aufgefüllt. Dieses epithelisiert sich und wird dann in eine Narbe umgewandelt. Es entsteht eine Defektheilung (Abb. 1-4 a bis c).

1.2.4 Störungen der Wundheilung

Alle Phasen der Wundheilung können vielfältig gestört werden. *Mangelnde Wundruhe* (Wundunruhe durch Zug, Scherkräfte oder Druck), *Durchblutungsstörungen, Mangelernährung* (z.B. Fehlen von Vitaminen oder essentiellen Aminosäuren), *Stoffwechselstörungen* beim Verletzten (z.B. Zuckerkrankheit), aber

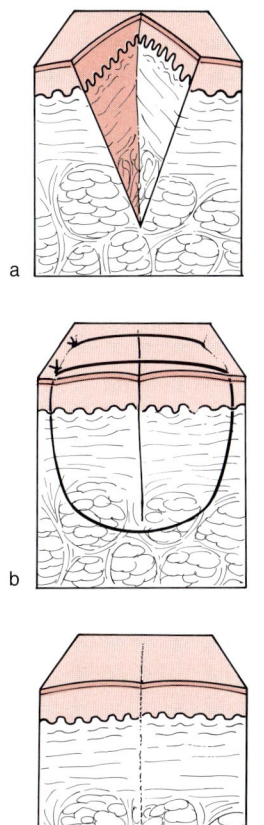

Abb. 1-3 Primäre Wundheilung.
a) Nicht infizierte Wunde ohne Substanzverlust.
b) Primärverschluß der Wunde durch Naht.
c) Wunde nach Wundheilung.

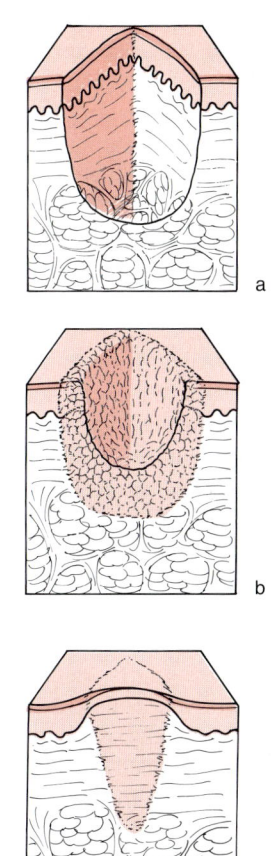

Abb. 1-4 Sekundäre Wundheilung.
a) Infizierte Wunde mit Substanzverlust.
b) Auffüllen der Gewebslücke durch Granulationsgewebe.
c) Wunde nach Beendigung der Heilphase.

auch *Medikamente* (z.B. Kortison, Immunsuppressiva) und eine geschwächte Immunabwehr (z.B. HIV-Infektion) sind hier zu nennen. Einer der wesentlichsten Faktoren ist jedoch die *Infektion im Wundbereich,* die wiederum durch alle oben genannten Faktoren begünstigt werden kann.

Wundinfektionen entstehen durch Kontamination (Verunreinigung) der Wunde. Keime führen zu einer Infektion, wenn die lokale Abwehrkapazität überschritten wird. Infektionen werden durch nekrotisches Gewebe, Blut- oder Sekretansammlungen begünstigt. Sie stellen einen guten Nährboden für Keime dar. Fremdkörper werden von der Abwehr nur sehr schwer erreicht.

 Je größer die initiale Keimzahl, desto eher kommt es zu einer klinisch manifesten Infektion.

Schlecht durchblutetes Gewebe ist abwehrgeschwächt, da die Reaktionen des Körpers auf eine Infektion nicht im erforderlichen Maß an die verletzte Stelle gebracht werden können. Ursachen für minderdurchblutetes Gewebe können z.B. sein: Gerinnungsvorgänge in den kleinen Gefäßen in den Schockphasen, Aktivierung der Gerinnungskaskade im gequetschten Gewebe, Verschluß der Gefäße durch Druck (z.B. durch Ödembildung, Druck von außen, Nähte unter Spannung, Verbände), Erkrankungen der Gefäße (Diabetes mellitus, venöse Stauungen, z.B. Ulcus cruris).

Nervenstörungen, seien sie traumatisch oder durch eine allgemeine Erkrankung (z.B. Diabetes mellitus) bedingt, können über einen Empfindungsverlust dazu führen, daß Schutzreflexe nicht mehr funktionieren. So kann durch diese Mechanismen sogar gesundes Gewebe wund werden und absterben (siehe auch Kap. 7 Dekubitus).

Speziell beim Säugling kann es zu Störungen der Wundheilung bei Operationen im Windelbereich kommen (Eingriffe im Urogenitaltrakt, am Anus sowie gluteal). Bei sehr ausgedehnten Operationen im Windelbereich ist daher ggf. zur Vermeidung von Wundheilungsstörungen eine Pflasterzügel-„overhead"-Extension indiziert (siehe Kap. 6.6.4 Pflasterzügelbeinextension).

1.2.5 Wundversorgung

Primäre Wundnaht: Die frische, saubere Wunde wird sofort durch Naht verschlossen.

Sekundäre Wundnaht: Eine infektionsgefährdete Wunde wird zunächst gereinigt und offengelassen. Hat sich die Wunde gesäubert und ist sie mit einem Granulationsgewebe bedeckt, kann sie, nach Anfrischen durch Exzision, mit geringem Risiko verschlossen werden. In den ersten vier bis zehn Tagen nach Verletzung ist die Wundheilungsfähigkeit besonders groß und daher die Komplikations- und Infektrate gering. Das funktionell-kosmetische Ergebnis entspricht dann einer primär geheilten Wunde. Diese Variante wird auch *tertiäre Wundheilung* genannt.

Wundklebung: Eine frische Wunde oder Platzwunde im Bereich des behaarten Kopfes kann beim Kind problemlos mit einem Gewebekleber auf Acrylbasis versorgt werden (Epitec® oder Epiglue®). Die Wunde wird zusätzlich mit Steristrips verschlossen. Durch diese Wundversorgung wird die gefürchtete Lokalanästhesie vermieden, die für das Kind keinen einfachen „Pikser" darstellt. Auch das spätere, ebenfalls gefürchtete Fadenziehen entfällt. Die Wunde ist nach dieser Behandlung in der Regel nach einer Woche abgeheilt und belastbar.

1.3 Wundformen

Bei der Beschreibung einzelner Sonderformen von Wunden wird stichwortartig auf ihre Bedeutung für das Verbinden hingewiesen.

Schürfwunde

Eine Schürfwunde ist ein oberflächlicher, flächenhafter Substanzverlust der Haut. Er betrifft nur die oberen Schichten der Haut, die Keimschicht (Stratum germinativum) ist nicht verletzt, so daß die Schürfwunde ohne Narbenbildung heilt. Nach einer anfänglich kurzen Blutung mit Schorfbildung ist keine weitere Sekretion zu erwarten.

Wundversorgung: Verunreinigungen (z.B. Teer) können, wenn sie in der Wunde bleiben, als Pigmente, wie eine Tätowierung, zu bleibenden Farbveränderungen oder zu Infektionen führen. Auch andere Stoffe können Infektionen verursachen, deshalb muß die Wunde gesäubert werden. Dies ist in der Regel sehr schmerzhaft und muß manchmal mit einer Bürste in örtlicher Betäubung (Lokalanästhesie) oder Vollnarkose erfolgen. Danach wird die Wunde mit einem trockenen Verband verbunden. Klebt er fest, ist der Wechsel sehr schmerzhaft. Deshalb muß man vor dem Verbinden die Wunde trocknen lassen oder eine Fettgaze auflegen, die das Verkleben vermeidet. Der Verband dient dem mechanischen Schutz der Wunde.

Problem: Es kann leicht zu Verwechslungen mit *Kontusionsmarken* (Prellmarken), mit Hinweiszeichen auf eine tiefer reichende Wunde, z.B. eine Quetschwunde, kommen. Diese werden leicht als Schürfwunde verkannt. Hinweise auf das Vorliegen einer tieferen Verletzung geben der Unfallmechanismus, die umgebende Schwellung, das livide (bläulich-blasse) bis weiße Kolorit (Farbton) der Haut oder ein umgebendes Hämatom (Einblutung unter das Gewebe).

Schürfwunden bluten hellrot, Kontusionsmarken bluten oft nicht.

Besonderheit: *Spalthautentnahme* zur Hauttransplantation.

Die Heilung unter dem Wundschorf an der Entnahmestelle für Spalthaut dauert etwa vierzehn Tage. Löst man den Verband vorher ab, fügt man dem Patienten erhebliche Schmerzen zu und reißt die neugebildeten Hautschichten wieder ab; es blutet und die Heilung wird verzögert. Daher sollte nach Spalthautentnahme die Epithelisierung abgewartet werden und der erste Verbandwechsel erst nach zwei Wochen erfolgen.

Schnittwunde

Die Schnittwunde zeigt glatte Wundränder und spitze Wundwinkel. Sie entsteht durch eine Verletzung mit scharfen, schneidenden Gegenständen. Auch Strukturen in der Tiefe (z.B. Gefäße, Sehnen, Nerven) können verletzt sein. Schnittwunden bluten daher in der Regel stark.

Wundversorgung: Nach Säuberung der Wunde und Wundverschluß durch Naht oder Pflasterstreifen ist eine primäre Wundheilung zu erwarten. Man legt einen trockenen Verband an. Nach 24 Stunden bildet der trockene Wundschorf eine Keimbarriere und macht einen Wundverband überflüssig. Gelegentlich jedoch ist ein Verband zum mechanischen Schutz notwendig.

Besonderheit: Schnittwunden durch stark kontaminierte Gegenstände (z.B. Landwirtschaft, Metzgerei) sollten nach Exzision (Wundausschneidung) besser offen behandelt werden und später durch eine Sekundärnaht oder Pflasteradaptation geschlossen werden. Bei primärer Naht sind engmaschige Wundkontrollen nötig.

Defektwunde

Ist es zu einem Verlust von Gewebe gekommen, entsteht ein Defekt (z.B. Verlust der Fingerkuppe). Der Defekt kann gelegentlich primär geschlossen werden. Manchmal wird durch eine Verschiebeplastik bzw. Hauttransplantation der Verschluß erzielt. Ein nicht verschlossener Defekt granuliert vom Wundboden her zu, die Epithelisierung erfolgt von den Wundrändern her.
Wundversorgung: Ein saugfähiger Verband muß bei offener Wundbehandlung die Sekrete der Wundfläche aufnehmen.

Riß-Quetschwunde

Riß-Quetschwunden entstehen durch eine starke stumpfe Gewalteinwirkung. Es kommt zu einer Berstung und Zerreißung der Haut. Auch das darunterliegende Gewebe wird gequetscht; es entstehen Einrisse und Einblutungen. Die Durchblutung ist daher schlecht.
Sonderform: *Platzwunde*. Hier ist die Haut durch lokal umschriebenen Druck geborsten. Platzwunden treten dort auf, wo Knochen direkt von Haut bedeckt sind, z.B. Schädelkalotte, Orbitarand (Augenbraue, Wange), prätibial.
Wundversorgung: *Kopfplatzwunden.* Wunden im Bereich des Kopfes sind gut durchblutet und heilen nach Wundexzision und Naht meist problemlos. Verbände sind selten notwendig und dienen der Kompression oder dem mechanischen Schutz. Nur selten müssen sie Wundsekret oder Blut aufnehmen.

> Kopfplatzwunden beim Kind sollten durch einen Gewebekleber auf Acrylbasis, wie in Kapitel 1.2.5 beschrieben, versorgt werden. Ein Wunddébridement mit Wundausschneidung ist beim Kind nicht erforderlich. Auch scheinbar schlecht durchblutetes und gequetschtes Gewebe weist meist eine ausreichende Gewebeperfusion auf, und es bestehen günstige Voraussetzungen zur Wundheilung.

Im Bereich der *Extremitäten* sind Quetschwunden besonders wundheilungsgefährdet. In Abhängigkeit vom Ausmaß des Weichteiltraumas ist die Wunde wenig durchblutet. Zunächst wird daher die Wunde sorgfältig gesäubert und alle nicht durchbluteten, gequetschten Gewebeanteile werden ausgeschnitten (sog. *Débridement*). Wundkontrollen erfolgen engmaschig, unter Umständen müssen in der Folgezeit erneut abgestorbene Wundanteile ausgeschnitten werden. Je nach Art der chirurgischen Wundversorgung (offene oder geschlossene Wundbehandlung) stehen die Sekretaufnahme, der mechanische Schutz und die Ruhigstellung im Vordergrund. An den Extremitäten sollten bei Problemwunden niemals zirkuläre Verbände allein, sondern immer in Verbindung mit einem Kompressionsverband oder mit Stützstrümpfen (siehe Kapitel 5) zur Verbesserung des venösen Rückstroms angelegt werden. Ein zirkulärer

Verband kann zu einer distalen venösen Stauung führen. Zur Verbandfixation sollten daher besser Klebevliese verwendet werden, die nicht zirkulär geklebt werden.

Hautablederung (Décollement)

Wird durch ein tangential einwirkendes Trauma ein ganzer Hautlappen mit Unterhautfettgewebe abgeschert, liegt ein Décollement vor. Die Durchblutung des Hautlappens ist abhängig von seiner Lage, seiner Länge, der Breite der Lappenbasis und von begleitenden Quetschungen. An den Extremitäten kann die Haut handschuhförmig, teilweise oder ganz zirkulär abgehoben sein. Die Vitalität ist dann hochgradig gefährdet.
Wundversorgung: Sie entspricht der Behandlung von Quetschwunden an den Extremitäten. Nach einer sorgfältigen Wundsäuberung erfolgt die adaptierende Wundnaht, meist mit anschließender Ruhigstellung der Extremität. Hautdefekte müssen primär oder sekundär mit einer Hautverpflanzung (Meshgraft = Transplantat aus netzförmig angeordneten Hautläppchen) gedeckt werden.

Stichwunde

Hierbei handelt es sich um eine sehr problematische und in ihrem Ausmaß nur schwer zu beurteilende Wunde. Die sichtbare äußere Wunde ist oft klein, glatt und liefert keine Informationen über die Tiefenausdehnung. Diese kann auch durch Sondierung oder Kontrastmitteldarstellung nicht sicher beurteilt werden, da sich nach dem Einstich Gewebeschichten gegeneinander verschieben können, und so der Stichkanal nicht mehr in seiner ganzen Tiefe beurteilbar ist. Die Stichrichtung, das verwendete Instrument und die mögliche Einstichtiefe müssen als zusätzliche Beurteilungskriterien hinzugezogen werden. Bei thorakalen Stichverletzungen kann die Thoraxübersichtsaufnahme tieferliegende Verletzungen erfassen. Bei Stichverletzungen der Bauchwand muß in der Regel durch Operation oder Laparoskopie eine Verletzung von Organen (Darm, Leber, Milz) ausgeschlossen werden.
Wundversorgung: Durch die kleine Öffnung bei großer Wundtiefe kann es bei mangelndem Sekretabfluß zu Sekretstau mit Hohl- und Totraumbildung kommen. Es empfiehlt sich daher, die äußeren Wunden wie einen Drainagekanal offenzulassen. Gelegentlich kann sogar die Einlage einer Drainage in den Wundkanal nötig sein. Der Verband muß eine große Sekretmenge aufnehmen können.

Schußwunde

Projektile können bei unscheinbaren Eintrittswunden schwere Zerstörungen in der Tiefe anrichten. Kleiderfetzen und das Projektil selbst können in der Tiefe verbleiben.
Wundversorgung: Nach obligatorischer operativer Erstversorgung mit Entfernung von Projektil, Kleiderfetzen und nekrotischem Gewebe richtet sich der Verband nach der zu erwartenden Wundsekretion. Auch die Begleitverletzungen an Knochen, Sehnen oder Gelenken mit Ruhigstellung und Entlastung sind zu berücksichtigen.

Brandwunde

Die Brandwunde wird nach der *Tiefe der Schädigung* eingeteilt. Diese Gradeinteilung gilt auch für Wunden durch Säuren oder Laugen. Sie ermöglicht eine Beurteilung, ob eine spontane Heilung und Regeneration der Haut erfolgen kann, oder ob die Haut vollständig abgestorben ist und nur eine Defektheilung mit Narbenbildung eintreten wird. Hier sind dann meist schon früh plastisch-chirurgische Korrekturen nach Entfernung des abgestorbenen Gewebes notwendig.

Gradeinteilung von Brandwunden

- **Grad 1** (z.B. Sonnenbrand): Nur die Epidermis ist betroffen, Rötung durch Hyperämie (weitgestellte Blutgefäße in der Haut); Heilung ohne Narbenbildung.
- **Grad 2 a** (z.B. Verbrühung mit heißem Wasser): Nur die Epidermis ist mit oberflächlichen Epithelnekrosen betroffen (engl. „superficial burn"), es kommt zur Blasenbildung. Das Stratum germinativum ist nicht verletzt; Heilung ohne Narbenbildung.
- **Grad 2 b** (engl. „deep burn"): Hier hat die Verbrennung das Stratum germinativum erreicht, die Hautanhangsgebilde sind jedoch erhalten. Die Regeneration erfolgt langsamer, ausgehend von den Haarbälgen und Schweißdrüsen. Eine Regeneration der Epidermis mit erhaltener Schweißsekretion, Sensibilität und Verschieblichkeit ist zu erwarten. Allerdings können Pigmentstörungen auftreten.
- **Grad 3** (engl. „full thickness burn"): Die gesamte Cutis mit Hautanhangsgebilden ist betroffen, Blasenbildung, Blässe; Defektheilung mit Narbenbildung.
- **Grad 4** (z.B. Verkohlung): Auch unter der Cutis gelegene Strukturen, z.B. Muskel, Knochen, Nerven, sind betroffen. Es bestehen schwere Funktionsverluste; Defektheilung mit Narbenbildung.

Wundversorgung: Eine sofortige, konsequente und lange (30 Minuten) Kühlung nach Verbrennung oder Verbrühung kann das sogenannte Nachbrennen (durch Entzündungsstoffe, Mediatorfreisetzung) verkürzen und die Tiefenausdehnung und damit den späteren Schweregrad verringern. Zur Kühlung kann kaltes Leitungswasser dienen. Durch eine Mischung von Eiswürfeln und Wasser in einer Plastiktüte kann man sich eine Kühlkompresse herstellen. Industriell gefertigte Kühlkompressen enthalten ein Gel und können Kälte speichern. Sie werden mit einem Tuch umwickelt und aufgelegt.
Die Bestimmung der Verbrennungstiefe erfordert in vielen Fällen besondere Erfahrung und ist manchmal erst einige Tage nach der Verletzung möglich.

- **Grad 1:** Auf der geröteten Haut wird das Reiben der Kleidung oft als sehr unangenehm empfunden. Ein Verband kann hier einen mechanischen Schutz bieten, Salben- oder Gelauflagen können kühlend und schmerzlindernd wirken.
- **Grad 2:** Intakte Blasen kann man belassen und dann wie eine Rötung behandeln. Zerfetzte und verschmutzte Blasen- und Hautbestandteile werden nach Gabe von Schmerzmitteln abgetragen. Feuchte Wunden werden mit salbengetränkten Gazen (z.B. Sofra

Tüll®, Oleo Tüll®) oder desinfizierenden Salben (Betaisodona Gaze®) und Kompressen abgedeckt. Die Verbände beläßt man etwa eine Woche. Ein zu häufiger Verbandwechsel ist unnötig und für den Patienten sehr schmerzhaft. Verbände sollen die anfänglich erhebliche Sekretion aufnehmen, desinfizierend (Salbenverbände, Salbengazeverbände) wirken und die Epithelwanderung unterstützen. Letzteres wird besonders durch sogenannte hydrokolloide Gelverbände (z.B. Varihesive®) erreicht.

Eine Behandlungsalternative stellt die Heilung einer Brandwunde unter dem getrockneten Schorf dar. Eine künstliche Verschorfung führt die sogenannte Gerbebehandlung mit Tannin herbei.

Dies empfiehlt sich nicht bei großflächigen oder tiefergreifenden Wunden und bei Wunden über Gelenken (der Schorf reißt durch Bewegung).

- **Grad 3 und 4:** Totalnekrosen der Haut müssen chirurgisch abgetragen werden. Die Weiterversorgung erfolgt durch spezielle plastisch-chirurgische Verfahren. Der Verband richtet sich nach dem gewählten Verfahren. Gelegentlich erfolgt nach Exzision eine Wundabdeckung durch eine sogenannte Kunsthaut (z.B. Epigard®) zur Granulationsförderung. Diese Wundabdeckungen müssen regelmäßig kontrolliert und etwa alle zwei bis drei Tage gewechselt werden.

Wunden durch Laugen und Säuren

Sie werden, analog den Brandwunden, in Abhängigkeit von der Verletzungstiefe eingeteilt.

Säuren führen zu einer sogenannten *Koagulationsnekrose*. Es bildet sich ein harter Schorf, die Nekrose selbst stellt eine Schutzbarriere gegen das weitere Vordringen der Säure dar. Laugen hingegen führen zu einer schmierig-flüssigen Auflösung der Haut *(Kolliquationsnekrose),* sie können daher tiefer eindringen.

Wundversorgung: Laugen- und Säureverletzungen werden nach langem Spülen (30 Minuten und länger) unter fließendem Wasser steril mit Salben- oder Gelverbänden behandelt. Die Wundbehandlung erfolgt im allgemeinen ähnlich wie bei Verbrennungswunden.

1.4 Fraktur- und Bandheilung

Die Frakturheilung

Auch im Zeitalter der operativen Frakturbehandlung wird die Mehrzahl der Frakturen konservativ behandelt.

Hier werden die Phasen der Heilung bei Schaftfrakturen (Compactafrakturen) dargestellt (Abb. 1-5 a bis 1-5 g). Auf spezielle Befunde wie ausgedehnte Knochennekrosen nach offener Fraktur, infizierte Frakturen, Knochendefekte usw. wird nicht eingegangen. Obwohl Spongiosafrakturen (Metaphysenfrakturen) häufig sind, werden sie in diesem Zusammenhang nicht weiter ausgeführt, weil die Heilung im allgemeinen unproblematisch verläuft.

Wesentlich für die Frakturheilung sind:
- Eine ausreichende Durchblutung. Sie wird durch die umgebenden Weichteile, vor allem dem Bindegewebe und der Muskulatur, dem Periost und dem

Endost und in geringem Maße auch von den Gefäßen des Knochens gewährleistet.
- Das Bindegewebe mit den Stammzellen. Diese können sich zu spezifischen Zellen wie Knochenzellen entwickeln (differenzieren). Der wesentliche Anteil der Knochenbildung erfolgt durch das Periost und in etwas geringerem Maße durch das Endost.
- Osteogenetisch wirksame Substanzen. Bone morphogenetic protein (bmp; Eiweißsubstanz für die Differenzierung zu Knochen) ist die bekannteste osteogenetische Substanz, die ihrerseits eine Reihe von Untersubstanzen aufweist.

Heilungsstadien von Schaftfrakturen

1. Frakturhämatom: Als Folge einer Blutung von zerrissenen Knochen- und Weichteilgefäßen bildet sich ein Hämatom, in das osteogenetische Faktoren von den Frakturflächen diffundieren (Abb. 1-5 b)

2. Bindegewebe: Wenn osteogenetische Faktoren mit Stammzellen in Kontakt kommen, differenzieren sich diese zu Reparationszellen. Das ist zunächst lockeres Bindegewebe. Nach 1–2 Wochen wird der Knochenbruch in eine Manschette aus feinem Bindegewebe eingehüllt (Bindegewebskallus) (Abb. 1-5 c). In Frakturnähe beginnt im Knochen die Aufweitung der gefäßführenden Kanäle (Havers-Kanäle).

3. Differenzierung:

Direkte Heilung: Nach 2–5 Wochen entstehen im Kallus vermehrt Knochenzellen. Sie bilden um Gefäße und Bindegewebe relativ große Hohlräume. Diese zarten Knochenstrukturen werden Geflechtknochen genannt und enthalten zunächst nur wenig Mineral. Solange sie noch weich und ohne Festigkeit sind, stellen sie sich im Röntgenbild nicht dar. Unter stabilen Bedingungen, d.h. bei geringer Bewegung zwischen den Fragmenten, entstehen im gesamten Kallusgewebe Geflechtknochen (direkte Knochenbruchheilung, Abb. 1-5 d).

Indirekte Heilung: Wenn zwischen den Fragmenten eine gewisse Bewegung besteht, kann nicht direkt Knochen gebildet werden. Neben der Bildung von Geflechtknochen wird in Höhe der Fraktur gleichzeitig eine Scheibe aus Faserknorpel ausgebildet. Diese hat die Aufgabe, die interfragmentäre Bewegung zu vermindern, damit an den Rändern der Kallusmanschette eine Knochenbrücke gebildet werden kann (Abb. 1-5 e). Von dieser peripheren Spange ausgehend wird der Knorpel aufgebaut und durch Geflechtknochen ersetzt (indirekte Heilung).

Im Röntgenbild kann man den mineralisierten Kallus abhängig von der Röntgen-

Abb. 1-5 a bis 1-5 g ▷
a) Schaftfraktur eines langen Röhrenknochens.
b) Frakturhämatom (Fh: Frakturhämatom, Po: Periost, C: Compacta, kompakter Knochen).
c) Bindegewebskallus (fBg: faseriges Bindegewebe, Po: Periost, C: Compacta, kompakter Knochen).
d) Direkte Frakturheilung (Gk: Geflechtknochen, Po: Periost, C: Compacta, kompakter Knochen).
e) Indirekte Frakturheilung, beginnende Knochenspange (Fkn: Faserknorpel, Gk: Geflechtknochen).
f) Indirekte Frakturheilung, fortgeschrittene Knochenspange (Fkn: Faserknorpel).
g) Fortgeschrittene Heilung. Der Geflechtknochen ist zu Lamellenknochen umgebaut. Die Kallusmasse wird zunehmend vermindert.

technik und der Heilungsart nach 4 Wochen erstmals erkennen. Normalerweise ist er nach 6–8 Wochen deutlich nachzuweisen.

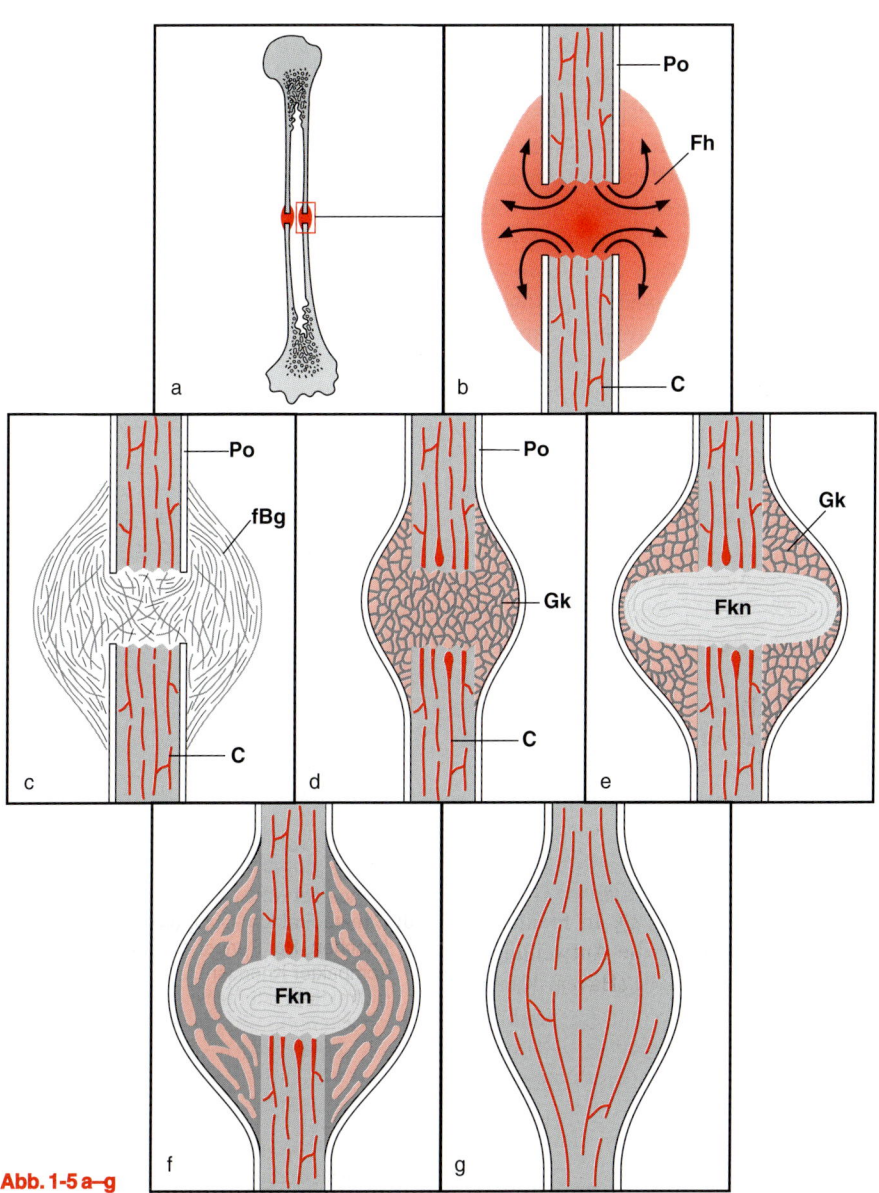

Abb. 1-5 a–g

Wenn die Bewegung zwischen den Fragmenten zu groß ist, kann die Knochenbrücke nicht hergestellt werden, die Bruchheilung bleibt aus. Es entsteht ein Scheingelenk, eine Pseudarthrose. Es ist deshalb ein wichtiges Ziel der Behandlung, die interfragmentäre Bewegung so weit einzuschränken, daß eine Überbrückung durch Knochen eintreten kann.
Parallel zur Differenzierung des Kallus werden Knochenkanäle deutlich geweitet. Der Lamellenknochen nimmt vorübergehend eine schwammähnliche Struktur an und die Blutversorgung nimmt zu (Abb. 1-5 f). Der bei der Frakturentstehung nekrotisch gewordene Knochen wird durch vitalen Knochen ersetzt. Diesen Vorgang nennt man inneren Umbau.

4. Umbau: Der gebildete Kallusknochen, sog. Geflechtknochen, ist weniger fest als Lamellenknochen. Tragfähigkeit erhält er durch Zunahme von Masse, die als Kallusmanschette im Röntgenbild sichtbar wird. Bei oberflächlich liegenden Knochen wölbt sie sich auch sicht- und tastbar unter der Haut vor. Der ursprünglich unstrukturierte Geflechtknochen wird durch inneren Umbau schrittweise durch Lamellenknochen ersetzt. Die Lamellen werden vermehrt in der Längsachse ausgebildet und sind belastbarer als Geflechtknochen. Die Havers-Kanäle werden wieder enger (Abb. 1-5 g).

Nach etwa 12 Wochen ist der Reparationsknochen tragfähig geworden. Der Kallus verkleinert sich, und die Markhöhle wird wieder durchgängig. In weiteren 2–3 Jahren ist der Kallus verschwunden.

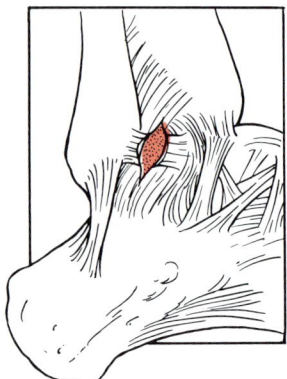

Abb. 1-6 Ruptur des Lig. fibulo talare anterius am Sprunggelenk.

Die Bandheilung

Sehnen und Gelenkbänder sind in ihrer Feinstruktur einander verwandt. Sie bestehen beide aus straffem Fasergewebe. Die Heilungsbedingungen sind jedoch unterschiedlich.

Sehnenenden weichen wegen des Muskelzuges auseinander und müssen deshalb grundsätzlich im Rahmen einer Operation genäht werden.

Die meisten Bänder heilen dagegen unter konservativer Behandlung. Ausnahmen bilden die Kreuzbänder des Kniegelenks und das ulnare Seitenband am Daumengrundgelenk. Bei einer Ruptur müssen diese operativ versorgt werden.

Grundsätzlich bleiben nach Bandrupturen Anteile der faserigen Gelenkkapsel erhalten, von der die Heilung ausgeht (Abb. 1-6). Dort werden die Bandstümpfe zunächst durch lockeres Bindegewebe verbunden (Abb. 1-7a, b). Bedingt durch eine Kontraktur des Narbengewebes nähern sich die Bandenden einander an. Auf diese Weise wird die gesamte Ruptur

1.4 Fraktur- und Bandheilung

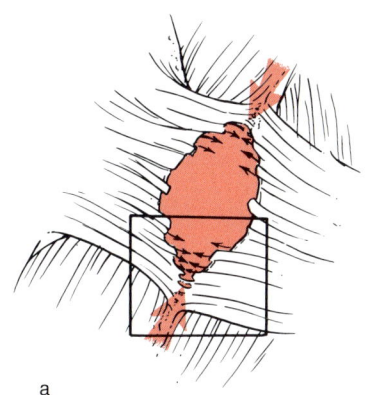
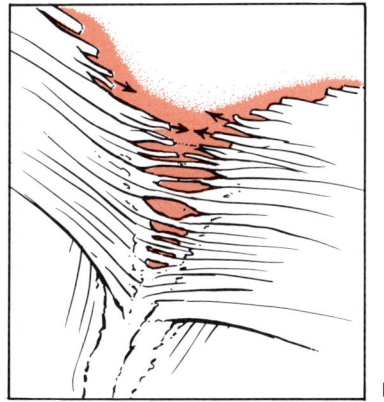

Abb. 1-7 Beginn der Bandheilung.
a) Nachdem die Bandstümpfe an den Seiten durch Bindegewebe verbunden sind, werden sie durch Narbenzug einander genähert.
b) Detail aus 2 a.

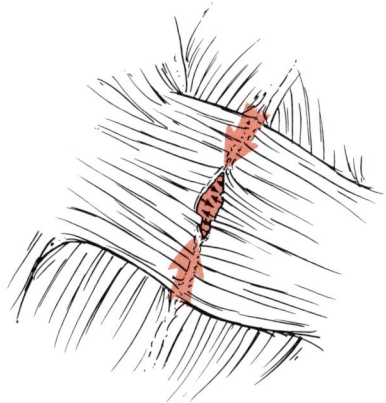

Abb. 1-8 Weitgehend abgeschlossene Bandheilung.

ähnlich einem Reißverschluß verschlossen (Abb. 1-8). Voraussetzung ist eine angemessene Entlastung und Ruhigstellung, sonst heilt das Band nicht, oder es ist nach der Heilung länger als zuvor. Dieses wiederum hat eine ungenügende Gelenkführung zur Folge. Ist beispielsweise das Sprunggelenk betroffen, kommt es zu Gangunsicherheit und vermehrten Supinationstraumen.

Die Anforderungen an die Ruhigstellung zur Bandheilung sind deutlich geringer als zur Frakturheilung.

2
Allgemeine Verbandlehre

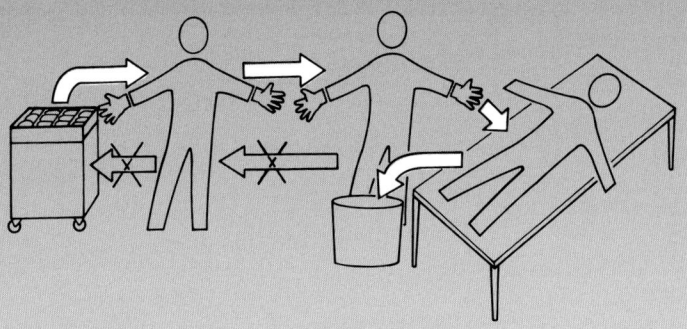

Der Ausdruck „Verband" umspannt ein weites Feld von äußerlich anzuwendenden Behandlungstechniken für eine Vielzahl von Verletzungen oder Erkrankungen.

Die eigentliche Wortbedeutung beinhaltet, daß eine Wunde oder ein verletzter Körperteil mit einer *Wundauflage* bedeckt, und diese z.B. mit einer Binde angewickelt, d.h. fixiert wird. Der Verband soll die *Wunde schützen* und die *Wundheilung fördern*.

Alle Elemente des Verbands sind in dieser Beschreibung enthalten. Ob es sich bei der Wunde um eine offene Wunde oder um eine geschlossene Sehnen- oder Knochenverletzung handelt, spielt dabei keine Rolle. Eine Wundauflage wird nur bei offenen Wunden oder zum Schutz der Haut eingesetzt.

Verbände werden oft nach der Art der Fixation benannt: Klebeverbände, Bindenverbände, Schlauchmullverbände, Gipsverbände, Tapeverbände, um nur einige zu nennen. Bei anderen Verbandnomenklaturen steht mehr die Funktion im Vordergrund: Kompressionsverbände, ruhigstellende Verbände, Drainagenverbände und Spezialverbände (z.B. Verband eines künstlichen Darmausganges).

2.1 Funktionen eines Verbandes

Schutz

Ein Wundverband verhindert mechanische Reizungen (Scheuern der Kleidung) und Verunreinigungen von außen (Schmutz, Fremdkörper). Verbände stellen eine Keimbarriere dar und verhindern eine Infektion der Wunde von außen. Dabei ist darauf zu achten, daß das Wundsekret ungehindert ablaufen kann und durch saugfähige Wundauflagen aufgefangen wird. Gegen das Eindringen von Wasser kann ein wasserdichter Verband schützen.

Wundruhe

Die Wundruhe verbessert die Durchblutung im Wundgebiet und vermindert die mechanische Irritation. Eine ungestörte Wundheilung bedarf daher der Wundruhe. Je gefährdeter die Wundheilung ist, desto mehr Wundruhe benötigt sie.

Dies trifft für die infizierte Wunde, für die Wunde bei großen Weichteilverletzungen mit gestörten Durchblutungsverhältnissen und für Knochenbrüche („Knochenwunden") ganz besonders zu. Hier muß oft, um eine ausreichende Wundruhe zu erreichen, eine vollständige Ruhigstellung durch Schienen-, Gips- oder andere Hartverbände erfolgen. Jedoch auch Hautwunden können bei großer Wundunruhe nicht heilen. Wechselnder Zug an den Wundrändern stellt eine mechanische Belastung der frischen Wunde dar, der sie noch nicht ausreichend „gewachsen" ist. Bei einer Hautwunde sichert vor allem die Wundnaht die Wundruhe.

Entlastung

Bei Unruhe reißen verheilte Wundabschnitte wieder, es kommt zu Einblutungen, und die Wundheilung muß von neuem beginnen. Der Verband hat somit oft, gleichzeitig mit der Ruhigstellung, eine Entlastungsfunktion, bis die normale Belastungsfähigkeit des verletzten Gewebes wieder besteht. Ein Pflaster-, aber auch ein Gehgipsverband können diese Bedingungen erfüllen. Bei jeder Entlastung übernimmt der Verband eine Ersatzfunktion für den verletzten Körperteil. So hält z.B. bei Bandverletzungen der Klebetapeverband das Sprunggelenk stabil und verhindert ein Aufklappen des Gelenks. Wenn Gliedmaßen ihre Funktion über lange Zeit oder gar nicht mehr aufnehmen können, werden spezielle Techniken eingesetzt; man verwendet Entlastungsapparate (Orthesen) und Ersatzapparate (Prothesen).

Druckentlastung

Eine Sonderform der Entlastung ist die Druckentlastung. Um die Ausbildung von Druckgeschwüren (siehe auch Kap. 7 Dekubitus) zu verhindern oder deren Heilung zu fördern, werden Polsterverbände so angelegt, daß auf die gefährdete Körperregion nur ein geringer, gleichmäßig verteilter Druck einwirkt und Druckspitzen auf kleinen Bezirken vermieden werden.

Wundkompression

Für eine ungestörte Wundheilung ist nicht nur ein ausreichend guter arterieller Blutzufluß, sondern auch ein ungestörter venöser Rückfluß notwendig.

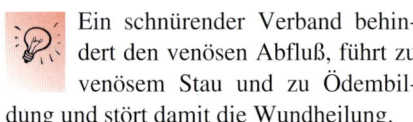
Ein schnürender Verband behindert den venösen Abfluß, führt zu venösem Stau und zu Ödembildung und stört damit die Wundheilung.

Ein Verband sollte deshalb auf die Wunde flächig gleichmäßig einen leichten Druck ausüben. Diese Wundkompression führt auch zu einem Stillstand kleiner venöser Blutungen und damit zur Verringerung der Sekretansammlung in der Wundtiefe. Ansammlungen von Sekret und Blut in sogenannten Drucken müssen vermieden werden. Diese Räume werden als tot bezeichnet, weil der Körper sie nicht mit seinen Abwehrfunktionen erreichen kann, da sie nicht durchblutet sind. Altes Blut stellt einen ausgezeichneten Nährboden für Bakterienwachstum dar und erhöht dadurch das Risiko einer Wundinfektion (siehe auch Kap. 5 Kompressionsverbände).

Sekretaufnahme

Offene Wunden, intertriginöse Räume (feuchte Kammern zwischen Fettfalten, z.B. zwischen den Gesäßfalten, Bauchfalten, unter der Brust) und Schleimhautoberflächen verlieren Flüssigkeit. Diese Flüssigkeiten können der Wunde und der Haut schaden, da sie einen Nährboden für Bakterien darstellen. Durch die Sekretansammlungen wird die normale Keimbesiedlung der Haut verändert, der Säureschutzmantel gestört und die Hornhaut aufgelockert. Durch diese Faktoren steigt die Infektionsgefahr an, und es kommt zu Hautschäden.

Fisteln, künstliche Darmausgänge oder Harnableitungen entleeren große Mengen von Sekret. Die Sekretaufnahme in Form von Auffangbeuteln und der Schutz der Haut vor den Sekreten steht hierbei ganz im Vordergrund (siehe auch Kap. 7 Sonderverbände).

Medikamententräger

Wundauflagen dienen teilweise als Medikamententräger. Medikamente können die Wundheilung fördern, z.B. durch antibakterielle, enzymatische oder osmotische Wirkungen.

2.2 Das Verbinden

Im Vordergrund steht die Würde des Patienten, die zu wahren, Einfühlungsvermögen und Taktgefühl seitens der Pflegekraft erfordert. Auch wenn nicht unbedingt im Intimbereich gepflegt wird (z.B. das Legen eines Dauerkatheters), so greift man doch immer in die Intimsphäre des Patienten ein (z.B. das Verbinden eines Beinstumpfes). Diese zu wahren und den Patienten vor neugierigen Blicken zu schützen ist im Klinikalltag nicht immer leicht. Vielleicht können die Mitpatienten gebeten werden, während des Verbandwechsels das Zimmer zu verlassen, wenn kein Sichtschutz (spanische Wand) verfügbar ist, oder man positioniert sich so am Bett, daß anderen der freie Blick erschwert wird.

Den Patienten immer in die Behandlung miteinbeziehen. Dabei sein Befinden seit dem letzten Verbandwechsel eruieren. Sein subjektiver Eindruck ist wichtig und kann Einfluß auf die Behandlungsmethode haben. Erklärende Worte, was gemacht wird und warum es so gemacht wird, können die Angst des Patienten reduzieren. Aufklärung, z.B. über mögliche Komplikationen, Vermeidung von Überwärmung oder Durchfeuchtung und die richtige Lagerung des verletzten Körperteils ist eine wichtige Voraussetzung für einen guten Heilungsprozeß. Diesen kann der Patient aber nur insoweit unterstützen, wie er in unterschiedlichen Behandlungsphasen, z.B. über die Belastbarkeit einer frakturierten Extremität, informiert wird.

Für das Anlegen eines Verbands muß, wie bei jeder anderen medizinischen und pflegerischen Maßnahme auch, eine Indika-

 Viele medikamentöse Zusätze schaden jedoch mehr, als daß sie nützen (Indikation!).

So sind z.B. antibiotische Zusätze in der Regel überflüssig, führen jedoch oft zu Allergien.

Kälte- und Wärmeapplikation

Um Wärme oder Kälte auf einen Körperteil zu bringen, können Umschläge angewandt werden. Die Umwicklung mit flüssigkeitsdurchtränktem Mull nennt man *Umschlag*.

Umschläge dienen der Abschwellung und Entzündungslinderung (Alkohol-, Rivanolumschläge), der Kühlung (Wadenwickel, Kühlkompressen) und der Wärmezufuhr (warme Wickel).

Blutstillung

Blutungen können notfallmäßig durch Druckverbände oder durch sogenannte abschnürende (drosselnde) Verbände gestillt werden (siehe auch Kap. 8.2.1 Äußere Blutung).

Thromboseprophylaxe

Verbände können durch Einengung der Beinvenen die Durchblutung (Erhöhung der Fließgeschwindigkeit) verbessern. Dazu werden sogenannte Kompressionsverbände angelegt. Sie wirken durch eine Erhöhung des Gewebedrucks, der dem Druck in den Blutgefäßen entgegenwirkt. Kompressionsverbände werden auch zur Behandlung von Ödemen (bedingt durch Venen- oder Lymphstau) an Beinen und Armen eingesetzt (siehe auch Kap. 5 Kompressionsverbände).

tion bestehen. Die Gründe für einen Verband ergeben sich aus seinen Funktionen. Jede erwünschte therapeutische Wirkung beinhaltet auch die Möglichkeit von *Nebenwirkungen*. Durch falsche oder grundlos angelegte Verbände können *Komplikationen* auftreten.

Die unnötig lange Ruhigstellung eines Gelenks führt z.B. zu Gelenkversteifung und Muskelatrophie. Verbände können zu eng sein und dadurch Gewebe strangulieren. Unter- und Oberschenkelgipsverbände führen immer zu einem erhöhten Thromboserisiko.

 Kein Verband und auch kein Verbandwechsel ohne Indikation!

2.2.1 Diagnostischer Verbandwechsel

Durch eine Inspektion der Wunde unter dem Verband soll ihr Zustand überprüft werden: Haben Rötung und Schwellung zugenommen? Ist die Wunde trocken oder tritt Sekret aus? Ist sie bei Palpation (Abtastung) vermehrt schmerzhaft? Bestehen Infektionshinweise?

 Wundinspektion muß immer bei zunehmenden Schmerzen, Temperaturerhöhungen oder Anstieg der Leukozyten erfolgen.

Der diagnostische Verbandwechsel erfolgt durch den Arzt.

2.2.2 Therapeutischer Verbandwechsel

Erfolgt während des Verbandwechsels eine Wundbehandlung (Wunderöffnung, Wunddébridement mit Ausschneidung von abgestorbenem Gewebe oder ähnliches), so handelt es sich um einen therapeutischen Verbandwechsel, z.B. bei Quetschwunden am Unterschenkel oder beim Dekubitus 3. Grades.

Der Verbandwechsel erfolgt durch den Arzt oder in Absprache durch das Pflegepersonal. Jeder therapeutisch angelegte Verband muß auch pflegerische Belange berücksichtigen.

2.2.3 Pflegerischer Verbandwechsel

Ein pflegerischer Verbandwechsel muß erfolgen, wenn durch das Belassen des Verbands eine zusätzliche Schädigung eintreten würde. Ist ein Verband z.B. sekretdurchweicht, so wird er gewechselt, um eine Mazeration (Aufweichung) der Haut zu vermeiden.

Diese Art des Verbandwechsels ist z.B. angezeigt bei Stomaversorgung, Fistelverband, Dekubitusprophylaxe mit Polsterverbänden oder nach einem Patientenbad und erfolgt in der Regel selbständig durch das Pflegeteam.

Selbstverständlich können auch mehrere Indikationen zusammenfallen.

 Bei einem pflegerischen Verbandwechsel wird die Wunde ebenfalls beurteilt, eventuelle Veränderungen müssen dokumentiert und dem ärztlichen Team mitgeteilt werden (Krankenbeobachtung).

2.3 Grundregeln des Verbindens

 Jeder Wundverband wird unter aseptischen Bedingungen durchgeführt. Zuerst werden die aseptischen, dann die septischen Wunden verbunden.

Eine Trennung von septischem und aseptischem Verbandwagen ist wünschenswert. Vom Patienten zum Verbandwagen darf kein direkter Kontakt entstehen.
Verbände so klein wie möglich anlegen, um gesunde Haut nicht unnötig zu irritieren.
Steriles Verbandmaterial auf Verfallsdatum und Verpackungsschäden kontrollieren.

Zwischen jedem Verbandwechsel erfolgt eine hygienische Händedesinfektion. Zum Verbandwechsel müssen Schutzhandschuhe (auch das Behandlungsteam muß sich schützen!) getragen werden.

Zu jedem Verbandwechsel gehört die Hautbeobachtung und die Hautpflege. Sie fördern den Heilungsproze und das Wohlbefinden des Patienten.
Ein Verband sollte ästhetisch aussehen, in erster Linie aber zweckmäßig sein.
Die Durchführung des Verbandwechsels und der Wundbefund werden *dokumentiert*.
Operationswunden sind nicht als steril zu bezeichnen, jedoch so zu behandeln. Es gilt die Keimbesiedelung möglichst geringzuhalten. Von zentralen Venenkathetern und suprapubischen Blasenableitungen können gefährliche Infektionen ausgehen. Deshalb sind an deren Verbände höchste Anforderungen an die Asepsis zu stellen.
Pflegemaßnahmen erklären, damit der Patient sein Krankheitsstadium besser einschätzen und sein Verhalten darauf abstimmen kann.

Bei jedem Verband, der angelegt wird, auf die Intimsphäre des Patienten achten.

2.4 Durchführung des Verbandwechsels

2.4.1 Zwei-Mann-Technik

Sie stellt den Idealfall dar. Es wird zu zweit verbunden: Einer reicht an, der zweite verbindet und entfernt die Materialien (Wundauflagen, Instrumente etc.), die Kontakt mit dem Patienten hatten, entweder direkt in den Abfall oder in desinfizierende Lösungen, scharfe Gegenstände in hierfür vorgesehene Spezialbehälter. Wie im Operationssaal reicht der „Springer" ohne direkten Kontakt mit dem Patienten das benötigte Material vom Wagen an. Es herrscht ein *Einbahnsystem* vom Wagen zum Patienten und nicht wieder auf den Wagen zurück (Abb. 2-1). Nur so kann eine Keimkontamination des Wagens vermieden werden. Der „Springer" sollte ebenfalls Handschuhe tragen, besonders wenn vorauszusehen ist, daß er Kontakt mit dem Patienten haben wird. Gerät der Springer in Kontakt mit dem Patienten (z.B. um ein Bein zu halten), dann wechselt er, bevor er an den Wagen geht, die Handschuhe. Vor jedem Wechsel zum nächsten Patienten sind Handschuhwechsel und hygienische Händedesinfektion notwendig.

2 Allgemeine Verbandlehre

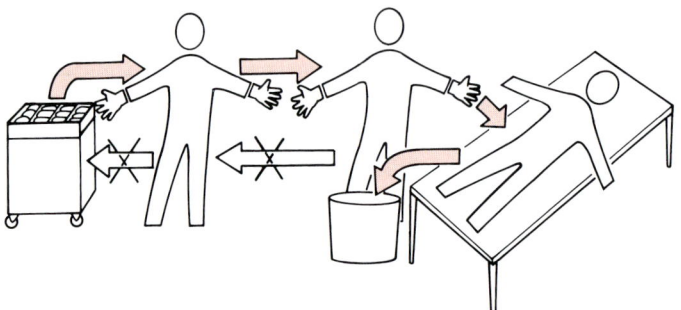

Abb. 2-1 Einbahnsystem beim Verbandwechsel in der Zwei-Mann-Technik.

2.4.2 Ein-Mann-Technik

Grundsätzlich gelten die gleichen Regeln wie für das Zwei-Mann-Team. Zunächst übernimmt der Verbindende die Rolle des Springers. Auf ein steriles Tuch legt er alle Materialien, die er voraussichtlich für den Verbandwechsel benötigt, ohne mit dem Patienten oder dem Bett selbst in Berührung zu kommen. In die aufgerissenen Kompressenhüllen kann er bereits Flüssigkeiten einfüllen und somit die Kompressen schon vorab durchtränken. Er muß die Hüllen mit den Kompressen so hinlegen, daß er sie steril entnehmen kann, oder sie ausgepackt auf das sterile Tuch legen. Instrumente und weitere Materialien, die steril verpackt sind, müssen geöffnet werden und so deponiert sein, daß sie ohne Handschuhwechsel entnommen werden können.

Es erfolgt dann der eigentliche Verbandwechsel am Patienten, der erste Rollenwechsel ist vollzogen. Hat der Behandelnde vergessen etwas vorzubereiten, muß er jetzt erneut in die Rolle des Springers schlüpfen (Handschuhwechsel, Anreichen vom Wagen, kein Kontakt zum Patienten). Diese Technik erfordert viel planende Routine. Im Idealfall muß während des Verbindens die Rolle nur einmal gewechselt werden.

2.5 Verbandmaterialien

Unsere Auswahl soll einige allgemeine Aspekte der Beschaffenheit, der Verarbeitung und der besonderen Eigenschaften des Endprodukts beleuchten. Der Grundstoff für Baumwolle, Zellwolle (= Viskosefasern) und Zellstoff ist die Zellulose. Sie stellt den Hauptbestandteil pflanzlicher Zellwände dar und bildet ein langes Kettenmolekül durch Aneinanderreihung vieler Grundmoleküle (Polymerisation). Diesen Fasern stehen die vollsynthetischen Chemiefasern (Perlon, Nylon, Polyester usw.) gegenüber. Die früher verbreiteten natürlichen Fasern wie Flachs, Hanf, Lein, Wolle oder Seide haben heute keine Bedeutung mehr.

2.5.1 Eigenschaften und Kriterien zur Beurteilung von Verbandstoffen

Aufgrund der folgenden Eigenschaften werden Verbandstoffe beurteilt und verglichen:

- Sterilisierbarkeit (Dampf-, Hitzesterilisation)
- Wasseraufnahmefähigkeit (= Hydrophilie)
- Lipophilie (= Hydrophobie = Wasserabweisung)
- Saugfähigkeit (Sekretaufnahme)
- Allergenität (= Häufigkeit, mit der sich Allergien gegen das Produkt bilden)
- Reißfestigkeit
- Umweltverträglichkeit (Produktion, Entsorgung)
- Kosten

2.5.2 Gesetzliche Regelungen: Kennzeichnung und Normen

Verbandmaterialien müssen je nach Verwendungszweck besondere Güte- und Reinheitsanforderungen erfüllen. Diese sind für die gebräuchlichsten Verbandstoffe in den Arzneibüchern und Normblättern festgelegt. In den Monographien des Deutschen Arzneibuchs, 9. Ausgabe (DAB 9), sind gesetzlich verbindliche Qualitätsanforderungen für einige Materialien festgelegt. Es gibt genaue Vorschriften, was z.B. Verbandmull aus Baumwolle (steril, nicht steril), Verbandwatte aus Baumwolle (steril, nicht steril), Verbandmull oder Watte aus Viskose, Zellstoff ist.
Zusätzlich bestehen Deutsche Industrienormen (Textilnorm) für einige Verbandmaterialien (z.B. DIN 61630 Verbandmull, DIN 61633 Trikotschlauchbinden aus Baumwolle usw.). Auf den Verpackungen muß die Zusammensetzung eines Verbandstoffs erkenntlich deklariert werden. Eine Verbandwatte aus Baumwolle und Zellwolle nach DAB 9 muß daher außer dem Hinweis auf das DAB 9 und/oder DIN 61640 noch Angaben nach dem Textilkennzeichnungsgesetz aufweisen, z.B. 50 % Baumwolle, 50 % Viskose, abgekürzt 50 % Co (von engl. cotton), 50 % Vi (= Viskose).

2.5.3 Rohstoffe

Baumwolle

Baumwolle stellt die wichtigste Zellulosefaser dar. Rohe Baumwolle enthält zu etwa 85 % reine Zellulose, der Rest besteht aus Fetten, Wachsen, Proteinen, Pektinen, Wasser und anderen Bestandteilen in wechselnden Mengen. Erst nach einer aufwendigen Reinigung/Entfettung und meist einem Bleichungsprozeß kommt sie als reine Baumwolle in den Handel. Als Verbandmaterial wurde sie erst in der Mitte des letzten Jahrhunderts eingeführt. Professor Viktor von Bruns war an der Entwicklung von Verbandwatte aus entfetteter Baumwolle wesentlich beteiligt, die reine Baumwollwatte trägt daher heute noch seinen Namen. Sie hat gute polsternde Eigenschaften und ein gutes Sekretaufnahmevermögen. Hitze- aber auch Dampfsterilisierung denaturieren sie und beeinflussen ihre physikalischen Eigenschaften wie Elastizität, Federung und Wasseraufnahme ungünstig. Außer Watte werden auch Kompressen und verschiedenste Binden ganz oder teilweise aus Baumwolle hergestellt.

Zellstoff

Ausgangsprodukt sind pflanzliche Zellulosen meist aus Fichten- oder Kiefernholz,

aber auch aus Laubhölzern und Stroh. Die Verarbeitung erfolgt durch chemischen Aufschluß der Fasern über Auswaschen, Bleichen, Reinigen und Entwässern. Die Endmasse wird – wie bei der Papierverarbeitung – auf Bänder mit beheizten Trockenzylindern aufgebracht und die entstehende Zellstoffbahn aufgerollt. Diese bildet den Fasergrundstoff für die Weiterverarbeitung zu:
Zellwolle, Zellstoffwatten, Verbandzellstoffen oder Zellstoffflocken (= engl. fluff).

Zellwolle (Viskosefasern)

Zellwolle stellt eine sogenannte regenerierte Zellulosefaser dar. Sie ist eine Chemiefaser aus Baumfaserzellstoff, die chemisch zu einer spinnbaren Faser größerer Faserlänge weiterverarbeitet wird. Von Baumwolle unterscheidet sich die Zellwolle durch ihre äußere Struktur und ihre physikalischen Eigenschaften. Die Fasern sind unter dem Mikroskop stäbchenförmig, während sich Baumwollfasern gewunden darstellen. Dadurch ist Zellwolle weniger elastisch, weniger federnd und hat geringere polsternde Eigenschaften als Baumwolle. Zellwolle ist ausgesprochen hydrophil und saugt daher Wasser schnell auf.

Vollsynthetische Chemiefasern

Polyamide (Perlon = Polyamid 6; Nylon = Polyamid 6,6): Beide Fasern haben gleiche physikalische Eigenschaften, sind alterungs- und fäulnisbeständig und verrotten nicht. Gegenüber Baum- und Zellwolle verfügen sie über eine wesentlich höhere Reißfestigkeit und Elastizität. Sie sind physiologisch unbedenklich und stellen daher auch ein relativ inertes Nahtmaterial in der Chirurgie dar. Die Fasern sind hydrophob und haben wenig Wasseraufnahmekapazität und Saugkraft. Sie werden außer als chirurgisches Nahtmaterial auch für Wundauflagen und dauerhaft elastische Binden eingesetzt.

Polyester (Diolen, Trevira, Vestan) werden im Klinikbereich als Bestandteil von Wundauflagen und besonders als Polsterwatte eingesetzt. Aus Polyestervlies werden auch die in Transiträumen, Ambulanzen oder auf Krankenstationen häufig verwendeten Einziehdecken (Molinea®) hergestellt.

Polypropylen findet Verwendung als Wundauflage und Polsterwatte.

Polyurethan: Die meisten Schaumstoffe werden aus Polyurethan hergestellt (z.B. Moltoprenschaumstoff®). Aus den Polyurethanfäden-Elastomerfasern Elasthan, Lycra und Dorlastan werden Mieder, Korsetts und Stretchwaren gefertigt. Für dauerelastische Binden werden zunehmend Elasthanfasern eingesetzt. Die meisten Gipsersatzmaterialien zur Gliedmaßenruhigstellung bestehen aus Polyurethan. Sie verbrennen rückstandslos.

2.5.4 Wattearten

Watten sind lockere Faserhaufen, die nur durch ihre physikalischen Eigenschaften aneinanderhaften. Die Rauhigkeit der einzelnen Fasern gewährleistet den lockeren Zusammenhalt. Die Faserflore werden entweder parallel oder gekreuzt in mehreren Lagen übereinandergeschichtet.
Watten können aus Baumwolle und/oder aus Zellwolle als hydrophile Grundstoffe

bestehen. Sie werden als Reinstoffe oder gemischt als medizinische Watten nach DAB 9 oder als Watten für Kosmetik und Hygiene hergestellt. Vollsynthetische Watten sind wasserabweisend und werden als Polstermaterial eingesetzt.

Zur Wundabdeckung sind Watten nicht geeignet, da die Einzelfasern mit der Wunde verkleben würden.

Baumwollwatte nimmt zwischen den Fasern an der Oberfläche viel Wasser auf (interkapilläre Wasseraufnahme). Auch im nassen Zustand besteht eine höhere Bauschelastizität als bei Zellwolle. Aufgrund ihrer hohen Faserrauhigkeit neigt Baumwollwatte nicht zum Ausfuseln.

Zellstoffwatte verfügt über eine besonders schnelle Wasseraufnahme auch in die Faser (intrakapillär) und über eine sehr hohe Wasserspeicherkapazität.

Verbandwatte gibt es nach DIN in drei Qualitäten:
- Reine Baumwolle (entfettet, gebleicht, Faserlänge nach DIN).
- Reine Zellwolle (Faserlänge und Feinheit nach DIN).
- Mischungen von 50% BW und 50% ZW (Abkürzungen s. Tab. 2-1).

Tab. 2-1 Verschiedene Wattematerialien.

Material	Abkürzungen nach DIN 60001 (1970)
Baumwolle	BW
Zellwolle (Viskose)	ZW
Acetatseide	CA
Polyamid	PA
Polyäthylen	PE
Polyester	PES
Polypropylen	PP
Polyurethan	PUR
Polyvinylchlorid	PVC

Augenwatte ist eine reine, besonders langfaserige, entfettete und gebleichte Baumwolle. Sie darf nicht fuseln.

Kosmetikwatte besteht aus Mischungen von 20/80 oder 30/70 BW/ZW und muß nicht den Reinheitsanforderungen des Arzneibuchs oder den DIN-Normen entsprechen. Sie enthält gelegentlich optische Aufheller oder ist eingefärbt.

Polsterwatte soll eine hohe Bauschelastizität aufweisen, wenig Sekret aufnehmen – also wasserabweisend, sein –, aber einen guten Sekretdurchfluß ermöglichen, um einen Feuchtigkeitsstau zu verhindern. Ursprünglich wurde daher nicht-entfettete (wasserabstoßende) ungebleichte Baumwolle verwendet. Um ein Ausfuseln zu verhindern, können Wattevliese ein- oder beidseitig geleimt werden. Dadurch kleben die Wattefasern im Verbund. Wird Polsterwattevlies geleimt, entsteht *Tafelwatte;* aus gebleichter Watte wird durch Leimen *Wiener Watte.*

Vollsynthetische Polsterwatten sind heute am gebräuchlichsten. Sie sind besonders gut wasserabweisend, lassen jedoch Sekrete abfließen. Direkt auf der Haut können sie jedoch zu Reizungen führen, weshalb sie immer mit einem tg®-Strumpf (tg = tube gauze = Schlauchmull, siehe Kap. 4) oder mit Baumwollbinden unterlegt werden sollten.

2.5.5 Mittel zur Verbandfixation

Pflaster

Zur Fixierung von Verbänden werden Pflaster verwendet. Noch im 19. Jahrhundert wurde unter einem Pflaster ein Medikament verstanden, das zur äußeren Behandlung z.B. einer Wunde eingesetzt und aufgelegt wurde. Heute verstehen wir unter einem Pflaster ein Heftpflaster oder einen Wundschnellverband. *Heftpflaster* dienen der Verbandfixierung. Meistens wird es auf Rollen aufgewickelt. Auf einer Trägerschicht ist ein Kleber aufgebracht. Als *Trägermaterialien* dienen Gewebe aus Baumwolle, Zellstoff oder Seide, die in der Regel wasserabweisend imprägniert, aber nicht ganz wasserundurchlässig sind. Die meisten Pflaster werden heute aus nur gering reißfestem Gewebe hergestellt, damit zum Abtrennen von der Rolle nicht unbedingt eine Schere zur Hand sein muß (Leukosilk®). Völlig wasserundurchlässige Pflaster werden aus PVC oder Polyäthylenfolien hergestellt und sind dann auch luftundurchlässig. *Wundschnellverbände* sind Pflaster in spezieller Form mit einer integrierten Wundauflage, dem sogenannten Wundkissen (siehe Abb. 2-7).

Neuerdings sind auch besonders breite Heftpflaster in Form von klebenden *Mullfolien (Klebevlies)* erhältlich. Mit ihnen können Verbandkompressen flächig rundherum fixiert werden (Abb. 2-2). Als Trägermaterialien dienen vorzugsweise Zellulosevliese, die besonders quer- und längselastisch sind und sich den Hautunebenheiten gut anpassen (Mefix®, Fixomull stretch®).

Klebemassen

Zinkoxid-Kautschuk

Die Entwicklung von Zinkoxid-Kautschuk-Pflastern führte zum klassischen Leukoplast, das seit 1901 produziert wird. Das Zinkoxid soll die Klebemasse haltbarer und das Pflaster wegen seiner entzündungslindernden Eigenschaften verträglicher machen. Zink-Kautschuk-Kleber weisen jedoch einige Probleme auf:

- Temperaturen über 60 °C und lange Lagerung führen über oxidativen Abbau zu Alterungserscheinungen. Die Klebemasse durchdringt die Trägerschicht, die dann oft beidseitig klebt.
- Beim Entfernen werden meist die Körperhaare ausgerissen. Dies kann durch Verwendung von Wundbenzin vermieden werden.
- In den Randzonen bleiben nach Entfernung Rückstände auf der Haut, die jedoch mit Wundbenzin zu entfernen sind.
- Allergien gegen den Zink-Kautschuk-Kleber sind häufig.

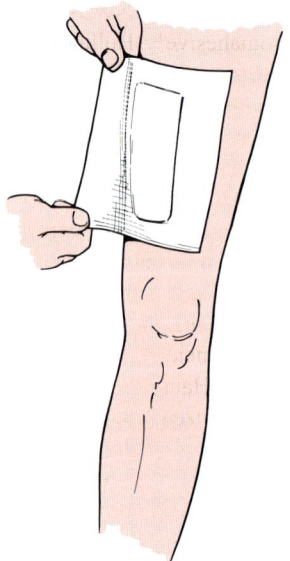

Abb. 2-2 Elastisches Klebevlies als Beispiel für eine einfache Verbandfixation (rutschfest).

2.5 Verbandmaterialien

Vollsynthetische Kleber (Polyacrylat)

Vollsynthetische Kleber bestehen aus rein synthetischen Komponenten und bieten einige Vorteile gegenüber den Kautschukklebern:

- Sie können in poröser Struktur aufgebracht werden, ermöglichen dadurch die „Hautatmung" und sind somit hautverträglicher.
- Bei Temperaturen über 60 °C verändern sie sich nicht und sind daher im Dampfautoklaven sterilisierbar. Sie altern kaum.
- Das Entfernen ist schmerzärmer, da Körperhaare meistens nicht ausgerissen werden.
- Die Pflaster lassen sich rückstandsfrei entfernen.
- Durch Benetzen mit Alkohol (Desinfektionsspray) löst sich der Kleber schnell und kann schmerzfrei und ohne Kraft von der Haut und von Kathetern entfernt werden.
- Es besteht nur ein geringes Allergisierungsrisiko. Dazu muß der Anteil an Oligomeren oder Monomeren (also der kurzkettigen, allergisierenden Anteile) durch spezielle Verfahren verringert werden. Es entstehen dann sogenannte *hypoallergene Pflaster*.

Flüssigkleber, Sprühkleber

Sprühkleber sind Kunstharzkleber, die in Druckflaschen mit Sprayköpfen erhältlich sind. Fein zerstäubt werden feinste Klebertröpfchen auf die Haut aufgesprüht, bis sich ein dünner, durchsichtiger Film bildet. Auf diesen Klebefilm können zusätzlich noch Wundauflagen gebracht werden (siehe auch Kap. 2.5.6 Aufgaben von Wundauflagen).

Arasol® ist ein Verbandstoffkleber auf Kunstharzbasis (Methacrylat), der auf die Haut oder den Verbandstoff aufgestrichen wird. Er kann mit alkoholischen Lösungen (Desinfektionsmittel), nicht aber mit Benzin oder Äther entfernt werden.

Mastix ist ein Naturharzkleber. Er läßt sich durch Benzin, Äther und Azeton entfernen.

Wundkleber wie Epitec® oder Epigluc® sind Flüssigkleber auf der Basis von Polymethylmetacrylat. Der Kleber wird in kleinsten Mengen direkt auf Platzwunden aufgetragen und härtet innerhalb von Sekunden aus.

Adhäsivstoffe

Adhäsivplatten sind kleberfrei, kleben nicht auf der Haut, aber haften sehr gut, z.B. Stomahesive®, Hollihesive®, Comfeel®, Karaya®. Sie bestehen aus pflanzlichen, quellfähigen Grundstoffen und sind ausgesprochen hautfreundlich. Bei vorliegenden Hautschädigungen und in Problembereichen wie der Dekubitusbehandlung, der Stomaversorgung und beim Verbinden von fistelnden Wunden werden sie daher bevorzugt eingesetzt (siehe Kap. 7 Sonderverbände). Sie werden bei Erwärmung geschmeidiger und passen sich dann gut der Haut an. Zwischen den einzelnen Substanzen bestehen Unterschiede hinsichtlich ihrer Quell- und Flüssigkeitsaufnahmefähigkeit. Dabei verändern sich Volumen und Konsistenz. Allergisierungen sind insgesamt selten. Bei Verdacht auf eine Allergie wird das Material getestet, indem man ein Stück der Adhäsivplatte auf die Rückenhaut klebt und die

Fixierbinden

Die nicht-elastischen Mullbinden sind heute weitgehend von *elastischen Mullbinden* zur Verbandfixierung verdrängt worden. Die Elastizität beruht auf elastischen Kettgarnen, die aus sogenannter überdrehter Baumwolle, aber auch aus dauerelastischen synthetischen Fäden (Elasthanfäden) mit einer gummiähnlichen Dehnbarkeit bestehen können. Diese Binden lassen sich gut über Gelenken anlegen. Sie schnüren so gut wie nie ein und rutschen nicht (Abb. 2-3). Sie erfordern auch keine spezielle Wickeltechnik zur Verhinderung von Tütenbildungen. Ein glatter Andruck wird durch eine gleichmäßige Zug- und Druckverteilung erreicht. Bei Schwellungszuständen geben die Binden bis zu einem gewissen Grad nach.

Die elastischen Binden können auch mit einer Latexemulsion imprägniert sein als sogenannte *Haftbinden* (Peha Haft®, Haftelast®, Gazofix®). Dies führt dazu, daß die Binden Wickeltour um Wickeltour auf sich selbst haften, nicht jedoch auf der Patientenhaut. Ein Verrutschen der Wickeltouren untereinander ist dann nicht mehr möglich, auch das Befestigen des Bindenendes durch ein Heftpflaster entfällt.

Neuerdings sind auch *Schaumstoffbinden* (Tensoban BSN®) aus dünnem, leichtem Polyurethanschaum erhältlich, die sich ausgezeichnet als Fixierbinden eignen. Zur Anmodellierung und Fixierung von Polstermaterialien unter Hartverbänden haben sie wesentliche Vorteile gegenüber der verbreiteten Fixierung durch Krepppapierbinden. Sie sind gut feuchtigkeitsdurchlässig, hautverträglich und verändern sich nicht, wenn sie feucht werden. Beim Anwickeln neigen sie aufgrund ihrer Elastizität nicht zum Faltenwurf.

2.5.6 Aufgaben von Wundauflagen

Wundauflagen sind immer nach dem gleichen Prinzip aufgebaut (Abb. 2-4). Sie sollen neben Sterilisierbarkeit und Hautverträglichkeit verschiedene Anforderungen erfüllen:

Schutz vor Verklebung

Entfettete Watte und Zellstoff sind zwar äußerst saugfähig, jedoch als Wundkon-

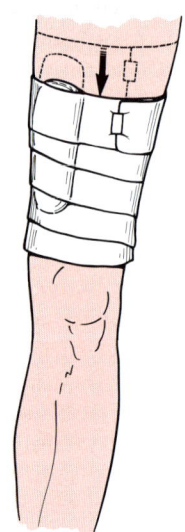

Abb. 2-3 Eine Fixierbinde zum Befestigen von Wundauflagen.

2.5 Verbandmaterialien

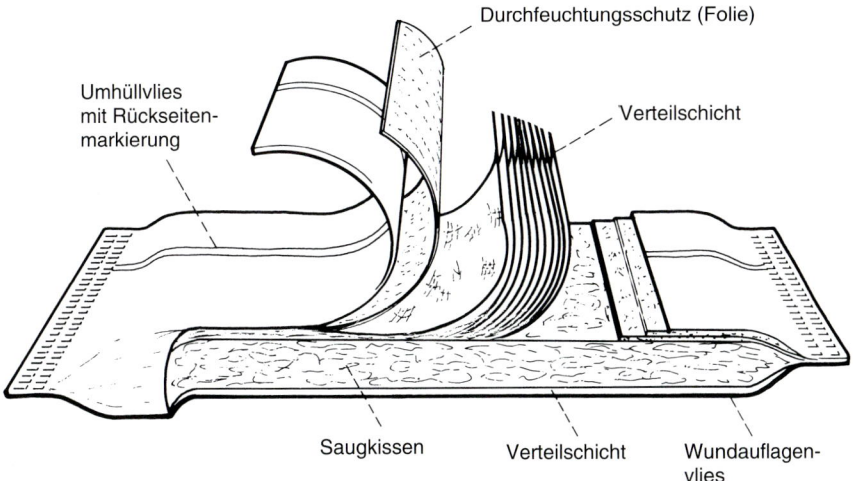

Abb. 2-4   Schematischer Aufbau einer dicken Wundkompresse.

taktauflage ungeeignet, da sie mit der Wunde verkleben und beim Abnehmen zerreißen. Auch textiler Verbandmull erfüllt nicht alle Anforderungen. Er leitet Sekret weniger gut und verklebt leicht mit der Wunde. Beim Entfernen reißen Krusten und Granulationen ab. In idealer Weise sollte die Wundkontaktfläche Sekret in die darübergelegenen Saugschichten weiterleiten, ohne es selbst aufzunehmen. Dies wird auf verschiedene Weise erreicht:

- Durch Auflagen mit einem Bewegungseffekt aus besonders verdrillten Fasern, die sich, wenn sie feucht werden, verwinden und verdrehen. So wird die Wundauflage rein mechanisch von der Wunde abgehoben und ein flächenhaftes Verkleben verhindert. Die meisten Fertigpflaster (Hansamed®, Hansaplast®, Hansapor®) sind so ausgestattet.
- Durch Verwendung wasserabweisender Oberflächen unter Erhalt der Porosität. Hierzu wird der Verbandstoff mit Aluminium bedampft oder mit Silberfolie belegt. Es gibt auch synthetische Fasern, die kein Wasser aufnehmen.
- Durch mit Fettsalben getränkte Verbandgitter. Hier dürfen die Maschen jedoch nicht zu eng sein, sonst besteht die Gefahr eines Sekretverhalts.

Saugfähigkeit

Die Saugfähigkeit bestimmt sich aus der Ansauggeschwindigkeit und der Saugkapazität. Üblicherweise dienen Zellulosefasern als Grundstoff. Hier kann zwischen der intrakapillären und der interkapillären Wasseraufnahme unterschieden werden. Durch oxidative Bleichung werden die natürlicherweise vorhandenen, wasserabweisenden Begleitstoffe entfernt. Je größer die Oberfläche und je höher der Grad des Faseraufschlusses ist, desto größer ist die Saugfähigkeit. Jedes Sekret stellt einen Nährboden für Keime dar. Sekretableitung ist daher gleichbedeutend mit Keimableitung und Infektprophylaxe. Als saugende Komponenten dienen Baum- oder Zellwolle in Form von Mullgeweben, Watten, Vliesstoffen oder Zellstoffflocken. Eine gut saugende Wundauflage zeichnet sich durch einen guten Löschblatteffekt aus, die Wunde selbst bleibt fast trocken.

Durchfeuchtungsschutz

Häufig dient eine Folie als Durchfeuchtungsschutz. Unter der Folie kann es allerdings zum Sekretstau kommen. Daher sollte die Saugschicht genügend dick gewählt werden, bzw. bei Durchfeuchtung der Verband gewechselt oder eine neue Saugschicht aufgelegt werden.

Luft- und Wasserdurchlässigkeit

Luft und Wasserdampf sollten die Wundabdeckung durchdringen können, sonst kommt es zu einem Okklusionseffekt und zur Mazeration der Haut. Nur in Ausnahmefällen und für eine kurze Zeit können Wunden durch wasserdichte Verbände versorgt werden.

Schutz vor Fremdkörpern

Ein Wundverband stellt eine Barriere zwischen der Wundfläche und der Umgebung dar. Diese Barriere soll naturgemäß nicht absolut dicht sein. Bei einem steril angelegten Verband soll sie jedoch eine Keim- oder Schmutzkontamination von außen vermeiden und einen *Sekundärinfekt* verhindern. Kleidungsstücke dürfen nicht direkt mit der Wunde in Kontakt kommen, Körpersekrete (Schweiß, Urin etc.) sollen die Wunde nicht erreichen. Mit Keimen behaftete Schmutzpartikel bleiben in den oberflächlichen Schichten des meist feinfaserigen, mehrschichtigen Gewebes haften und dringen nicht in die Tiefe vor. Bakterien in Körpersekreten oder Wassertröpfchen werden ebenfalls oberflächlich wie in einem Filter adsorbiert. In einigen speziellen Fällen kann auch kurzfristig ein wasserdichter Schutzverband angelegt werden, wobei ein Schutz vor Wasser nur selten notwendig ist.

2.5.7 Wundverbände

Niemals darf ein Pflaster zirkulär angelegt werden! Es kann zu schweren Abschnürungen kommen (Abb. 2-5a, b).

Zirkuläre Verbände aus unelastischem Material sind verboten.
Die Extremitäten unterliegen belastungs-, orthostase- und verletzungsabhängigen,

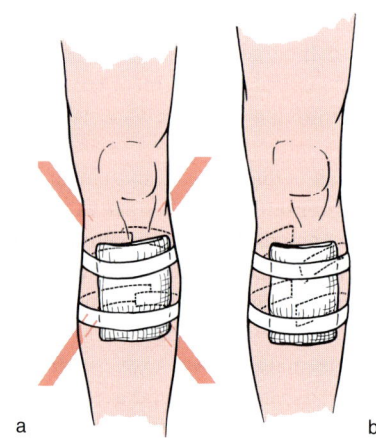

Abb. 2-5 Kein zirkulärer Pflasterverband!
a) falsch.
b) richtig.

wechselnden Schwellungszuständen. Auch durch kardiopulmonale Störungen können diese Schwellungen hervorgerufen werden. Ein zirkulärer Verband, der nicht bis an das Extremitätenende gewickelt ist (siehe Kap. 5, z.B. Zinkleimverband), führt unter Umständen zu einer distalen Schwellung und zu Durchblutungsstörungen.

Wundschnellverbände

Sind Wundauflage und Verbandfixierung fest kombiniert, so sprechen wir von einem Wundschnellverband.
Bei dem einfachen Hansaplast standard® ist ein starres Heftpflaster auf Zinkoxid-Kautschuk-Basis mit einem wundfreundlichen Spezialkissen kombiniert. Es gibt elastischere (Hansamed elast®), besonders robuste, wasserabweisende Wundschnellverbände und solche mit besonders hautfreundlichen Klebern, die im allgemeinen bevorzugt werden (Hansamed®). Diese „Pflaster" werden in Rollen verschiedener Breite geliefert, sind nicht extra eingepackt und werden je nach Bedarf in der Länge zurechtgeschnitten. Die Pflaster und die Wundauflage sind durch einen Schutzstreifen abgedeckt. Dieser wird so abgezogen, daß die Wundauflage nicht berührt wird. Verbindet man mit diesen starren Wundschnellverbänden über einem Gelenk, müssen sie an der Seite eingeschnitten werden, damit sie sich besser anschmiegen, und sie müssen, wenn die Streckseite verbunden wird, bei gebeugtem Gelenk angeklebt werden, um die Bewegung nicht zu behindern (Abb. 2-6).
Eine große Auswahl an zugeschnittenen Wundschnellverbänden aller Größen und Variationen steht heute zur Verfügung.

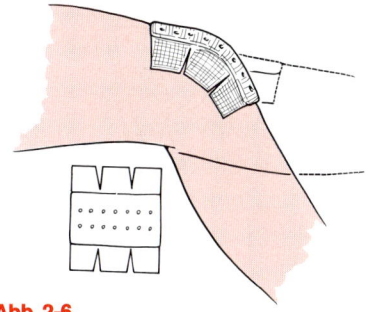

Abb. 2-6
Eingeschnittener Wundschnellverband über einem Gelenk.

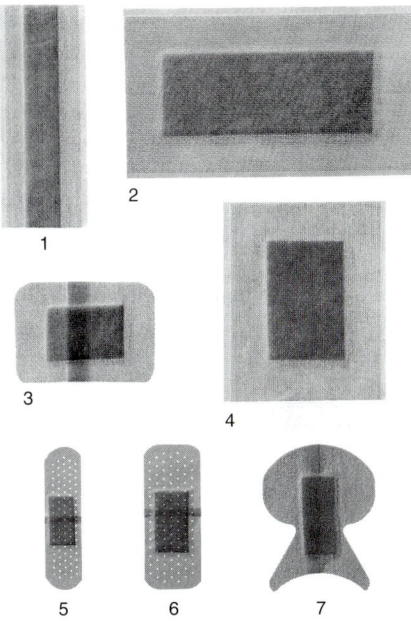

Abb. 2-7 Verschiedene Wundschnellverbände: 1, 2, 3, 4: Cutiplast® steril; 5, 6: Hansaplast® strip; 7: Cutiplast®-Fingerkuppenverband.

Sie sind jeweils einzeln steril verpackt (Abb. 2-7). Besondere Pflasterformen sind zum Verband von Fingerkuppen entwickelt worden (Abb. 2-8).

2 Allgemeine Verbandlehre

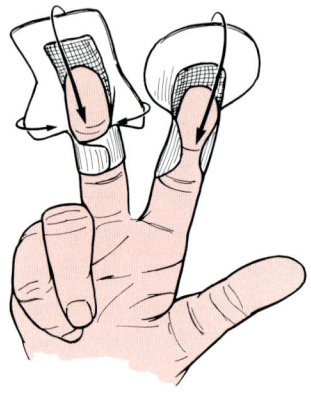

Abb. 2-8 Wundschnellverband für Finger- oder Zehenkuppen.

Für Kinder werden von der Industrie spezielle Wundschnellverbände mit verschiedenen Motiven (z.B. Tiermotiven) angeboten. Das „Trostpflaster" hilft dem Kind, den Schrecken schnell zu vergessen.

Sprühpflaster sind meist entbehrlich. Trockene Wunden, 24 Stunden nach Wundnaht, benötigen überhaupt keinen Verband mehr.

Nahtloser Wundverschluß durch Klammerpflaster

Eine gute sichere Wundadaption bis zum Abschluß der Wundheilung kann nicht nur durch chirurgische Wundnaht sondern oft auch durch sogenannte Wundverschlußpflaster (Abb. 2-9) erreicht werden. Die Klebefläche zu beiden Seiten der Wunde muß in einem guten Verhältnis zur Wundspannung liegen, sonst kommt es zu Spannungsblasen. Lücken zwischen den einzelnen Pflastern oder die Porosität des Pflasters selbst müssen einen guten Sekretaustritt ermöglichen. Vor dem Anlegen müssen die Wundränder z.B. mit Pinzetten adaptiert werden. Die Haut sollte trocken

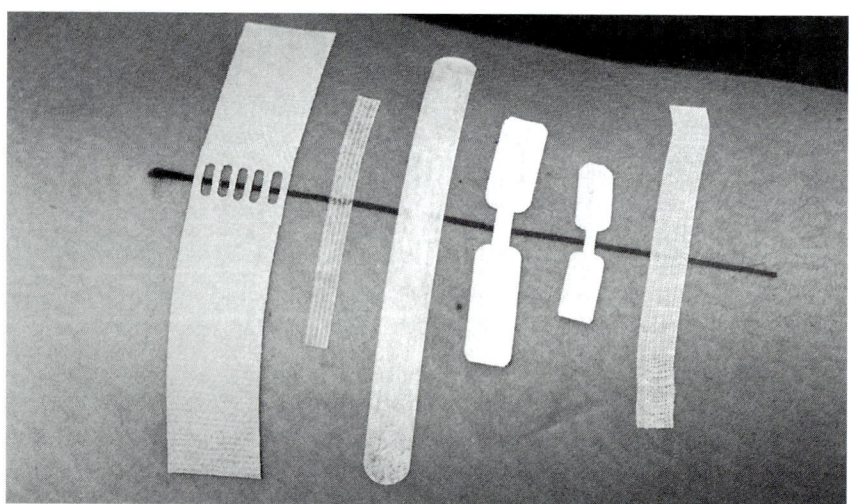

Abb. 2-9 Verschiedene Klammerpflaster. Von links nach rechts: Porofixklammerpflaster®, Steri-Strip®, Curapont-Wundverschluß®, Band-Aid-Butterfly® in zwei Größen und Leukoclip porös®.

und entfettet sein. Über den Klammerpflasterverband wird, zumindest in den ersten 24 Stunden bis zur Ausbildung eines Wundschorfs, noch ein Wundverband angelegt.

Beim Anlegen von Wundverschlußpflastern muß die Haut an den Händen der Pflegekraft intakt sein. Nur so kann sie sich vor einem möglichen Infektionsrisiko schützen, da Manipulationen mit Handschuhen oder Pinzetten nahezu unmöglich sind.

3
Bindenverbände

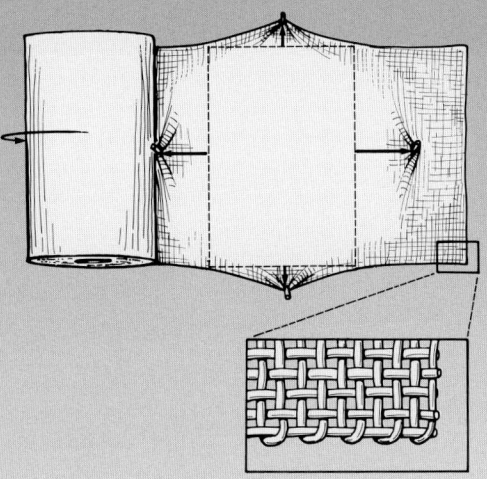

Seit dem Altertum werden Wundauflagen und Stützverbände durch einen Bindenverband befestigt. Dabei wurden für alle Gliedmaßen sehr ausgefeilte Wickeltechniken erarbeitet. Die früher verwendeten Binden waren nicht elastisch und modellierten sich schlecht dem Körper an. Heute ist die Situation durch moderne Werkstoffe wesentlich erleichtert:

- Binden müssen Wundauflagen nicht mehr ausschließlich rutschfest fixieren, Heftpflaster oder Pflastervliese übernehmen diese Funktion teilweise oder ganz.
- Fixierbinden sind elastisch, sie passen sich der Anatomie besser an, Faltenbildungen sind besser vermeidbar.
- In einigen Bereichen haben Schlauchmullverbände die Bindenverbände vollständig ersetzt (siehe Kap. 4 Schlauch- und Netzschlauchverbände). Trotzdem sind grundlegende Kenntnisse der Technik und Problematik von Binden sowie der Wickeltechnik unvermeidbar, da in vielen Bereichen Binden noch weit verbreitet und teils unersetzbar sind, z.B.:

- als Gips- oder Kunststoffbinden für Hartverbände;
- als Kreppbinden zur Fixierung und Modellierung von Polsterungen;
- als Kompressionsbinden;
- als Stumpfbinden zur Wickelung von Amputationsstümpfen.

3.1 Bindenarten

Abb. 3-1 zeigt eine Binde. Man kann den Bindenkopf und das Bindenende erkennen. Die Binde weist eine bestimmte Breite auf. Handelt es sich um eine gewebte Binde, so unterscheidet man den Kettfaden und den Schußfaden. Der Faden in der Kette läuft in Längsrichtung der Binde, seine Beschaffenheit ist verantwortlich für die Längselastizität der Binde. Der Schußfaden läuft senkrecht zum Kettfaden; er ist verantwortlich für die Querelastizität. Läuft der Schußfaden

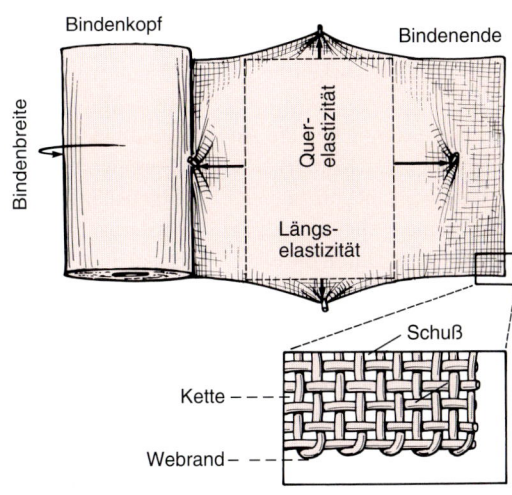

Abb. 3-1 Die Binde.

hin und her, ist er also am Bindenrand nicht abgeschnitten (Gefahr des Ausfransens), so spricht man von einer Webkante.

Mullbinden

Material: Mullbinden werden mit einer Zellwollkette und einem Schuß aus Baumwoll- oder Zellwollfaden gewebt. Schuß und Kette haben meist 20–24 Fäden. Der Rand wird heute üblicherweise mit einer Webkante versehen, ein Ausfransen an den Rändern tritt nicht mehr auf.
Eigenschaften: Sie haben keine Längs- oder Querelastizität, modellieren sich daher schlecht an und können leicht zu Strangulationen und Einschnürungen führen.
Anwendung: Verbandfixation. Sie erfordern jedoch eine sehr sorgsame Wickeltechnik und werden heute weitgehend durch elastische Mullbinden ersetzt.

Elastische Mullbinden

Material: Durch Einführung von elastisch-dehnbaren Kettfäden konnten Mullbinden mit hoher Längselastizität von 70 bis zu 140 % Dehnbarkeit hergestellt werden.
Eigenschaften: Sie ermöglichen die Anlage von schmiegsamen, die Körperkonturen auch an Gelenken nachformenden Verbänden, die keine sehr ausgefeilte Wickeltechnik erfordern. Durch die elastische Verformbarkeit ist eine gute Restbeweglichkeit in den Gelenken ohne Faltenwurf möglich. Wegen der gekräuselten Kettfäden haften die Bindentouren auch etwas besser aufeinander als bei der glatten Mullbinde.
Anwendung: Verbandfixation.

Elastische Fixierbinden

Material: Sie sind engmaschiger gewebt als Mullbinden und durch synthetische Kettfäden sehr gut längselastisch (100 bis 150 %).
Eigenschaften: Gelenke bleiben gut beweglich, die Binden weisen einen erheblichen Kletteffekt auf, wodurch die Bindentouren relativ rutschfest aufeinander haften.
Anwendung: Verbandfixation.

Selbsthaftende Fixierbinden

Material: Elastische Fixierbinden erhalten durch punktuelles Auftragen von Latex zusätzliche Hafteigenschaften.
Eigenschaften: Die einzelnen Bindentouren haften kohäsiv aufeinander, verrutschen nicht, haften jedoch nicht auf der Haut selbst. Ein Bindenabschluß erübrigt sich.
Anwendung: Verbandfixation.

Elastische Binden (Idealbinden)

Material: Sie sind in Breiten von 4 bis 30 cm erhältlich. Der Kettfaden besteht aus gekreppter, reiner Baumwolle, für die Schußfäden werden auch Mischgarne (Baumwolle, Zellwolle) verwendet.
Eigenschaften: Sie sind koch- und sterilisierbar, verlieren dabei allerdings an Elastizität, da sie nicht aus synthetischen Fasern bestehen. Sie sind nicht querelastisch und haben eine mittlere Längselastizität.
Anwendung: Durch die Festigkeit des Materials werden sie für Stütz- und Gelenkverbände sowie auch für Kompressionsverbände eingesetzt.

Nichtgenormte Kompressionsbinden

Durch Verwendung unterschiedlicher synthetischer oder gummiartiger Fäden in der Kette und auch im Schuß können Binden mit den unterschiedlichsten Dehnbarkeiten und dauerelastischen Eigenschaften für Spezialanwendungen geschaffen werden. Es werden dann Langzug-, Mittelzug- und Kurzzugbinden unterschieden (siehe Kap. 5 Kompressionsverbände).

3.2 Allgemeine Verbandtechnik mit Binden

Bindenbreite: Je schmaler eine Binde ist, desto besser lassen sich Gelenkkurven modellieren (z.B. Sprunggelenk). Je weniger elastisch die Binde ist, desto schmaler muß sie sein, um faltenfrei anmodelliert werden zu können und nicht zu strangulieren.

Verankerung des Bindenanfangs: Am Beginn des Verbands läßt man das freie Bindenende auf einer Seite etwas schräg heraustehen. Nach der ersten Tour wird es eingeschlagen und mit der zweiten Tour fixiert (Abb. 3-2).

Abrollen der Binde: Der Bindenkopf wird flach zwischen Daumen und Zeigefinger geführt, die Binde sollte über die Extremität abgerollt werden. Dabei kann man in den Spalt zwischen Bindenkopf und Bindenende hineinsehen (Abb. 3-3a). Dreht man sie anders herum, läßt sie sich nicht gut abrollen, und sie muß deutlich vom Körper abgehoben werden (Abb. 3-3b). Wird die Binde nicht ausschließlich am Bindenkopf flach gehalten, so kann – besonders bei verformbaren Binden (elastische Mullbinden, Krepp-

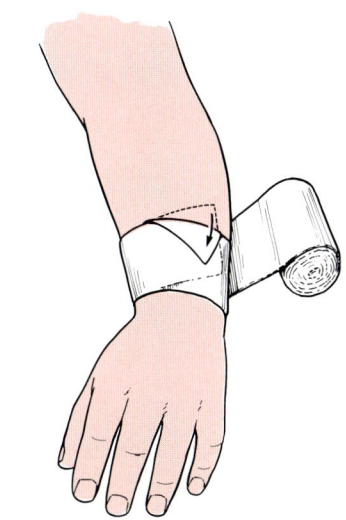

Abb. 3-2 Verankerung des Bindenanfangs.

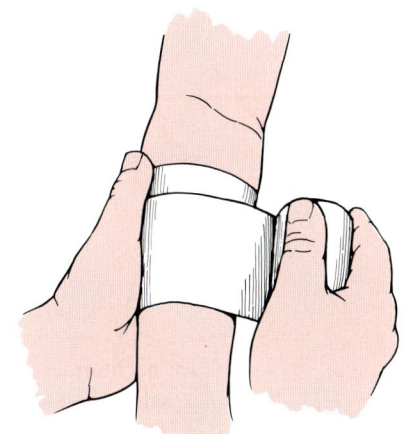

Abb. 3-3 a Abrollen der Binde.

papier) – ein Faltenwurf entstehen, und die Binde kann nicht plan angewickelt werden (Abb. 3-3c).

3 Bindenverbände

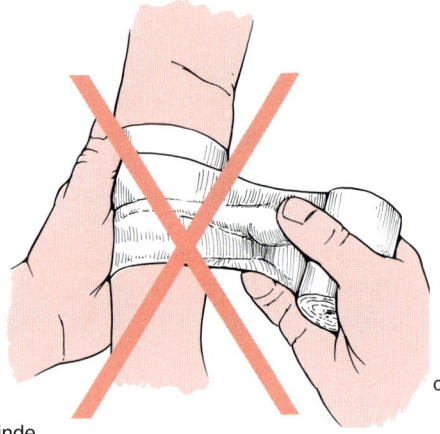

Abb. 3-3 b, c Häufige Fehler beim Abrollen der Binde

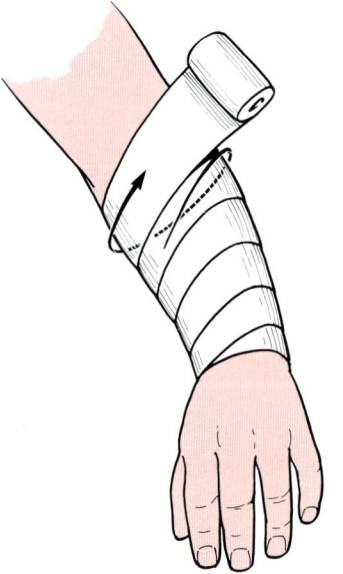

Abb. 3-4 a Schrauben- oder Spiralgang, aszendierend gewickelt.

3.2.1 Wickeltechniken

Auf- und absteigende Bindentouren (ascendens, descendens)

Wird ein Verband zum Herzen hin gewickelt (z. B. von der Zehe zum Knie), nennen wir ihn aufsteigend (ascendens), wird er vom Herzen weg gewickelt, ist es ein absteigender Verband (descendens).

Schrauben- oder Spiralgang (Dolabra ascendens oder descendens)

Er wird zum Verbinden von größeren Körperabschnitten eingesetzt. Die einzelnen Bindentouren sollten sich mindestens zur Hälfte überdecken (Abb. 3-4 a).

Serpentinengang (Dolabra serpens)

Wenn sich der Durchmesser des zu verbindenden Körperabschnitts im Verlauf ändert, kann bei einem wenig elastischen Bindenmaterial ein deckender Verband aus Schraubentouren nicht glatt anliegend gewickelt werden. Es kommt zur Tüten-

3.2 Allgemeine Verbandtechnik mit Binden

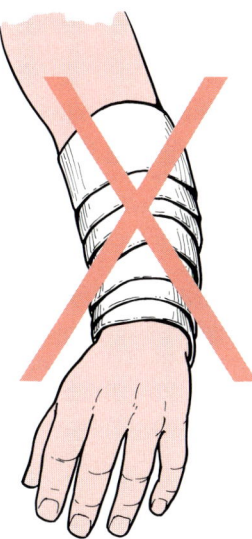

Abb. 3-4 b Schlecht angelegte Binde mit Tütenbildung.

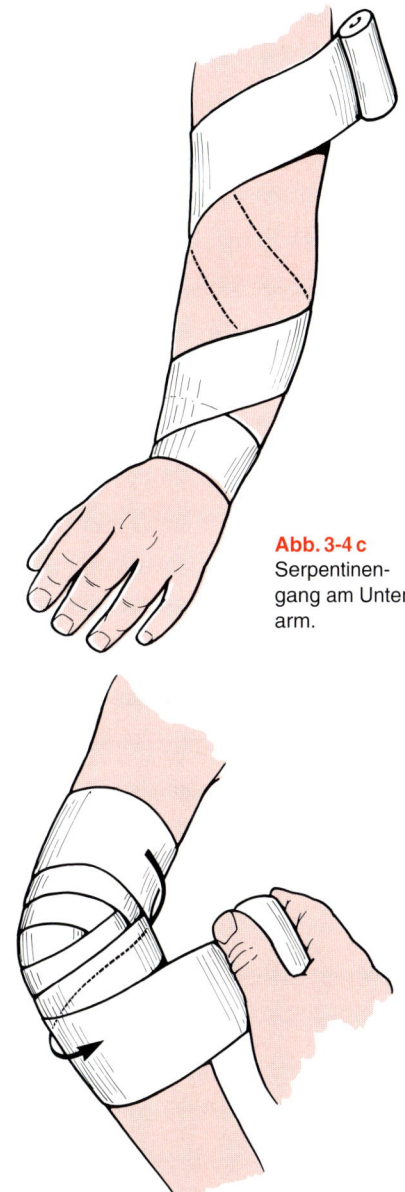

Abb. 3-4 c Serpentinengang am Unterarm.

Abb. 3-4 d Auswärtsgerichteter Schildkrötenverband am Ellenbogen (Testudo reversa).

und Nasenbildung (Abb. 3-4 b). Der Verband ist unschön und bietet keinen ausreichenden Halt. Wird die Binde glatt und ohne Rücksicht auf eine Deckung der einzelnen Touren abgerollt, so entsteht der Serpentinengang (Abb. 3-4 c).

Achtertour- oder Kreuzgang

Er wird vor allem bei der Überschreitung von Gelenken benützt. Es gibt zwei Arten:
Schildkrötenverband (Testudo inversa oder reversa)

Hier bleibt der Kreuzungspunkt der Achtertour immer an der gleichen Stelle. Sind die Schlingen gelenknah und klein und wandern dann gelenkferner und werden immer größer, so handelt es sich um einen auswärtsgerichteten Schildkrötenverband (Testudo reversa, Abb. 3-4 d). Beginnt der Achter gelenkfern mit großen Touren, die immer kleiner werden und gelenknäher kommen, ist der Verband einwärts gerichtet (Testudo inversa).

Kornährenverband (Spica)

Beim Kornährenverband wandert der Kreuzungspunkt der Achtertouren, während die Touren selbst immer etwa gleich groß sind. Der Kreuzungspunkt kann aufsteigend oder absteigend (ascendens, descendens) wandern (siehe Abb. 3-6a).

3.2.2 Spezielle Verbandtechnik mit Binden

Mitra Hippocratis (Kopfkappe)

Indikation: Als einfacher Wundverband ist sie heute durch Schlauchmullkopfverbände oft überflüssig geworden (siehe auch Kap. 4.2 Kopfverband tg); sie eignet sich jedoch sehr gut bei blutenden Kopfplatzwunden als Kompressionsverband, besonders wenn die Wunde an Stirn, Schläfe oder Hinterhaupt liegt. Als kräftig komprimierender Verband muß sie oft nur über einige Stunden angelegt sein, dann kann auf einen Verband verzichtet oder auf einen Schlauchmullverband übergegangen werden.

Material: Früher wurde mit einer zweiköpfigen Binde gewickelt. Heute werden zwei 6–10 cm breite Kurz- bis Mittelzugbinden (z.B. Idealbinde) eingesetzt.

Durchführung: Brille, Ohrringe und Hörgerät entfernen. Der Patient sollte möglichst sitzen; wenn er liegt, sind oft drei Personen zum Anlegen des Verbands notwendig: Einer hält den Kopf, der zweite führt die horizontale, der dritte die sagittale Binde.

Zu zweit: Zunächst wickelt man mit der Binde 1 eine horizontale Verankerungstour. An der Stirn und vor allem am Hinterhaupt muß man tief ansetzen, sonst rutscht die Haube sofort ab. Die Binde 2 wird unter der horizontalen Binde verankert und verläuft in Richtung des Scheitels sagittal von vorn nach hinten (Abb. 3-5a). Am Hinterkopf wird Binde 1 darübergeführt, Binde 2 schlägt man um und führt sie wieder nach vorne. An der Stirn wird sie von Binde 1 erneut überkreuzt (Abb. 3-5b). Von Binde 2 gehen nun Verschalungstouren fächerförmig auseinander, bis die Haube komplett ist (Abb 3-5c).

Probleme: Bei tiefer, fester Verbandanlage muß oft über die Ohrläppchen gewickelt werden, was zu Schmerzen führt. Es empfiehlt sich daher, aus einem festen Schaumstoff die Konturen der Ohren auszuschneiden und diesen um die Ohren zu legen, um so den Verbanddruck von den Ohrläppchen zu nehmen. Mit dieser Druckentlastung kann der Verband auch über längere Zeit weitgehend beschwerdefrei getragen werden, und ein tiefes Ansetzen der horizontalen Binde (von der Stirn zum Hinterhaupt) ist möglich.

Wenn die Haube rutscht, ist entweder die horizontale Tour (Binde 1) nicht tief genug unter dem Hinterhaupt angesetzt oder die Scheiteltour (Binde 2) zu fest angezogen.

Um ein Rutschen zu vermeiden, ist folgende Variante hilfreich: Eine dritte Binde wird vor dem Ohr an der horizontalen Binde 1 verankert und um das Kinn hin und her von Seite zu Seite geführt. Mit jeder Horizontaltour wird also nicht nur die Binde 2, sondern auch Binde 3 zweimal überkreuzt und fixiert. Binde 3 hält die

3.2 Allgemeine Verbandtechnik mit Binden

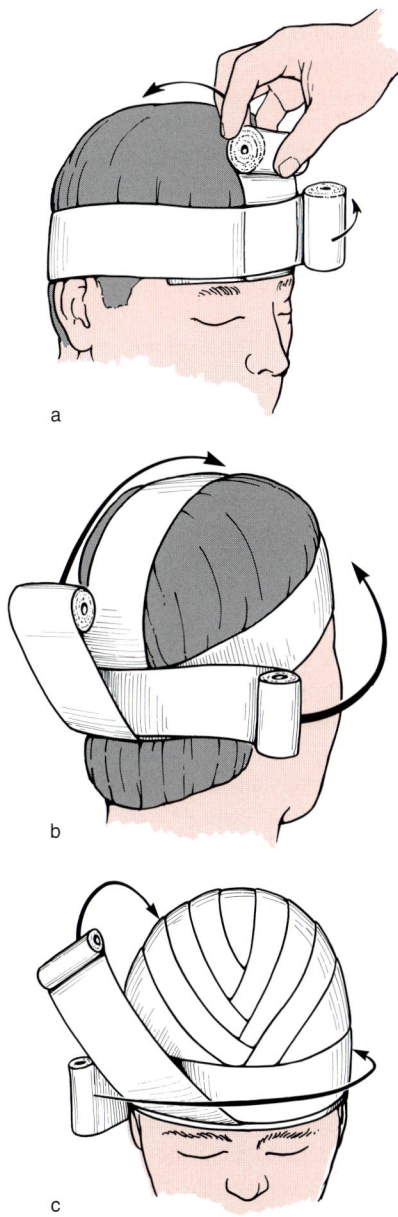

Abb. 3-5 a bis c Kopfkappenverband (Mitra Hippocratis).

Haube auf dem Kopf und verhindert ein Abrutschen.

Bauchverband (Bauchbinde)

Indikation: Zirkuläre Bauchverbände haben stützende, stabilisierende Funktionen. Außerdem dienen sie der venösen Blutstillung und vermeiden, daß Körpersekrete in die Wunde gelangen. Legt man einem Patienten postoperativ nach einer Laparotomie eine Bauchbinde an, wird dies meist als wohltuend empfunden, da es das Einsetzen der Bauchpresse, die Mobilisation und vor allem auch das Abhusten erleichtert. Zusätzlich entlastet der Verband die Wundränder und nimmt Spannung von der Fasziennaht. Eine flächige Wundkompression kann gerade bei sehr adipösen Patienten günstig sein.

Material: 3–4 Idealbinden, 20 bis 30 cm breit, oder eine Fertigbinde.

Durchführung: Zur postoperativen Anlage beim liegenden Patienten werden in der Regel zusätzlich zwei Helfer gebraucht, die den Patienten von beiden Seiten jeweils anheben. Nur so können die Bindentouren glatt und ohne Verdrehen gleichmäßig hinter dem Rücken herumgeführt werden. Gewickelt wird in Schrauben- und Achtergängen. Um ein Verrutschen nach oben zu vermeiden, ist es günstig, den Verband mit einigen Achtertouren (dann Bindenbreite 15–20 cm) um den Oberschenkel abzusichern.

Alternative: Die Fertigbinde wird einmal um den Patienten geschlagen, gestrafft und mit einem Klettverschluß fixiert (siehe Kap. 8, Abb. 8-10). Zusätzlich ist es günstig, den Klettverschluß durch quer verlaufende Pflasterstreifen abzusichern. Stimmt die Bindenweite nicht, muß immer mit Pflasterstreifen fixiert werden.

Probleme: So wie die Bauchhaut bei Adipositas Falten wirft, kommt es auch bei Bauchbinden zu *Faltenbildungen*. Es muß darauf geachtet werden, daß sich keine *Einschnürungen* bilden.

Schlecht angelegte Verbände findet man am nächsten Morgen als wulstförmigen Gürtel um die Leibesmitte. Gegen ein *Verrutschen* sichern die Achtergänge beim Wickeln und die Achtertouren um den Oberschenkel. Das Aufkleben von Heftpflasterstreifen kann den Verband zusätzlich stabilisieren. Eine zu straff gezogene Bauchbinde kann die *Zwerchfellatmung* behindern. Der vorteilhafte Effekt auf Mobilisation und Abhusten (und damit auf die postoperative Atemfunktion) geht dann verloren.

 Man muß beobachten, wie sich der Patient mit der Binde bewegt und atmet!

Die Achtertouren zur Verankerung am Oberschenkel dürfen auf keinen Fall eng gewickelt werden, sonst kommt es zu einem *Stau des venösen Rückflusses*.

Beckenverband (Spica coxae ascendens oder descendens)

Indikation: Kompressionsverband nach Hüftgelenkoperationen oder nach Eingriffen am Oberschenkel. Richtig angelegt wirkt dieser Verband Sickerblutungen entgegen und kann dem Patienten die Gabe von bis zu 3 Erythrozytenkonzentraten ersparen. Als Verband zur Fixation von Wundauflagen wird er durch Klebemull- und Schlauchmullverbände ersetzt.

Mit der gleichen Technik kann auch ein Schulterverband (Spica humeri ascendens bzw. descendens) angelegt werden.

Material: 3–4 Idealbinden, 15 bis 20 cm breit.

Vorbereitung: Zuvor sollte ein Kompressionsstrumpf oder ein Kompressionsverband am gesamten Bein angelegt werden, um eine venöse Stauung zu vermeiden (siehe auch Kap. 5 Kompressionsverbände).

Durchführung (postoperativ am besten zu dritt): Der Kornährenverband (Spica) erfolgt achtertourig entweder von proximal nach distal absteigend (descendens) oder von distal nach proximal aufsteigend (ascendens). In Abb. 3-6 ist die Spica coxae ascendens gezeigt. Nach einer Verankerungstour in Beckenhöhe wird eine Achtertour mit dem Unterrand etwa am oberen Drittelpunkt des Oberschenkels gewickelt (Abb. 3-6a). Nun wird kornährenförmig aufsteigend auf das Becken und schließlich den Unterbauch zurückgegangen, bis die Verbandtouren am Oberschenkel in den Schritt ziehen (Abb. 3-6b).

Probleme: Wird der Verband fest angelegt (und dies ist meist erwünscht), muß das gesamte Bein elastisch vom Vorfuß bis zum Oberschenkel gewickelt werden (Alternative: Stützstrumpf), sonst kommt es zu *venösen Stauungen, Ödemen* und *Thrombosen* (siehe Kap. 5 Kompressionsverbände).

Einschnürungen im Schritt und am Becken sind zu vermeiden. Wird um das Becken Verbandtour über Verbandtour gelegt und werden die Touren nicht aszendierend versetzt, so addieren sich Spannung und Druck jeder einzelnen Tour, es kann zu starken Einschnürungen,

3.2 Allgemeine Verbandtechnik mit Binden

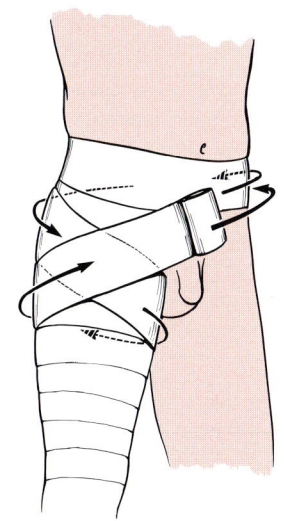
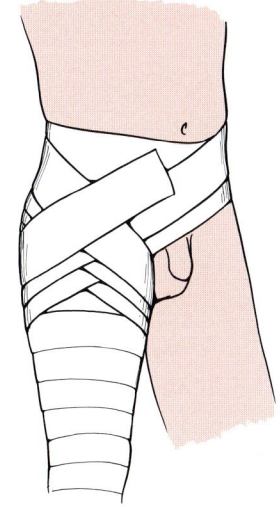

Abb. 3-6 a, b   Kornährenverband am Becken (Spica coxae ascendens).

aber auch zu *Druckschäden* über den Darmbeinstacheln (Spina iliaca anterior superior) kommen.

 Daher nicht zu fest binden und nicht zu viele Touren übereinanderwickeln.

Einschnürungen im Schritt und der Leiste können einen Lymphstau von Skrotum, Penis oder Schamlippen verursachen. Deshalb auch im Genitalbereich auf Ödeme achten.

Fingerkuppenverband

Indikation: Als Beispiel für den Verband eines Endgliedes ist der Fingerkuppenverband dargestellt.
Material: Für den Fingerverband: 1 bis 2 Mullbinden, ca. 4 cm breit.
Für den Amputationsstumpf: 1 bis 2 Elset-S®-Binden oder 2 bis 3 Idealbinden, 10 cm breit.
Durchführung: Nach einer Verankerungstour (beim Finger um das Handgelenk) wird nach distal gewickelt (Abb. 3-7a). Dann legt man eine Umschlagtour so über die Kuppe, daß sie mit einem Finger festgehalten werden kann (Abb. 3-7b, c). Auf der Gegenseite wird die Tour erneut festgehalten und umgeschlagen. Dieser Vorgang kann mehrmals wiederholt werden. Es folgen erneut zirkuläre Touren (Abb. 3-7d) und evtl. erneute Umschlagtouren über dem Endglied. Beim Verbinden eines Amputationsstumpfes sind häufig mehrere Umschlagtouren notwendig.
Probleme: Bei Verwendung einer Binde mit hoher Längselastizität ist darauf zu achten, daß durch einen Summationseffekt der Vordehnung der Binde eine nicht zu starke Kompression entsteht.

49

3 Bindenverbände

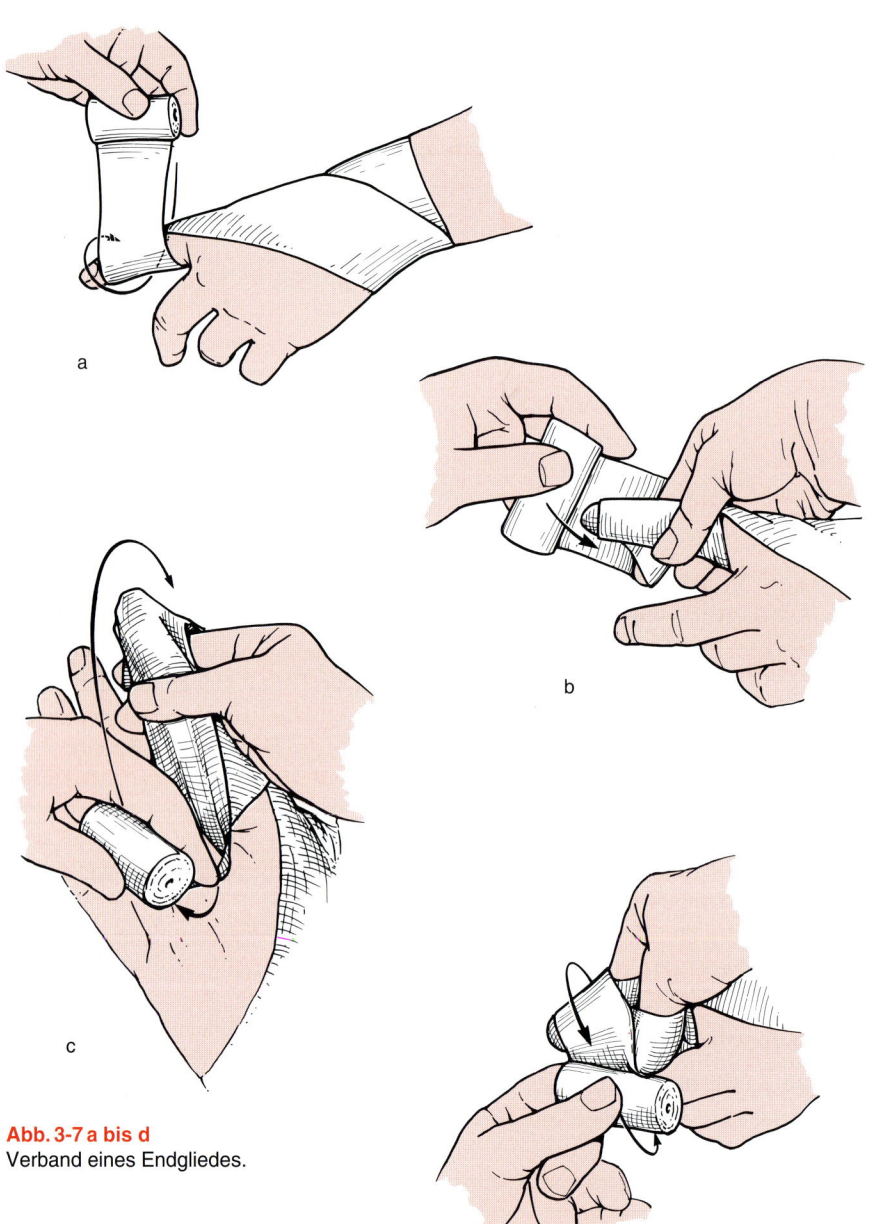

Abb. 3-7 a bis d
Verband eines Endgliedes.

4
Schlauch- und Netzschlauchverbände

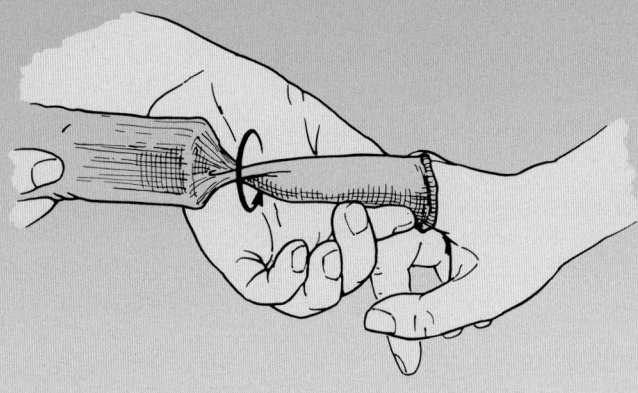

4.1 Allgemeine Verbandtechnik mit Schlauchmaterial

4.1.1 Schlauchmullverbände

Indikation: Schlauchmullverbände sind in den verschiedensten Durchmessern für den Einsatz in allen Körperregionen erhältlich. Sie werden als Unterzug unter Hartverbände (siehe Kap. 6 Stütz- und ruhigstellende Verbände), zur Verbandfixation oder auch als Schutzüberzug benutzt. Für vielfältige Anwendungen sind sie bereits vorgefertigt erhältlich (Fingerverband, Kopfverband). Eine Übersicht über die verschiedenen Größen zeigt die Tab. 4-1 am Ende des Kapitels 4 (S. ••). Schlauchmull kann von Hand oder mit Hilfe von Applikatoren angelegt werden.

Material: Der amerikanische Begriff „*tube gauze*" wird wörtlich mit „Schlauchmull" übersetzt, es handelt sich aber strenggenommen nicht um gewebten Mull. In Rundstricktechnik wird er aus reiner Baumwolle oder aus Baumwoll-Zellwoll-Gemischen hergestellt und weist eine große Dehnbarkeit auf.

Eigenschaften: Bei Querdehnung, die bis auf das Vierfache der Breite möglich ist, verkürzt sich der Schlauch von der Länge her, unter Längszug verengt er sich. So eignet sich Schlauchmull auch zum Verband von Gliedmaßen, da er sich dem unterschiedlichen Durchmesser glatt und faltenfrei anpaßt. Er kann an jeder Stelle abgeschnitten werden, dabei entstehen keine Laufmaschen.

Verbandtechnik mit Applikatoren

Applikatoren sind runde Drahtzylinder, auf die lange Schlauchmullstücke gerafft werden. Für tg® sind sie in den Größen 1–9, passend zu den entsprechenden Schlauchgrößen, erhältlich.
Füllen des Applikators (Abb. 4-1): Große Applikatoren werden dazu auf einen Tisch gestellt. Gefüllt wird der Applikator über sein abgerundetes Ende, über das der tg®-Strumpf gleichmäßig gerafft wird. Auf einen Applikator passen bis zu 9 m Schlauchmull; er reicht dann für mehrere Verbände. Über das zweite Ende wird der tg®-Strumpf abgezogen. Dieses Ende trägt eine zirkuläre U-förmige Rinne, in der die

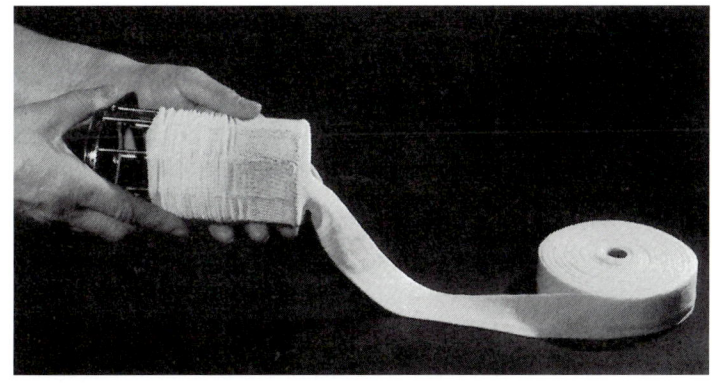

Abb. 4-1 Füllen des Applikators.

4 Schlauch- und Netzschlauchverbände

Scherenspitze zum Abtrennen des Schlauches geführt werden sollte. Auch eine der Längsverstrebungen ist so geformt, daß sie zum Aufschneiden des Strumpfes genutzt werden kann. Applikatoren sind gefüllt oder ungefüllt sterilisierbar.

Durchführung: Zunächst sucht man die Applikatorgröße, die gerade noch über das zu versorgende Körperteil (z.B. Finger) und die Polsterung gezogen werden kann, zieht den Schlauchmull darüber (Abb. 4-2 a) und schließt ihn durch Drehen um 180°. Der Verband ist durch beliebig viele weitere Schlauchmullagen zu vervollständigen (Abb. 4-2 b).
Die Verankerung des Schlauchendes kann auf verschiedene Weise stattfinden.

- Man schneidet den Schlauch in Längsrichtung an der Beugeseite des Fingers ein (Abb. 4-2 c), und zwar so, daß die Spitze des Einschnittes am Fingergrundgelenk liegt. Der Applikator wird zurückgezogen, wobei man die Spitze des Einschnittes am Fingergrundgelenk festhält (Abb. 4-2 d). Der Finger wird durch den entstandenen Schlitz gesteckt und der Applikator zum Handrücken geführt. In Höhe des Handgelenkes schneidet man den Schlauchmull durch beide Schichten längs ein (Abb. 4-2 e). Die entstandenen Bänder werden um das Handgelenk geschlungen und miteinander verknotet (Abb. 4-2 f).

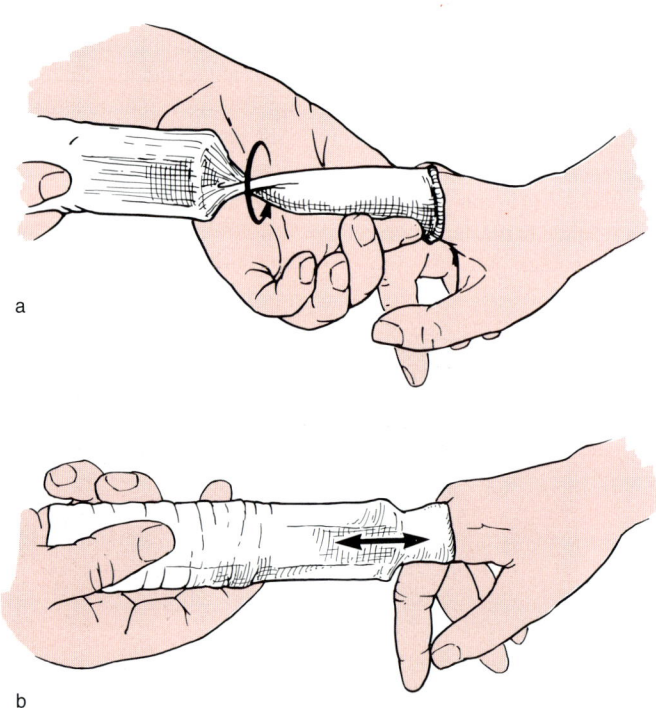

a

b

4.1 Allgemeine Verbandtechnik mit Schlauchmaterial

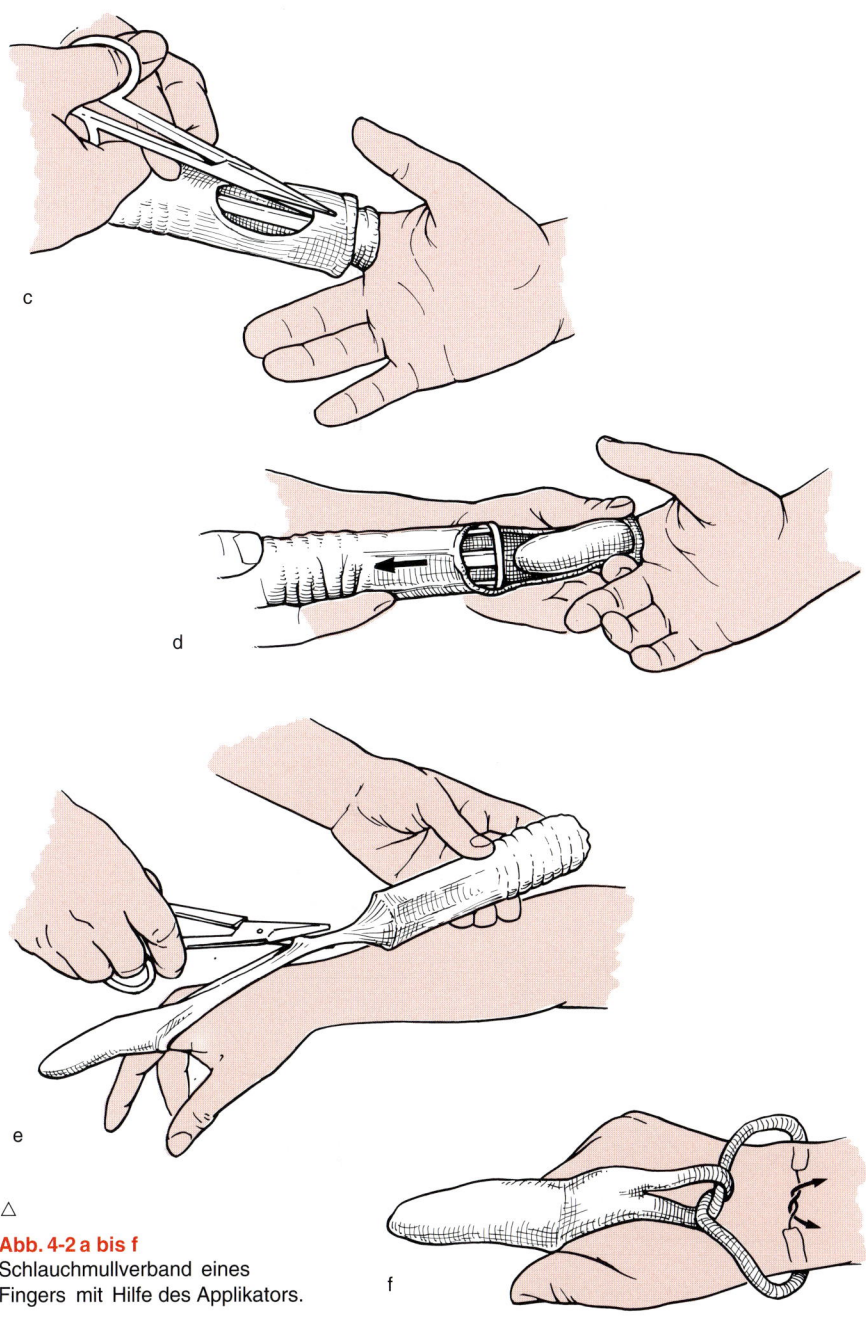

◁ **Abb. 4-2 a bis f**
Schlauchmullverband eines Fingers mit Hilfe des Applikators.

4 Schlauch- und Netzschlauchverbände

- Hat man den Schlauch über ein „Endglied" (z.B. Fingerspitze, Fuß, Amputationsstumpf) gezogen und will nun eine zweite Lage darüberlegen, verdreht man das Ende unter Längszug und führt den Schlauchmull zurück (Abb. 4-3). Will man jedoch das Ende nicht ganz über die Extremität ziehen, kann man durch Längszug und Verwinden auch einen glatt anliegenden Abschluß fertigen (Abb. 4-4 a, b), da der Schlauchmull unter Längszug enger wird.
- Als dritte Version rafft man das Schlauchende zusammen und fixiert es mit Heftpflaster.

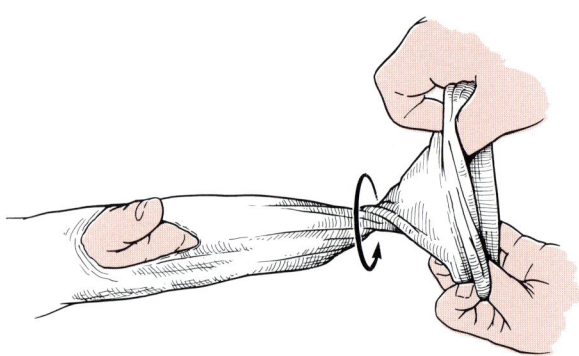

Abb. 4-3 Schließen des Schlauchmulls durch Verdrehen.

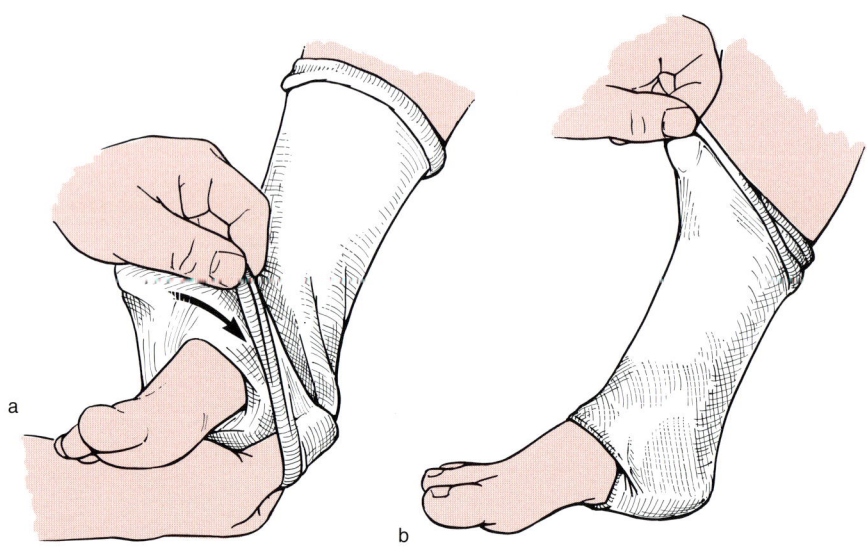

Abb. 4-4 a, b Schließen des Schlauchmulls auf halber Strecke durch Verdrehen.

4.1.2 Elastische Schlauchbandagen

Indikation: Als Unterzug unter Hartverbänden, Stützbandagen (z.B Bauchmieder) und für den Desault-Verband (siehe Kap. 6.6.1 Ruhigstellende Verbände, obere Extremitäten).
Material: Baumwolle und mit Baumwolle umsponnene Latexfäden werden in der Rundstrickmaschine gewirkt (Tricodur®, Tubigrip®).
Eigenschaften: Der elastische Schlauch kann an jeder beliebigen Stelle abgeschnitten werden, bildet keine Laufmaschen, ist luftdurchlässig, waschbar und bis zu 60 % querelastisch dehnbar. Durch die feste Webart kann eine stützende Kompression ausgeübt werden.

4.1.3 Netzschlauchverbände

Indikation: Zur Fixierung von Wundauflagen, besonders wenn Pflasterverbände bei einer Allergie nicht vertragen werden. Der Netzschlauch dient vor allem zur Befestigung von Wundauflagen am Körperstamm oder Kopf (siehe Abb. 4-9 a). Er ist leicht und vielseitig anwendbar; es müssen keine speziellen Techniken beherrscht werden. Für viele Anwendungen stehen schon vorgefertigte, zugeschnittene Verbände zur Verfügung (z.B Fertighöschen, Fertigleibchen).
Material: Sie werden nahtlos gewirkt hergestellt und bestehen aus mit Perlon umwundenen Gummifäden und Baumwoll- oder Polyamidgarnen (Stülpa-fix®, tg®-Fix Netzverband, Elastofix®, Surgifix®, Bindanetz®, Fastanet®, Kalfix®).
Eigenschaften: Sie sind hochelastisch mit einer sehr großen Maschenbreite. Die Dehnbarkeit in Längsrichtung ist weniger stark als in Querrichtung. Hier kann bis auf das 30fache gedehnt werden, deshalb ist es möglich, einen nur wenige Zentimeter breiten Schlauch über den ganzen Körper zu ziehen. Allerdings ist keine wesentliche Kompression zu erreichen. Sie sind sehr luftig und schnittfest, da bei dem sogenannten Kettwirksystem keine Laufmaschen entstehen können.

4.2 Spezielle Verbandtechnik mit Schlauchmaterial

Kopfverband tg®

Indikation: Fixierung von Wundauflagen an Schädel, Ohren und Nacken.
Material: tg® 7–9; dreifache Kopflänge (vom Scheitel bis zum Unterkiefer).
Durchführung: Das erste Verbanddrittel wird über den Kopf gezogen und über dem Scheitel verdreht (Abb. 4-5 a). Man kann den Strumpf auch zuvor, wie bei den industriellen Fertigverbänden, durch einen Faden am ersten Drittelpunkt abbinden. Der Schlauchmull wird umgeschlagen und als zweite Verbandschicht übergestülpt (Abb. 4-5 b).

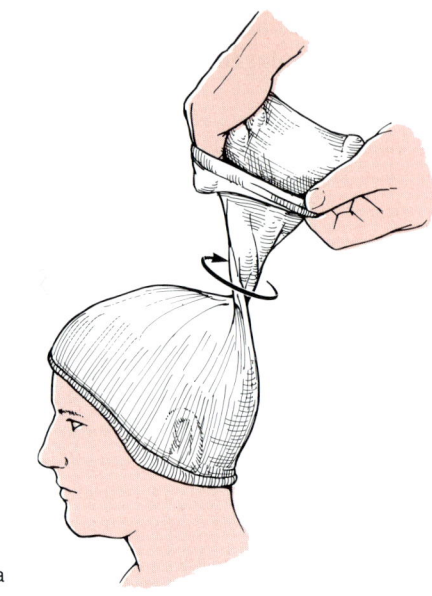
a

Für den Abschluß gibt es mehrere Varianten:

- Der geraffte Schlauchmull der zweiten Lage wird weit eingeschnitten und verknotet (Abb. 4-5 c). Die Verbandtechnik ist in der Regel für den Kopfverband ausreichend.
- Beim sogenannten *Helmverband* wird an der Stirn eingeschnitten, die untere Lage am Ohr inzidiert (Abb. 4-6 a), die Zipfel der oberen Lage durch den Schlitz gezogen (Abb. 4-6 b) und unter dem Kinn verknotet (Abb. 4-6 c). Der Helmverband hat den besten Sitz.
- Beim *klassischen Kopfverband* wird die zweite Lage ebenfalls an der Stirn eingeschnitten und die Zipfel werden unter dem Kinn verknotet (Abb. 4-7). Diese Variante ist günstig, wenn z.B. eine Kompresse über dem Ohr oder am Nacken locker gehalten werden soll.

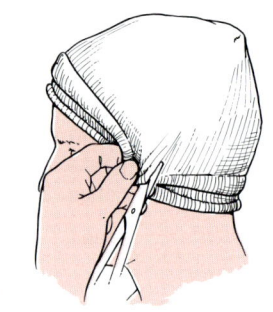
b

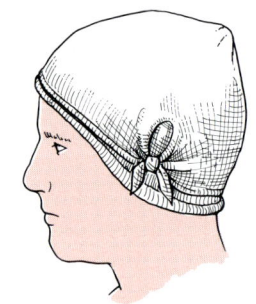
c

Abb. 4-5 a bis c
Kopfverband mit Schlauchmull.

4.2 Spezielle Verbandtechnik mit Schlauchmaterial

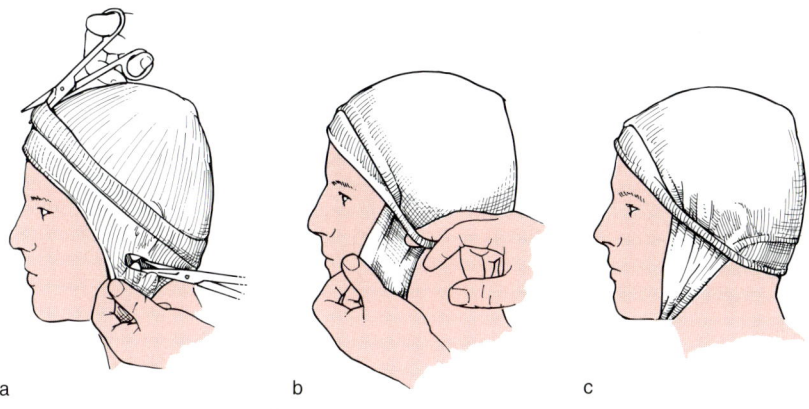

a   b   c

Abb. 4-6 a bis c Helmverband.

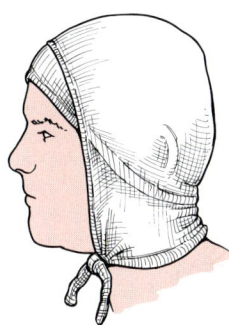

Abb. 4-7 Klassischer Kopfverband.

Gesichtsverband mit Netzschlauch

Indikation: Fixation von Wundverbänden im Gesicht, aber auch an Kopf, Ohr, Nacken.
Material: Netzschlauch, zwei- bis dreifache Kopflänge.
Durchführung: Netzschlauch entweder am Ende abbinden und über den ganzen Kopf ziehen oder ein Drittel über den Kopf bis zur Stirn ziehen, den überstehenden Rest verdrehen und dann über das Gesicht ziehen.

Je nach Verbandziel bestehen folgende Varianten:
- Als Gesichtsverband wird der Netzschlauch nur im Bereich der Augen und der Nase-Mund-Partie eingeschnitten (Abb. 4-8 a).
- Als Kopf-Nacken-Ohr-Verband wird etwa in Höhe der Augen wie bei einer Ponyfrisur der Schlauch über die Breite des Gesichts quer aufgeschnitten. Den unteren Netzteil zieht man unter das Kinn, das Gesicht ist dann ganz frei (Abb. 4-8 b).

Nasenschleuder

Indikation: Eine Nasenschleuder fängt aus der Nase fließendes Sekret auf. Sie kann nach Eingriffen im Naseninneren oder bei Nasenbluten nach einer Tamponade und ähnlichem hilfreich sein. Bei starker Sekretion muß sie mehrmals täglich gewechselt werden.
Material: Nasenschleuderverbände sind industriell vorgefertigt erhältlich (Nobrahinal®), können aber auch leicht selbst hergestellt werden.

4 Schlauch- und Netzschlauchverbände

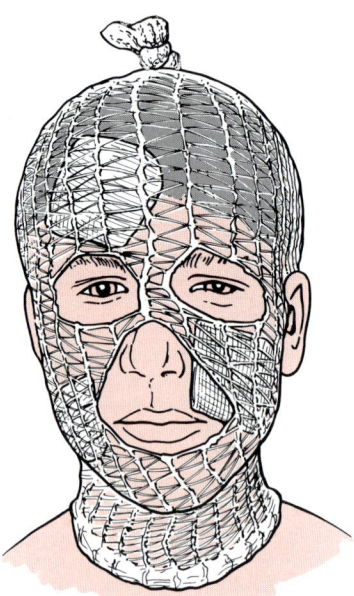

Abb. 4-8 a Gesichtsverband mit Netzschlauch.

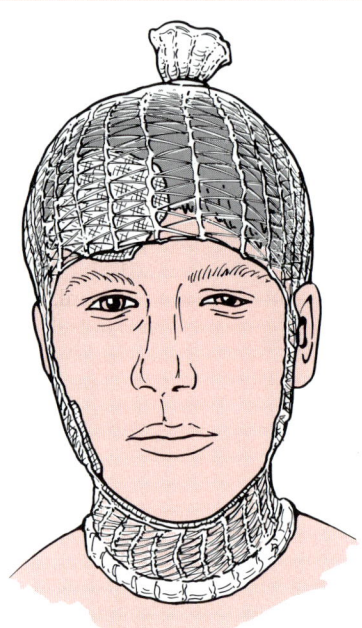

Abb. 4-8 b Kopf-Nacken-Ohr-Verband mit Netzschlauch.

Um gut saugfähig zu sein, wird am besten eine gebleichte, entfettete Baumwollwatte verwendet sowie tg® 2–3, 70 cm lang.

Vorbereitung: Von beiden Seiten wird der Schlauchmull in Längsrichtung halbiert, nur ein ca. 10 cm langer Bereich in der Mitte bleibt ganz. Dieser wird mit der Watte locker gefüllt. Die durch die Halbierung entstandenen freien Bänder werden an beiden Seiten verknotet, die Watte ist gefangen (Abb. 4-9).

Durchführung: Der vorbereitete Verband wird mittig unter die Nase gelegt, die freien Bänder werden beidseits ober- und unterhalb des Ohres auf den Hinterkopf geführt und wie der Mundschutz im Operationssaal verknüpft (Abb. 4-9). Man

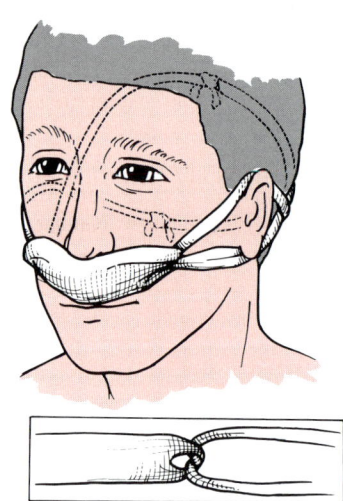

Abb. 4-9 Nasenschleuder.

kann die Bänder auch hinter beiden Ohren verknoten, die Schleuder gewissermaßen an den Ohren aufhängen, Tragekomfort und Sitz sind so jedoch meist ungenügend.
- Alternativ kann auch ein 10 cm breiter Baumwollmullstreifen von ca. 70 cm Länge verwendet werden. Die Sekretaufnahme ist dann noch besser, da der Mull leichter durchfeuchtet wird. Dazu schneidet man den Streifen beidseits längs ein, umwickelt mit dem verbleibenden Mittelsteg von ca. 10 cm die Watte, verknotet an beiden Seiten und legt den Verband dann an.

Achselhöhlenverband

 Indikation: Fixation von Verbandmaterial auf der Schulter oder in der Achselhöhle.

Material: tg® 7–9, zweieinhalb Schulterbreiten.
Vorbereitung: Der Schlauchmull wird zur Hälfte aufgerollt und viermal um 90° versetzt eingeschnitten (Abb. 4-10 a). So entstehen vier Bänder zur Fixation. Am entgegengesetzten Ende bildet man durch einen T-Schnitt zwei Zipfel.
Durchführung: Der Arm schlüpft auf der Seite der Bänder in den Strumpf (Abb. 4-10 b), die Bänder werden unter der Achsel der Gegenseite durchgeführt und verknüpft (Abb. 4-10 c).

Hoher Armverband

Er ist auch als Schulterverband zu verwenden.
Material: tg® 7–9, drei bis dreieinhalb Schulterbreiten.
Vorbereitung: Der Strumpf wird vom

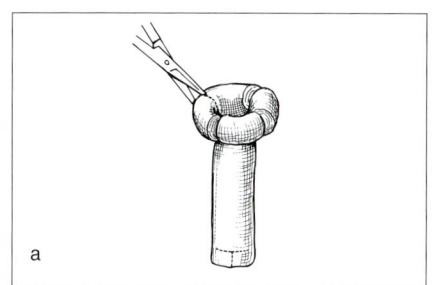

a

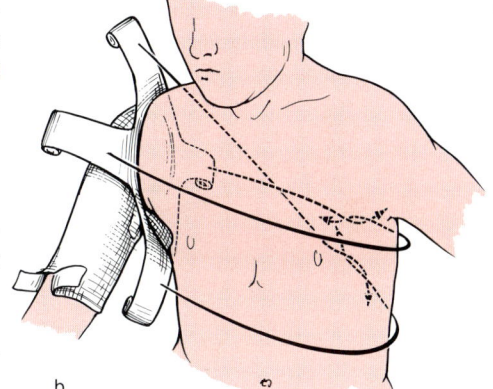

b

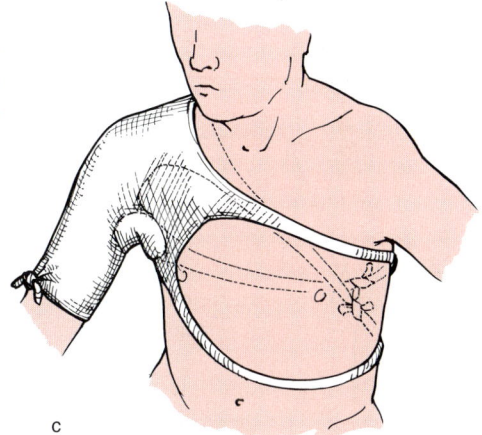

c

Abb. 4-10 Achselhöhlenverband.
a) Zuschnitt des Schlauchmulls.
b) Anlegen des Verbands.
c) Befestigung des Schlauchmulls.

Rand aus eine Schulterbreite tief eingeschnitten (Abb. 4-11 a).

Durchführung: Der Schlauch wird über den Arm gezogen, und zwar so, daß der Einschnitt auf die Hinterseite der Schulter kommt. Der aufgeschnittene Schlauchmullstreifen liegt dagegen auf der Vorderseite. Nun wird der Strumpf zwischen Schulter und Ellenbogengelenk angespannt (Längszug modelliert den tg®-Strumpf gut an), oberhalb des Ellenbogengelenks in Richtung auf die Schulter umgeschlagen, zur Fixierung des Abschlusses etwas verdreht und anschließend auf die Schulter zurückgeführt (Abb. 4-11 b). Dort schneidet man das freie Ende in Richtung Achsel ein. Das so gebildete freie Band wird über den Rücken geführt und mit dem ventral verlaufenden Band der ersten Lage verknüpft (Abb. 4-11 c).

Gilchrist-, Fertig-Gilchrist- und Desault-Verband (Tricodur®, Stülpa®) werden in Kapitel 6.6.1 dargestellt.

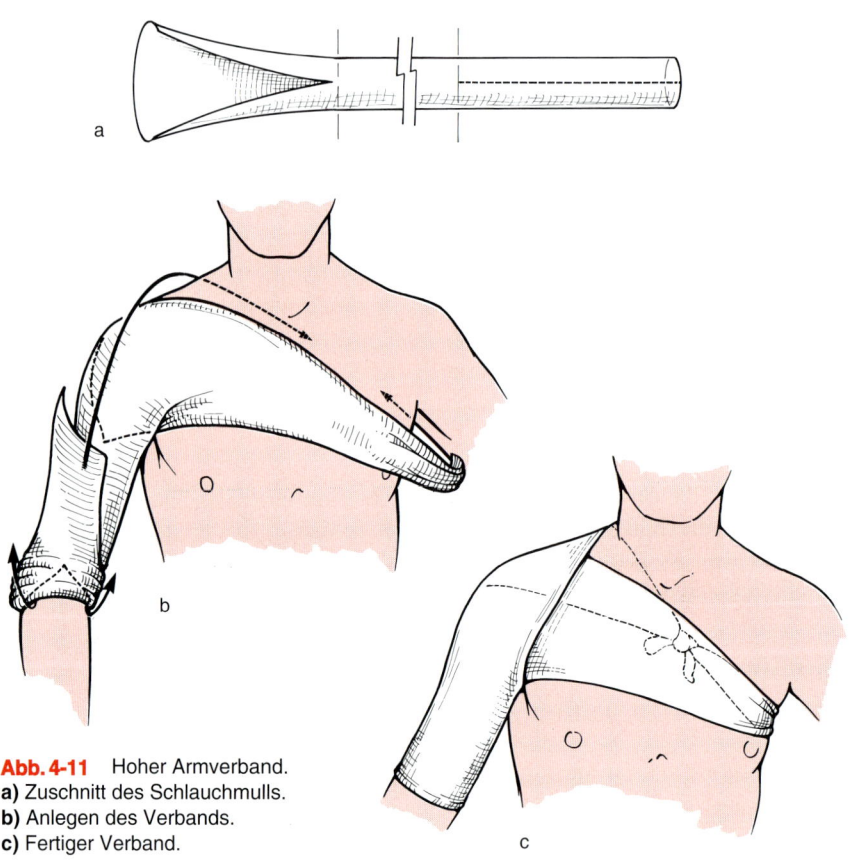

Abb. 4-11 Hoher Armverband.
a) Zuschnitt des Schlauchmulls.
b) Anlegen des Verbands.
c) Fertiger Verband.

4.2 Spezielle Verbandtechnik mit Schlauchmaterial

Tab. 4-1 Schlauchmull-Verbandstoffgrößen für die einzelnen Verbände.

Anwendungsgebiete	Raucotube [55]	Stülpa [29]	tg [33, 41] Größe/ Applikator	Tricofix [7]	Tubeflex Tubeflex A [32]	Tubiton Tubinette [64]
Finger- und Zehenverbände	A–B	0R	1/1	A–B	01	00–01
Finger- und Zehenverbände mit größeren Wundauflagen und Schienen, Rucksackverband, schmaler Watteschlauch	B	1R	2/2	B	12	01–12
Verbände an mehreren Fingern, Kinderhänden und Kinderarmen, breiterer Watteschlauch	C	2R	3/3	C	12–34	12–34
Hand- und Armverbände, Fuß- und Kinderbeinverbände	C–D	2(–3)R	5/5	C–D	34	34
Unterschenkel-, Zinkleim-, Oberschenkelverbände bei Kindern	D(–E)	3R	6/6	D(–E)	56	56
Bein-, Armschienen-, Männerarm-, Kinderkopfverbände	E(–F)	(3–)4R	7/7	E(–F)	56–78	78
Oberschenkel-, Achselhöhlen-, Kopf-, Körperverbände bei kleineren Kindern	(E–)F	4–5R	9/9	(E–)F	78	78–T1
Körperverbände bei größeren Kindern, Oberschenkel- und große Kopfverbände	F(–G)	6R	9/9	F(–G)	T1	T1
Körperverbände bis Konfektionsgröße Nr. 40 (Desault)	G	7R	K1	K	T1–T2	T1
Körperverbände ab Konfektionsgröße Nr. 42 (Desault)		8R	K2	L	T2	T2

63

5
Kompressions-
verbände

5.1 Funktionsweise des Beinvenensystems

Indikationen: Behandlung von venösen Rückflußstörungen der Beine, *Varikosis* (Krampfadererkrankung) und als *Thromboembolieprophylaxe* (Vermeidung von Blutgerinnseln, die die Gefäße völlig oder teilweise verschließen können). Bei *chronischen Lymphödemen* werden Kompressionsverbände und maßgeschneiderte Kompressionsstrümpfe (-strumpfhosen, -handschuhe) eingesetzt. *Lokalisierte Schwellungen* können durch flächenhaften Polsterdruck behandelt werden, das Ödem wird zurückgedrängt, Durchblutung und Wundheilung werden gefördert (z.B. bei Unterschenkelgeschwür = Ulcus cruris). Auch indiziert zur *venösen Blutstillung*.

Ein flächenhafter Kompressionsverband führt zu einer gewissen Fixation und Ruhigstellung, so daß die Übergänge zu den ruhigstellenden Verbänden fließend sind.

 Kontraindikation: Ein Kompressionsverband darf nicht bei einer arteriellen Durchblutungsstörung angelegt werden. Antithrombosestrümpfe sollten nur unter strenger ärztlicher Kontrolle eingesetzt werden.

Gefahr: Verrutschende Kompressionsverbände können zu schweren und gefährlichen *Einschnürungen* (Strangulation) führen, die erst recht eine Thrombose, Ödeme und Durchblutungsstörungen hervorrufen. Der Verband wird so zur Gefahr für den Patienten.
Daher erfordert das Anlegen von Kompressionsverbänden *technische Sorgfalt*, genaue Planung und eine ständige Überprüfung des Verbandsitzes.

5.1 Funktionsweise des Beinvenensystems

5.1.1 Der venöse Rückstrom

Das Blut aus den Beinen fließt beim gesunden Menschen ganz geordnet zum Herzen zurück (Abb. 5-1). Es sammelt

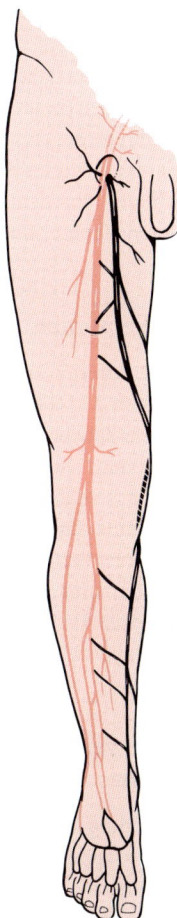

Abb. 5-1 Das oberflächliche und tiefe Beinvenensystem mit den Verbindungsvenen (Perforansvenen)

sich in den oberflächlichen und tiefen Venen. Die Venen haben *Venenklappen,* die verhindern, daß das Blut wieder nach peripher zurückfließt. Durch die Venenklappen, die wie hintereinandergeschaltete Schleusen wirken, kann das Blut zum Herzen fließen. Zwischen den oberflächlichen und den tiefen Venen bestehen Verbindungsvenen. Diese Verbindungsvenen (Venae communicantes) durchbohren die Muskelscheide (Faszie) an Unter- oder Oberschenkel und werden daher auch *Perforansvenen* (Venae perforantes; lat. perforare = durchbohren) genannt. Auch sie haben Venenklappen, weshalb das Blut nur in einer Richtung, von den oberflächlichen zu den tiefen Venen, fließen kann.

5.1.2 Die Muskelpumpe

Die tiefen Venen, Arterien und Muskeln sind von einer festen Muskelscheide umgeben, die sich nicht dehnen kann, weil sie unelastisch ist. Spannt sich ein Muskel und kontrahiert sich, so entsteht in der umgebenden Faszienhülle ein großer Druck. Der Druck wirkt vor allem auf die tiefen Venen, aus denen das Blut dann herausgedrückt wird (Abb. 5-2). Es fließt jetzt, aufgrund der Venenklappen, zum Herzen.

5.1.3 Chronisch venöse Insuffizienz

Eine Venenerweiterung kann dazu führen, daß sich die Venenklappen nicht komplett schließen und sie daher ihre Funktion als Rückschlagventil nicht mehr vollständig ausfüllen können. Es entstehen *Krampfadern.* Sind die Perforansvenen betroffen (Perforansinsuffizienz), fließt bei Betäti-

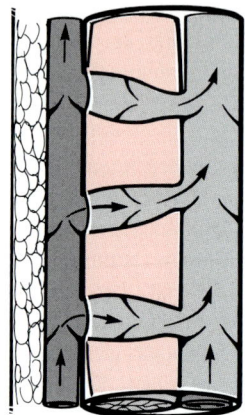

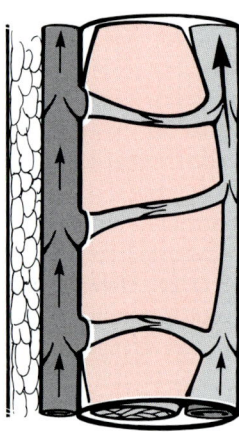

Abb. 5-2 Wirkung der Muskelpumpe.
a) Bei erschlafftem Muskel können sich die tiefen Venen füllen.
b) Bei Muskelkontraktion wird das Blut aus den tiefen Venen herzwärts gepreßt.

gen der Muskelpumpe das Blut aus dem tiefen Venensystem in die oberflächlichen Venen. Auf das oberflächliche Venensystem wirkt keine Muskelpumpe, da diese Venen nicht von einer festen, unelastischen Faszienhülle umgeben sind (Abb. 5-3 a). Aus ihnen kann daher das

Blut schlechter zum Herzen abfließen. Entspannt sich die Muskelpumpe wieder, kann das Blut in die tiefen Venen zurückfließen. So pendelt ein Teil des Blutes hin und her.

Für die operative Behandlung ist die Unterscheidung wichtig, welche Venenklappen kaputt sind. Bei einer Perforansinsuffizienz wird z.B. von der Boydschen Gruppe gesprochen (Abb. 5-1). Schließt die Mündungsklappe der Vena saphena magna in der Nähe der Leiste nicht, so sprechen wir von einer Magnamündungsklappen-Insuffizienz usw. Für die Kompressionsbehandlung haben diese Unterscheidungen aber nur eine untergeordnete Bedeutung.

5.2 Wirkungsweise der Kompressionsbehandlung

Chronisch venöse Insuffizienz: Die Kompressionsbehandlung bewirkt, daß die *Muskelpumpe* auch auf die oberflächlichen Venen wirken kann. So wie das tiefe Venensystem von einer festen Hüllfaszie umgeben ist, umschließt der Kompressionsverband das gesamte Bein und damit auch das oberflächliche Venensystem mit einer festen Hülle. Wird jetzt die Muskelpumpe betätigt, kommt es zu einer Druckerhöhung in den tiefen Beinvenen (Abb. 5-3 b). Die oberflächlichen Venen sind komprimiert und können sich nur wenig füllen. Der gewünschte Effekt tritt ein, und das Blut strömt, den Weg des geringsten Widerstandes, zum Herzen zurück.

Postthrombotisches Syndrom: Wenn sich die tiefen Beinvenen durch ein Blut-

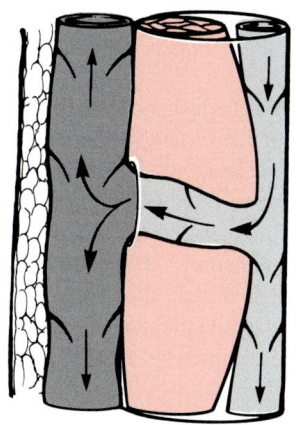

a

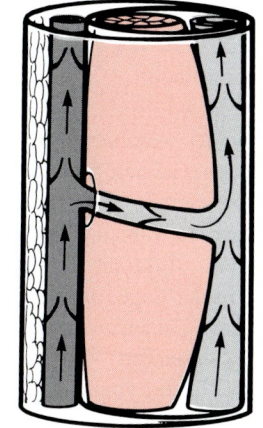

b

Abb. 5-3 Chronisch venöse Insuffizienz.
a) Die Muskelpumpe wirkt nicht mehr.
b) Durch den Kompressionsverband kann die Muskelpumpe wieder wirken.

gerinnsel (Thrombus) dauerhaft verschlossen haben, kommt es zum postthrombotischen Syndrom. Das venöse Blut muß jetzt über die oberflächlichen Venen zurückfließen. Es kommt zur Stauung und Schwellung, das Bein ist dick und kraftlos. Durch eine Kompressionsbehandlung kann die Muskelpumpe auf das oberflächliche Venensystem wirken.

Thrombose: Thrombosen bilden sich nur bei Strömungsverlangsamung.
Die venöse Kompression führt auch beim Gesunden zu einer Einengung des venösen Gesamtquerschnitts an den verbundenen Körperpartien. Da die Strömungsgeschwindigkeit sich aber umgekehrt proportional zum Gefäßdurchmesser verhält, also bei kleinerem Gefäßdurchmesser größer wird, kommt es zu einem schnelleren Blutfluß in den Venen (Thromboseprophylaxe).
Folgende Risikofaktoren tragen zur Thrombose bei:
- Alter über 40 Jahre
- Rauchen
- Einnahme der „Antibabypille"
- Operationen (Gallen-, Knie- oder Hüftgelenkoperation besonders)
- Bauchlagerung während Operationen

Lymphödem: Sind die Lymphgefäße nicht mehr in der Lage, die Gewebsflüssigkeit (Lymphe) in ausreichender Menge in den Blutkreislauf zurückzuleiten, kommt es zu einem Lymphödem.
Ursachen:
- Entzündungen machen die Gefäßwände durchlässiger für Flüssigkeiten (entzündliches Lymphödem).
- Ist der Druck in den Venen hoch (z.B. venöse Stauungsinsuffizienz, Herzschwäche), so wird Flüssigkeit in das Gewebe gepreßt. Es entsteht ein Stauungsödem.
- Sind Lymphgefäße zerstört (z.B. nach Bestrahlung, Lymphgefäßerkrankungen, einer ausgedehnten operativen Lymphknotenausräumung), reicht die Transportkapazität nicht mehr aus, um die in normaler Menge anfallende Lymphe zurückzutransportieren.

Unabhängig von der Ursache kann ein Gegendruck die Lymphflüssigkeit aus dem Gewebe in die Lymphspalten und die -gefäße drücken und so ein Lymphödem beseitigen.

Es zeigt sich, daß bei der Kompressionsbehandlung die oben beschriebenen Mechanismen zusammenwirken. Der Kompressionsverband umgibt das Bein rundum mit einem Druck und stellt somit ein festes Widerlager für die Muskelpumpe dar. Erweiterte Venen werden eingeengt, insuffiziente Venenklappen schließen wieder, das Blut in den Gefäßen strömt schneller, Ödeme bilden sich zurück und Stoffwechselabbauprodukte werden durch die verbesserte Durchblutung schneller abtransportiert.

5.3 Material zur Kompressionsbehandlung

5.3.1 Ruhe- und Arbeitsdruck

Während des Anwickelns wird die Binde vorgedehnt. Ihre Rückstellkraft wirkt dann als Kompressionsdauerdruck. Der *Ruhedruck* wird stets am unbewegten Bein gemessen. Je mehr sich eine Binde vordehnen läßt, desto höher ist der Ruhedruck.
Der *Arbeitsdruck* ist die Kraft, die sich einer Ausdehnung der Muskulatur bei der Kontraktion entgegenstellt. Eine Binde mit hohem Arbeitsdruck läßt sich durch eine Drucksteigerung nur wenig dehnen und bildet dadurch ein festes Widerlager gegen den Muskeldruck.

5.3.2 Bindenarten

Kurzzugbinden (Compridur®, Lastobind®, Daurodur straff®, Idealbinden) sind Binden mit einem *hohen Arbeitsdruck* und einem *niedrigen Ruhedruck*. Bewegung führt zu einem kräftigen Druckanstieg, Entspannung zu einem Druckabfall. Auf diese Weise ist das Gewebe keinem Dauerdruck ausgesetzt. Einerseits wird das venöse Blut gut ausgedrückt, und andererseits kann bei Entspannung die Gewebeversorgung mit frischem, arteriellem Blut erfolgen. Wegen des geringen Ruhedruckes können sie über Nacht belassen werden. Sie eignen sich besonders zur Anfangsbehandlung des varikösen Symptomenkomplexes.

Zinkleimbinden (Varix®, Varolast®) stellen völlig unelastische halbstarre Verbände dar. Sie haben den *höchsten Arbeitsdruck* und den *niedrigsten Ruhedruck*. Sie sind zur Entstauung von Extremitäten und zur Behandlung der chronisch venösen Insuffizienz bestens geeignet. Diese starren Verbände müssen jedoch in der Anfangsphase der Behandlung häufig gewechselt werden, da die Extremitäten schnell an Umfang abnehmen.

Langzugbinden (Lastodur®, Elodur®) üben durch ihre gute Vorspannung einen *hohen Ruhedruck* aus. Ihre Elastizität ist jedoch so groß, daß ihr *Arbeitsdruck gering* ist. Die Binde weicht der Muskelkontraktion durch Dehnung aus. Sie sind daher allenfalls zur oberflächlichen Kompression geeignet. Für den Ersatz einer insuffizienten Muskelpumpe sind sie völlig ungeeignet. Dennoch sind Langzugbinden sehr beliebt, da sie sich im Gegensatz zu den starreren, weniger elastischen Kurzzugbinden sehr leicht anwickeln lassen und sich dem schmaler werdenden Bein gut anschmiegen. Sie verzeihen Fehler der Wickeltechnik. Langzugbinden sollten über Nacht entfernt werden. Da sich die Vorspannungen der Bindentouren von Bindengang zu Bindengang addieren, muß man besonders darauf achten, daß keine zu starke Gesamtkompression resultiert. Als Stumpfbinden sind sie nach Amputation geeignet, einen flächigen Druck und ein Anmodellieren des Weichteilmantels des Amputationsstumpfes zu erzielen (siehe Tab. 5-1).

Tab. 5-1 Eigenschaften verschiedener Kompressionsbinden.

	Zinkleimbinde	Kurzzugbinde Idealbinde	Langzugbinde
Dehnbarkeit	keine	40–70%	170–180%
Ruhedruck	gering	gering	hoch
Arbeitsdruck	sehr hoch	hoch	nur wenig höher als der Ruhedruck
über Nacht belassen	ja	ja	nein

Haft- und Pflasterbinden: Oben beschriebene Binden gibt es auch mit Latexüberzügen (Haftbinden). Die einzelnen Wickeltouren verrutschen dadurch nicht mehr. Haftbinden kleben nicht auf der Haut. Pflasterbinden kleben auf der Haut und verrutschen dadurch nicht.

5.4 Grundsätze beim Anlegen von Kompressionsverbänden

 Anlegen des Verbandes nur im Liegen, bei entstauten Venen und abgeschwollenen Beinen.

- Ein Kompressionsverband muß von distal (Zehen) nach proximal gewickelt werden.
- Die Vorspannnung und damit der Ruhedruck sollten von distal nach proximal abnehmen, sonst kommt es zur distalen Stauung.
- Der Verband muß faltenfrei angelegt werden.
- Der Patient soll sich im Verband wohl fühlen.
- Ein Kompressionsverband darf nicht stauen (Abb. 5-4 a). Wenn eine Kompression proximal, z.B. auf das Knie ausgeübt wird, muß die Extremität distal davon (hier: am Unterschenkel) auch einen Kompressionsverband erhalten (Abb. 5-4 b).
- Unter Kompressionsverbänden sind Knochenvorsprünge (Außen-/Innenknöchel, Ferse, Schienbeinkante, Achillessehne, Fibulaköpfchen, Kniescheibe, die Sehnen der Kniekehle) ganz besonders druckgefährdet. Zur flächenhaften Druckverteilung (siehe Kap. 7 Sonderverbände, Dekubitus) müssen sie daher durch Polsterwatten oder zurechtgeschnittene Schaumstoffpolster besonders geschützt werden.
- Dem Patienten zeigen, wie er einen Kompressionsverband selbst richtig anlegen kann.

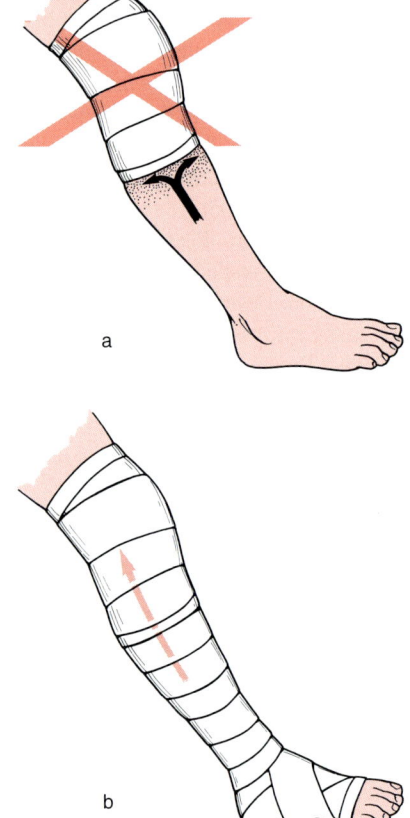

Abb. 5-4 Ein Kompressionsverband darf nicht stauen. Die Extremität muß immer komplett von distal gewickelt werden.
a) falsch.
b) richtig.

5.5 Spezielle Kompressionsverbände

Pflasterkompressionsverband

Kompressionsverbände mit elastischen Pflasterbinden werden als *Dauerverbände* angelegt. Sie verrutschen kaum. Da sie länger belassen werden, wird die Haut stark belastet, deshalb muß über Knochenvorsprüngen besonders vor Druck geschützt werden. Durch entsprechende *Polsterung* werden die Achillessehne, die Knöchel, die Schienbeinvorderkante und gelegentlich bei schlanken Patienten auch der Fußrücken gepolstert (Abb. 5-5 a).

Die Kurzzugpflasterbinde wird mit Kreistouren um den Vorfuß von dorsal über die Fußinnenseite, Fußohle zum Fußrand geführt. Der natürlichen Supinationsneigung des Fußes wird so entgegengewirkt (Abb. 5-5 b). Mit Spiral- und Achtertouren wickelt man weiter bis über die Knöchel. Ein faltenfreier Verband mit gleichmäßigem Druck läßt sich nur erreichen, wenn man nun den Pflasterverband Schlinge für Schlinge in kurzen Stücken um das Bein legt, wie in Abb. 5-5 c und 5-5 d dargestellt. Die Schlingen stellen halbe Achtertouren dar (Abb. 5-5 d). Sie sollten nicht direkt über der Tibiavorderkante abgeschnitten werden, sondern etwas seitlich davon, da dieser Bereich die schlechteste Weichteildeckung am Bein hat. Unter dem Knie kann der Verband mit Kreistouren abschließen (Abb. 5-5 e). Er kann mit der gleichen Schlingentechnik auf den Oberschenkel fortgesetzt werden, dazu muß man die Sehnen der Kniekehle mit Polsterwatte schützen und die Kniescheibe mit Schaumstoff umlegen (Abb. 5-5 f).

Ein Pflasterverband des gesamten Beines engt die Bewegungsfreiheit des Kniegelenks erheblich ein und trägt sich recht unangenehm. Da die Mobilität des Patienten erwünscht ist, sollte er nur, wenn dies unbedingt notwendig ist, angelegt werden.

Alternativ kann auch das Kniegelenk freigehalten werden. Damit hierbei kein sogenanntes *Fensterödem* entsteht (es besteht ja ein strangulierender Verband proximal), muß auch das Knie nach Abschluß mit einer elastischen Binde komprimiert werden.

Zinkleimverband

Der Zinkleimverband, angelegt bei Unterschenkelvarikose und -thrombose, verhindert eine Schwellung (Ödem), wenn er an entstauten Weichteilen angelegt wird. Dazu das Bein ca. 30 Minuten hochlagern. Die Weichteilabschwellung ist wichtig für eine gleichmäßige Druckentfaltung, damit der Verband die optimale Wirkung erzielt. Zinkleimverbände sind ausgesprochen hautfreundlich, tragen sich angenehm, sind atmungsaktiv und können auch über einen Zeitraum von einer Woche belassen werden.

Es gibt zwei alternative Techniken für das Anlegen:

- Der Verband wird wie ein Kompressionsverband mit einer elastischen Zinkleimbinde angelegt. Nach sorgfältiger Abpolsterung druckgefährdeter Stellen erfolgt die Wickelung des Fußes, des Unterschenkels und eventuell des Oberschenkels von distal nach proximal mit Zinkleimschlingen, die sich dachziegelartig zu zwei Dritteln über-

5 Kompressionsverbände

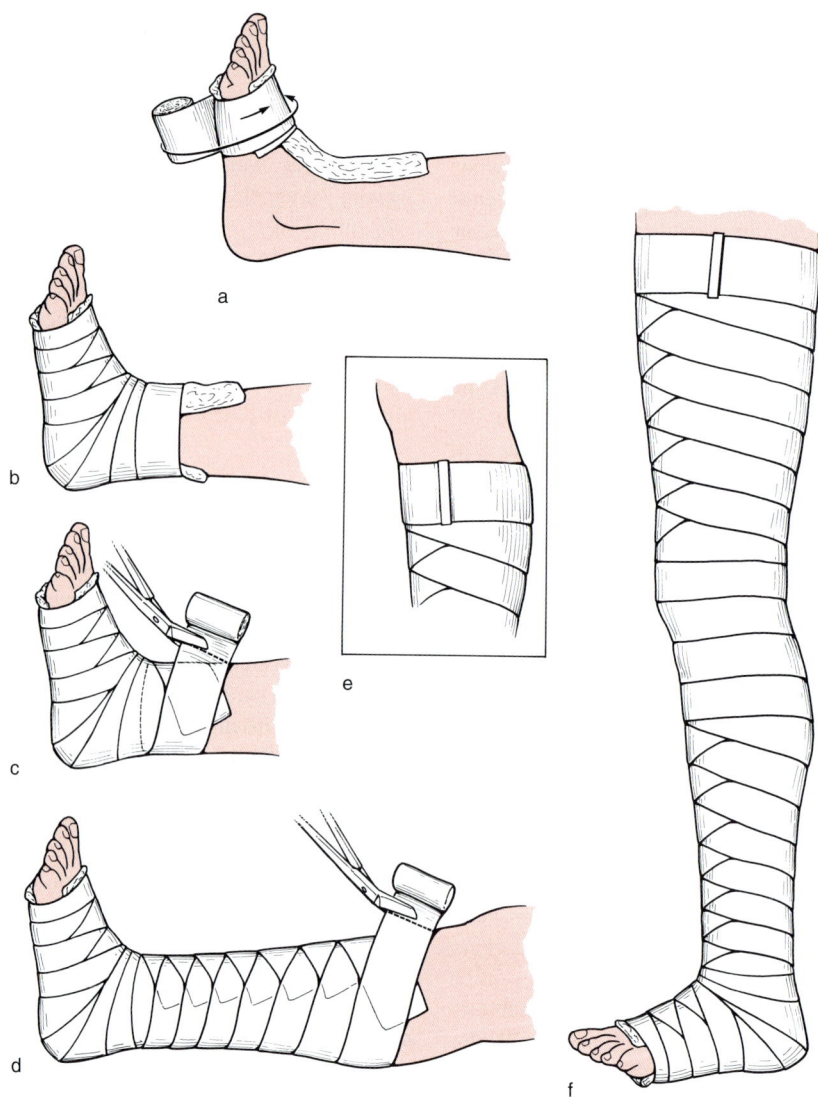

Abb. 5-5 Unterschenkelkompressionsverband mit elastischer Pflasterbinde.
a) Polsterung an Fußrücken, Schienbeinvorderkante und an den Knöcheln.
b) Touren zur Redression des Fußes, Pronation des Vorfußes und Supination der Ferse.
c) Anlegen einzelner Schlingen am Unterschenkel.
d) Anlegen weiterer Schlingen am Unterschenkel.
e) Verbandabschluß mit Kreistouren.
f) Fertiger Verband.

decken. Er komprimiert die oberflächlichen Venen und erhöht dadurch die Strömungsgeschwindigkeit des Blutes in den tiefen Beinvenen.

- Da Zinkleimverbände nicht so leicht wie Pflasterkompressionsverbände zu Abschnürungen neigen, können sie auch als Serpentinenverband um den Unterschenkel geführt werden. Die einzelnen Bahnen überdecken dann schließlich, jeweils etwas in der Höhe versetzt, den Unterschenkel (Abb. 5-6).

5.6 Kompressionsstrümpfe

Klasseneinteilung

Zur Dauerbehandlung werden Kompressionsstrümpfe industriell oder nach Maß gefertigt (Abb. 5-7). Eine Kompressionsbehandlung mit Strümpfen ist jedoch erst nach anfänglicher Abschwellung durch Kompressionsverbände sinnvoll, da sonst schnelle Volumenveränderungen des Beins die Paßmaße immer wieder verändern würden.

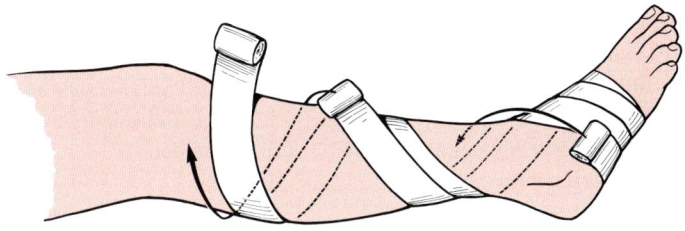

Abb. 5-6 Versetzter Serpentinengang mit mehreren Binden für den Zinkleimverband.

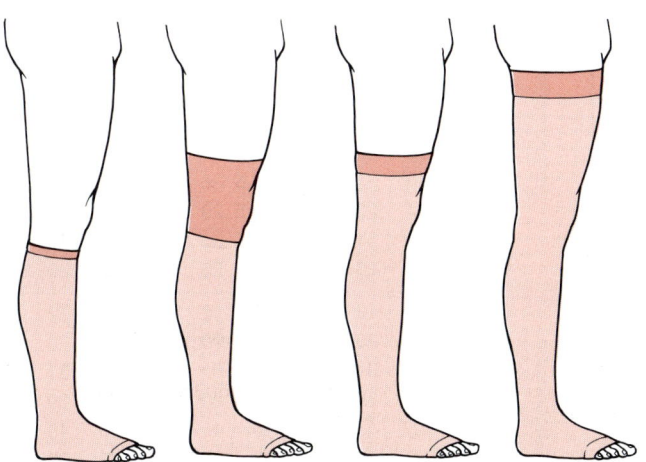

Abb. 5-7 Verschiedene medizinische Kompressionsstrümpfe.

5 Kompressionsverbände

Man unterscheidet vier Kompressionsklassen:

Kompressionsklasse I: *leichte* Kompression (20 mmHg); zur Thromboseprophylaxe bei bettlägerigen Patienten. Vermindert bei gehenden Patienten das Schwere- und Müdigkeitsgefühl in den Beinen, ist aber zur eigentlichen Varikosebehandlung zu schwach.

Kompressionsklasse II: *mittelkräftige* Kompression (30 mmHg); bei leichten Ödemen, stärkeren Beschwerden bei mäßiger Varikose, oberflächlichen Thrombosen, nach Abheilung kleinerer Ulcera cruris und nach Verödungs- oder Operationsbehandlung von Varizen.

Kompressionsklasse III: *kräftige* Kompression (40 mmHg); stärkere Varizen, postthrombotisches Syndrom, Ödeme, postoperativ und nach Abheilung größerer Unterschenkelgeschwüre.

Kompressionsklasse IV: *sehr kräftige* Kompression (60 mmHg); bei besonders schweren Fällen mit therapieresistentem, ausgeprägtem Lymphödem oder Elephantiasis.

Die Kompressionsstärke wird dicht oberhalb des Knöchels gemessen und muß nach proximal kontinuierlich abfallen. In Höhe des Knies beträgt der Kompressionsdruck nur noch 70%, im Oberschenkelbereich nur noch 50% des Ausgangswertes.

Aus einer für alle Fabrikate einheitlichen Maßtabelle (Tab. 5-2) wird die richtige Größe entnommen.

💡 Für die Strumpfbestellung sollten die Umfangmaße am **nicht** gestauten Bein, morgens im Liegen bestimmt werden.

Tab. 5-2 Maße der Gütezeichengemeinschaft medizinischer Kompressionsstrümpfe (nach Körpermaßen in cm).

	Größen ohne Naht	I	II		III		IV		V		VI	
	Größen mit Naht	4	5	6	7	8	9	10	11	12	13	14
Umfangmaße	gmax	53	55	57,5	60	62,5	65	67	69,5	72	74,5	77
	g	44	46	48	50	52	54	56	58	60	62	64
	f	41	42,5	44	45,5	47	48,5	50	51,5	53	54,5	56
	e	31	32,5	34	35,5	37	38,5	40	41,5	43	44,5	46
	d	28	29,5	31	32,5	34	35,5	37	38,5	40	41,5	43
	c	30	31,5	33	34,5	36	37,5	39	40,5	42	43,5	45
	b^1	24	25,5	26,5	27,5	29	30	31,5	32,5	34	35	36,5
	h	31	31	32	32	33	34	34	35	36	37	38
	a+b	19	20	21	22	23	24	25	26	27	28	29
Längenmaße	A–b	12	12	12	12	12	12	12	12	12	12	12
	A–b^1	20	20	20	20	20	20	20	20	20	20	20
	A–c	31	31	31	31	31	31	31	31	31	31	31
	A–d	39	39	39	39	39	39	39	39	39	39	39
	A–e	45	45	45	45	45	45	45	45	45	45	45
	A–f	60	60	60	60	60	60	60	60	60	60	60
	A–g	72	72	72	72	72	72	72	72	72	72	72

5.6 Kompressionsstrümpfe

Anlegen des Kompressionsstrumpfes

Die Strümpfe sollen morgens vor dem Aufstehen angelegt werden. Strümpfe der Kompressionsklassen III und IV können nur sehr schwer und oft nur mit fremder Hilfe angezogen werden. Damit der Strumpf besser über den Fuß gleitet, zieht man glatte Kunstseidenpantoffeln als Anziehhilfe darunter. Ist der Strumpf dann angelegt, werden die Pantoffeln durch das offene Zehenende des Strumpfes entfernt. Die Strümpfe werden so weit wie möglich nach oben gezogen, um einen faltenfreien Sitz zu sichern. Strümpfe, die bis zum Oberschenkel reichen, müssen dort an mindestens drei Punkten durch ein Mieder oder ein Strumpfband gehalten werden, um ein Abrutschen zu vermeiden.

Antithrombosestrümpfe

Sie entsprechen der Kompressionsklasse I und sollten von bettlägerigen Patienten zur *Thrombembolieprophylaxe* getragen werden.

Die Strömungsgeschwindigkeit wird beim liegenden Patienten in den Unterschenkelvenen verdoppelt. Antithrombosestrümp-

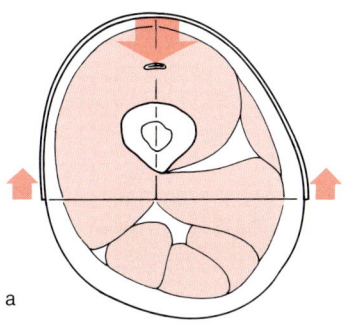

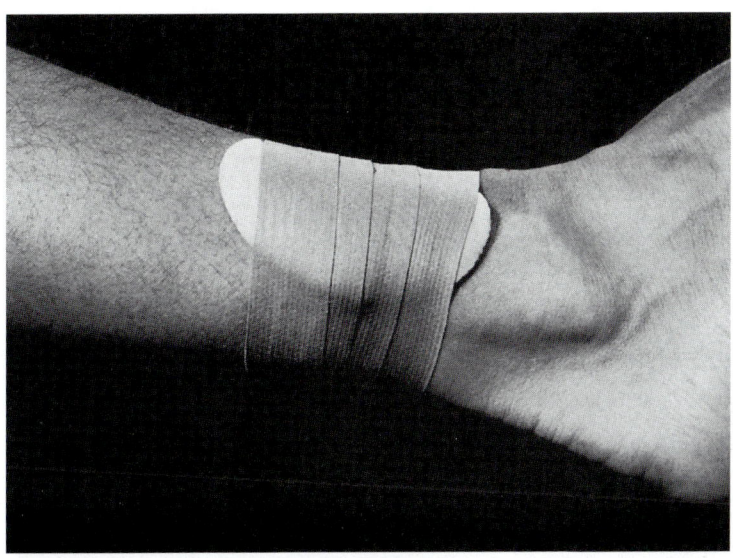

Abb. 5-8 Druckverband auf einer gewölbten Oberfläche.
a) Kompressionspolster mit Pflaster fixiert.
b) Lokaler Kompressionsverband am Unterschenkel.

fe sind waschbar und können auf der Station wiederverwendet werden. Abgemessen werden sie anhand des Wadenumfangs und der Länge von der Ferse bis zur Gesäßfalte.

Tägliche Inspektion der Haut auf Druckstellen, Rötung, Schwellung und Temperaturunterschiede. Zur Hautpflege Hautöl oder -creme verwenden. Die Öffnung am Zehenteil dient der Kontrolle der Zehendurchblutung.

5.7 Lokale Kompressionsverbände

Ein Druckverband mit örtlicher Kompression dient vor allem der venösen Blutstillung. Nach Operationen kann man eine Hohlraumbildung vermeiden, indem die Wundränder aneinandergedrückt werden. Außerdem dient er auch als Erstverband bei Weichteilverletzungen (Prellungen, Verrenkungen).

Druckverband auf einer gewölbten Oberfläche

Ist die Oberfläche gewölbt, so genügt das straffe Anlegen von Pflasterstreifen oder Klebevliesen, um einen lokalen Druck auszuüben; die Zugkraft des Pflasters wirkt als Druckkraft auf die Wunde (Abb. 5-8 a, b).

Gefahren: Abschnürungen, Spannungsblasen (siehe Abb. 5-10 a).

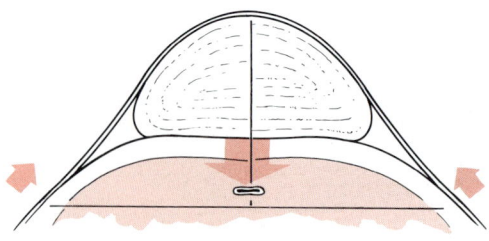
a

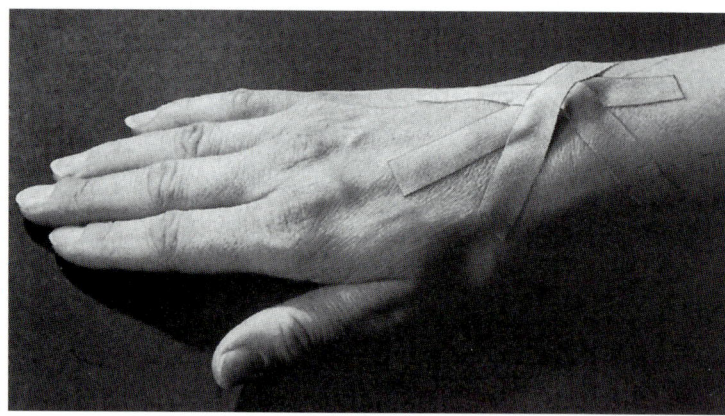
b

Abb. 5-9 Druckverband auf einer ebenen Oberfläche. **a)** Kompressionspolster mit Pflaster fixiert. **b)** Lokaler Kompressionsverband am Handrücken.

Druckverband auf einer ebenen Oberfläche

Schwieriger ist die Situation auf einer ebenen Oberfläche (Körperstamm, Kopfkalotte). Durch Aufkleben eines Pflasters allein kann keine Druckkraft ausgeübt werden. Erst wenn die Zugkraft des Pflasters durch ein untergelegtes Polster (Kompresse oder Schaumgummi) umgeleitet wird, entsteht eine Druckkraft (Abb. 5-9 a, b).

Gefahren: Wenn ein Pflaster unter Zug aufgeklebt wird, darf die Zugkraft pro Klebefläche auf der Haut nicht zu hoch sein, da sonst Spannungsblasen entstehen (Abb. 5-10 a). Die Klebeflächen müssen also groß genug sein (Abb. 5-10 b).

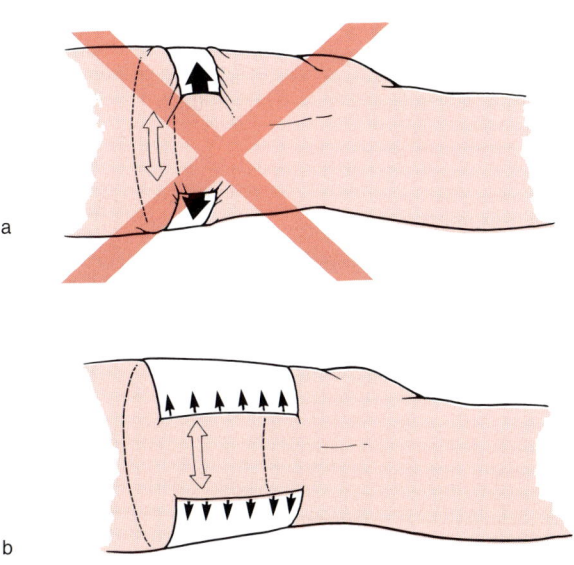

Abb. 5-10 Gefahr von Spannungsblasen.
a) Die Zugkraft pro Klebefläche ist zu groß.
b) Die Zugkraft pro Klebefläche ist richtig.

6
Stütz- und ruhigstellende Verbände

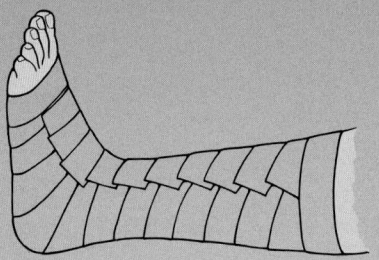

Im Deutschen verstehen wir unter dem Begriff Gips einerseits das Material Kalziumsulfat, andererseits aber auch den Gipsverband, z.B. Oberarmgips. In der *englischen Sprache* unterscheidet man diese beiden Begriffe: Das Material Gips heißt *plaster* (of Paris), der Gipsverband heißt *cast*. Solange nur ein Material für die Stützverbände verwendet wurde, nämlich Gips, störte die sprachliche Ungenauigkeit wenig. Heute werden aber vielfach Kunststoffe eingesetzt, für die der Begriff Gips unangebracht ist. Dennoch hört man regelmäßig Äußerungen wie „einen Oberarmgips aus dem Kunststoff ‚ABC-cast' anlegen". Begriffe wie *Stützverband, Hartverband, stabilisierender Verband* und *ruhigstellender Verband* sind sprachlich korrekt. Sie werden zwar in der Literatur verwendet, im Sprachgebrauch der klinischen Praxis haben sie sich jedoch noch nicht durchgesetzt. Da alle Hersteller von Gipsersatzmaterialien ihre Produkte auf „-cast" enden lassen, sollte man überlegen, ob man den Ausdruck Cast nicht übernehmen sollte; z.B. Oberarmcast gleichbedeutend mit Oberarmhartverband. Ansonsten sind als Hartverbände solche aus Gips oder aus härtendem Kunststoff zu verstehen.

Stützverbände oder stabilisierende Verbände können entweder aus Hartmaterialien oder aus starrem (Zinkleim, Drahtleiterschienen) bzw. zugfestem (Tape) Material bestehen. Die Stabilisierung kann durch das Verbandmaterial und durch Schienung an andere Körperteile erfolgen (Oberarm an den Oberkörper, Finger an den Nachbarfinger).

Orthesen, vorgefertigte Apparate zur Schienung oder Entlastung, sind im weitesten Sinne auch Stützverbände. Sie werden auch als Gehapparate bezeichnet.

6.1 Grundsätzliche Überlegungen

6.1.1 Indikationen für ruhigstellende Verbände

Frakturen: In den letzten Jahrzehnten wurden die Techniken der operativen Frakturbehandlung entscheidend verbessert. Heute besteht für die Mehrzahl der Frakturen Einigkeit darüber, in welchen Fällen konservativ oder operativ behandelt werden soll. Für die Mehrzahl der Knochenbrüche ist das konservative Vorgehen von Vorteil, weil es meist mit:
- weniger Personal,
- geringerem Zeitaufwand,
- geringeren technischen Voraussetzungen,
- geringeren Kosten und
- geringeren Risiken durchzuführen ist.

 Unter konservativer Frakturbehandlung verstehen wir hauptsächlich die äußere Ruhigstellung von Skelettabschnitten durch Verbandtechniken, jedoch auch die „funktionelle Behandlung".

In diesem Kapitel wird nur auf *ruhigstellende Verbände* eingegangen. Diese verwendet man allerdings nicht nur in der *Knochenbruchbehandlung*, sondern auch:
- zur *Schmerzlinderung*, z.B. nach Weichteilverletzungen wie Prellungen oder Distorsionen, nach Extremitätenoperationen, bei Entzündungen;
- zur *Verbesserung der Abwehrlage* bei bakteriellen Entzündungen;
- zur *Sicherung* von operativen Bandrekonstruktionen und Sehnennähten;
- zur *Blutstillung* nach Operationen.

In diesem Kapitel werden Verbandtechniken dargestellt, die in der Chirurgie häufig vorkommen. Über seltene Hartverbände (Becken-Bein-Gips, Gipskorsett) sollte in der Spezialliteratur nachgelesen werden. Techniken, die nach unserer Erfahrung heute entbehrlich geworden sind, werden nicht dargestellt.

6.1.2 Komplikationen bei der Behandlung

Für ruhigstellende Verbände gilt, was für alle wirksamen medizinischen Maßnahmen gilt:

 Jede Methode mit einer Wirkung hat auch Nebenwirkungen. Jeder, der Stützverbände anlegt, muß sich über die bisweilen erheblichen Risiken im klaren sein.

Druckschäden

Kompartmentsyndrom
Das Kompartmentsyndrom ist die schwerste Komplikation. Es entsteht aufgrund einer allgemeinen Schwellung der Weichteile, speziell der Muskulatur, unter einem zirkulären Verband, wobei es gleichgültig ist, ob es sich um einen Hart- oder Weichverband handelt. Beläßt man einen einengenden Verband über dem Weichteilödem, kommt es zu schwerer Schädigung des Gewebes, vor allem zu Muskelnekrosen und Nervenschäden. Bei der gefürchteten Volkmannschen Kontraktur ist das Muskelgewebe abgestorben und durch Narbengewebe ersetzt worden. Es ist vorgekommen, daß die betroffene Extremität wegen dieser schweren Schädigung amputiert werden mußte.
Deshalb ist folgendes zu beachten:
- Immer wenn es zu einer Weichteil-

schwellung kommen kann, also unmittelbar nach Unfall oder Operation, muß jeder zirkuläre Hartverband in ganzer Länge gespalten werden.
- Bei ruhigstellenden Verbänden an Oberarm, Unterarm und Hand sind unbedingt Fingerringe zu entfernen. Das geht am besten mit Seife als Schmiermittel und einem am Ring um den Finger kreisenden Faden (Abb. 6-1a) oder mit der Ringsäge (Abb. 6-1b).
- Nach Verbandanlage sorgfältig auf Zeichen erhöhten Drucks achten, d.h. Schmerz, Sensibilitätsstörungen, motorische Störungen, venöse Stauung.
- Die Patienten sind über die Alarmsymptome aufzuklären.

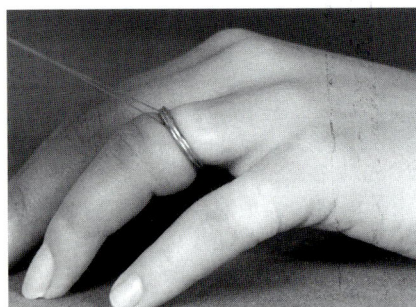

Abb. 6-1a Entfernung des Ringes mit der Fadenmethode.

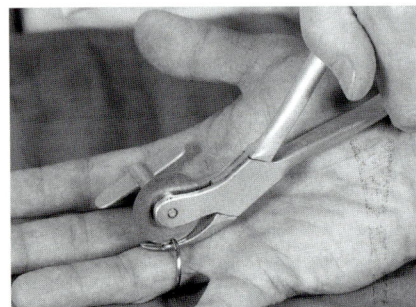

Abb. 6-1b Entfernung des Ringes mit der Ringsäge.

6.1 Grundsätzliche Überlegungen

 Ein Patient, der über Schmerzen unter einem zirkulären Verband klagt, hat immer recht!

Alarmsymptome sind:
- Zunahme von Schmerzen
- Sensibilitätsstörungen: Kribbeln, Einschlafen von Gliedmaßen
- Bewegungsausfall
- starke bläuliche Verfärbung der Haut.

Bei jedem Verdacht auf eine Druckerhöhung ist der Verband zu lockern oder zu wechseln!

Hautnekrosen

Ursache ist eine lokale Druckerhöhung an Stellen, wo der Knochen unmittelbar unter der Haut liegt:
- Ferse
- mediale Schienbeinkante
- Außen- und Innenknöchel
- Wadenbeinköpfchen
- Gelenkrollen (Knie, Ellenbogen, Handgelenk).

Nervenschäden

Eine Druckerhöhung kann auch zu *Nervenschäden* führen, wobei die Nerven besonders an den Stellen gefährdet sind, wo sie dicht unter der Haut verlaufen:
- der Nervus fibularis am Wadenbeinköpfchen (Abb. 6-2 a)
- der Nervus ulnaris am Ellenbogen (Abb. 6-2 b)
- der Nervus radialis am Oberarm

Die Folge ist ein Ausfall der jeweiligen sensiblen und motorischen Funktion.

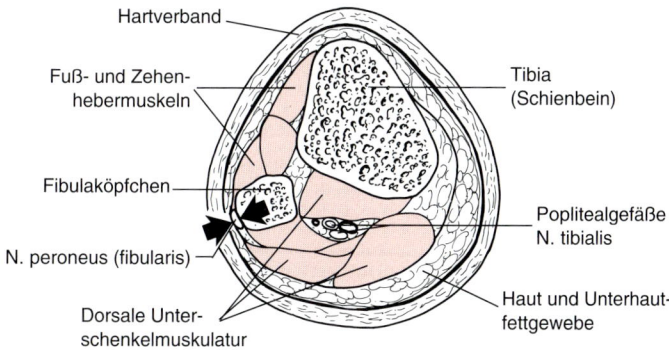

Abb. 6-2 a Der N. fibularis am Wadenbeinköpfchen.

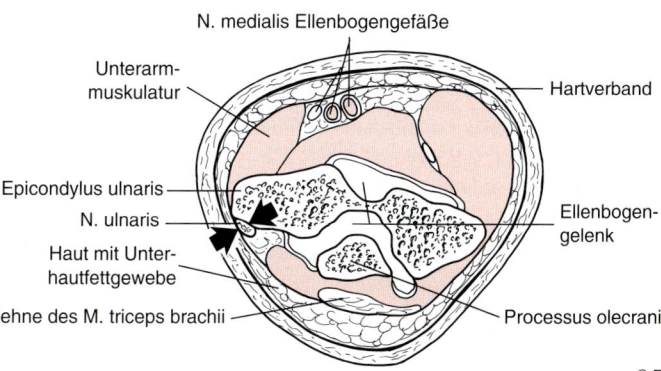

Abb. 6-2 b Der N. ulnaris am Ellenbogen. Die Nerven liegen an diesen Stellen nur spärlich gepolstert zwischen Haut und Knochen. Durch Druck von außen kommt es zur Schädigung der Nerven.

6 Stütz- und ruhigstellende Verbände

 Hautnekrosen und Nervenschäden können durch eine ausreichende Polsterung vermieden werden. Beim Anlegen eines Hartverbandes darf man an den beschriebenen Körperstellen keinen Druck ausüben.

Thrombose

Unter ruhigstellenden Verbänden kann es zu venösen Thrombosen kommen, ein Risiko, das hinsichtlich der Häufigkeit und der Bedeutung für die Betroffenen gelegentlich unterschätzt wird. Unbehandelt führen Thrombosen zum *postthrombotischen Syndrom* mit Schwellneigung, evtl. zu Pigmentveränderungen (Hämosiderose), sowie zu *Unterschenkelgeschwüren* (Ulcera cruris) und damit zu einem lebenslangen Leiden. Außerdem können sie zu lebensbedrohlichen *Lungenembolien* führen.

Thrombosen äußern sich in zunehmenden Spannungsempfindungen und Schmerzen sowie in einer Schwellung der Zehen bzw. Finger.

 Wenn unter einem Hartverband Schmerzen zunehmen anstatt abnehmen, besteht der Verdacht auf eine Thrombose.

In diesem Fall ist der Verband zu entfernen und die Abklärung auf Thrombose vorzunehmen, in der Regel durch eine Phlebographie.

Das Thromboserisiko ergibt sich aus der unfallbedingten Schädigung der Gefäßwand, einer erhöhten Gerinnbarkeit des Blutes und der Verlangsamung des Blutflusses durch Wegfall der Muskeltätigkeit. Bei vorgeschädigtem Venensystem ist das Risiko besonders hoch, so daß die Indikation zum Hartverband sorgfältig abzuwägen ist, d.h., er darf nur angelegt werden, wenn das Behandlungsziel auf andere Weise, z.B. durch Entlastung, Tapestreifen oder Operation, nicht erreicht werden kann.

 Wenn bei erhöhtem Thromboserisiko – bekanntem Venenleiden, Übergewicht, Einnahme von Ovulationshemmern – der Hartverband nicht zu umgehen ist, muß eine medikamentöse Prophylaxe mit Low-dose-Heparin s.c. erfolgen.

Bei Kindern im präpubertären Alter liegt prinzipiell kein erhöhtes Thromboserisiko vor, wenn keine Hinweise auf eine Gerinnungsstörung bestehen. Auf eine Thromboseprophylaxe kann deshalb verzichtet werden.

Einsteifen der ruhiggestellten Gelenke

Werden verletzte oder operierte Gelenke längere Zeit ruhiggestellt, besteht die Gefahr, daß die Gleitstrukturen verkleben und damit die Beweglichkeit eingeschränkt wird. Man beschränkt deshalb die Immobilisierung auf die Gelenke, die zwingend ruhiggestellt werden müssen, und hebt sie so früh wie möglich wieder auf. Danach werden die Gelenke in angemessener Weise wieder mobilisiert, evtl. durch Krankengymnastik.

Im Kindesalter besteht im Rahmen einer normalen Ruhigstellung (zwischen vier und fünf Wochen) keine Gefahr einer Einsteifung. Bei unklaren Befunden sowie bei Verdacht einer Fraktur kann deshalb großzügig ruhiggestellt werden.

6.1.3 Grundsätze bei der Behandlung mit Hartverbänden

Wer einen zweckmäßigen Stützverband anlegen will, muß die zu behandelnde Verletzung mit ihrem üblichen Verlauf und ihren Risiken, aber auch die Persönlichkeit des Patienten berücksichtigen.
Beispiel: Eine Fraktur mit Tendenz zur Dislokation (Verschiebung) muß zirkulär abgesichert werden; bei einer stabilen Fraktur reicht zur Sicherung und Schmerzausschaltung eine Longuette.

Allgemeines Ziel

Es ist gerade so viel Material zu verwenden, daß der Hartverband so lange hält wie geplant. Sich in der benötigten Menge zu verschätzen, ist kostspielig; zu viel heißt unnötiger Verbrauch von teurem Material, zu wenig heißt, der Verband hält nicht lange genug und muß überflüssigerweise nochmals angelegt werden.

Forderungen an den optimalen Hartverband

- Das Anlegen eines Hartverbandes erfordert Fachwissen, Erfahrung, Übung und Fingerspitzengefühl.
- Gelenke nur soweit wie nötig ruhigstellen! Die frühere Forderung, bei Frakturen immer die benachbarten Gelenke in die Ruhigstellung miteinzubeziehen, kann und soll heute in vielen Fällen aufgegeben werden (siehe z.B. Sarmiento-Technik, Kap. 6.6).
- Belastete Bereiche gezielt verstärken: Durch Verstärkung der Fußplatte beim Gehverband oder der Medial- und Lateralseite bei der Ruhigstellung von Knie und Ellenbogen läßt sich erheblich Material sparen. Dadurch wird der Hartverband leichter und billiger. Außerdem ist er später einfacher wieder zu entfernen.
- Persönlichkeit des Patienten berücksichtigen: Der Hartverband eines hyperaktiven Heranwachsenden benötigt eine größere Festigkeit als der eines geschwächten betagten Patienten.
- Es ist anzustreben, den Verband ästhetisch ansprechend zu gestalten. Aber: Ein schöner Hartverband ist nicht unbedingt ein guter Hartverband.

Aufklärung des Patienten

Der Patient muß über die Art der Verletzung und die Prinzipien der Behandlung sorgfältig aufgeklärt werden (Abb. 6-3). In bestimmten Fällen sollte er auch über therapeutische Alternativen, z.B. Operationen oder funktionelle Behandlung, informiert werden. Nur so kann er in der gewünschten Weise mitarbeiten. Formulare, die von den Herstellern der Verbandmittel zur Verfügung stehen, gewährleisten, daß alle wesentlichen Punkte angesprochen werden. Außerdem kann der Patient durch seine Unterschrift bestätigen, daß er sachgerecht aufgeklärt worden ist. Die Aufklärung muß enthalten:
- Ort und Datum der Verletzung;
- durchgeführte Behandlung;
- Maßnahmen bei Zeichen der Druckerhöhung;
- weiter geplantes Vorgehen (Wechsel bzw. Entfernung des Verbandes)

Die Beschriftung des Hartverbandes, wie sie von der Böhler-Schule praktiziert wird, ist mit der schriftlichen Aufklärung entbehrlich geworden.

6 Stütz- und ruhigstellende Verbände

Name

Verletzung/Erkrankung   Datum

Schema der Verletzung

Art des ruhigstellenden Verbands   Datum

Material

vorgesehener Wechsel

vorgesehene Entfernung

Klinische Kontrolle

Röntgenkontrolle

Sehr geehrter Patient,

Sie haben einen ruhigstellenden Verband erhalten.
Wie alle medizinischen Maßnahmen kann auch ein ruhigstellender Verband neben der gewünschten heilenden Wirkung in seltenen Fällen unerwünschte Nebenwirkungen haben. Diese ergeben sich meist aus einer Schwellung der Weichteile. Eine geringe Schwellung ist dabei üblich und hat keine negative Bedeutung.
Aber:
– Wenn Schmerzen zunehmen anstatt abnehmen,
– wenn Kribbeln, Taubheitsgefühl oder Pelzigkeit einsetzt,
– wenn Sie die Finger oder Zehen nicht mehr bewegen können,
dann kann eine gefährliche Druckerhöhung vorliegen, und Sie müssen umgehend einen Arzt aufsuchen, der entscheidet, ob der Verband abgenommen werden muß.
Das Risiko einer erheblichen Schwellung können Sie wesentlich mindern,
– wenn Sie – besonders in der Frühphase nach der Verletzung – den Arm oder das Bein häufig hochlagern und
– Ihre Verletzung kühlen, sofern die Anlageform des Verbandes dies zuläßt.

        Name
        Adresse
        Telefon-Nr.

Abb. 6-3 Aufklärungsformular für ruhigstellende Verbände.

6.1.4 Der Gipsraum

Ruhigstellende Verbände, besonders die aus Gips oder Kunststoff, sollten in der Regel in speziellen Arbeitsräumen angelegt werden, die von ihrer Ausstattung her ein zügiges und sinnvolles Arbeiten ermöglichen. Obwohl heute außer Gips eine Reihe anderer Materialien zur Ruhigstellung verwendet werden, hält sich der Ausdruck „Gipsraum". Größe und Ausstattung des Gipsraums hängen davon ab, welche Verbände angelegt bzw. welche Verletzungen behandelt werden sollen.

Bei Verbänden im Unterarm-Hand-Bereich genügt eine kleine Ausstattung, für große Verbände wie z.B. Becken-Bein-Gips oder Gipsbett ist eine vollständige Ausstattung nötig. Hierzu gehören: *Regale* zur Aufbewahrung der Materialien (Gips, Kunststoff, Polsterung), der Geräte und Instrumente (Stanzen, Sägen, Spreizer usw.). Offene Regale sind nicht nur billiger, sondern auch zeitsparend, da sofort zu erkennen ist, wo sich das Gesuchte befindet.

Zum Tauchen der Hartmaterialien benötigt man ausreichend große *Wasserbecken*, bei denen sichergestellt sein muß, daß das gipsgetränkte Tauchwasser nicht direkt in die Abflußrohre gelangt, da diese sonst in kurzer Zeit verstopfen. In einem zwischengeschalteten Absatzbecken werden die Hartbestandteile vom Wasser getrennt. Behelfsmäßig kann die Gipsbinde auch in Schüsseln oder Eimer getaucht werden, wobei auch hier gilt:

 Hartbestandteile nicht in den Ausguß!

Ein *Lagerungstisch* ist für Verbände an Beinen und am Rumpf erforderlich. Er muß eine Möglichkeit zum Längszug bieten, damit lange Röhrenknochen extendiert werden können, und er sollte zur Arbeitserleichterung höhenverstellbar sein. Gelegentlich werden auch *Bänkchen* benötigt, um das Bein oder das Becken gezielt zu unterstützen.

Haken, die an Schienen an der Zimmerdecke positioniert werden, dienen dazu, die ruhigzustellenden Körperregionen einem dosierten Zug auszusetzen, zu reponieren und in der Korrekturstellung zu halten.

Ein *Röntgenbildverstärker* mit C-Bogen und Fernsehmonitor ist erforderlich, wenn Frakturen oder Luxationen reponiert werden sollen.

6.2 Allgemeine Anlegetechnik des Hartverbandes

Für jeden Hartverband sind grundsätzlich bereitzuhalten:
- Einmalhandschuhe, besonders für Kunststoff
- Plastik- und Papierfolien bzw. Schürzen, um Einrichtung und Kleidung zu schonen. Aus Textilien lassen sich Gipsflecken nur schlecht, Kunststoffe gar nicht mehr entfernen.
- Tauchwasser
- Gipsinstrumente
- Hartmaterial (Gips oder Kunststoffe)
- Polstermaterial
- Überzug

6.2.1 Die Polsterung

Eine Polsterung ist immer erforderlich, wenn eine Schwellneigung besteht (also

nach Unfall oder Operation) und dort, wo der Knochen unmittelbar unter der Haut liegt.
Besteht keine Schwellneigung mehr, polstert man sparsam und erreicht dadurch eine weitgehende Ruhigstellung der Fragmente.
Die Polsterung besteht aus: Unterzug, Polsterwatte und Kreppapier- oder Polyurethanschaumstoffbinden.

 Grundregel der Polsterung: Sowenig wie möglich, aber soviel wie nötig.

Unterzug aus Schlauchmull

Schlauchmull verhindert, daß die Polsterwatte verrutscht und daß sie mit der Haut in Kontakt kommt. Der Hautkontakt kann zu Dermatitis führen. Mit Schlauchmull polstert man – zusammen mit der Watte – die freien, schartigen Ränder des Hartmaterials rutschsicher ab.
Von L. Böhler und seiner Schule wird für die Frakturbehandlung empfohlen, den Hartverband ohne Polsterung unmittelbar der Haut aufzulegen. Auf diese Weise ist eine hochgradige Ruhigstellung zu erreichen. Der *ungepolsterte Hartverband* birgt jedoch Risiken:
- Es können leichter Druckstellen entstehen.
- Bei Weichteilschwellung kommt es schnell zum Druckanstieg und damit zum Kompartmentsyndrom.
- Bei der Entfernung des Hartverbands wird die Haut leichter verletzt.

Bei zirkulären Hartverbänden empfiehlt deshalb die Mehrzahl der Autoren, zwischen Haut und Hartmaterial eine Polsterschicht anzulegen. Dadurch werden die Risiken vermindert und der Tragekomfort verbessert. Bei bestimmten Indikationen ist es dennoch sinnvoll, das Hartmaterial ungepolstert anzulegen (z.B. bei Schienen).

Polsterwatte

Heute wird meist synthetische Watte (Arthiflex®, Cellona Synthetikwatte® Lohmann, Softban®) verwendet.
Vorteile:
- Sie nimmt keine Feuchtigkeit auf.
- Sie gestattet Durchtritt von Luft und Feuchtigkeit.
- Die Polstereigenschaften bleiben auch nach längerer Belastung erhalten.

Zur Anlage der Watte bringt man die Extremität in die Stellung, in der sie fixiert werden soll, da bei nachträglicher Veränderung die Polsterung verrutschen würde. Um den schartigen Rand des Hartverbandes später abpolstern zu können, wird die Watte proximal und distal um zwei Querfinger über die vorgesehene Grenze des Hartmaterials hinaus angelegt (Abb. 6-4, siehe auch Abb. 6-7).

 Die Stellen, an denen der Knochen unmittelbar unter der Haut liegt, müssen besonders sorgfältig gepolstert werden!

Kreppapier- und Kunststoffbinden

Die Polsterschicht wird durch Binden aus Kreppapier oder Polyurethanschaumstoffbinden (Tensoban®) überwickelt. Dieses ist eine weitere Sicherung gegen das Verrutschen und ein Schutz vor Durchfeuchtung durch die Gips- oder Kunststoffbinden. Außerdem kann man mit den Binden das Polstermaterial etwas komprimieren,

6.2 Allgemeine Anlegetechnik des Hartverbandes

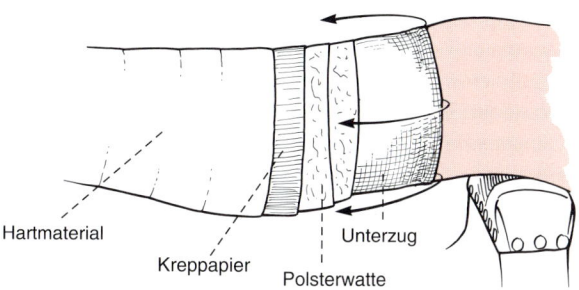

Abb. 6-4 Herstellen der Polsterkante. Das Polstermaterial wird zunächst so angelegt, daß es den Rand des Hartmaterials überragt, und zwar der Unterzug um ca. 5 Querfinger, die Watte um ca. 2 Querfinger und das Kreppapier um ca. 1 Querfinger. Darüber wird die unterste Lage des Hartmaterials angewickelt.

so daß die Hartmaterialien besser an die anatomischen Formen anmodelliert werden können. Mit dieser Kompression kann man nach Operationen in Blutsperre auf elegante Weise eine Blutstillung erreichen. Wenn die Blutsperre nach Anlegen der Papier- oder Kunststoffbinden geöffnet wird, bewirkt der Bindenzug den Verschluß der eröffneten Venen und Kapillaren. Eine Ischämie ist nicht zu befürchten, da die Binden zuvor reißen.

6.2.2 Das Hartmaterial

Gips

Gipsbinden werden heute als fixierte Schnellgipsbinden verwendet, bei denen dehydrierter Gips durch Klebemittel an ein textiles Trägergewebe gebunden ist. Die Binden lassen sich mit den Fingern reißen. Die Zeit bis zum Aushärten (Abbindezeit) ist kürzer, die Endfestigkeit größer als bei früher verwendeten Gipssorten. Gips wird – gerollt als „Binde" und gelegt als „Longuette" – in verschiedenen Breiten und Längen hergestellt. Binden eignen sich vor allem für die zirkuläre Anlage, während Longuetten sich günstig in Längsrichtung auf die Extremitäten legen lassen.

Vorteile:
- Die Materialkosten sind gering.
- Er ist außerordentlich modellierfähig.
- Nach Aushärten sind Korrekturen möglich, z.B. mit dem „Rabenschnabel" (siehe Abb. 6-13).
- Gips ist grundsätzlich bei allen Indikationen einsetzbar.
- Herstellung und Entsorgung sind ökologisch unproblematisch.
- Gips löst an der Haut keine toxischen oder allergischen Reaktionen aus.
- Eine Verschmutzung der Kleidung mit Gips läßt sich nach Austrocknen – im Gegensatz zu den Kunststoffen – eher entfernen.
- Notfalls kann man sich die Entfernung eines Gipsverbands erleichtern, indem man ihn in Wasser aufweicht.

Nachteile:
- Gipsverbände sind relativ schwer.
- Die volle Belastbarkeit wird erst nach einem Tag erreicht.

- Gips ist spröde und bricht deshalb leicht, so daß Gipsverbände häufiger gewechselt werden müssen.
- Die Röntgenbilder sind durch das schattengebende Gipsmaterial häufig schwerer zu beurteilen.
- Bei der Bearbeitung von trockenem Gips entsteht reichlich Staub.

Prinzipien beim Anlegen der Gipsbinden

Bevor das Hartmaterial angelegt wird, sind Fraktur und Gelenke in die vorgesehene Stellung zu bringen. (Der vielfach benützte Ausdruck „Funktionsstellung" ist von der Aussage und vom therapeutischen Prinzip her unzutreffend; denn Gelenke „funktionieren" in der Ruhigstellung eben nicht. Außerdem ändert sich die Stellung mit der therapeutischen Erfordernis.) *Beispiel:* Hand- und Fingergelenke werden nach Strecksehnennaht in einer anderen Stellung ruhiggestellt als nach Beugesehnennaht.

Bei größeren Hartverbänden (z.B. Oberschenkelverband) werden ein oder mehrere Helfer von Anfang an benötigt. Es wird aufgeteilt: Wer hält die Extremität? Wer reicht an? Wer legt die Binden auf?

Longuetten, sinnvoll an der Seite der Gelenke oder der Frakturen angebracht, führen zu einer erheblichen Verstärkung des Verbands und damit zur Materialeinsparung. Dies gilt besonders für Gips-, weniger für Kunststoffmaterial.

Unmittelbar vor dem Anlegen wird das Gipsmaterial in kaltes Wasser getaucht (Abb. 6-5a). Den Bindenanfang läßt man vor dem Tauchen herabhängen, weil er an der nassen Binde nicht mehr aufzufinden ist. Gipsbinden werden nach dem Tauchen etwas ausgedrückt. Kunststoffbinden sollten nicht ausgedrückt werden (Abb. 6-5b).

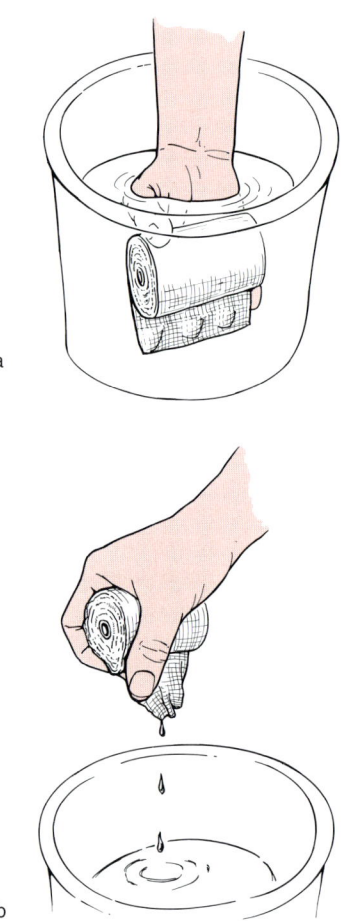

Abb. 6-5

a) Die Hartbinde (Gips oder Kunststoff) wird vor dem Anwickeln in kaltes Wasser getaucht. Die Durchtränkung erfolgt am besten, wenn das Material nicht gedrückt wird.

b) Gipsbinden werden nach dem Tauchen etwas ausgedrückt. Kunststoffbinden sollten nicht ausgedrückt werden.

6.2 Allgemeine Anlegetechnik des Hartverbandes

Abb. 6-6
a) Longuetten kann man zum Tauchen ziehharmonikaartig falten.
b) Gipslonguetten streicht man nach dem Tauchen aus.

Longuetten werden getaucht, indem sie von der Hand herabhängen oder in Form einer Ziehharmonika gelegt sind (Abb. 6-6a). Man hält das Gipsmaterial so lange unter Wasser, bis es völlig durchtränkt ist, d.h. bis keine Luftblasen mehr aufsteigen. Überschüssiges Wasser entfernt man, indem man die Longuetten ausstreift (Abb. 6-6b). Das Material läßt sich nach dem Tauchen ca. fünf Minuten bearbeiten. Die Bearbeitungszeit wird länger, wenn man kaltes Wasser verwendet.
Gips wird der Polsterschicht in folgender Weise aufgelegt:
- Zunächst ist eine doppelte Lage Binden anzuwickeln.
- Anschließend werden Longuetten für den Fall, daß sie zur Verstärkung vorgesehen sind, medial und lateral angelegt.
- Die Stellung von Fraktur und Gelenken wird mit der flachen Hand bis zum Aushärten fixiert. Durch Fingereindrücke entstehen Dellen, die zu Druckstellen führen können.
- Unterzug und Polsterung werden nach dem Abbinden an den Enden umgeschlagen.
- Die oberste Gipsschicht wird angewickelt, wobei gleichzeitig die umgeschlagene Polsterung fixiert wird (Abb. 6-7).
- Nun wird der Gips glattgestrichen, solange das Material noch weich ist.

In der Aushärtungsphase darf die Stellung nicht mehr korrigiert werden, weil dadurch die Verbundstruktur im Gips unterbrochen und die Festigkeit des Materials geschwächt wird.

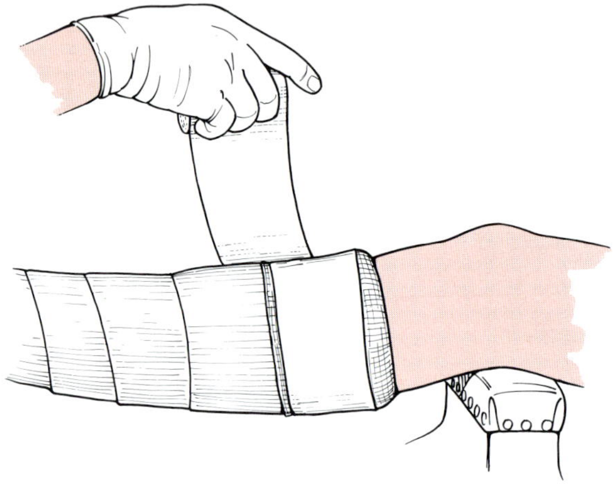

6 Stütz- und ruhigstellende Verbände

Abb. 6-7 Polsterkante im Gipsverband. Bei Verwendung von Gips wird zunächst eine Lage von Gipsbinden angewickelt. Es folgt das Zurückschlagen der Polsterung mit Ausbildung der Polsterkante. Der zurückgezogene Unterzug wird mit einer Gipsbinde fixiert.

Kunststoffe

Aus einer größeren Zahl von Kunststoffverband-Kombinationen haben sich nur diejenigen mit Polyurethan als Hartsubstanz, aber mit unterschiedlichen Textilgeweben als Trägermaterialien erhalten (Tab. 6-1). Die modellierbare Binde enthält den nicht polymerisierten Kunststoff, der unter Zugabe von Wasser auspolymerisiert und somit hart wird.

Vorteile:
- Sie sind wesentlich leichter als Gipsbinden.
- Nach einer Stunde ist der Verband voll belastbar.
- Sie haben eine größere Elastizität und Bruchfestigkeit sowie eine höhere

Tab. 6-1 Kunststoffbinden. Unterschiedliche Trägermaterialien haben eine unterschiedliche Elastizität zur Folge.

Fabrikat	Trägermaterial	Elastizität	Hartmaterial
Baycast®, Delta-Cast®	Baumwolle	unelastisch	Polyurethan
Scotchcast®	Fiberglas	querelastisch	Polyurethan
Dynacast S®	Polyester und Lycra	längs- und querelastisch	Polyurethan
Dynacast Pro®	Polypropylen	querelastisch	Polyurethan
Dynacast Rapide®	Fiberglas	unter Erhitzen längs und quer modellierbar	Polyesterpolymer
Softcast®	Fiberglas	längs und quer	Polyurethan

Dauerbelastbarkeit und können dadurch mehrere Wochen belassen werden.
- Sie ermöglichen einen besseren Austausch von Luft, Wärme und Feuchtigkeit.
- Sie sind – je nach Fabrikat – weitgehend oder völlig röntgentransparent (Abb. 6-8 a bis c).
- Beim Anlegen und beim Entfernen von Kunststoffverbänden fällt kein oder nur wenig Staub an (Ausnahme: fiberglashaltige Fabrikate).
- Die Industrie bietet Kunststoffbinden in vielen Farben an. Um das Kind für eine Mitarbeit zu interessieren, kann es für den anzulegenden Verband seine Lieblingsfarbe auswählen.

Nachteile:
- Kunststoffverbände sind wesentlich teurer. Allerdings gleicht die Tatsache, daß sie länger halten und deshalb seltener gewechselt werden müssen, diesen Nachteil zu einem gewissen Grad aus.
- Korrekturen am ausgehärteten Material mit dem Rabenschnabel sind nicht möglich.
- Hinsichtlich Elastizität, Adhäsivität, Modellierbarkeit usw. unterscheiden sich die einzelnen Fabrikate deutlich voneinander und vom Gips.
  Jedes Fabrikat erfordert eine spezielle Handhabung.
- Das unpolymerisierte Material ruft auf der Haut unangenehme, allergische oder toxische Reaktionen hervor. Durch Einmalhandschuhe und Polste-

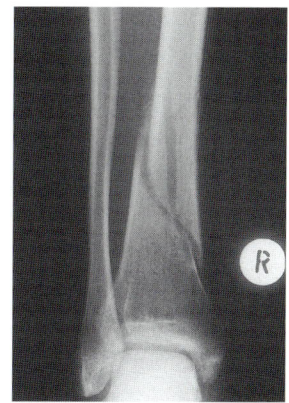

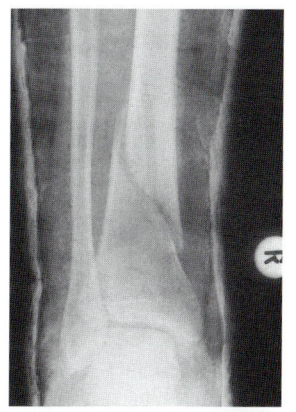

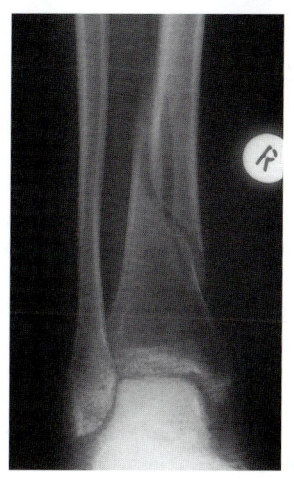

Abb. 6-8 Die Röntgentransparenz verschiedener Hartmaterialien.
a) Unterschenkelfraktur ohne Hartverband.
b) Unterschenkelfraktur im Gipsverband.
c) Unterschenkelfraktur im Kunststoffverband.

rung lassen sich diese bei Anwender und Patienten vermeiden.
- Kunststoffbinden sind trotz Aufbewahrung in verschweißten Aluminium- oder Kunststoffolien nur begrenzt haltbar (ca. zwei Jahre).
- Herstellung und Entsorgung einiger Kunststoffe und der Aluminiumverpackung sind ökologisch problematisch.

Welches Material verwendet man nun, Gips oder Kunststoff? Dies entscheidet sich anhand der speziellen Anforderungen.

Beispiel: Ein Hartverband auf einer frisch versorgten Fraktur muß mit gewisser Wahrscheinlichkeit in den ersten Tagen korrigiert werden. Nach zwei Wochen wird er durch einen länger verbleibenden ersetzt, der dann belastet werden darf. In diesem Fall empfiehlt sich Gips für den ersten und Kunststoff für den zweiten Verband.

Prinzipien beim Anlegen von Kunststoffbinden

Die derzeit gebräuchlichen Kunststoffe werden in ähnlicher Weise wie Gips behandelt. Es bestehen allerdings einige Besonderheiten in der Handhabung. Die einzelnen Fabrikate weisen spezielle Eigenschaften auf, die bei der Verarbeitung beachtet werden müssen. Man sollte sich deshalb auf ein oder zwei Fabrikate beschränken, damit dem Anwender die Materialeigenschaften völlig vertraut sind. Bei Kunststoffverbänden sollte die Polsterwatte anstelle von Kreppapier mit Schaumstoffbinden fixiert werden. Diese erleichtern den Feuchtigkeits- und Temperaturausgleich.

Die Kunststoffe dürfen unpolymerisiert nicht mit der Haut in Kontakt kommen, weil sie unangenehme Hautreaktionen auslösen können. Für die Anwender heißt das:

 Kunststoffbinden dürfen nur mit Einmalhandschuhen angelegt werden!

Binden oder Longuetten werden drei bis fünf Sekunden getaucht. Das Wasser läßt man nur kurz ablaufen; die Wassertemperatur beeinflußt die Bearbeitungsdauer grundsätzlich in der gleichen Weise wie bei Gips.

Bei einigen Fabrikaten mit unelastischem Trägermaterial ist es wichtig, daß beim Anwickeln die Extremität nicht bewegt wird, da sonst Falten entstehen, die Druckstellen verursachen. Die meisten Binden haben heute ein Trägermaterial, das längs- und querelastisch ist. Dadurch ist die Faltenbildung auch an Problemzonen sehr viel geringer.

Bei längselastischen Binden besteht jedoch die Gefahr, daß der Verband zu eng wird, wenn man unter Zug anwickelt. Deshalb gilt:

 Längselastische Kunststoffbinden dürfen nicht unter Zug angewickelt werden!

Die neuen Kunststoffbinden mit Lycra-Einschuß lassen sich dehnen, ohne daß eine Zugwirkung entsteht (Dynacast S®). Somit sind die zugbedingten Komplikationen weitgehend auszuschließen.

Longuetten aus Kunststoff werden wegen der hohen Materialfestigkeit seltener gebraucht als bei Gips. Die meisten Hersteller bieten deshalb keine fertigen Longuetten an. Wenn man diese benötigt, muß man sie selbst herstellen. Meist reicht es, wenn man drei bis vier Lagen zur lokalen Verstärkung in den Verband integriert, z.B. an der Fußsohle.

Wenn die Synthetikbinde nicht vollständig anmodelliert ist, kann man eine nasse Mullbinde bis zum Aushärten darüberwickeln und anschließend wieder entfernen. Bei den neueren elastischen Materialien erübrigt sich diese Maßnahme.

6.2.3 Der Überzug

Die Patienten stört die rauhe Oberfläche bei manchen Kunststoffen, Gips nimmt Verunreinigungen an und wird mit der Zeit unansehnlich. Es ist deshalb von Vorteil, die fertigen Hartverbände mit einem Überzug zu versehen. Man überzieht dazu den Hartverband mit Schlauchmull, dessen überstehende Enden proximal und distal faltenfrei unter die Polsterung geschoben werden. Bei Beschädigung oder Verschmutzung wechselt man den Überzug. Neuere Kunststoffe können so geglättet werden, daß ein Überzug nicht erforderlich ist (siehe Kap. 6.6.4 Unterschenkelrundverband und Abb. 6-110).

6.2.4 Formen des Hartverbandes

Die Hartverbände können als *Schiene* oder als *Zirkulärverband* (= Rundverband) angelegt werden. Als „Schiene" bezeichnet man die Anlageform, die die Extremität nicht vollständig umfaßt. Die Art der Anlage hängt im wesentlichen davon ab, welche Verletzung oder Erkrankung zu behandeln ist.

Gipsschienen wurden früher relativ selten angelegt, da sie nur eine kurze Lebensdauer hatten. Heute verwendet man Polyurethan-Kunststoffe, die sich durch lange Haltbarkeit auszeichnen und in vielen Fällen Zirkulärverbänden überlegen sind. Kunststoffschienen bieten viele Vorteile:

- Unter der Schiene, die mit einer elastischen Binde angewickelt wird, kann sich eine Schwellung ohne wesentliche Druckgefährdung des Gewebes ausbreiten.
- Kunststoffschienen haben einen geringeren Umfang als zirkuläre Gipsverbände. Demzufolge kommt man auch leichter in Kleidungsstücke wie Hosen, Blusen und Hemden.
- Die elastische Binde, mit der die Schiene angewickelt wird, übt eine Venenkompression aus. Damit wird die Thrombosegefahr an der unteren Extremität reduziert.
- Der Verband ist für die Hautpflege leicht abnehmbar.

Der ruhigstellende Effekt richtig angelegter Schienen ist mit dem von Zirkulärverbänden vergleichbar. Die Polsterung kann in gleicher Weise wie bei Rundverbänden erfolgen. Es ist jedoch günstiger, Polsterschaumstoff so zurechtzuschneiden, daß er die Schiene um 1–2 cm überragt. Mit einem Faden mißt man die Extremität ab, damit man weiß, wie lang die Longuette sein muß (siehe Abb. 6-62). Die Gipslonguette wird vor dem Tauchen in Schlauchmull eingezogen (Abb. 6-9) und

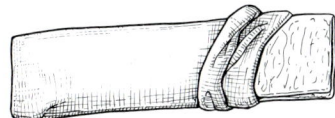

Abb. 6-9 Zur Anlage einer Schiene zieht man die Longuette vor dem Tauchen in Schlauchmull ein.

6 Stütz- und ruhigstellende Verbände

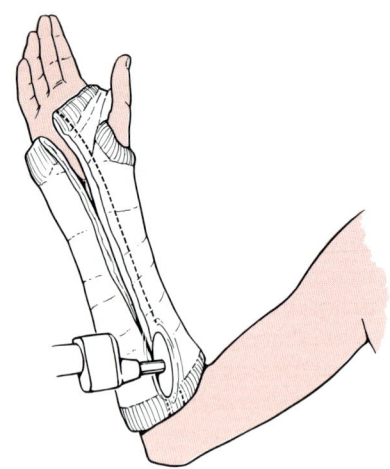

Abb. 6-10 Spalten eines Rundverbands.

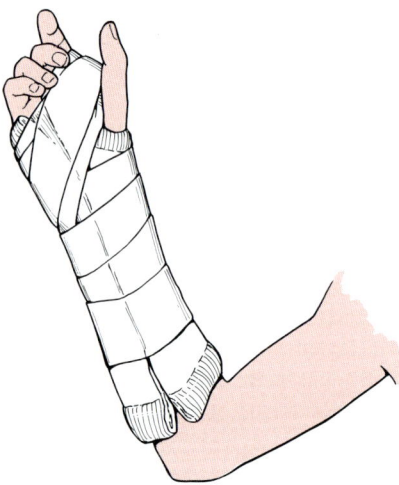

Abb. 6-11 Anwickeln des aufgeschnittenen Rundverbands.

im nassen Zustand exakt anmodelliert, so daß keine Druckstellen zu befürchten sind. Überflüssige Materialanteile werden mit der Gipsschere (siehe Abb. 6-14) ent-fernt, solange die endgültige Aushärtung noch nicht eingetreten ist.

Die Kunststofflonguette wird fächerförmig angeordnet und nach dem Tauchen zusammen mit einer Schaumstoffplatte an der betroffenen Extremität angelegt. Dabei ist zu beachten, daß der Arm- oder Beinumfang von proximal nach distal abnimmt. Störende Ecken werden mit der Gipsschere abgeschnitten und die Schiene mit einer Mullbinde angewickelt. Falls nötig, kann jetzt die endgültige Modellierung erfolgen. Die Extremität muß so lange in gleicher Stellung gehalten werden, bis der Kunststoff fest ist. Anschließend wird die Schiene noch einmal abgenommen, eventuell vorstehende Ecken entfernt und die Haut gegebenenfalls noch einmal gereinigt. Dann kann sie mit einer elastischen Binde angewickelt werden.

Zirkulär- oder Rundverbände (Cast) werden angelegt, wenn die Ruhigstellung, die mit Schienen zu erzielen ist, nicht ausreicht.

 Wenn eine Weichteilschwellung auftreten kann, z.B. bei frischen Frakturen, müssen Zirkulärverbände nach dem Aushärten in der ganzen Länge aufgeschnitten werden (= aufgeschnittener Rundverband, Abb. 6-10).

Den aufgeschnittenen Cast wickelt man mit einer elastischen Binde an, so daß der Hartverband bei Ödem nachgeben kann (Abb. 6-11). Wenn das nicht ausreicht, wird mit dem Spreizer (siehe Abb. 6-14) geweitet. Das ist allerdings nur möglich, wenn das Hartmaterial nicht zu dick aufgetragen wurde.

Da Kleinkinder den Schmerz nicht genau beschreiben können, ist das Risiko einer Druckschädigung besonders groß. Deshalb sollten bei ihnen zunächst nur Weißgipslonguetten mit einer elastischen Binde angewickelt werden. Diese Stabilisierung reicht aus und ist einem gespaltenen Cast vorzuziehen.

6.2.5 Die Nachbehandlung

 Durch Verband ruhiggestellte Extremitäten mit frischen Verletzungen oder nach Operationen müssen hochgelagert oder hochgehalten werden, um die Ödemneigung zu vermindern.

Dies kann auf unterschiedliche Weise erfolgen: Beine sind am einfachsten auf Kissen zu lagern, die mit Styroporkügelchen gefüllt sind. Andererseits kommen Lagerungsschienen in Frage, Braunsche oder Krappsche Schienen (siehe Kap. 6.6.4 Extensionen). Den Arm kann man an einer Schlinge, die um den Verband geschlungen wird, „aufhängen". Zusätzlich muß eventuell eine antiödematöse Medikation gegeben werden.

Unter einem Hartverband darf auf keinen Fall mit Hilfsmitteln gekratzt werden. Besonders bei Kleinkindern besteht die Gefahr, daß Fremdkörper (z.B. Kappen von Filzstiften) dort liegenbleiben und unbemerkt ein Druckulkus auslösen. Diesbezüglich auch die Eltern aufklären.

Kontrolle des Weichteildrucks

Auf die Gefahren einer Erhöhung des Gewebedrucks ist bereits hingewiesen worden (Kap. 6.1.2). Es ist entscheidend, die ersten Zeichen zu bemerken und die notwendigen Konsequenzen zu ziehen. Die Symptome entwickeln sich in der Reihenfolge: venöse Stauung, Schmerz, Verminderung der Sensibilität und der Motorik, arterielle Durchblutungsstörungen.

Eine *venöse Stauung* tritt regelmäßig bei herabhängender Extremität an den Fingern oder Zehen auf. Für sich alleine muß sie kein Alarmzeichen darstellen. Wenn sie aber zunimmt und nach Hochlagern nicht zurückgeht, liegt eine ernste Ursache vor, die abgeklärt werden muß.

Wenn *Schmerz* nach der Anlage des Hartverbands nicht abnimmt, sondern zunimmt, muß eine Komplikation wie Ödem, Dislokation oder Thrombose angenommen werden.

Minderung oder *Ausfall der Empfindung* speziell zwischen der ersten und zweiten Zehe oder im Bereich eines Handnerven zeigen einen länger bestehenden Druckschaden an. Im weiteren Verlauf treten *motorische Ausfälle* auf.

Minderung der arteriellen Durchblutung ist ein Spätstadium, das mit allen Mitteln vermieden werden muß. Es äußert sich in starken Schmerzen sowie kalter und blasser Haut. Die betroffenen Gliedmaßenabschnitte sind jetzt akut gefährdet.

 Bei allen Zeichen der Druckerhöhung muß die Ursache unverzüglich geklärt und beseitigt werden. Das heißt in der Regel: Der Verband wird entfernt.

Kontrolle und Korrektur der Frakturstellung

Nach Anlage eines Hartverbands muß die Stellung instabiler Frakturen durch Röntgenaufnahme kontrolliert werden. Im weiteren Verlauf sind Kontrollen erforderlich, wobei sich der Zeitpunkt nach der Lokalisation und dem Frakturtyp richtet. Weiter sind Röntgenkontrollen erforderlich, wenn sich Anhaltspunkte für eine Dislokation, spontan oder durch erneutes Trauma, ergeben.

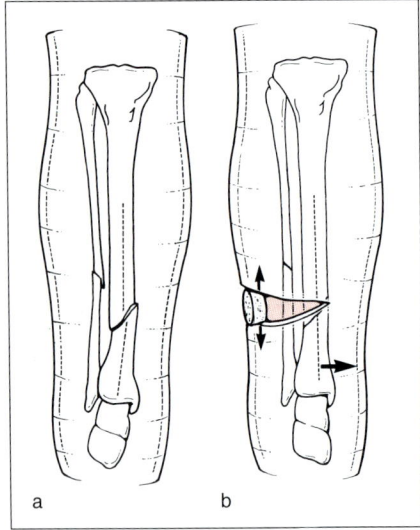

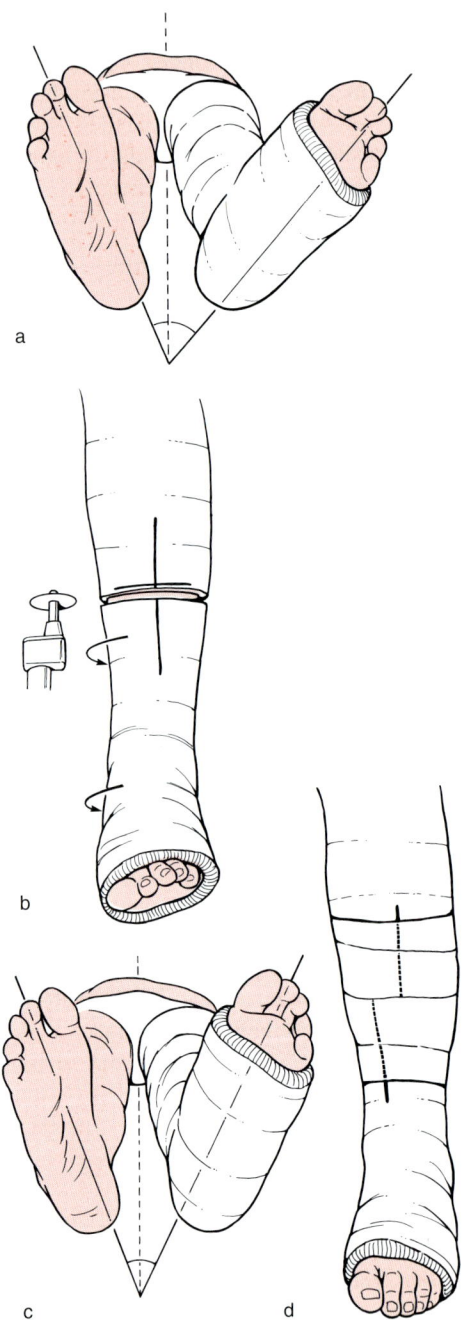

Abb. 6-12 Technik des Keilens:
a) Achsenfehler bis ca. 15° lassen sich korrigieren, indem man den Verband in Frakturniveau an der Konkavseite zu zwei Dritteln einsägt.
b) Durch Einlegen von Holz- oder Korkteilen spreizt man auf. Die neue Stellung fixiert man durch Anwickeln einer weiteren Hartbinde.

Abb. 6-13 a bis d ▷
Korrektur von Rotationsfehlern.
a) Außenrotationsfehler von 20° links.
b) Markierung der Ausgangsstellung durch Längsstrich. Der Hartverband wird zirkulär durchtrennt.
c) Zur Rotationskorrektur orientiert man sich an der Gegenseite.
d) Die neue Stellung wird durch Hartbinden fixiert. Die Verschiebung der Ausgangsmarkierung (Längsstrich) zeigt die Korrektur.

6.2 Allgemeine Anlegetechnik des Hartverbandes

Ist es zu einer erheblichen Fehlstellung mit Verkürzung gekommen, muß der Hartverband entfernt und in angemessener Weise erneut reponiert werden. Fehlstellungen in der Achse und in der Rotation werden dadurch korrigiert, daß der Verband gezielt auf- oder angesägt wird.

Bei Achsenfehlstellung verwendet man die Technik des Keilens (Abb. 6-12): Der Hartverband wird in Höhe der Fraktur zu etwa zwei Dritteln quer aufgesägt, so daß die Fehlstellung ausgeglichen werden kann (Abb. 6-12 a). Holzklötzchen oder Korkstückchen halten die Position, bis diese mit Gips- oder Kunststoffbinden fixiert ist (Abb. 6-12 b).

Bei einem Rotationsfehler (Abb. 6-13 a) muß der Hartverband zirkulär durchtrennt werden, damit er korrigiert und in der vorgesehenen Stellung erneut fixiert werden kann (Abb. 6-13 b bis d). Die beste Orientierung über die korrekte Rotation erhält man von der Gegenseite, wenn diese unverletzt ist. Ist ein Seitenvergleich nicht möglich, wird die Rotation so eingestellt, daß die Großzehe und die mediale Patellaseite in einer Linie liegen.

Bearbeiten des Hartverbandes

Gelegentlich muß ein Hartverband nachträglich bearbeitet werden, weil z.B. eine Druckstelle besteht oder die Beweglichkeit der Fingergelenke unnötig eingeschränkt ist. Dafür gibt es *Stanzen, Spreizer, Scheren* und den *„Rabenschnabel"* (Abb. 6-14). Mit der Stanze läßt sich der Hartverband schneiden. Heutzutage wird dazu bequemlichkeitshalber meist eine elektrisch betriebene Stanze (Abb. 6-15) benützt. Mit dem Rabenschnabel kann man am Gipsverband, nicht jedoch am

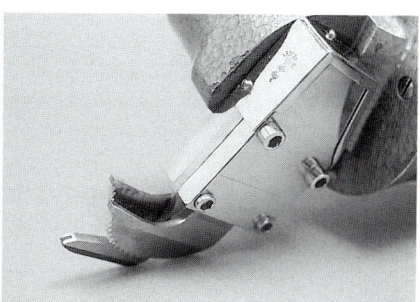

Abb. 6-15 Elektrisch betriebene Stanze. (Die Schutzvorrichtung wurde zur besseren Darstellung entfernt.)

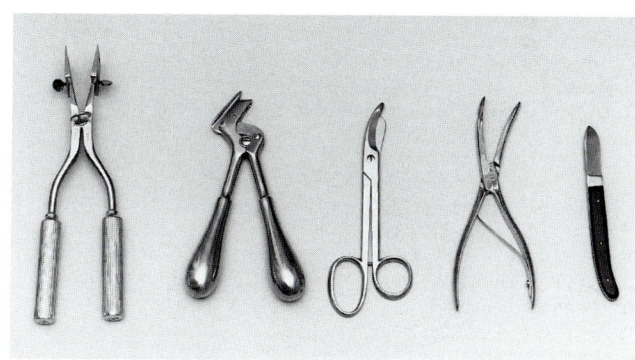

Abb. 6-14 Instrumente zur Bearbeitung von Hartverbänden. Von links nach rechts: Gipsspreizer (zum Aufdehnen von gespaltenen Rundverbänden), Gipsschere nach Stille (zum Spalten und Abnehmen von Gipsverbänden), große Gipsschere nach Bruns (auch zum Spalten von dünnem und feuchtem Gips), Rabenschnabel (zum Aufbiegen von Gipsrändern), Gipsmesser (zum Herausheben von „Fenstern").

Kunststoff Korrekturen vornehmen. Das *Gipsmesser* eignet sich dazu, ausgesägte Fenster aus dem Gips herauszuheben.

Korrekturen sollte man auf ein Minimum beschränken, weil mit jeder „Korrektur" die Festigkeit und der Komfort beeinträchtigt werden. In folgenden Fällen ist eine Korrektur nicht sinnvoll:
- Der Verband ist primär falsch angelegt worden.
- Es sind Veränderungen eingetreten, wie Abschwellen der Weichteile, Dislokation der Fragmente oder Verrutschen der Polsterung.

Der Hartverband muß neu angelegt werden.

Gelegentlich müssen Hartverbände über Wunden angelegt werden, die man regelmäßig verbinden muß. Über diesen Wunden ist der Hartverband zu „fenstern", d.h. ein entsprechendes Stück ist herauszusägen. Damit man genau die Stelle über der Wunde trifft, ist es ratsam, eine Markierung – z.B. einen umgebogenen Draht – einzuarbeiten (Abb. 6-16 a, b). Das Fenster muß so groß angelegt sein, daß ein korrekter Verbandwechsel gut möglich ist, und die Stabilität des Hartverbandes darf nicht beeinträchtigt werden.

Komplikation: Eine geringe Weichteilschwellung im Fenster, das sog. Fensterödem, hat keine Bedeutung. Kommt es zu größeren Schwellungen, liegt das Problem nicht im Fensterödem, sondern im drohenden Kompartmentsyndrom unter dem Hartverband. Dieser muß dann dringend entfernt werden; möglicherweise hätte er gar nicht erst angelegt werden dürfen.

Entfernung des Hartverbandes

Die Technik, einen Hartverband zu entfernen, ist nicht ganz so problemlos, wie gelegentlich angenommen. Man kann

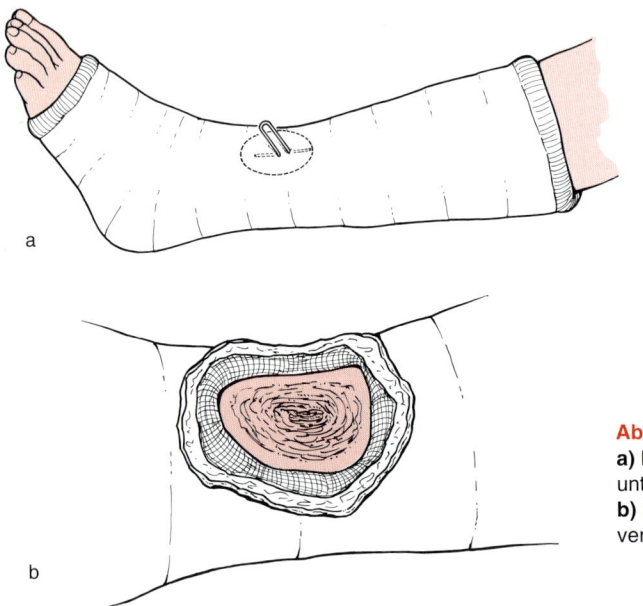

Abb. 6-16
a) Markierung der Wunde unter dem Hartverband.
b) Fensterung des Hartverbandes.

hand- oder elektrisch betriebene Werkzeuge verwenden (Abb. 6-14). Bei den Stanzen muß eine Branche unter den Hartverband geschoben werden. An Stellen, wo der Knochen unmittelbar unter der Haut liegt, ist Vorsicht geboten, daß die Haut nicht verletzt wird. Die elektrisch betriebenen Stanzen (Abb. 6-15) haben heute eine Schutzvorrichtung, die auf der Abbildung zum besseren Verständnis der Funktion weggelassen wurde.

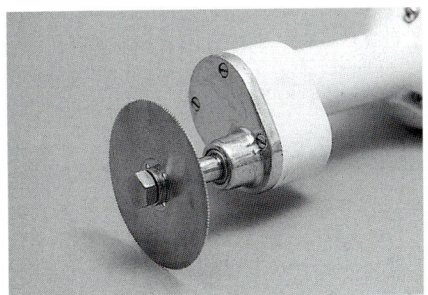

Abb. 6-17 Oszillierende Säge.

Das Risiko der oszillierenden Säge (Abb. 6-17) wird immer wieder unterschätzt. Im Gegensatz zu einer verbreiteten Annahme können damit durchaus Schmerzen und Verletzungen verursacht werden. Besonders gefährdet ist dünne, von Feuchtigkeit aufgeweichte Haut unmittelbar über dem Knochen.

Für das Aufsägen gelten deshalb folgende Richtlinien:

- Bevor man das erste Mal die Gipssäge anwendet, sieht man bei einer erfahrenen Person zu, die die korrekte Handhabung demonstriert.
- Die Extremität lagert man so, daß zwischen Gips und Haut ein möglichst großer Abstand ist.
- Dem Patienten erklären, mit welchen Hilfsmitteln der Gips entfernt wird. Hat er Angst vor der Säge, so kann man sie ihm erst einmal mit laufendem Motor selbst in die Hände geben.
- Die Säge wird so gehalten, daß eine Hand jederzeit verhindern kann, daß die Säge unkontrolliert tiefertritt.
- Man arbeitet besonders als Anfänger sehr langsam und kontrolliert.

Während Gipsverbände meist durch einfaches Aufschneiden entfernt werden können, empfiehlt es sich für Kunststoffverbände, sowohl medial als auch lateral aufzusägen. Die Extremität braucht dann nicht unter Kraftaufwand mit Hilfe mehrerer Personen an der Sägekante herausgezwängt zu werden, sondern kann leicht aus dem „geschalten" Verband gehoben werden (Abb. 6-18).

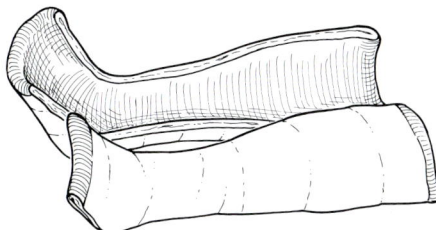

Abb. 6-18 Sehr harte Verbände sollten zur Entfernung nicht nur einfach, sondern zweifach aufgesägt („geschalt") werden. Das trifft besonders für Kunststoffe zu.

Bei Kindern stellt die Entfernung eines zirkulären Hartverbandes oft ein großes Problem dar. Besonders angsteinflößend wird die oszillierende Säge bei laufendem Motor empfunden. Deshalb ist es günstig, die Eltern in die Behandlung mit einzubeziehen. Sie können beruhigend auf die kleinen Patienten eingehen. Wo dies nicht gelingt, kann in Ausnahmesituationen (z. B. bei

Kindern mit onkologischen Grunderkrankungen) der Hartverband unter Sedierung oder in Narkose durchgeführt werden.

Nachdem der Verband entfernt ist, wird die Haut gewaschen und eingecremt.

6.3 Tapeverbände

Tapeverbände haben sich bei zahlreichen Verletzungen und Erkrankungen des Bewegungsapparats bewährt. Außerdem werden sie zur Prophylaxe bei Extrembelastungen in Beruf und Sport eingesetzt.
Die Wirkungsweise beruht darauf, daß Sehnen, Bänder und Muskeln entlastet und geschützt werden, indem der Tapeverband deren Funktion teilweise übernimmt und schädliche Bewegungen verhindert.
Im Gegensatz zum Hartverband bleiben die meisten Bewegungsfunktionen und damit die Gebrauchs-, eventuell auch die Sport- und Arbeitsfähigkeit erhalten. Die erhaltene Beweglichkeit ist nicht nur für das Befinden des Patienten, sondern auch für die Heilung von Bedeutung:
Hämatome werden schneller resorbiert und die Gleitfähigkeit der Sehnen und Bänder sowie die Gelenkbewegung (bei Knorpelschäden ein entscheidender Heilungsfaktor) bleiben erhalten. Die Muskelpumpe, die als wesentlicher Motor für den Rückfluß des Blutes dient, funktioniert weiterhin, wodurch das venöse Ödem mit den negativen Auswirkungen auf die Heilung vermieden und das Thromboserisiko verringert wird.
Verglichen mit Hartverbänden gibt die Struktur der Tape-Verbände jedoch rasch nach. Sie müssen deshalb nach wenigen Tagen, bei extremer Belastung sogar nach Stunden gewechselt werden.

 Grundprinzip für Tapeverbände: Sehnen, Bänder und Muskeln gezielt entlasten, Gebrauchsfähigkeit der Extremität erhalten.

6.3.1 Bestandteile des Tapeverbandes

Tapes

Die Tapes, das wesentliche Element dieser Technik, haben eine statische Funktion, indem sie ein Gelenk oder einen Gliedmaßenabschnitt in der gewünschten Stellung fixieren. Dieses Trägermaterial besteht aus Zellwolle, ist zugfest, aber unelastisch und leicht reißbar.
Der Zinkoxidkleber weist eine hohe Klebefestigkeit auf. Die Tapes werden in einer Breite von 2 cm, 3,75 cm und 5 cm hergestellt (z.B. Leukotape®).

Elastische Pflasterbinden

Die elastischen Pflasterbinden übernehmen auch dynamische Funktionen, etwa beim Entlastungsverband für die Achilles- oder Patellarsehne.
Verschiedene Typen haben einheitliche Baumwollträger. Sie unterscheiden sich jedoch im Kleber (Zinkoxid- oder Polyacrylkleber) und in der Elastizität (z.B. bestehen Tricoplast® und Acrylastik® aus Polyacryl; Elastoplast® ist dagegen aus Zinkoxid-Kautschuk hergestellt).

Unterzugmaterial

Man verwendet es bei empfindlicher Haut oder wenn keine maximale Entlastung erforderlich ist. Es kommen verschiedene Materialien in Frage: Baumwollbinden selbsthaftend (Gazofix®) oder mit Polyacrylkleber (Tricoplast®) oder Klebevlies (Fixomull®).

Polstermaterial

Bisweilen müssen bestimmte Stellen gezielt gepolstert werden. Das trifft z.B. für druckgefährdete Partien oder Vertiefungen in der Körperoberfläche zu. In diesen Fällen kann Polstermaterial verwendet werden (Artifoam®, Artiflex®).

6.3.2 Indikationen für Tapeverbände

Die Frage, für welche Krankheiten Tapeverbände einzusetzen sind, ist noch nicht endgültig geklärt. Das liegt zum einen daran, daß das Verfahren noch nicht überall Eingang gefunden hat, zum anderen hängt die Anwendung im speziellen Behandlungsfall von verschiedenen Faktoren ab, wie z.B. der persönlichen Erfahrung des Behandelnden oder der körperlichen Belastung und der Schmerzäußerung des Patienten. Deshalb sollen hier lediglich Gebiete angegeben werden, bei denen die Behandlung mit Tapes in Frage kommt.

Die klassischen Indikationen sind Schäden an den Kapselbändern der Gelenke. Dazu gehören die frischen Verletzungen der Fingerbänder und die Teilruptur des Außenbands am Sprunggelenk. Grundsätzlich ist für jede Bandruptur im Einzelfall zu entscheiden, ob sie operativ oder konservativ, z.B. durch Tapes, zu behandeln ist, was Aufgabe eines traumatologisch erfahrenen Arztes ist. Tapes kommen bei gedeckten Muskeltraumen, Sehnenscheidenentzündungen und Insertionstendopathien in Frage, dienen aber auch der Vorbeugung von Verletzungen bei Extrembelastungen. In günstigen Fällen können sie auch manchmal bei stabilen Frakturen vor allem im Bereich der Hand und des Fußes angewendet werden.

Nebenwirkungen: Es gibt eine *Überempfindlichkeit* gegen den Zinkoxid-Kautschuk-Kleber. Zur Vermeidung von Allergien kann ein Unterzug mit hypoallergischem Polyacrylkleber (z.B. Tricoplast®) benutzt werden.

Am Rand des Verbands kann es durch Zug des Klebeverbands zu Einrissen der Haut kommen. Mehrfache Verbandwechsel können bei empfindlicher Haut zur Schädigung der Epidermis führen.

Kontraindikationen: Tapeverbände dürfen *nicht auf erkrankte Haut* geklebt werden.

 Es ist streng verboten, zirkuläre Tapes anzulegen, wenn eine Schwellneigung des Gewebes besteht (z.B. Entzündung, Kontusion).

6.3.3 Allgemeine Anlegetechnik von Tapeverbänden

Die Verbände bestehen aus folgenden Hauptelementen:

Ankerstreifen aus unelastischem Tape (Abb. 6-19 a): Daran werden die Zügel gewissermaßen am proximalen und distalen Ende des Verbands „aufgehängt".

Basistouren aus elastischen Pflasterbinden (Abb. 6-19 b): Sie werden angelegt, wenn der Tapeverband nicht direkt auf die Haut geklebt werden soll.

Zügel aus Tape oder elastischen Pflaster-

6 Stütz- und ruhigstellende Verbände

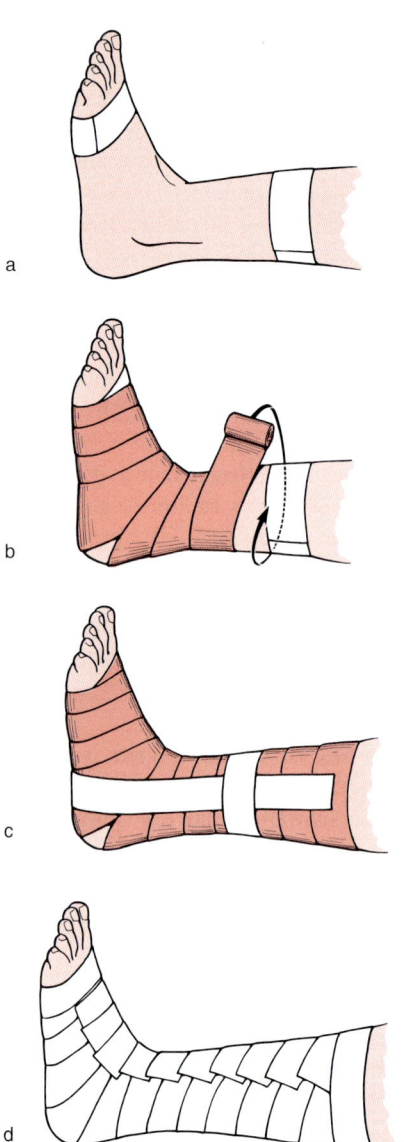

Abb. 6-19 Elemente des Tapeverbands.
a) Ankerstreifen.
b) Basistouren aus elastischen Pflasterbinden.
c) Zügel und Fixierstreifen.
d) Verschalungsstreifen.

binden (Abb. 6-19 c): Sie bewirken die gezielte Ruhigstellung.
Fixierstreifen (Abb. 6-19 c): Damit können die Zügel zusätzlich gesichert werden.
Verschalungsstreifen (Abb. 6-19 d): Sie schließen den Verband ab und ergeben als Ganzes eine feste, geschlossene Hülle.
Die Möglichkeiten, einen Tapeverband anzulegen, sind zahlreich. Man sollte deshalb jeden Verband entsprechend dem Verletzungsmuster und den persönlichen Bedürfnissen gestalten. Bei der Anlage darauf achten, daß die Stellung, die zu fixieren ist, von vornherein eingenommen wird.

> Zirkuläre Pflaster nie unter Zug anlegen! Diese Gefahr besteht, wenn das Pflaster direkt von der Rolle aufgeklebt wird.

6.4 Verbände mit Drahtleiterschienen

Drahtleiterschienen können sinnvoll sein, wenn Wunden bei Ruhigstellung feuchtzuhalten sind und täglich frisch verbunden werden müssen. Die Ruhigstellung in der Drahtleiterschiene reicht allerdings nicht zur Frakturbehandlung aus; sie kann aber zur *provisorischen Ruhigstellung* (z.B. in der Ersten Hilfe, siehe Kap. 8), sinnvoll sein.

Bei Kleinkindern und Säuglingen werden bevorzugt vorgeformte Drahtleiterschienen als Schutzverbände von Venendauerkanülen verwendet. Damit wird die Gefahr einer Dislokation oder eines Herausreißens der Kanüle deutlich reduziert.

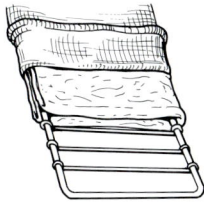
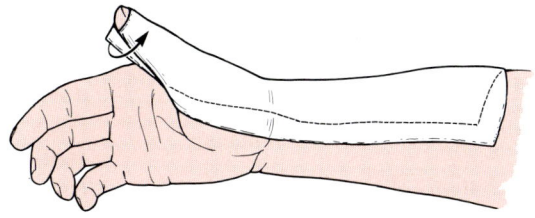

Abb. 6-20 Eine Drahtleiterschiene polstert man mit Watte, die mit Binden oder Schlauchmull fixiert wird.

Abb. 6-21 Dorsale Daumenschiene.

Drahtleiterschienen werden mit Polsterwatte eingebunden und in Schlauchmull eingezogen (Abb. 6-20). Die Biegsamkeit gestattet es, die Schiene schnell der Form der Extremität anzupassen.

6.5 Schlauchmullverbände zur Ruhigstellung

Schlauchmull hat nicht nur Bedeutung für die Fixation von Verbänden, sondern auch zur Ruhigstellung von Teilen des Bewegungsapparats. Die Prinzipien der Anlage variieren mit der zu behandelnden Körperregion. Sie werden im Kap. 6.6 besprochen.

6.6 Spezielle Technik der Stütz- und ruhigstellenden Verbände

6.6.1 Obere Extremität

Dorsale Daumenschiene

Indikation: Distorsion der Daumengelenke, stabile Frakturen, Teilrupturen der Kapselbänder, Sicherung von Sehnen- und Bandnähten, postoperative Ruhigstellung nach Osteosynthesen, unspezifische Schmerz- und Entzündungsbehandlung.

Material: Schmale Longuette, 4 bis 8 Lagen, vorzugsweise aus Gips, mit passendem Schlauchmull; Länge: von der Daumenspitze bis zur Mitte des Unterarms; evtl. übliches Polstermaterial; elastische Mullbinde.

Durchführung: Daumen, Hand und distaler Unterarm können zirkulär mit Unterzug, Watte und Kreppapier gepolstert werden, was sich besonders dann empfiehlt, wenn eine Schwellneigung besteht. Ansonsten kann die Schiene ungepolstert angelegt werden. Bei Kunststoffen ist der direkte Kontakt mit der Haut zu vermeiden. Üblicherweise steht der Daumen so, daß mit dem Zeige- und Mittelfinger der Spitzgriff (siehe Abb. 6-43) vorgenommen werden kann (Oppositionsstellung). Nach Sehnennähten ist eine Entlastungsstellung einzunehmen.
Eine Longuette aus Gips oder Kunststoff wird an der Dorsalseite angelegt. Vor dem Aushärten werden überflüssige Anteile abgeschnitten (Abb. 6-21). Zur optimalen Modellierung wickelt man die Schiene mit einer nassen elastischen Mullbinde an und hält anschließend die Gelenke in der gewünschten Stellung.

Die Schiene kann zur Hautpflege und zur Kontrolle der Wundheilung vorübergehend abgenommen werden.

Steigbügelschiene des Daumens

Indikation: Wie bei der dorsalen Daumenschiene; ausgenommen sind die Indikationen, die eine Ruhigstellung des Endgelenks erfordern.
Material: Schmale Longuette, vorzugsweise aus Gips; Länge: von der Daumenspitze bis zur Mitte des Unterarms; elastische Mullbinde.
Durchführung: Die Longuette wird zu einem Drittel längs eingeschnitten und einer der beiden entstehenden Schenkel schräg abgetrennt. Nach dem Tauchen wird der breite Teil der Schiene an die Radialseite des Unterarms angelegt. Die schmale Seite ist um das Grundglied des Daumens zu wickeln (Abb. 6-22).
Nach dem Aushärten entfernt man die Schiene vorübergehend, um die Haut zu reinigen und zu trocknen. Abschließend wird die Schiene mit der elastischen Mullbinde angewickelt.

Thermoplastischer Daumenverband

Allgemein: Inzwischen gibt es ein Material, das sich unter Wärme der Körperform anmodellieren läßt. Das Produkt, das als vorgefertigter Rundverband vorliegt, kann direkt über den Extremitätenabschnitt gestülpt werden. Unter warmer Fönluft schmiegt es sich der Körperoberfläche an.
Indikation: Distorsion der Daumengelenke, Sicherung nach Naht des ulnaren Seitenbandes, konservative Behandlung von Frakturen.
Material: Handstützverband Dyncast®, Polsterstrumpf und Klettverschluß.
Durchführung: Nach Anlegen des Polsterstrumpfes wird der Fertigverband aufgeschoben. Unter warmer Fönluft zieht sich das Material zusammen (Abb. 6-23). Achtung: Mit der Heißluft nicht die Haut verbrennen! Die überstehenden Strumpfteile werden zurückgeschlagen (Abb. 6-24). Wenn der Verband abnehmbar sein

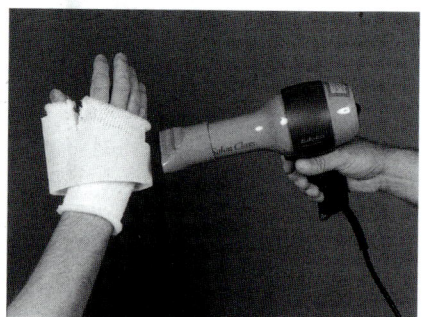

Abb. 6-23 Der Kunststoffverband schmiegt sich unter warmer Fönluft der Körperoberfläche an.

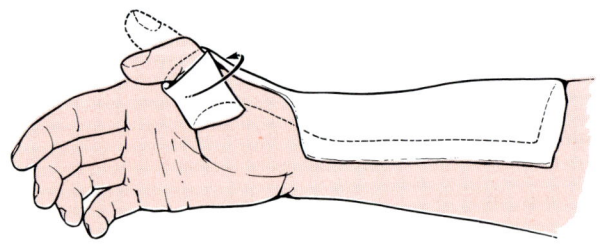

Abb. 6-22 Steigbügelschiene des Daumens.

6.6 Spezielle Technik der Stütz- und ruhigstellenden Verbände

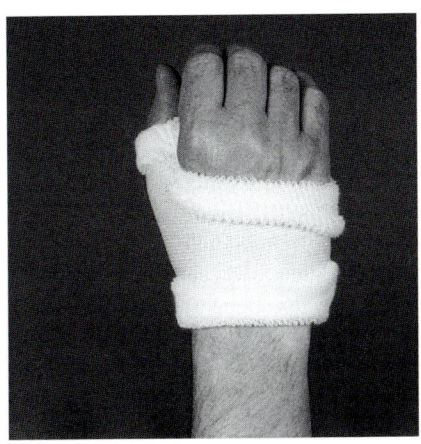

Abb. 6-24 Daumen-Hand-Verband aus thermoplastischem Kunststoff.

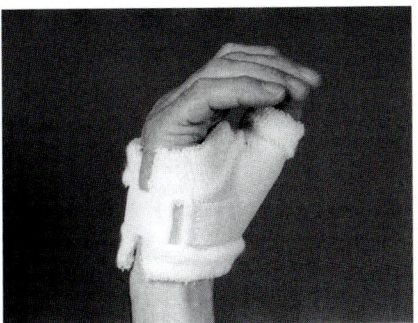

Abb. 6-25 Abnehmbarer Daumen-Hand-Verband mit angeföntem Klettverschluß.

soll, kann er nach dem Aushärten an der Handkante aufgeschnitten werden. Ein angefönter Klettverschluß fixiert den Verband (Abb. 6-25).

Tapeverband für das Fingermittelgelenk

Indikation: Prellungen, Distorsionen, Überlastungsbeschwerden, Schäden am Kapsel-Bandapparat des Fingermittelgelenks.

Ziel ist es, die Seitenbänder zu entlasten und die Gelenkbeweglichkeit weitgehend zu erhalten.

Material: Tape, 2 cm breit.

Durchführung: Der Verband wird in leichter Beugestellung angelegt, Ankerstreifen zirkulär am Grund- und Mittelgelenk (Abb. 6-26: 1, 2), längsverlaufende Zügel an der Radial- und an der Ulnarseite von Anker zu Anker (Abb. 6-26: 3, 4), semizirkuläre schraubenförmige Zügel von dorsal nach palmar von Anker zu Anker (Abb. 6-27: 5 bis 8), Fixationsstreifen über die Enden der Zügel (Abb. 6-28: 9 bis 11).

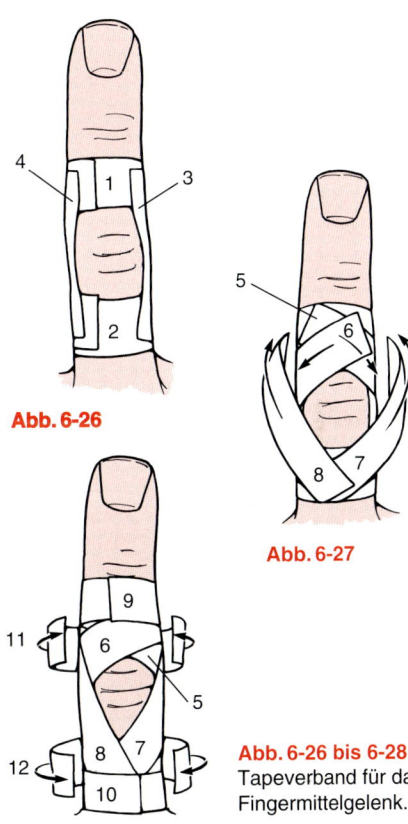

Abb. 6-26

Abb. 6-27

Abb. 6-28

Abb. 6-26 bis 6-28
Tapeverband für das Fingermittelgelenk.

6 Stütz- und ruhigstellende Verbände

Entlastungstape für Daumen und Handgelenk

Indikation: Distorsionen, Prellungen und Zerrungen am Grund- und Endgelenk des Daumens und des Handgelenks; postoperativ nach Naht des ulnaren Seitenbands; gelegentlich bei stabilen Frakturen.
Material: Tape, 2 cm und 3,75 cm breit; elastische Pflasterbinde, 4 cm und 6 cm breit.

Durchführung: Der Tapeverband wird bei entspannter Stellung von Daumen und Handgelenk angelegt, damit später Faustschluß und Spitzgriff möglich sind. Ankerstreifen (Breite 2 cm) werden an das untere Drittel des Unterarms und an das Daumenendglied proximal des Nagelfalzes angelegt (Abb. 6-29: 1, 2). Es folgen längsverlaufende Zügel (3,75 cm breit) an der Streck- und Beugeseite von Anker zu Anker (Abb. 6-29: 3, 4). Ein elastischer

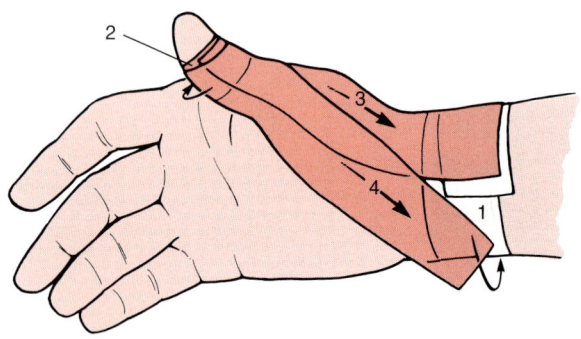

Abb. 6-29 Entlastungstape für Daumen und Handgelenk (Teil 1).

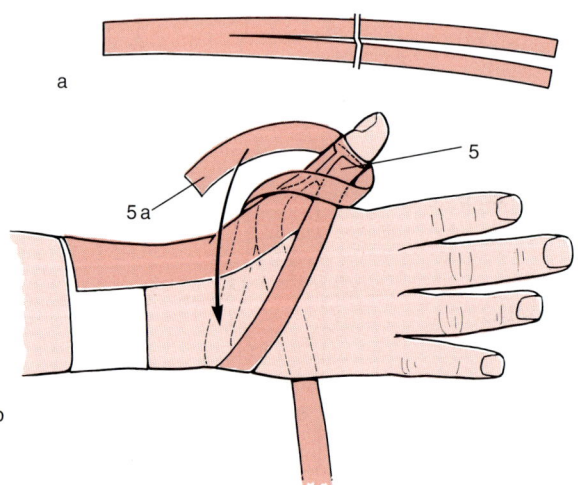

Abb. 6-30 Entlastungstape für Daumen und Handgelenk.
a) Geschlitztes elastisches Pflaster.
b) Anlegen des geschlitzten elastischen Pflasters (Teil 2).

6.6 Spezielle Technik der Stütz- und ruhigstellenden Verbände

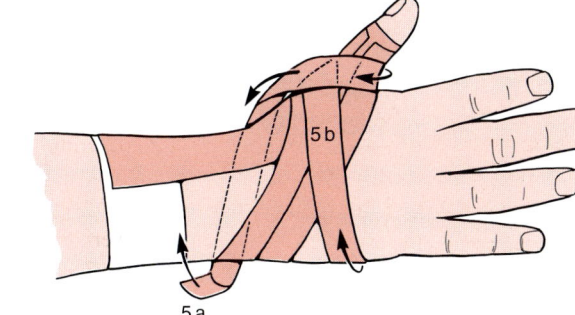

Abb. 6-31 Entlastungstape für Daumen und Handgelenk. Anmodellieren des geschlitzten Pflasters an Hand- und Daumengrundgelenk (Teil 3).

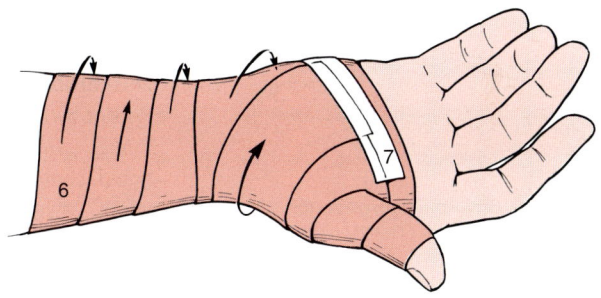

Abb. 6-32 Entlastungstape für Daumen und Handgelenk. Verschalung mit einer elastischen Pflasterbinde (Teil 4).

Zügel wird längs bis auf 3 cm aufgeschlitzt (Abb. 6-30 a). Der ungeschlitzte Teil wird an die Beugeseite des Daumengrundgelenks geklebt und die langen Schenkel (Abb. 6-30 b: 5, 5 a) volar und dorsal um die Mittelhand geleitet. Die Schenkel modelliert man unter leichtem Zug sorgfältig am Hand- und Daumengrundgelenk an (Abb. 6-31). Abschließend verschalt man Daumen und Handgelenk mit einer 4 cm breiten elastischen Pflasterbinde (Abb. 6-32: 6) und befestigt das Ende mit einem Fixierstreifen (Abb. 6-32: 7).

Finger-Fingerverband

Indikation: Distorsion der Fingergelenke, nicht-dislozierte Frakturen, frische Kapsel-Bandverletzungen, größere Weichteilverletzungen, reponierte Epiphysenlösungen und Luxationen.

Allgemein: Der verletzte Finger wird an den Nachbarfinger fixiert und dadurch geschient. Man verwendet dazu Schlauchmull oder Tape.

Material: Entweder Kompresse bzw. Schaumstoff und Schlauchmull, Größe 3, oder Kompresse bzw. Schaumstoff und Tapestreifen, 2 cm breit.

6 Stütz- und ruhigstellende Verbände

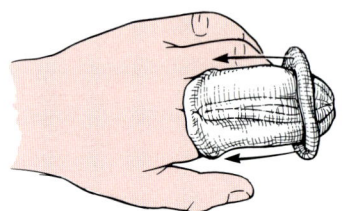

Abb. 6-33 Finger-Fingerverband: Schlauchmulltechnik (Teil 1).

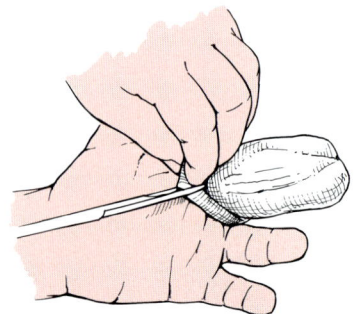

Abb. 6-34 Finger-Fingerverband: Schlauchmulltechnik (Teil 2).

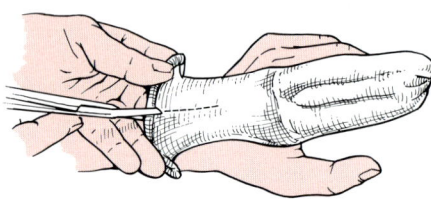

Abb. 6-35 Finger-Fingerverband: Schlauchmulltechnik (Teil 3).

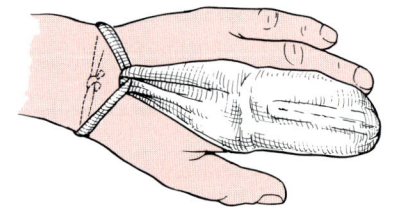

Abb. 6-36 Finger-Fingerverband: Schlauchmulltechnik (Teil 4).

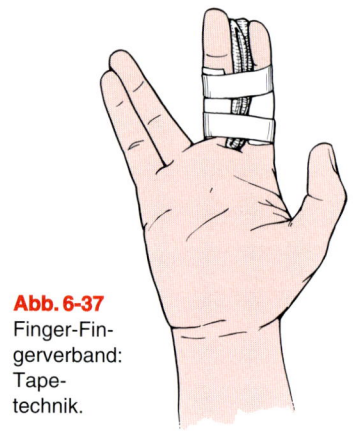

Abb. 6-37 Finger-Fingerverband: Tapetechnik.

Durchführung: Die Kompresse wird als Polster zwischen beide Finger gelegt. Die Finger werden entweder durch den Schlauchmull (Abb. 6-23 bis 6-36) oder durch zwei Tapestreifen (Abb. 6-37) gegeneinander fixiert.

Hyperextensions-Fingerschiene (Stacksche Schiene)

Indikation: Ausriß der Streckaponeurose, Frakturen der Endphalanx.
Durch Überstreckung des Endgelenks werden die Enden der Streckaponeurose aufeinandergestellt (Abb. 6-38).

Material: Stacksche Schiene in entsprechender Größe; Pflasterstreifen oder Schlauchmull, Größe 2.

Durchführung: Eine passende Stacksche Schiene wird dem Finger aufgesetzt und mit Pflasterstreifen und Schlauchmull (Abb. 6-39 und 6-40) fixiert.

Dauer: Bei Strecksehnenausriß sechs Wochen, bei Endgliedfraktur zwei Wochen.

6.6 Spezielle Technik der Stütz- und ruhigstellenden Verbände

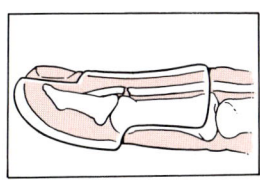

Abb. 6-38 Hyperextensions-Fingerschiene (Stacksche Schiene).

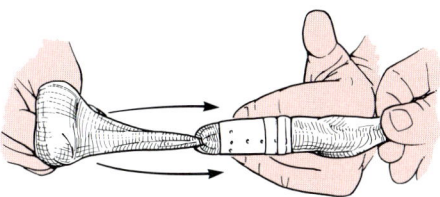

Abb. 6-39 Fixation der Hyperextensions-Fingerschiene mit Schlauchmull (Teil 1).

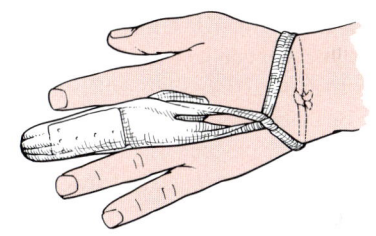

Abb. 6-40 Fixation der Hyperextensions-Fingerschiene mit Schlauchmull (Teil 2).

Dynamische Schienung nach Beugesehnennaht (Kleinert)

Indikation: Funktionelle Weiterbehandlung nach Naht der Beugesehne im Bereich der Sehnenscheide. Nach Sehnennähten im Bereich der Sehnenscheiden besteht die Gefahr, daß sich Narbenzüge zwischen Sehne und Sehnenscheide bilden. Dadurch wäre die Sehne fixiert und die Beweglichkeit des Fingers aufgehoben. Dies läßt sich verhindern, indem die Sehne regelmäßig im Gleitlager bewegt wird. Der Muskelzug muß ausgeschlossen werden, da er zur Dehiszenz (Auseinanderweichen) der Nähte führen würde. Mit der dynamischen Schienung nach Kleinert können die Finger bis 50° gestreckt werden, die Beugung erfolgt passiv über Gummizügel.

Material: Standardpolsterung; Longuette, 15 cm breit; elastische Binde; Gummiringe; Sicherheitsnadeln.

Durchführung: Zum Abschluß der Sehnenoperation wird mit einem kräftigen Hautfaden ein Gummizügel am Fingernagel fixiert. Nach Wundverband und Polsterung von Hand und Unterarm wird eine Schiene aus Kunststoff oder Gips dorsal angelegt. Sie erstreckt sich von den Endgelenken bis zum proximalen Drittel des Unterarms. Das Handgelenk ist 40°, die Fingergrundgelenke sind 50° gebeugt, die Mittel- und Endgelenke sind gestreckt. Die Schiene wird mit einer elastischen Binde am Arm und an der Mittelhand fixiert. Die Finger bleiben frei. Den Gummizügel fixiert man in Verlängerung des gebeugten Fingers (d. h. in Richtung Radius) mit der Sicherheitsnadel an der Binde, so daß der entspannte Finger in Beugung gehalten wird (Abb. 6-41).

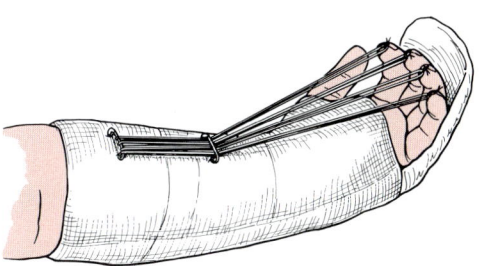

Abb. 6-41 Dynamische Schienung nach Beugesehnennaht.

Gefahren: Ist der Zug zu stark, können die Finger nicht aktiv gestreckt werden; ist er zu schwach, ist eine aktive Beugung nicht auszuschließen.

Kahnbeincast

Indikation: Kahnbeinfraktur.
Allgemein: Der Verband reicht von der Hohlhandfalte und der distalen Daumenbeugefalte bis zwei Querfinger distal der Ellenbeuge. Damit bleiben Ellenbogen, Langfinger und Endgelenk des Daumens beweglich.
Material: Schlauchmull für den Daumen, Größe 1–2, sowie für Hand und Unterarm, Größe 3–4, Polsterwatte, Kreppapier.
Der Verband kann aus Gips oder Kunststoff gefertigt werden. Die Modellierung im Bereich des Daumengrundglieds ist mit Gips etwas einfacher.
Gips: Longuette 12–15 cm breit, zwei Binden, 8 cm breit.
Kunststoff: Ein bis zwei Binden, 8 cm breit, je nach Länge des Fabrikats.

Durchführung: Man schneidet ein Loch für den Daumen in den Trikotschlauch und streift ihn über die Hand und den Unterarm. Der kleine Trikotschlauch wird über den Daumen gestülpt und mit Pflaster am großen fixiert.
Polsterwatte und Kreppapier sind ein bis zwei Querfinger über die geplanten Grenzen des Hartverbandes anzuwickeln. Die seitlich längs eingeschnittene Longuette wird dorsal angelegt und der Streifen für den Daumen um das Grundglied gewickelt (Abb. 6-42).
Die erste Binde wickelt man um die proximale Mittelhand und das Daumengrundglied bis zum Ellenbogen hin an. Der Unterzug wird umgeschlagen und die Abschlußpolsterung modelliert. Nun wickelt man die zweite Binde an (Abb. 6-43).
Am Daumengrundglied muß der Verband sorgfältig anmodelliert werden. Der Daumen muß so fixiert sein, daß der Spitz- und Schlüsselgriff mit dem zweiten und dritten Finger möglich ist.
Dauer: Um die Umwendbewegungen

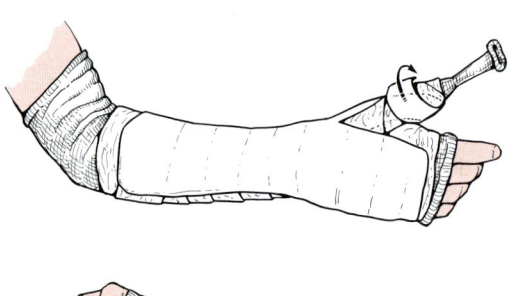

Abb. 6-42 Kahnbeincast. Polsterung und Longuette.

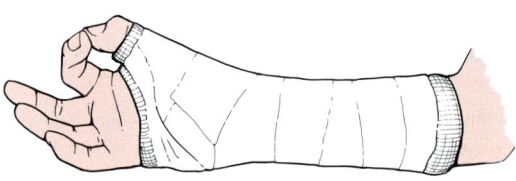

Abb. 6-43 Kahnbeincast. Fertiger Verband; Spitzgriff muß erhalten bleiben.

6.6 Spezielle Technik der Stütz- und ruhigstellenden Verbände

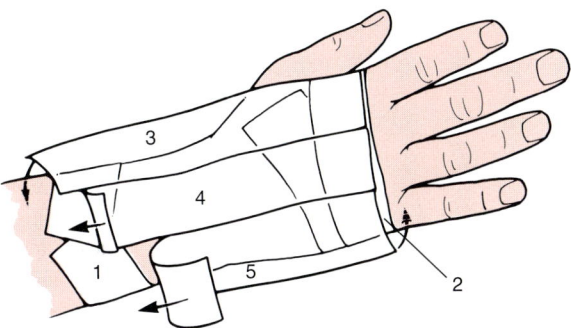

Abb. 6-44
Handgelenktape
(Teil 1).

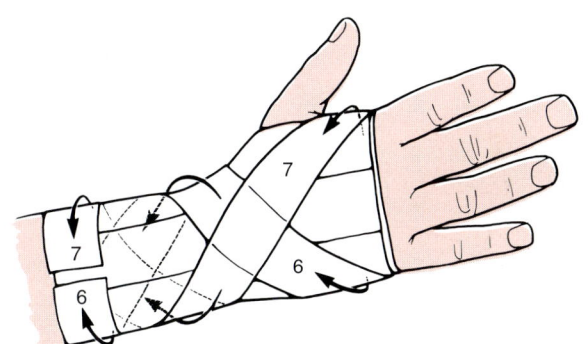

Abb. 6-45
Handgelenktape
(Teil 2).

auszuschalten, soll der Verband in den ersten drei bis vier Wochen unbedingt bis zum proximalen Oberarm reichen. Die verlängerte Ausführung entspricht im Oberarmbereich dem Langarmcast (siehe Seite 123). In der Folgezeit genügt der Unterarm-Kahnbeinverband, der hier dargestellt wird. Dieser wird bis zur zwölften Woche belassen.

Handgelenktape

Indikation: Zerrungen, Prellungen, Reizzustände im Handwurzel- und Mittelhandbereich. Gelegentlich kann die Indikation bei einer stabilen, unproblematischen Fraktur (Fissur) gestellt werden.

Material: Tape, 3,75 cm breit; evtl. Unterzug mit elastischer Haft- oder Klebegaze.

Durchführung: Üblicherweise Streckstellung von ca. 20°. Die Position, in der Schmerzfreiheit besteht, ist zu berücksichtigen.

Man befestigt Ankerstreifen am distalen Unterarm und an der distalen Mittelhand (Abb. 6-44: 1, 2), drei Zügel längsverlaufend an der Streckseite des Handgelenks (Abb. 6-44: 3, 4, 5) und zwei schraubenförmige Zügel in gegenläufiger Richtung

115

6 Stütz- und ruhigstellende Verbände

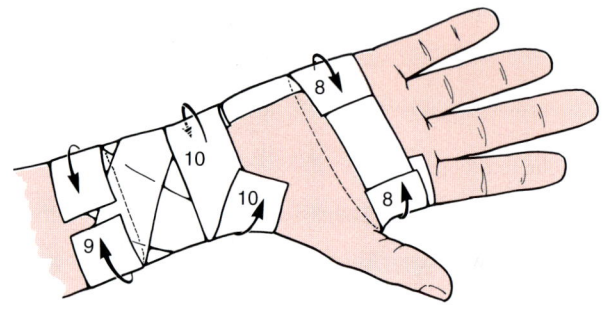

Abb. 6-46
Handgelenktape
(Teil 3).

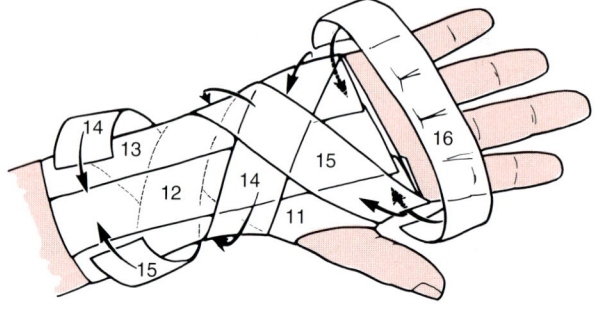

Abb. 6-47
Handgelenktape
(Teil 4).

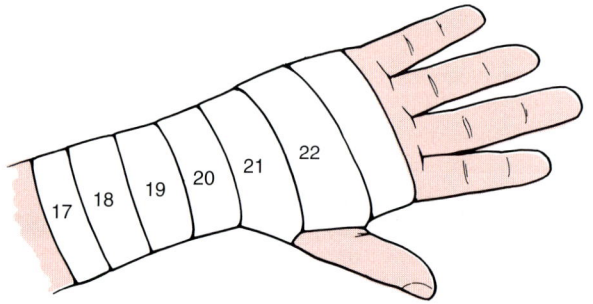

Abb. 6-48
Handgelenktape
(Teil 5).

(Abb. 6-45: 6, 7). Die Zügel fixiert man mit drei Fixationsstreifen (Abb. 6-46: 8, 9, 10). Es folgen drei Längszügel auf der Palmarseite (Abb. 6-47: 11, 12, 13) sowie zwei Diagonalzügel (Abb. 6-47: 14, 15) und die Fixationsstreifen (Abb. 6-47: 16). Abschließend kann der Verband mit Verschalungsstreifen verstärkt werden (Abb. 6-48: 17 bis 22).

Unterarmschiene mit Fingereinschluß (dorsal, volar)

Indikation: Weichteilverletzungen der Hand ohne Sehnenbeteiligung, Sicherung der Wundheilung nach größeren Handoperationen. Beim Kind nicht, oder nur gering dislozierte Frakturen der Finger oder Metacarpalia.

Allgemein: Dieser Verband sollte wegen des Fingereinschlusses nur angewendet werden, wenn die Finger tatsächlich ruhiggestellt werden müssen. Bei volaren Wunden wird gerne die dorsale Schiene, bei dorsalen die volare Schiene angelegt. Alle Verletzungen, die eine Bewegung der Finger zulassen, z.B. im Bereich der Handwurzel, sollten mit Schienen ohne Fingereinschluß behandelt werden.

Material: Verbandmaterial für die Operationswunde: Salbengaze (Oleo-Tüll®); Kompressen; Gazestreifen. Standardpolstermaterial: Longuette, 10 bis 15 cm breit; elastische Binde.

Durchführung: Man deckt die Wunde mit Salbengaze und Kompressen ab, legt Gazestreifen zwischen die Finger und polstert bei gebeugten Fingern und 30° dorsal extendiertem Handgelenk von den Fingerspitzen bis zum proximalen Unterarm. Die Finger werden so weit gebeugt, daß sie 3 cm Abstand von der Hohlhand haben. Die Schiene wird entweder dorsal (Abb. 6-49) oder volar (Abb. 6-50) angelegt und mit einer elastischen Binde festgewickelt. Am Daumenballen wird gut anmodelliert. Vor dem Aushärten sind störende Ecken und Kanten abzuschneiden.

> Wichtig: Um die Schwellung und deren Risiken geringzuhalten, muß die Hand nach der Operation hochgelagert werden. Durchgeblutete Verbände werden gewechselt.

Gefahren: Zeichen der Kompression (Schwellung und Blaufärbung der Finger, vor allem Sensibilitätsstörungen).

Dauer: Zur Wundheilung drei bis sieben Tage, zur Frakturbehandlung drei bis vier Wochen.

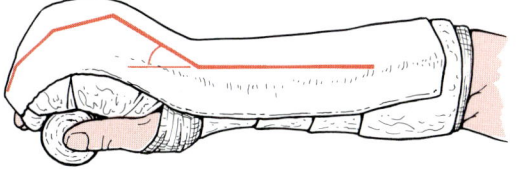

Abb. 6-49 Dorsale Unterarmschiene mit Fingereinschluß.

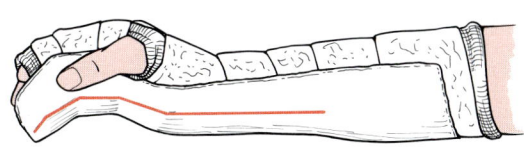

Abb. 6-50 Volare Unterarmschiene mit Fingereinschluß.

Unterarmschiene ohne Fingereinschluß (dorsal, volar)

Indikation: Distorsionen, Schmerzen, Tendovaginitis, Sicherung der Wundheilung nach Verletzungen und Operationen im Bereich des Handgelenks, Infraktionen und stabile nicht-dislozierte Frakturen im Bereich der Mittelhand, der Handwurzel, des distalen Unterarms.

Allgemein: Ob die Schiene dorsal oder volar angelegt wird, hängt von der Lage der Verletzung ab. Die volare Schiene kann bei Radialisparese als abnehmbare Schiene zur Fixierung des Handgelenks in Streckstellung verwendet werden.

Schienen können gepolstert oder ungepolstert angelegt werden. Die Polsterung entspricht dem Unterarm-Zirkulärverband. Die ungepolsterte Anlage eignet sich besonders für abnehmbare Schienen.

Material: Gegebenenfalls zirkuläre Standardpolsterung; Schlauchmull; Gips- oder Kunststofflonguette, 12–15 cm breit, vier bis acht Lagen; elastische Mullbinde.

Durchführung: Dorsale Schiene/Ausdehnung: proximal der Mittelhandköpfchen bis zwei Querfinger distal der Ellenbeuge. Sie soll die Ulnar- und Radialseite des Unterarms teilweise mit einschließen. Polsterung je nach Indikation. Das Handgelenk wird in 20–30°-Streckstellung gehalten; evtl. kann man vorübergehend eine Rolle als Stütze in die Handfläche einlegen. Die in einen Trikotschlauch eingezogene Longuette wird nach dem Tauchen aufgelegt und anmodelliert (Abb. 6-51). Die abnehmbare ungepolsterte Schiene entfernt man, wenn das Material weitgehend gehärtet ist, und schneidet störende Ecken mit der Gipsschere ab. Nach endgültigem Aushärten und Reinigen der Haut wird die Schiene mit der elastischen Binde angewickelt.

Volare Schiene/Ausdehnung: von der Hohlhandfurche bis zwei Querfinger distal der Ellenbeuge. Polsterung je nach Indikation. Die volare Schiene wird über einem Wundverband, z.B. nach Spaltung des Karpaltunnels, angelegt.

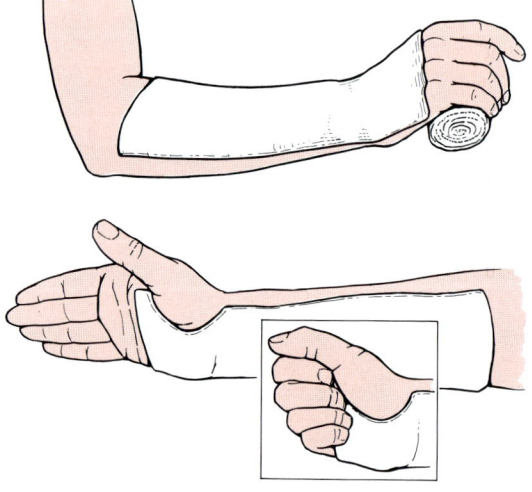

Abb. 6-51 Dorsale Unterarmschiene ohne Fingereinschluß.

Abb. 6-52 Volare Unterarmschiene ohne Fingereinschluß.

Die in einen Trikotschlauch eingezogene Longuette schneidet man nach dem Tauchen so ein, daß der Daumenballen ausgespart wird (Abb. 6-52), und legt sie als Schiene volar an. Nach dem Entfernen der Schiene wird wie bei der dorsalen Schiene weiterverfahren.

Unterarmcast

Indikation: Distale Radiusfrakturen, sofern sie nicht wegen Dislokationsgefahr durch Oberarmcast oder durch Operation zu behandeln sind.

Allgemein: Für die Behandlung von distalen Radiusfrakturen steht eine Reihe von konservativen und operativen Behandlungsverfahren zur Verfügung. Vereinfacht lassen sich folgende Behandlungsrichtlinien festlegen: Nicht dislozierte Frakturen sind meist stabil und können mit einer Schiene behandelt werden. Dislozierte Frakturen ohne Gelenkstufe werden mit Spickdrähten nach Kapanji reponiert, fixiert und anschließend mit einem Hartverband gesichert. Frakturen mit einer Gelenkstufe erfordern die offene Reposition. Die Mehrzahl der distalen Radiusfrakturen wird konservativ behandelt.

Die korrekte Versorgung von distalen Radiusfrakturen ist das Gesellenstück in der konservativen Frakturbehandlung.

Am Beispiel der distalen Radiusfraktur, der häufigsten Fraktur beim Menschen, wird die Technik der unblutigen Reposition mit Castruhigstellung ausführlich demonstriert.

Beim Kleinkind sollten keine Unterarmhartverbände angelegt werden, da diese in kurzer Zeit abgeschüttelt werden. Verletzung alternativ mit Oberarmhartverband therapieren (siehe Langarmgips bei Kindern).

Da sich ein Kleinkind nicht ausreichend mitteilen kann, 24 Stunden nach Anlegen des Hartverbandes Durchblutung, Motorik und Sensibilität kontrollieren. Mögliche Komplikationen können so frühzeitig entdeckt werden.

Material: Repositionsmaterial: 10 ml 2%iges Lokalanästhetikum; zwei „Mädchenfänger"; gepolsterter Gurt; Gewicht von 3–8 kg; Polstermaterial.

Gips: Longuette, 10–15 cm breit; 2–3 Binden, 8–10 cm breit.

Kunststoff: z.B. Dynacast S®, eine Binde, 5 cm x 2 m oder 3,6 m.

Elastische Mullbinde, wenn der Verband aufgeschnitten werden soll.

Durchführung: Es wird ca. 10 ml 1–2%iges Lokalanästhetikum in den Bruchspalt injiziert. Bei Schwierigkeiten kann der Bruchspalt mit Hilfe des Bildverstärkers aufgesucht werden.

Ausdehnung: Der Verband erstreckt sich distal von der Hohlhand-Beugefalte bzw. den Mittelhandköpfchen bis zwei Querfinger proximal des Ellenbogengelenks. So ist die Beweglichkeit der Finger und des Ellenbogengelenks gewährleistet.

Der Unterzug wird von den Fingern bis über den Ellenbogen mit Durchlaß für den Daumen angelegt. Daumen und Zeigefinger werden in Abspreizstellung an „Mädchenfängern" aufgehängt. An den Oberarm hängt man über den gepolsterten Gurt ein frei hängendes Gewicht von 2–3 kg an, je nach Kräftezustand des Patienten, und kontrolliert die Zugrichtung. Dislozierte Frakturen können jetzt durch Spickdrahttechniken reponiert und fixiert werden (Abb. 6-53).

6 Stütz- und ruhigstellende Verbände

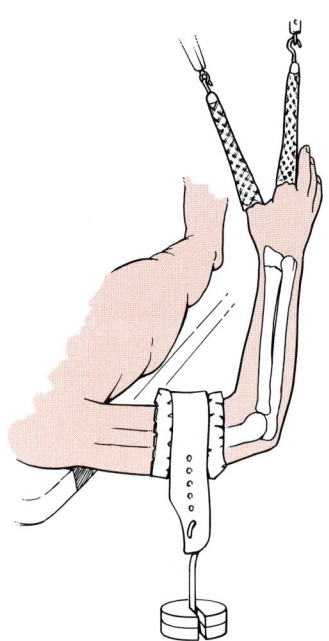

Abb. 6-53 Unterarmcast (Teil 1). Extension bei distaler Radiusfraktur.

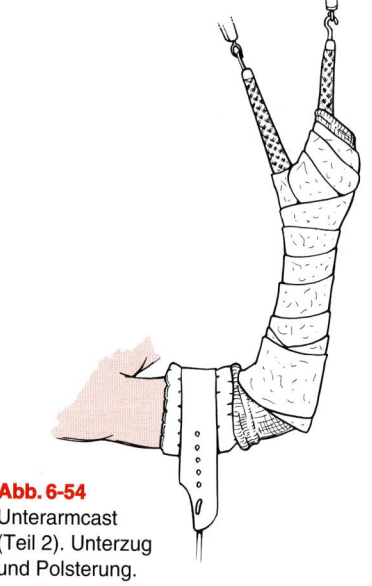

Abb. 6-54 Unterarmcast (Teil 2). Unterzug und Polsterung.

Beim Anwickeln der Polsterwatte (Abb. 6-54) ist zu beachten:

- Ausreichende Polsterung über das Handgelenk wickeln, d.h. zwei- bis dreifach.
- Die Watte reicht proximal und distal ca. zwei Querfinger über die Grenzen des später anzulegenden Hartmaterials hinaus.
- Über dem ersten Mittelhandknochen wird im Hinblick auf die dort entstehende Kante des Hartverbandes ausreichend gepolstert.

Unter leichtem Zug wird das Kreppapier angewickelt (Abb. 6-55).
Eine Longuette mit Einschnitt für den Daumen wird an die Radialseite des Unterarms und der Hand gelegt (Abb. 6-56). Die erste Zirkulärschicht wird angewickelt, wenn die Longuette noch weich ist (Abb. 6-57).
Solange die Aushärtung noch nicht erfolgt ist, kann man die endgültige Reposition vornehmen. Dazu wird der Zug entfernt. Die gewünschte Stellung fixiert man mit den Händen bis zur Aushärtung (Abb. 6-58).
Modellieren des Daumenaustritts: Damit die Beweglichkeit der Finger und des Ellenbogens nicht eingeschränkt ist, schlagen wir den Unterzug mit Polsterwatte (Abb. 6-59 a) in folgender Weise zurück: distal bis zur Hohlhand-Beugefalte und unterhalb der Mittelhandköpfchen. Der distale Rand verläuft immer schräg (Abb. 6-59 b). Die Öffnung für den Daumen muß sorgfältig modelliert werden, damit der Spitzgriff zu den radialen Langfingern ungehindert möglich ist.
Die zurückgeschlagene Polsterung fixiert man mit einer Binde, die gleichzeitig die

6.6 Spezielle Technik der Stütz- und ruhigstellenden Verbände

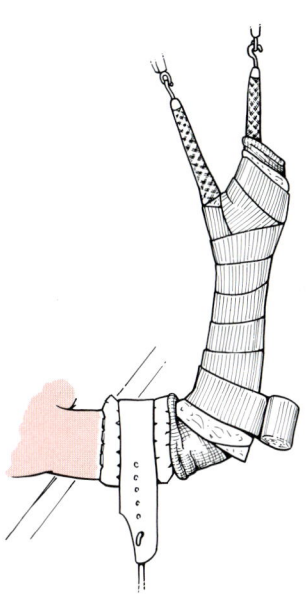

Abb. 6-55 Unterarmcast (Teil 3). Papierbinde.

Abb. 6-56 Unterarmcast (Teil 4). Radiale Gipslonguette.

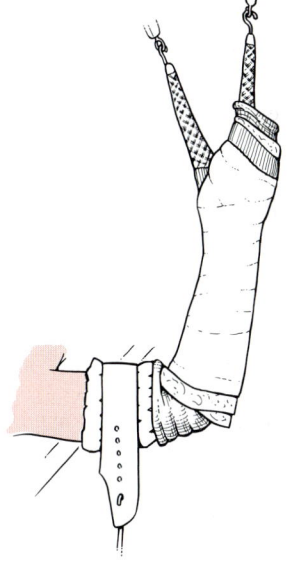

Abb. 6-57 Unterarmcast (Teil 5). Erste Zirkulärschicht.

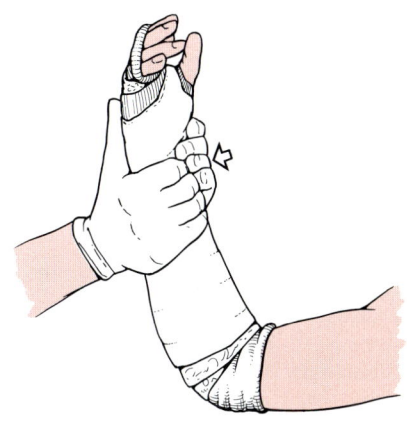

Abb. 6-58 Unterarmcast (Teil 6). Fixieren der Korrekturstellung.

121

6 Stütz- und ruhigstellende Verbände

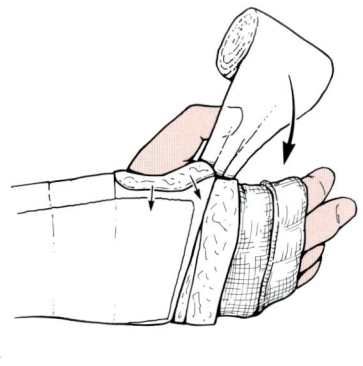

a

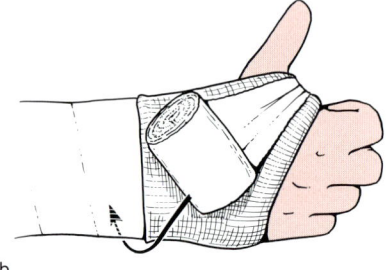

b

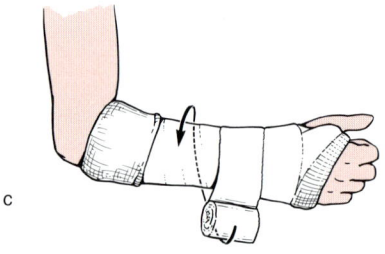

c

Abb. 6-59 Unterarmcast (Teil 7). Modellieren der Randabschlüsse.
a) Umschlagen der Polsterung an Daumen und Mittelhand.
b) Schräger Verlauf der Polsterung im Mittelhandbereich.
c) Fixation der Polsterung durch eine zweite Zirkulärschicht.

letzte Verstärkung darstellt (Abb. 6-59 c). Besteht die Gefahr einer Weichteilschwellung, schneidet man das Hartmaterial auf.

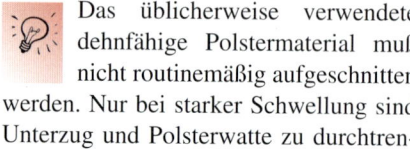 Das üblicherweise verwendete dehnfähige Polstermaterial muß nicht routinemäßig aufgeschnitten werden. Nur bei starker Schwellung sind Unterzug und Polsterwatte zu durchtrennen. Diese Maßnahme wird erleichtert, wenn man, anstatt den Hartverband nur zu spalten, einen 1–2 cm breiten Streifen herausschneidet.

Der Cast wird an der Seite gespalten, die die geringste Bedeutung für die Frakturstabilisierung hat: bei der häufigsten Extensionsfraktur also auf der Volarseite (siehe Abb. 6-10). Abschließend wickelt man den aufgeschnittenen Cast locker mit einer elastischen Binde an (siehe Abb. 6-11).

Man muß bei Anlage des Hartverbandes darauf achten, daß Mittelhandknochen und Finger nicht seitlich komprimiert werden (Abb. 6-60 a). Distal ist der Cast also kein „Rundverband", sondern ein „Querovalverband" (Abb. 6-60 b).

Besonderheiten bei Kunststoffbinden: Der Unterzug wird während des Anwickelns der Binde umgeschlagen, da eine „Abschlußbinde" zur Fixierung des Umschlags aus Kostengründen nicht vertretbar und zur Stabilisierung nicht nötig ist.

Beim Aushärten wird das Material in die richtige Stellung „massiert", Oberfläche und scharfe Kanten werden geglättet.

Ein Unterarmgips mit zwei Longuetten (unter Belassung eines Spalts) erfüllt den gleichen Zweck und ist mit weniger Aufwand anzulegen.

Gefahren: Druckstellen am Handgelenk wegen ungenügender Polsterung.

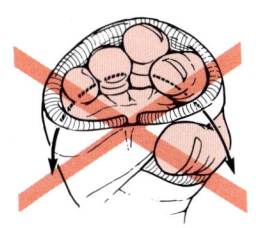

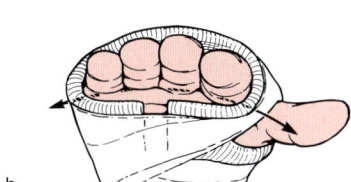

Abb. 6-60 Unterarmcast (Teil 8).
a) Fehlerhaft starke Wölbung der Mittelhandknochen.
b) Korrekte Wölbung der Mittelhandknochen.

Zirkulationsstörung wegen nachträglicher Weichteilschwellung.
Eingeschränkte Daumenbeweglichkeit, wenn der Daumenaustritt nicht korrekt modelliert worden ist. Eingeschränkte Fingerbeweglichkeit, wenn der Hartverband zu weit nach distal reicht oder die Mittelhandkontur seitlich komprimiert.
Eingeschränkte Ellenbogenbeweglichkeit, wenn der Hartverband zu weit nach proximal reicht.
Redislokation der Fraktur; meist handelt es sich dabei um instabile Frakturen mit Indikation zur Operation.
Morbus Sudeck; Ursache und Verhütung sind letztlich nicht geklärt. Als wesentliche Prophylaxe wird die Vermeidung von Schmerzen im Frakturbereich angesehen.
Dauer: Zur Frakturbehandlung vier bis fünf Wochen.

Langarmcast („Oberarmgips")

Die Bezeichnung „Oberarmgips" ist in der klinischen Praxis üblich, jedoch nicht korrekt. Erstens erstreckt sich der Verband nicht nur auf den Ober-, sondern auch auf den Unterarm. Zweitens gibt es einen Verband, der sich nur auf den Oberarm beschränkt, der jedoch nicht mit dem „Oberarmgips" zu verwechseln ist. Um Verwirrungen zu vermeiden, wird vorgeschlagen, in Anlehnung an den englischen Sprachgebrauch den Ausdruck „Langarmcast" zu verwenden.

Indikation: Instabile distale Radius- und Unterarmfrakturen, sofern keine Indikation zur Operation besteht, stabile Schaftfrakturen.
Allgemein: Der Langarmcast kann in einer oder in zwei Etappen angelegt werden. Bei instabilen Frakturen ist die Zwei-Etappen-Technik die sicherere Methode.
Zunächst reponiert man die Fraktur, wie beim Unterarmcast beschrieben, und legt Unterzug und Polsterung von der Hand bis zum proximalen Oberarm an.
1. Etappe: Ein Unterarmcast wird angelegt. Damit ist die Fraktur weitgehend fixiert.
2. Etappe: Wenn der Unterarmanteil ausgehärtet ist, wird der Oberarmanteil ergänzt.

Nachfolgend wird die Technik in einer Etappe dargestellt. Bei entsprechender Erfahrung können auch instabile Brüche durch Zug an den Fingern und am Oberarm reponiert gehalten werden. Voraussetzung sind aber zwei Helfer. Der Helfer am Oberarm muß zur Verbandanlage jeweils umgreifen.
Material: Übliches Polstermaterial; Gips:

6 Stütz- und ruhigstellende Verbände

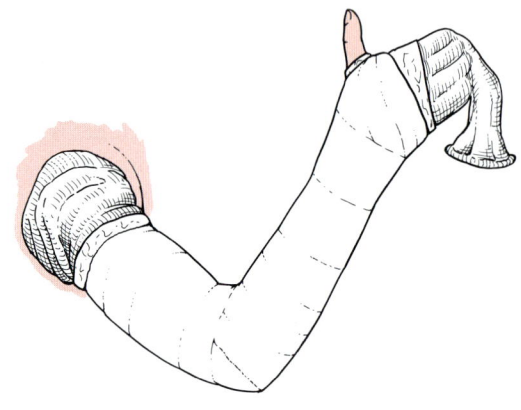

Abb. 6-61
Langarmcast (Teil 1).
Unterzug, Polsterung, Krepppapier, eine Tour Gipsbinden.

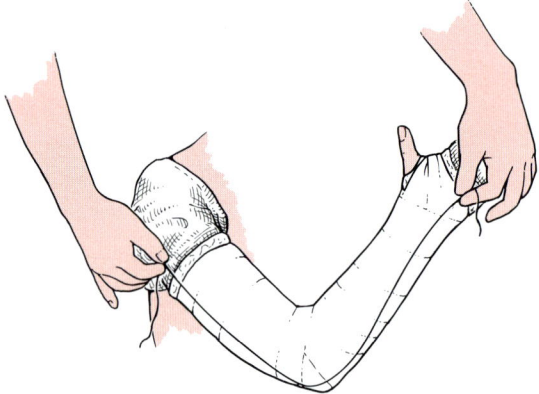

Abb. 6-62
Langarmcast (Teil 2).
Abmessen der Länge der Longuette.

ca. fünf Gipsbinden, 8–10 cm breit; eine Longuette, 10–12 cm breit.
Kunststoff: z.B. Dynacast S®, eine Binde, 5 cm × 2 m oder 3,6 m; eine Binde, 7,5 cm × 3,6 m; ein bis zwei elastische Mullbinden, wenn der Verband aufgeschnitten werden soll.
Durchführung: Ausdehnung: proximale Grenze ein Querfinger unterhalb des Pektoralisrands. Distale Grenze Mittelhandköpfchen bzw. Hohlhand-Beugefalte.
Stellung: Ellenbogengelenk in der Regel 90° Beugung; Mittelstellung zwischen Pro- und Supination; im Handgelenk 30° Dorsalextension und 10° Ulnarabduktion. Bei Tendenz zur Dislokation werden spezielle Korrekturpositionen eingestellt.
Nach dem Unterzug (Polsterwatte, Krepppapierbinden) wird eine doppelte Lage Gipsbinden angewickelt (Abb. 6-61).
Mit einem Faden o.ä. wird die Länge für die Longuette (Abb. 6-62) ausgemessen.
Longuette dorso-radial anlegen (Abb. 6-63).

6.6 Spezielle Technik der Stütz- und ruhigstellenden Verbände

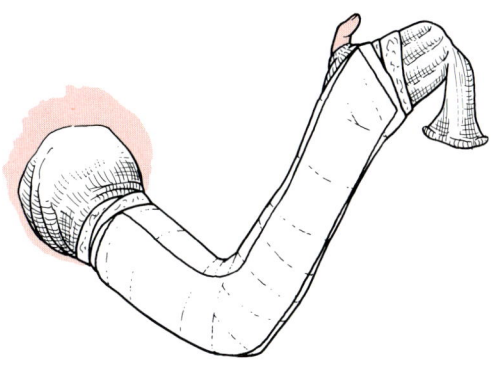

Abb. 6-63
Langarmcast (Teil 3).
Dorsale Schiene.

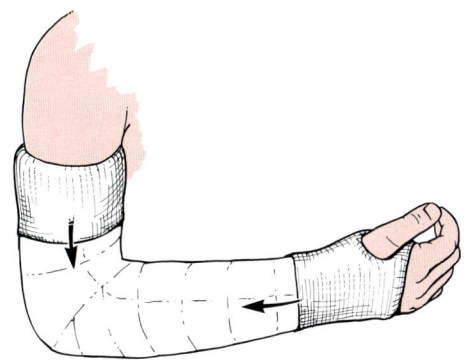

Abb. 6-64
Langarmcast (Teil 4).
Zurückschlagen des Unterzugs.

Den Unterzug mit Polsterung schlägt man (Abb. 6-64) zurück und befestigt ihn mit einer weiteren Binde, wie in Abb. 6-59 c beim Unterarmcast beschrieben.
Gefahren: Der Oberarmteil muß weit genug nach proximal reichen, da der Nervus radialis sonst durch Hebelwirkung am Rand einen Druckschaden erleiden kann. Der Verband darf nicht so weit nach distal reichen, daß die Beugung der Finger eingeschränkt ist.

Langarmgips bei Kindern
Beim Kind wird die distale Radiusfraktur mit Oberarmschiene in Schede-Stellung versorgt.

Indikation: Distale Radiusfraktur, distale Unterarmfraktur mit dorsaler Dislokation.
Allgemein: Der Verband sichert das Repositionsergebnis durch starke Flexion im Handgelenk.
Material: Standardpolsterung, Weißgipslonguette, elastische Mullbinde, elastische, selbsthaftende Mullbinde.
Durchführung: Unterzug in entsprechender Länge auf den Unterarm schieben. Die geschlossene Reposition der Fraktur erfolgt in Allgemeinanästhesie unter Bildwandlerkontrolle. Die ehemals nach dorsal dislozierte Fraktur kann durch Flexion des Handgelenkes

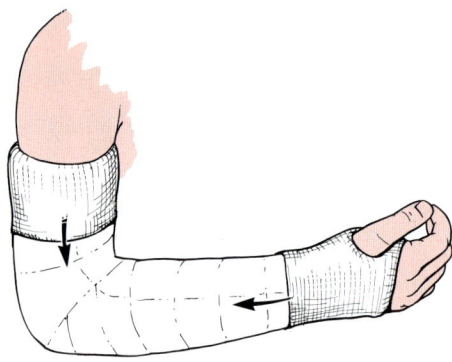

Abb. 6-65 Langarmgips bei Kindern in Schede-Stellung.

von 70 bis 90° in der Regel problemlos fixiert werden. Nach der Reposition Unterzug von den Fingerspitzen bis hin zur Achsel ziehen. Polsterwatte und Kreppapier von den Fingergrundgelenken bis zwei Querfinger vor der Achsel anwickeln. Der Daumen bleibt frei. Eine auf den kindlichen Arm angepaßte Weißgipslonguette dorsal mit einer elastischen Mullbinde anwickeln. Der Ellenbogen nimmt eine 90°-Stellung ein, der Unterarm ist in Supinationsstellung, das Handgelenk in 70 bis 90° flektiert.

Nach Aushärten der Weißgipslonguette wird diese so weit gekürzt, daß die vier Fingergrundgelenke frei sind. Elastische Mullbinde abwickeln und überstehenden Unterzug umschlagen. Dorsale Schiene mit einer elastischen, selbsthaftenden Mullbinde anwickeln (Abb. 6-65). Eltern aber auch Kinder im entsprechenden Alter auf mögliche Störungen der Durchblutung, Motorik und Sensibilität hinweisen. Eine ambulante Nachkontrolle des Gipses nach 24 Stunden ist obligat.

Dauer: Nach radiologischer Kontrolle kann der Oberarmgips in Schede-Stellung in den meisten Fällen nach 14 Tagen abgenommen werden. Anschließend wird für weitere zwei Wochen ein zirkulärer Oberarmgips angelegt. Das Handgelenk ist dabei in Funktionsstellung.

Ellenbogenruhigstellung mit lateraler Schiene

Indikation: Bursitis olecrani, sezernierende Wunden, nicht dislozierte, stabile Frakturen, nach Ellenbogenluxation.

Allgemein: Die Stellung des geschienten Ellenbogens hängt von der Indikation bzw. vom Therapieziel ab. Bei Frakturen und nach Ellenbogenluxation erfolgt die Ruhigstellung in 90°. Bei Entzündungen wird in leichter Beugung von etwa 30° geschient, weil die Haut auf der Streckseite weniger gespannt und damit besser durchblutet ist.

Material: Polsterschaumstoff, Kunststoffbinde, z.B. Dynacast®, Scotchcast® 7,5 cm, Mullbinde, elastische Binde.

Durchführung: Polsterschaumstoff so zurechtschneiden, daß er die anzufertigende Schiene um ca. 2 cm überragt. In Höhe des Ellenbogens einschneiden, damit eine Beugestellung ohne wesentliche Faltenbildung eingenommen werden kann. Kunststoffbinde abmessen und so anlegen, daß sie proximal breiter gefächert ist als distal und im mittleren Bereich vier Lagen übereinander zu liegen kommen. Die Winkelbildung kann auf zweierlei Weise erreicht werden: Kleinere Winkel von 30° können – evtl. nach Einschneiden der Longuette – im Ellenbogenbereich modelliert werden (Abb. 6-66).

6.6 Spezielle Technik der Stütz- und ruhigstellenden Verbände

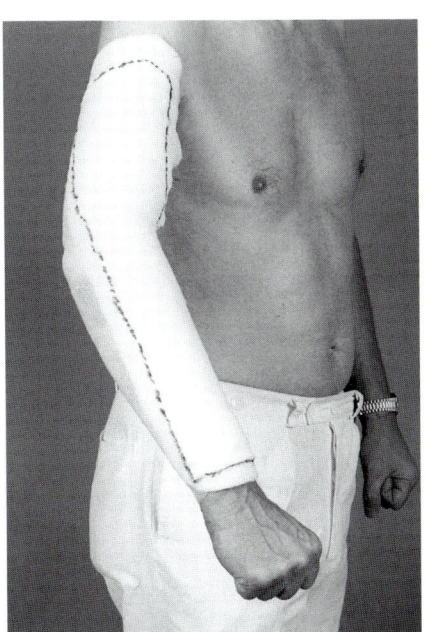

Abb. 6-66 Laterale Armschiene zur Ellenbogenruhigstellung in 30°.

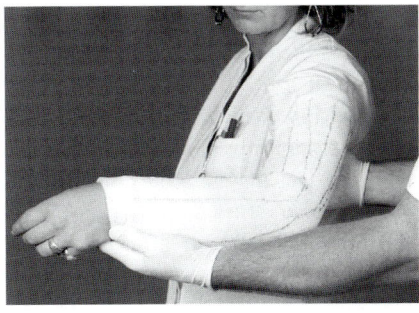

Abb. 6-67 Laterale Armschiene zur Ellenbogenruhigstellung. Winkelbildung durch Drehen der Longuette um 180°.

Größere Winkel werden durch Drehen der Longuette um 180° erzielt (Abb. 6-67). Kunststofflagen tauchen und zusammen mit dem Schaumstoff auf die Lateralseite des Ober- und Unterarms legen. Olecranon, besonders bei Entzündungen, aussparen. Es wird kein Druck auf den Ellenbogenschleimbeutel ausgeübt, außerdem kann er besser gekühlt werden. Schiene locker mit einer Mullbinde anwickeln. Nachdem der Kunststoff angezogen hat, Endkorrekturen vornehmen und mit einer elastischen Binde abschließen. Dabei das Handgelenk aussparen, damit der Patient eine Restmobilität der erkrankten Extremität bewahrt.

Ellenbogenruhigstellung mit Drahtleiterschiene

Indikation: Bursitis olecrani, infizierte und sezernierende Wunden, Ruhigstellung von Verletzungen im Rahmen der Ersten Hilfe oder bei gelenknahen Wunden.

Allgemein: Die Behandlung mit der Drahtleiterschiene ist für solche Erkrankungen und Verletzungen geeignet, bei denen eine Restbeweglichkeit toleriert werden kann. Sie ist schnell an- und abzuwickeln und deshalb vorteilhaft bei Wunden, die täglich verbunden werden müssen, oder solchen, die feuchtzuhalten sind.

Material: Drahtleiterschiene, Länge und Breite dem Arm entsprechend, Polsterwatte, Schlauchmull, unelastische Binden.

Es gibt industriell gefertigte Drahtleiterschienen. Herstellung der Polsterung siehe Kapitel 6.4.

Durchführung: Die Schiene wird auf die geforderte Länge gekürzt und der Streckseite des rechtwinkelig gebeugten Armes angepaßt. Um die Schiene werden einige Lagen Polsterwatte gewickelt und mit einer Binde oder mit Schlauchmull fixiert. Mit einer zugfesten Mullbinde wickelt

6 Stütz- und ruhigstellende Verbände

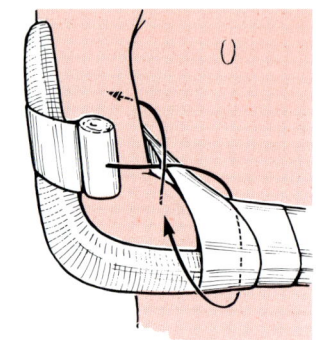

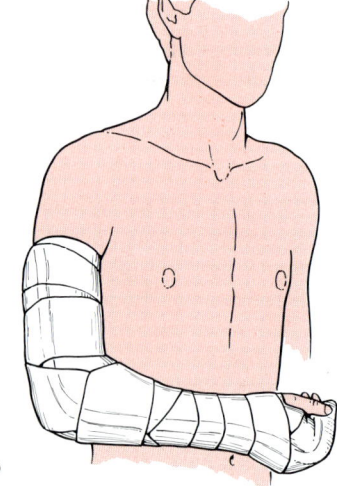

Abb. 6-68 Ruhigstellung des Arms mit einer Drahtleiterschiene.
a) Fixierung der Beugestellung im Ellenbogengelenk durch Achtertouren.
b) Fertiger Verband.

man die gepolsterte Schiene dem Arm von distal nach proximal an. Die Beugung des Ellenbogens wird stabilisiert, indem die Binde in langgezogenen Achtertouren straff vom Unterarm über die Ellenbeuge zum Oberarm und zurück geführt wird (Abb. 6-68 a, b). Durchfeuchtetes Verbandmaterial wird am folgenden Tag ersetzt. Zur Erleichterung trägt der Patient den Arm im Dreiecktuch. Zur Intertrigoprophylaxe, falls notwendig, Kompressen einlegen.
Gefahren: Druckstellen wegen ungenügender Polsterung.
Dauer: Bis zum Abklingen der Entzündungserscheinungen, ca. drei bis sieben Tage.

Immobilisierender Ellenbogentapeverband

Indikation: Distorsionen, Prellungen, Teilrupturen und Dehnungen der Gelenkbänder.
Allgemein: Das Ellenbogengelenk wird in 90°-Beugung und geringer Supination annähernd ruhiggestellt. Die Gebrauchsfähigkeit bleibt zum großen Teil erhalten.
Material: Elastische Pflasterbinden (Elastoplast®, Acrylastik®), 6–8 cm breit; Pflasterstreifen (Leukotape®).
Durchführung: Bei starker Behaarung sollte die Haut rasiert werden.
Die elastische Pflasterbinde wird, beginnend am Olecranon, schräg nach distal angelegt (Abb. 6-69: 1). Nach einer Zirkulärtour (Abb. 6-69: 2) läuft eine aufsteigende Tour über die Außenseite des Ellenbogens (Abb. 6-69: 3) und eine zirkuläre über den proximalen Oberarm (Abb. 6-69: 4). Nach der Schrägtour an der Innenseite (Abb. 6-69: 5) und der Zirkulärtour an dem proximalen Ende des Unterarms (Abb. 6-70: 6, 7) folgen eine weitere Schrägtour an der Radialseite (Abb. 6-70: 8) sowie zwei zirkuläre Touren am distalen Oberarm (Abb. 6-70: 9, 10). Das Ende der Pflasterbinde wird mit

6.6 Spezielle Technik der Stütz- und ruhigstellenden Verbände

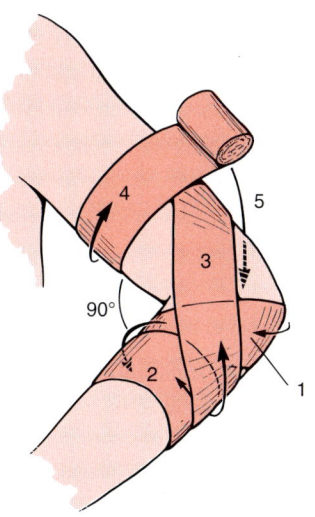

Abb. 6-69 Ellenbogentapeverband (Teil 1).

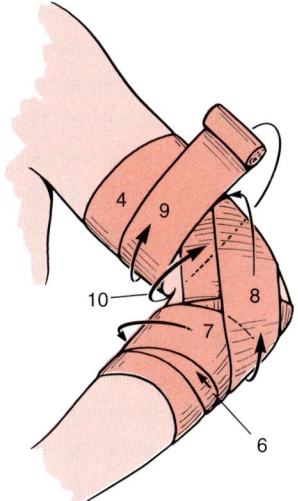

Abb. 6-70 Ellenbogentapeverband (Teil 2).

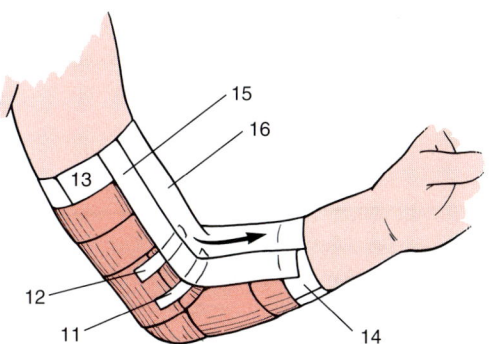

Abb. 6-71 Ellenbogentapeverband (Teil 3).

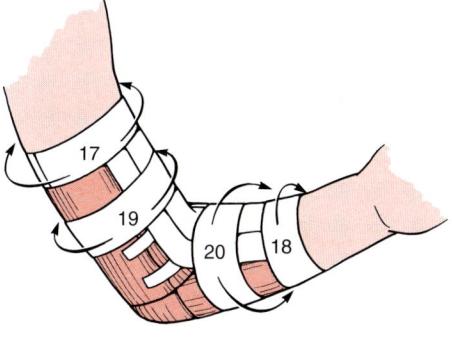

Abb. 6-72 Ellenbogentapeverband (Teil 4).

Pflasterstreifen gesichert (Abb. 6-71: 11, 12).
Danach werden der proximale und der distale Ankerstreifen (Abb. 6-71: 13, 14) sowie die beugeseitigen Längszügel jeweils mit Leukotape® angelegt (Abb. 6-71: 15, 16). Abschließend fixiert man die Enden durch semizirkuläre unelastische Streifen proximal und distal (Abb. 6-72: 17, 18) sowie in Ellenbogennähe (Abb. 6-72: 19, 20).

Gefahren: siehe Kap. 5.2.4.

6 Stütz- und ruhigstellende Verbände

Collar-and-Cuff-Verband (Blount)

Dieser Verband war die Standard-Behandlung für suprakondyläre Frakturen beim Kind. Da es jedoch zu einer Ausheilung in Fehlstellung kommen kann, zieht man heute eine Ruhigstellung durch Langarmgips in 90°-Stellung vor (siehe S. 125).

Gilchrist-Verband

Indikation: Ruhigstellung von Schulter und Oberarm, Schulterluxationen nach Reposition, Beginn der konservativen Therapie von subkapitalen Humerusfrakturen und einfachen Humerusschaftfrakturen, postoperativ nach Schulteroperationen.

Allgemein: Der Gilchrist-Verband ist einfach und schnell anzulegen. Er bietet für viele Indikationen eine angemessene Ruhigstellung und läßt sich gegebenenfalls lockern oder straffen. Die Patienten können, soweit es die Verletzung erlaubt, den Verband zur Körperpflege ab- und anlegen. Darüber hinaus sind sie bei dem geringen Materialverbrauch kaum durch Wärmestau beeinträchtigt. Der Gilchrist-Verband hat deshalb den klassischen Desault-Verband mit seinen verschiedenen Modifikationen nahezu vollständig ersetzt.

Material: Schlauchmull in vierfacher Länge des Armes, 2 Sicherheitsnadeln. Alternative: Fertigverband (Tricodur®-Gilchrist-Bandage).

Durchführung: Der Schlauch wird am Übergang zwischen äußerem und mittlerem Drittel zur Hälfte eingeschnitten und der Arm in den längeren Schlauchteil eingeführt. Das kürzere Ende wird, nachdem

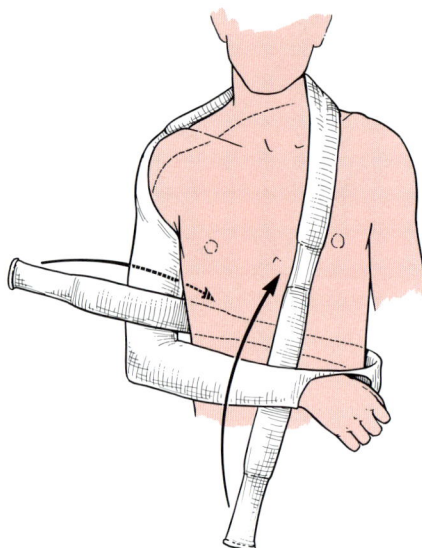

Abb. 6-73 Gilchrist-Verband (Teil 1).

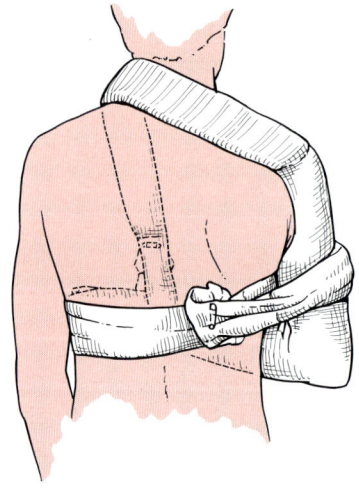

Abb. 6-74 Gilchrist-Verband (Teil 2).

6.6 Spezielle Technik der Stütz- und ruhigstellenden Verbände

Watte zur Polsterung der Nackenpartie eingeschoben wurde, um den Nacken nach vorne geführt (Abb. 6-73). Bei gebeugtem Ellenbogen wird das Ende nach Watteeinlage um das Handgelenk gelegt und mit einer Sicherheitsnadel fixiert.

Das längere Ende ist dorsal um den Thorax zu führen. Nach Watteeinlage wird es um den Oberarm herumgeführt und mit einer Sicherheitsnadel fixiert (Abb. 6-74).

Die Hand muß durch einen Einschnitt über dem Handgelenk aus dem Schlauch herausgeleitet werden.

Vorteile des Fertigverbands (Tricodur®-Gilchrist-Bandage): Er läßt sich waschen und wiederverwenden. Die Polsterungen am proximalen und distalen Ende verhindern Einschnürungen. Die Hand ist speziell abgestützt und „baumelt" deshalb nicht aus dem Verband. Durch die Klettverschlüsse ist die Anlage schnell und einfach, auch bei bewußtlosen Patienten, vorzunehmen. Die Patienten können gegebenenfalls die Stellung selbst korrigieren (Abb. 6-75).

Gefahren: Bei frischen Verletzungen kann die Weichteilschwellung die Dehnbarkeit des Materials überschreiten. Es muß dann ein größerer Verband angelegt werden.

Bei Auftreten einer erheblichen Schwellung in der Achselhöhle und an der Innenseite des Oberarms kann es zur Venen- und Nervenkompression kommen.

Die Ränder des Schlauchmulls können an der Haut einschnüren. Sie werden dann eingeschnitten oder unterpolstert.

Dauer: Die Dauer des Verbands richtet sich nach der Indikation: nach Schulteroperationen stellt man im Gilchrist-Verband zwischen zwei und 14 Tagen ruhig, nach Frakturen zwischen einer und zwei Wochen, wobei Oberarmschaftfrakturen anschließend im Brace (siehe Seite 133) behandelt werden.

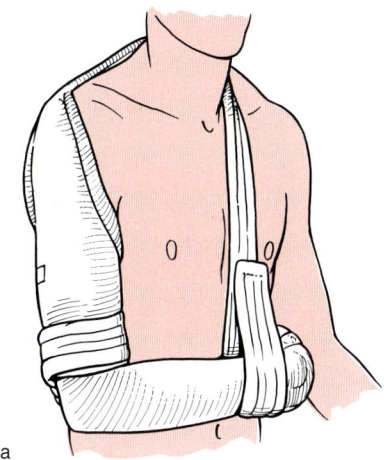
a

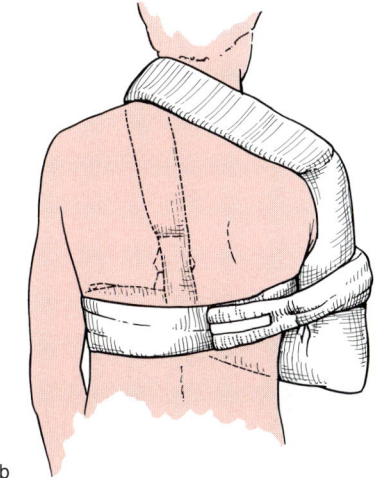
b

Abb. 6-75 Gilchrist-Fertigverband (Tricodur®).
a) Ansicht von vorne.
b) Ansicht von hinten.

6 Stütz- und ruhigstellende Verbände

Desault-Verband mit Schlauchmull

Indikation: Ruhigstellung der Schulter und des Oberarms, Abdeckung großflächiger Wunden.

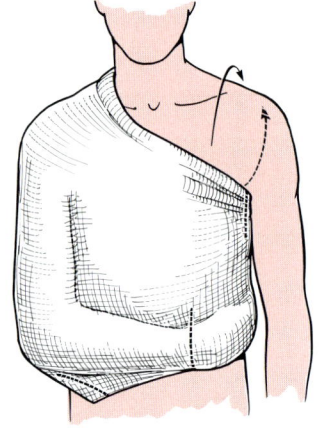

Abb. 6-76 Desault-Verband mit Schlauchmull (Teil 1). Primäranlage und Inzisionen.

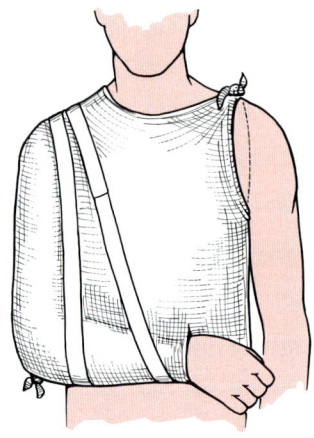

Abb. 6-77 Desault-Verband mit Schlauchmull (Teil 2). Ausleiten der Hand, Verknoten über gegenseitiger Schulter und Stabilisierung durch Pflasterstreifen.

Allgemein: Die Schulter läßt sich häufig durch einen Gilchrist-Verband auf einfachere Weise ruhigstellen.

Material: Kompressen; Schlauchmull (Stülpa®, tg®, Tricofix®, Tricodur®) in der Breite des Körpers, Länge etwa vierfache Körperbreite; breite Pflasterstreifen.

Durchführung: In die Achsel des ruhigzustellenden Armes sowie unter größeren Brüsten werden Kompressen zur Schweißaufnahme locker eingelegt.

Der doppelt gelegte Schlauch wird über den gesunden Arm und den Kopf auf den Rumpf gezogen und beidseits kranial und kaudal eingeschnitten (Abb. 6-76).

Der Einschnitt unter der gesunden Achsel muß so tief sein, daß die Enden über der Schulter locker geschlossen werden können. Die Enden kann man verknoten oder übereinanderlegen und mit Pflaster verkleben.

Die Hand ist aus dem Verband herauszuleiten entweder nach Desault in Ellenbogenhöhe oder nach Velpeau in Brusthöhe. Die Stellung der Hand wird mit Pflasterstreifen fixiert (Abb. 6-77).

Dauer: Die Dauer der Ruhigstellung richtet sich nach der Indikation.

Oberarm-U-Schiene mit Schulterkappe

Indikation: Einleitende Behandlung bei instabilen Oberarmschaftfrakturen.

Allgemein: Mit der U-Schiene läßt sich eine weitgehende Ruhigstellung erzielen. Bis zur bindegewebigen Überbrückung werden Mehrfragmentfrakturen vorteilhaft auf diese Weise behandelt.

Material: Schlauchmull in der Länge Achselhöhle-Ellenbogen-Schulter-Nacken-Handgelenk; Polstermaterial; Sicher-

6.6 Spezielle Technik der Stütz- und ruhigstellenden Verbände

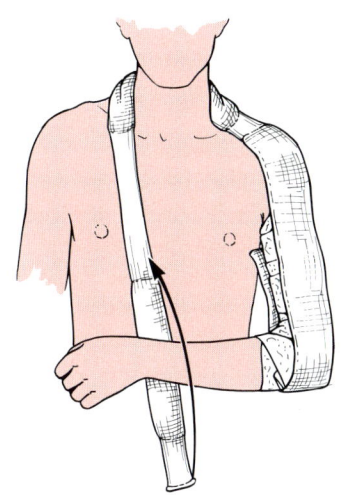

Abb. 6-78 Oberarm-U-Schiene mit Schulterkappe und Armschlinge.

heitsnadel; Longuette, 10 cm breit, achtlagig, in der Regel aus Gips mit einer Länge, die von der Achselhöhle über Ellenbogen und Schulter zur Claviculamitte reicht.
Durchführung: Während der Anlage muß die Fraktur von einer Hilfsperson durch konstanten Zug reponiert gehalten werden. Der Zug wird über den Unterarm bei gebeugtem Ellenbogen ausgeübt.
Die Polsterung mit Unterzug, Watte und Kreppapier werden am Oberarm und Ellenbogen angelegt. An der Schulter erübrigt sich die Polsterung, wenn exakt anmodelliert wird.
Die achtlagige Longuette wird in das eine Ende des Schlauchmulls eingezogen, getaucht und dem Oberarm zunächst innen, dann außen anmodelliert und anschließend angewickelt. Das freie Ende des Schlauchmulls wird um die Schulter und das Handgelenk geführt (Abb. 6-78). Nach Einschieben von Polsterwatte erfolgt die Fixation mit der Sicherheitsnadel am Handgelenk. Abschließend ist die Frakturstellung röntgenologisch zu kontrollieren.
Dauer: Nach zwei Wochen prüft man klinisch die Festigkeit. Wenn die Fraktur durch eine gewisse Verbindung gefestigt ist, erfolgt die Anlage des Oberarmbrace.

Oberarmbrace nach Sarmiento

Indikation: Oberarmschaftfrakturen.
Allgemein: Oberarmschaftfrakturen werden heute mehrheitlich konservativ mit Brace behandelt. Gewisse Fehlstellungen wie Verkürzung, Seitenverschiebung, Rotation und Achsenknickung sind mit diesem Verfahren nicht sicher auszugleichen. Sie können aber in größerem Ausmaß akzeptiert werden als an der unteren Extremität. Primäre Schäden am Nervus radialis stellen keine Kontraindikation für die konservative Behandlung dar.
In der Regel wird die Humerusfraktur zur besseren Schmerzbehandlung für ca. 14 Tage mit einem anderen Verfahren behandelt, das eine bessere Ruhigstellung gewährleistet. Dafür kommen vor allem der Gilchrist-Verband oder die Oberarm-U-Schiene in Frage. Der Vorteil dieses Vorgehens: stationäre Behandlung und Operation entfallen, trotzdem kann beim Verletzten frühzeitig die funktionelle Behandlung beginnen.
Material: Brace aus Kunststoff mit Unterzug.
Durchführung: Nachdem die passende Größe des Brace ausgewählt wurde, wird der Unterzug vorsichtig auf den Oberarm gezogen, während eine Hilfsperson die noch schmerzhafte Fraktur stabilisiert. Anschließend werden die beiden Halb-

schalen angelegt und mit den Klettverschlüssen fixiert. Es ist zu kontrollieren, ob die Schalen schlüssigen Kontakt zu den Weichteilen haben, ohne zu komprimieren (Abb. 6-79).

Die Patienten muß man darüber aufklären, daß sie sich – wie in der Cast-Behandlung – bei Druckstellen und Stauung wieder vorstellen müssen. Der Arm soll für Tätigkeiten ohne Belastung gebraucht werden. Nach einer Woche erfolgt eine Röntgenaufnahme zur Stellungskontrolle, nach sechs Wochen zur Kontrolle des Durchbaus.

Gefahren: Instabilitätspseudarthrose, wenn die Orthese dem Arm nicht schlüssig anliegt. Druckstellen oder distale Stauung bei zu straff angelegter Orthese. Die Enden der Schalen dürfen nicht an der Schulter und am Ellenbogen scheuern.

Dauer: Nach sechs Wochen ist die Fraktur meist so weit durchgebaut, daß der Brace entfernt werden kann.

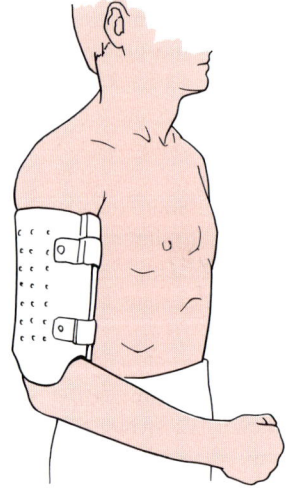

Abb. 6-79 Oberarmbrace.

Rucksackverband

Indikation: Schlüsselbeinfrakturen (nur Frakturen mit wesentlichen Begleitverletzungen an Haut, Nerven und Gefäßen werden operativ behandelt).

Allgemein: Durch Retraktion der Schulter werden die Fragmente distrahiert und so daran gehindert, die Weichteile zu irritieren. Auf diese Weise werden die Schmerzen gemindert und die Verkürzungstendenz ausgeglichen.

Das Polstermaterial wird mit dem Tragen komprimiert, so daß die Zugwirkung des Verbands nachläßt. Der Rucksackverband muß deshalb nach 24 Stunden und zwischen dem 4.–7. Tag nachgespannt werden.

> Die Patienten müssen über die Symptome bei Druckschäden an Venen und Nerven, Stauung und Parästhesien, aufgeklärt werden. In diesen Fällen ist die Wiedervorstellung mit Korrektur oder Entfernung des Verbands erforderlich.

Material: Schlauchmull im Durchmesser von ca. 3–4 cm, (Länge vierfache Schulterbreite); Polsterwatte; Kompressen.
Alternative: Vorgefertiger Rucksackverband (Tricodur®-Clavicula-Bandage).
Vorteile der Fertigverbände: Sie lassen sich durch Wegfall der Eigenherstellung wesentlich schneller anlegen (Abb. 6-80 und 6-81).

Durchführung: In die mittleren drei Fünftel des Schlauchs wird Watte eingezogen. Ein Applikator kann dabei hilfreich sein.
Der Schlauch wird in der dargestellten Weise um den Nacken, beide Schultern und Axillen auf den Rücken geführt. In

6.6 Spezielle Technik der Stütz- und ruhigstellenden Verbände

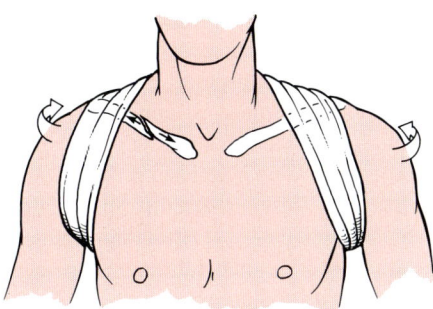

Abb. 6-80   Rucksackverband (Teil 1). Anspannen des Verbands durch Zug nach dorsal. Fixation durch Klettverschluß.

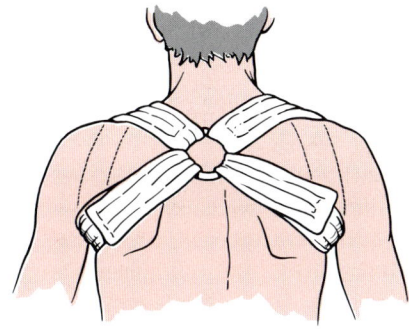

Abb. 6-81   Rucksackverband (Teil 2). Angelegter Verband.

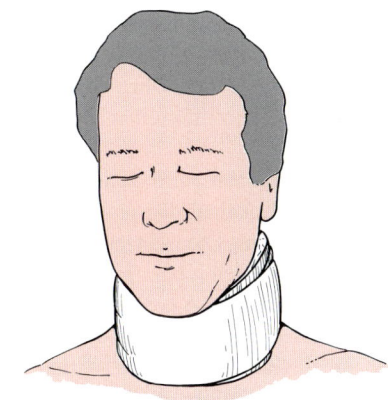

Abb. 6-82   Halskrawatte nach Schanz.

der Achselhöhle wird mit je einer Kompresse gepolstert. Die Enden werden zunächst mit sich selbst, anschließend mit den Enden des anderen querverlaufenden Teils verknotet und die Clavicula auf die ursprüngliche Länge distrahiert.

Dem Patienten bei der Körperpflege behilflich sein, besonders beim Waschen der Achselhöhlen. Diese gut trocknen und täglich frische Kompressen einlegen.

Dauer: Der Rucksackverband wird getragen, bis die Frakturenden bei der dosierten Festigkeitsprüfung nur noch geringe Beweglichkeit zeigen. Das ist in der Regel nach zwei bis drei Wochen der Fall.

6.6.2   Wirbelsäule

Schanz-Krawatte

Indikation: Distorsion der HWS, nach Stabilisierungsoperationen an der HWS.
Material: Schlauchmull; Schaumgummi oder Baumwollwatte.
Alternative: Industriell gefertigte Kragen.
Durchführung: Der Schaumgummi wird so zurechtgeschnitten, daß er dem Hals in Länge und Umfang anliegt. Er wird in den mittleren Teil eines vierfach längeren Schlauchmulls eingezogen. Anstelle des Schaumstoffs können auch Lagen von Baumwollwatte verwendet werden. Der Kragen wird mit den freien Enden durch Knoten oder Pflaster fixiert (Abb. 6-82).
Industriell gefertigte Kragen liegen in weicher und in steifer Ausführung vor. Die weichen Kragen sind den Körperformen angepaßt und können gewaschen werden. Sie sind in der Materialfestigkeit relativ konstant.
Mit den steifen Kragen läßt sich die HWS weitgehend stabilisieren. Sie eignen sich

6 Stütz- und ruhigstellende Verbände

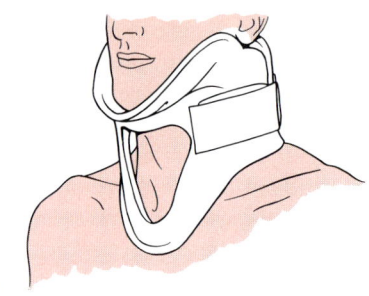

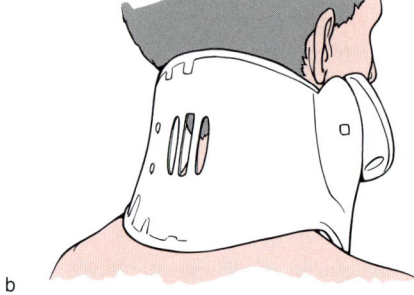

Abb. 6-83 Steifer Kragen (STIFNECK™).
a) Ansicht von vorne.
b) Ansicht von hinten.

für die Notfallbehandlung von HWS-Traumen und zur postoperativen Sicherung speziell von problematischen Osteosynthesen, z.B. im porotischen Knochen (Abb. 6-83 a, b).

Halofixateur

Indikation: Konservative Behandlung von Frakturen der oberen HWS, zur Reposition von dislozierten Frakturen oder Luxationen an der HWS, präoperativ zur Sicherung von instabilen HWS-Frakturen, intraoperativ bei Stabilisierungsoperationen an der Wirbelsäule zur Ausübung eines dosierten Längszugs.

Allgemein: Mit dem Halofixateur kann man die HWS sehr genau in Streckung, Beugung und Längszug einstellen. Die Technik der Anlage ist einfach, und die Gefahr, die Schädelkalotte zu perforieren, ist bei korrektem Vorgehen gering.

Material: Rasierer, Kanüle, Spritze, Lokalanästhetikum, Desinfektionsmittel, Halofixateur-Set mit Haloring, Schrauben mit drei Positionierungsplatten, vier Fixationsschrauben, Drehmomentschraubenzieher, Sicherungsmuttern mit Gabelschlüssel. Je nach vorgesehener Verwendung entweder Zugbügel mit Schraubenzieher oder Halo-Weste mit Befestigungsstangen und -backen.

Durchführung: Der Halofixateur kann in Lokal- oder in Allgemeinanästhesie angelegt werden.

Zunächst wird der Haloring mit den Positionierungsschrauben und -platten an der vorgesehenen Stelle angelegt (Abb. 6-84 b). Er soll unterhalb des Schädeläquators angelegt werden. Es ist darauf zu achten, daß sich die Löcher für die Fixationsschrauben möglichst in der korrekten Lage befinden: ventral im Bereich der lateralen Augenbraue und damit außerhalb der Austrittsstelle des ersten Trigeminusastes; dorsal im Felsenbeinbereich hinter dem Ohr. Die Haare um die dorsalen Eintrittsstellen werden rasiert.

Soweit vorgesehen, wird an den Eintrittsstellen die Lokalanästhesie bis auf das Periost gesetzt. Die spitzen Fixationsschrauben werden ohne Inzision durch die Haut auf den Knochen geschraubt (Abb. 6-84 b). Der Drehmomentschraubenzieher verhindert ein zu starkes Anziehen mit der Gefahr, die Kalotte zu perforieren.

6.6 Spezielle Technik der Stütz- und ruhigstellenden Verbände

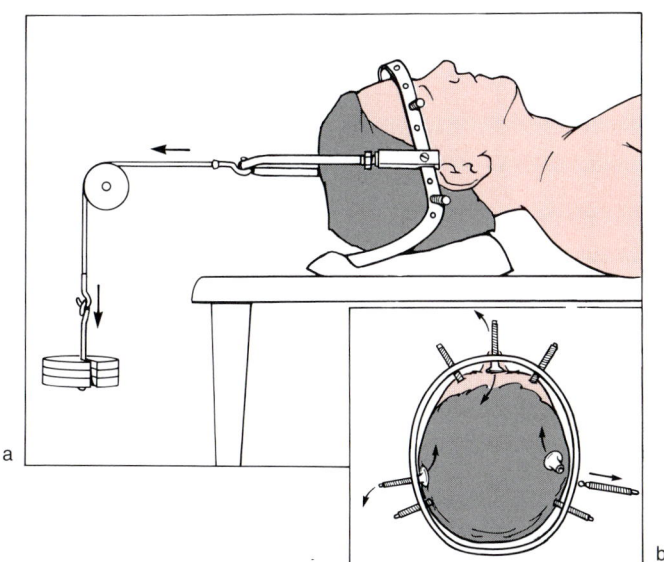

Abb. 6-84 Halofixateur (Teil 1).
a) Extension durch Längszug am Liegenden.
b) Lage der Halte- und Fixationsschrauben.

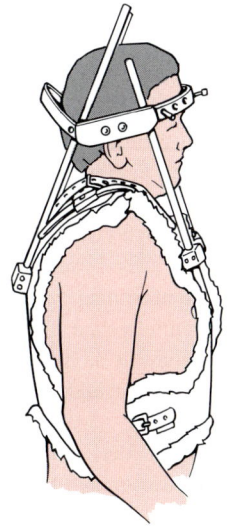

Abb. 6-85 Halofixateur (Teil 2). HWS-Fixation mit Weste und Fixateurstäben.

Für die prä- und intraoperative Extension wird der Zugbügel angeschraubt (Abb. 6-84 a). Für die konservative Behandlung wird die Halo-Weste in entsprechender Größe mit dem Gestänge angelegt (Abb. 6-85). Für die Eintrittsstellen ist die beste Infektionsprophylaxe, sie in Ruhe zu lassen. Lediglich Verkrustungen sollten unter aseptischen Bedingungen entfernt werden. Sollte sich trotzdem die Haut an einer Eintrittsstelle infizieren, wird nach Besetzen eines anderen Halo-Loches diese Schraube entfernt.

Lagerung/Mobilisation: Der Patient wird im Bett flach, auf nicht zu weicher Matratze gelagert. Unter die Schultern ein kleines Kissen schieben, der Kopf liegt frei. Bettbügel entfernen und elektronische Kopfteilsteuerung ausschalten.

Durchblutung, Motorik und Sensibilität regelmäßig überprüfen.

 Wird ein Patient mit Zugbügelvorrichtung umgelagert, unbedingt darauf achten, daß der Zug weiterhin in korrekte Richtung wirkt.

Um Scherbewegungen bei der Mobilisation zu vermeiden, muß das Aufstehen über die Seitenlage zuerst intensiv mit Krankengymnasten geübt werden. Angehörige mit einbeziehen und anleiten, da der Kranke viel Hilfe bei den ATL's benötigt.

Dauer: Prä- oder perioperativ angebrachte Fixateure werden nach dem Eingriff entfernt. Bei konservativer Frakturbehandlung bleibt der Halofixateur sechs bis zwölf Wochen.

6.6.3 Thorax

Semizingulum (Dachziegelverband)

Indikation: Rippenprellungen und Rippenfrakturen ohne Verletzung der Lungen z.B. Lungenkontusion, Reizzustände in der Interkostalmuskulatur.

Kontraindikation: Die Ruhigstellung führt zwangsläufig zu einer Minderbelüftung und Minderperfusion der darunterliegenden Lungenanteile. Wenn die Lunge durch Einblutung und Kontusion geschädigt ist, kann es zu einer progredienten Schädigung bis hin zum vollständigen Lungenversagen kommen.

Dieser Verband darf *nur einseitig* angewendet werden und das nur, wenn keine Erkrankungen oder Verletzungen der Lunge vorliegen.

Allgemein: Das Semizingulum (= Dachziegelverband) soll die Exkursionen des knöchernen Thorax einschränken und dadurch verhindern, daß sich erkrankte oder verletzte Strukturen gegeneinander bewegen. Es ist eine wirksame schmerzlindernde Maßnahme, allerdings mit *Kontraindikationen*, die strikt zu beachten sind. Dieser Verband kann mit gutem Erfolg z.B. in der Sporttraumatologie angewendet werden.

Material: Elastische Pflastertapete (z.B. Fixomull stretch®, Mefix®), Pflasterstreifen (Leukotape®).

Durchführung: Am stehenden Patienten wird, nach normaler Ausatmung, eine Pflastertapete auf den unteren lateralen Thorax geklebt. Nachfolgend werden mehrere Pflasterstreifen – wieder jeweils nach Ausatmen – von kaudal nach kranial dachziegelartig übereinandergeklebt. Abschließend fixiert man die Enden durch Sicherungsstreifen (Abb. 6-86 a, b).

Gefahren: Bei Anlage eines Semizingulums muß eine Verletzung der Lunge (Pneumothorax, Lungenkontusion) sicher ausgeschlossen sein. Minderbelüftung bei bronchialem Sekretverhalt kann zu Pneumonie führen. Eine ausreichende Ventilation sowie Abhusten müssen gewährleistet sein. Gegebenenfalls atemdiagnostisch unterstützen und zusätzlich Schmerzmittel geben. Dies ist bei älteren Patienten häufig nicht der Fall, weshalb sie für diese Behandlung meist nicht in Frage kommen.

Dauer: Der Verband ist zu entfernen, wenn Anhaltspunkte für pulmonale Komplikationen, z.B. Retentionspneumonie, bestehen oder allergische Reaktionen der Haut auftreten. Er wird in wöchentlichem Abstand durch einen neuen Verband er-

6.6 Spezielle Technik der Stütz- und ruhigstellenden Verbände

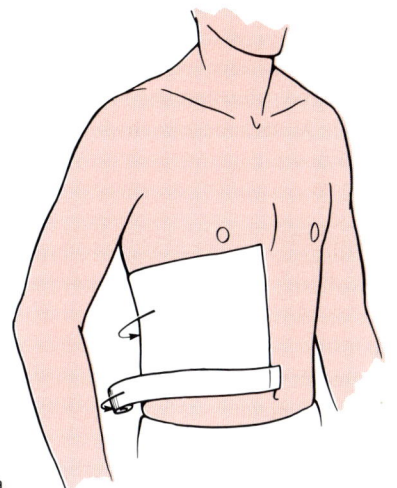 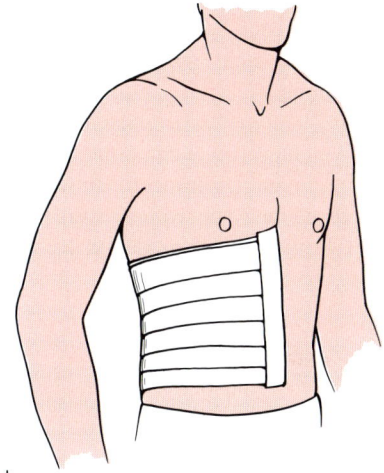

Abb. 6-86 Semizingulum.
a) Pflastertapete und Pflasterstreifen. **b)** Weitere Pflasterstreifen und Sicherungsstreifen.

setzt, bis die Beschwerden abgeklungen sind.

6.6.4 Untere Extremität

Großzehenverband, Zügeltechnik

Indikation: Grund- und Endgliedfrakturen.
Allgemein: Dieser Verband eignet sich für leichte Verletzungen. Für schwerere Verletzungen sollten der Großzehentapeverband oder ein Hartverband mit Zehenplatte verwendet werden.
Material: ca. 4 Pflasterstreifen, 1 cm breit, 15–20 cm lang.
Durchführung: Auf die gereinigte Haut der Großzehe werden die Pflasterstreifen von distal nach proximal in folgender Weise angelegt: Zunächst wird der mittlere Pflasterteil der Plantarseite angelegt; anschließend wird der mediale Schenkel zum Fußrücken hin und der laterale Schenkel zur Fußsohle hin anmodelliert. Insgesamt werden 3–4 Streifen verwendet. Die Enden werden durch Fixierungsstreifen gesichert (Abb. 6-87).

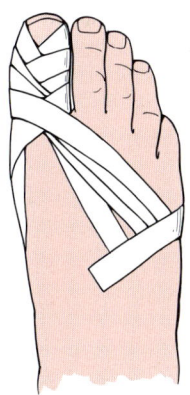

Abb. 6-87
Großzehenverband: Zügeltechnik.

Gefahren: Bei schwereren Verletzungen an Knochen oder Weichteilen führt der Zügelverband nicht zur ausreichenden Ruhigstellung.
Wenn die Zügel zu straff angelegt sind oder es zur Weichteilschwellung kommt, können Durchblutungstörungen entstehen. Der Verband muß dann entfernt werden.
Dauer: Je nach Beschwerdebild ein bis zwei Wochen.

Zehen-Zehenverband

Indikation: Prellungen, leichte Quetschungen, stabile Frakturen der Zehen.
Material: Kompressen; Pflasterstreifen, 1 cm breit.
Durchführung: Zwischen die verletzte und die Nachbarzehe werden ca. vier Lagen von Baumwollkompressen als Polsterung eingelegt. Anschließend fixiert man beide Zehen unter minimalem Zug durch zwei Pflasterstreifen gegeneinander (Abb. 6-88).

Gefahren: Sind die Pflasterstreifen zu straff angelegt, können Druckstellen oder Zirkulationsschäden auftreten. Dann muß der Verband sofort entfernt werden.
Dauer: Je nach Beschwerdebild ein bis zwei Wochen.

Großzehenverband, Tapetechnik

Indikation: Distorsionen, Kontusionen, Teileinrisse an Kapselbändern, stabile Frakturen.
Allgemein: Der Verband reduziert die Schmerzen durch Ausschaltung der passiven Mitbewegungen beim Gehen. Sein wesentlicher Vorteil liegt darin, daß ein Hartverband vermieden wird und deshalb normale Schuhe getragen werden können. Er garantiert nicht in jedem Fall eine völlig schmerzfreie Belastung. Weitgehende Beschwerdefreiheit kann der Patient aber erreichen, wenn er zusätzlich die Innenseite entlastet.
Material: Tape, 3,75 cm breit.

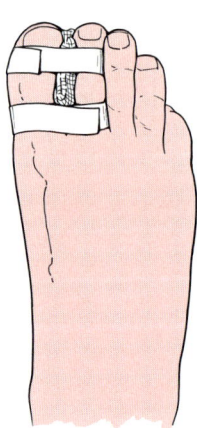

Abb. 6-88
Zehen-Zehenverband.

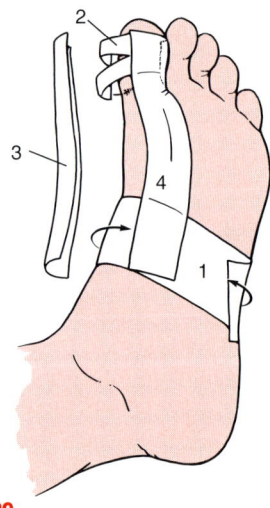

Abb. 6-89
Großzehenverband: Tapetechnik (Teil 1).

6.6 Spezielle Technik der Stütz- und ruhigstellenden Verbände

Durchführung: Ankerstreifen werden locker am proximalen Mittelfuß (Abb. 6-89: 1) und über dem Großzehen-Endgelenk angelegt. Der distale Streifen kann zur besseren Anpassung teilweise längs eingerissen werden (Abb. 6-89: 2). Ein Zügel führt an der Streckseite (Abb. 6-89: 3) und einer an der Beugeseite (Abb. 6-89: 4) von Anker zu Anker. Es folgen der mediale (Abb. 6-90: 5) und der laterale Zügel (Abb. 6-90: 6). Der laterale Zügel wird bis auf das Ende längs geschlitzt. Die entstehenden Schenkel werden zur Fußsohle bzw. zum Fußrücken hin angelegt (Abb. 6-90: 6a, 6b). Abschließend ist der Verband mit locker angelegten Rundtouren zu verschalen (Abb. 6-91: 7 bis 10).

Gefahren: Bei schweren Verletzungen an Knochen oder Weichteilen führt der Tapeverband nicht zur ausreichenden Ruhigstellung.

Wenn die Zügel zu straff angelegt sind oder es zur Weichteilschwellung kommt, können Durchblutungsstörungen entstehen. Der Verband muß dann entfernt werden.

Dauer: Die Gesamttragedauer richtet sich nach der Verletzung und den subjektiven Beschwerden. Grundsätzlich muß der Verband nach Lockerung, spätestens aber nach einer Woche gewechselt oder entfernt werden.

L-Schiene bei Außenbandverletzung am Sprunggelenk

Allgemein: Die L-Schiene soll die geschädigten Kapselbandstrukturen am Sprunggelenk entlasten, die Schmerzen mindern und beim Tragen von Schuhwerk volle Belastung ermöglichen.

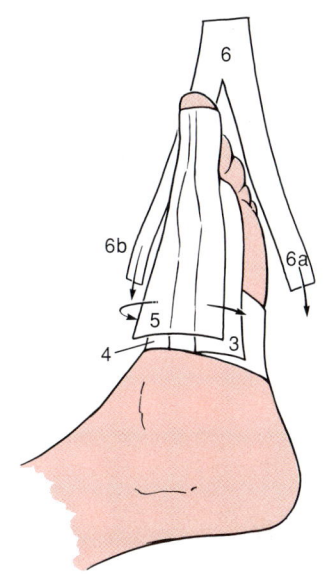

Abb. 6-90
Großzehenverband: Tapetechnik (Teil 2).

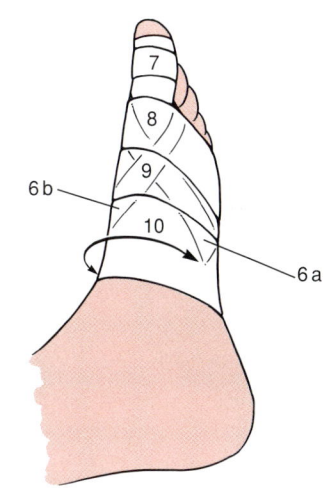

Abb. 6-91
Großzehenverband: Tapetechnik (Teil 3).

6 Stütz- und ruhigstellende Verbände

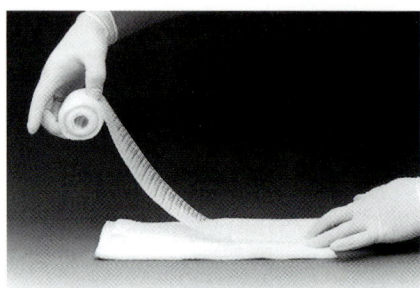

Abb. 6-92 Anfertigen einer Longuette mit Kunststoffbinde und Schaumstoffpolster.

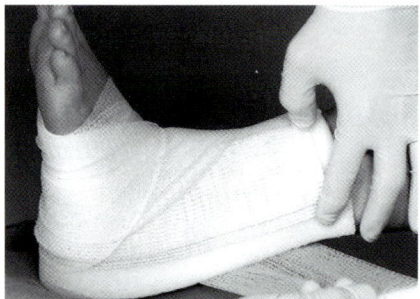

Abb. 6-93 Temporäres Anwickeln der L-Schiene mit einer Mullbinde.

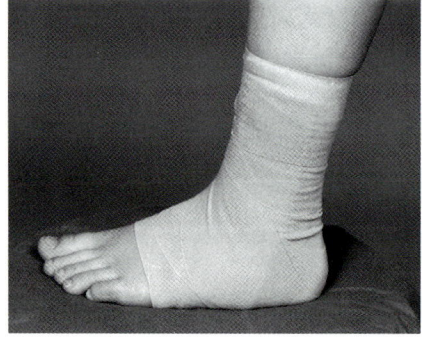

Abb. 6-94 Letzte Fixation der L-Schiene mit einer elastischen Binde.

Indikation: Distorsion des Sprunggelenks, Teilrupturen des Sprunggelenk-Außenbands.
Material: Polsterschaumstoff, Kunststoffbinde 7,5 cm, Mullbinde, elastische Binde.
Durchführung: Die Schiene zieht von der Fußsohle (unter dem Innenknöchel) über den Außenknöchel bis zum distalen Drittelpunkt an der Vorder-/Außenseite des Unterschenkels. Polsterschaumstoff so zurechtschneiden, daß er die anzufertigende Schiene um ca. 2 cm überragt. Longuette mit 4 Lagen (bei kräftigen Patienten 5 Lagen) anfertigen und tauchen (Abb. 6-92). Schaumstoff und Longuette mit einer Mullbinde anwickeln (Abb. 6-93). Der Patient zieht seinen Schuh wieder an, denn die beste Anpassung erfolgt, wenn der Kunststoff unter Belastung aushärtet. Störende Ecken können mit der Schere abgeschnitten werden, bevor die Schiene mit einer elastischen Binde, die nicht einschnüren darf, fixiert wird (Abb. 6-94).
Dauer: Wenn nach etwa einer Woche die Weichteile deutlich abgeschwollen sind, wird eine neue L-Schiene angelegt. Die Tragedauer richtet sich nach den Beschwerden, erfahrungsgemäß sind es 2–3 Wochen.

Sprunggelenktapeverband (nach Montag und Asmussen)

Indikation: Distorsionen, Teilrupturen der Gelenkbänder, isolierte Ruptur des Lig. talofibulare anterius, isolierte Ruptur des Innenbands, bei chronischer Bandinstabilität als vorübergehende Maßnahme z.B. vor einer vermehrten Belastung.
Kontraindikation: Vollständige Ruptur aller drei Teile des Außenbands (Opera-

6.6 Spezielle Technik der Stütz- und ruhigstellenden Verbände

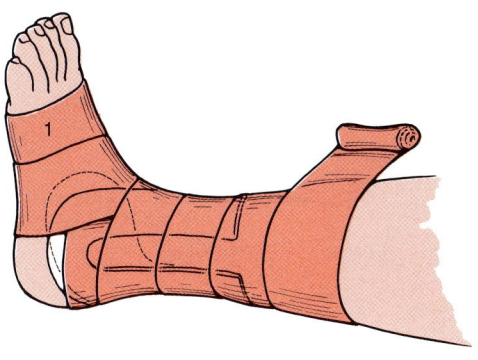

Abb. 6-95 Klassischer Sprunggelenkverband: Tapetechnik (Teil 1).

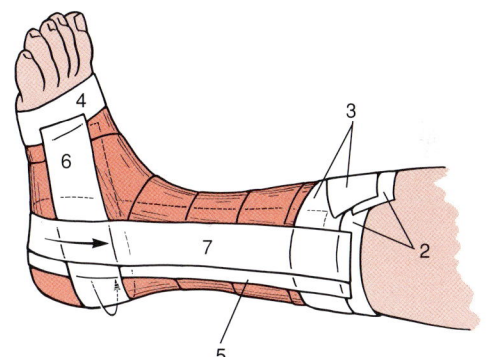

Abb. 6-96 Klassischer Sprunggelenkverband: Tapetechnik (Teil 2).

tionsindikation), Knochenbrüche (Operation oder Hartverband), Schwellneigung, Hautschäden (evtl. Hartverband oder Orthese).

Allgemein: Der Sprunggelenktapeverband wird um so steifer, je weniger Unterzugmaterial verwendet wird. Die Gestaltung richtet sich nach der Verletzung und nach den Erfordernissen des Patienten: z.B. sportliche Belastung, Hautempfindlichkeit, Gewicht. Bisweilen ist es günstig, einen der Spezialtapeverbände anzulegen (Montag und Asmussen 1988).

Material: Evtl. Schaumstoffpolster zur Niveauangleichung von Außen- und Innenknöchel (z.B. Artifoam®); evtl. Unterzug aus Schlauchverband; evtl. textilelastische Binde als Unterzug (z.B. Gazofix®); Tapestreifen, 3,75 cm breit, ca. 10 m lang.

Durchführung: Außen- und Innenknöchel können zur Minderung der Druckspitzen mit Schaumstoffpolster umklebt werden, außen U-förmig, innen L-förmig. Fuß und Fessel können mit einer adhäsiven textilelastischen Binde umwickelt werden (Abb. 6-95: 1).

Ankerstreifen: zwei proximal, einer distal (Abb. 6-96: 2, 3, 4).

U-Zügel: drei horizontal und drei vertikal (Abb. 6-96 und 6-97: 5 bis 10).

Korrekturzügel (wirkt der Supinations-

6 Stütz- und ruhigstellende Verbände

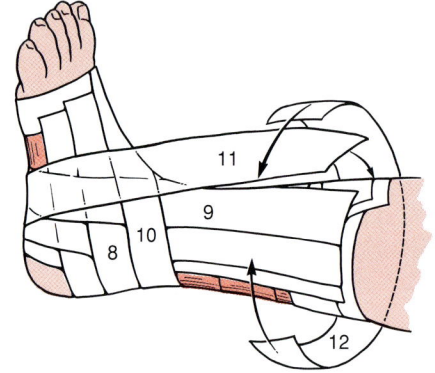

Abb. 6-97 Klassischer Sprunggelenkverband: Tapetechnik (Teil 3).

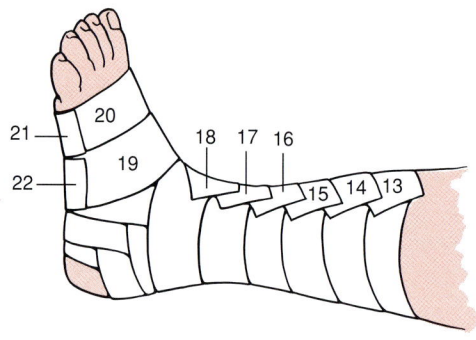

Abb. 6-98 Klassischer Sprunggelenkverband: Tapetechnik (Teil 4).

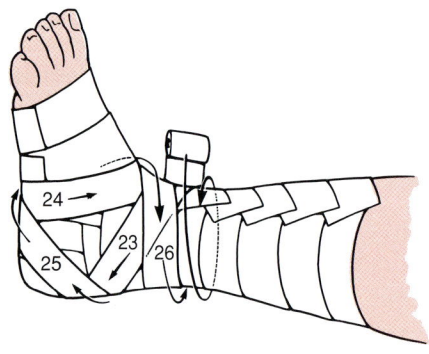

Abb. 6-99 Klassischer Sprunggelenkverband: Tapetechnik (Teil 5).

tendenz entgegen): beginnt an der Medialseite über dem Os naviculare, zieht quer über die Fußsohle zur Basis des 5. Mittelfußknochens und von dort schräg über das Sprunggelenk zur Medialseite des proximalen Rands (Abb. 6-97: 11).
Verschalungstouren: Der Verband wird von proximal nach distal durch Zirkulärtouren verschalt, die von dorsal nach ventral geführt werden (Abb. 6-98: 13 bis 22). Abschließend kann der Verband mit einer Achtertour verstärkt werden (Abb. 6-99: 23 bis 26).
Dauer: Wechsel oder Entfernung nach vier Tagen.

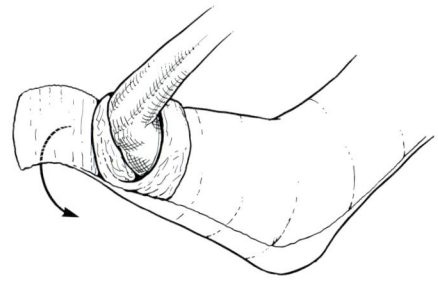

Abb. 6-100   Zehenplatte bei Unterschenkelrundverband (Teil 1).

Zehenplatte

Indikation: Frakturen im Mittelfußbereich.
Allgemein: Von einigen Schulen wird empfohlen, die Sohlenplatten immer zusätzlich zum Unterschenkel- oder Oberschenkelrundverband anzulegen.
Material: (zusätzlich zum Ober- oder Unterschenkelverband) Longuette 12 cm breit, eineinhalb Fußlängen; Binde 10 bis 12 cm breit.
Durchführung: Die Sohlenplatte wird in den Hartverband integriert, wenn die erste Zirkulärbinde und die Longuette angelegt sind. Die Longuette (4–6 Lagen) wird an der Sohle angelegt, so daß sie die Zehen etwas überragt (Abb. 6-100). Das distale Ende biegt man entsprechend dem Zehenverlauf um und schlägt den Unterzug mit Polsterung so zurück, daß die Zehen plantar gut gestützt und dorsal insgesamt frei sind (Abb. 6-101 und 6-102).
Dauer: Zur Schmerzbehandlung ca. eine Woche, zur Frakturbehandlung ca. sechs Wochen.

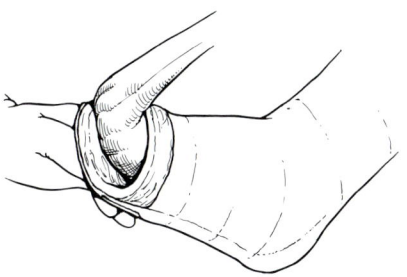

Abb. 6-101   Zehenplatte bei Unterschenkelrundverband (Teil 2).

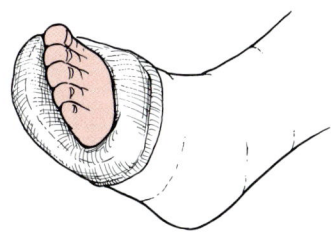

Abb. 6-102   Zehenplatte bei Unterschenkelrundverband (Teil 3).

Unterschenkelrundverband (USRV) (engl. short-leg cast)

Indikation: Nicht dislozierte Sprunggelenkfrakturen, Sprunggelenkfrakturen und -bandrupturen nach operativer Versorgung, schwere Distorsionen im Sprunggelenk und Fuß.

Allgemein: Lagerung: Wenn der Hartverband nur von einer Person angelegt wird, ist dies am einfachsten in Bauchlage des Patienten durchzuführen (Freuler et al.). In Rückenlage kann die Sicherung der Neutral-Null-Stellung im Sprunggelenk schwierig sein. Häufig ist dazu ein Helfer nötig. Ein Hilfsmittel für den Erfahrenen: Ein langer Schlauchmull, mit dem der Patient selbst die korrekte Stellung mit der Hand fixiert (siehe Abb. 6-113).

> Bei Kleinkindern wird kein USRV angelegt, da dieser in kurzer Zeit abgeschüttelt wird. Statt dessen werden Oberschenkellonguetten angewickelt, die später zirkuliert werden.

Material: Schlauchmull, Länge von oberhalb der Patella bis über die Zehen, Polsterwatte, Kreppapier; Gips: Longuette, 15 cm breit; 5 Rollen, 12 cm breit; oder Kunststoff: 1–3 Rollen, die Anzahl der Rollen hängt ab von der Materiallänge pro Rolle und von der vorgesehenen Technik.

Es gibt verschiedene Ausführungen des USRV:

- Gips oder Kunststoff: Welches Material verwendet wird, hängt von den Anforderungen ab: Verbände, die weniger als zwei Wochen verbleiben und nicht belastet werden, sind aus Gips zu fertigen. Bei länger liegenden Verbänden und solchen, die belastet werden, verwendet man Kunststoff (siehe Kap. 6.2.2).
- Schiene oder Rundverband: Wenn ein Hartverband häufig zum Verbandwechsel abgenommen werden muß, kann er in Form einer Schiene oder eines aufgeschnittenen Rundverbands angelegt werden. Es sind „U-Schienen", „L-Schienen" und „Steigbügelschienen" beschrieben (Freuler, Spier, Kern, Härter). Welche Technik angewendet wird, hängt weitgehend von Tradition und Geschmack ab. Wir verwenden gerne aufgeschnittene oder geschalte Verbände.
- Aufgeschnittener Rundverband: Ein aufgeschnittener USRV wird angelegt, wenn mit einer Zunahme der Schwellung zu rechnen ist und/oder der Unterschenkel zur Wundkontrolle aus dem Verband genommen werden muß.
  Für das Aufschneiden gibt es folgende Möglichkeiten: Einfaches Aufschneiden, Herausschneiden eines Streifens oder Schalen durch Aufschneiden am medialen und lateralen Äquator.
  Die Anforderungen, die an den Verband im speziellen Behandlungsfall gestellt werden, entscheiden darüber, in welcher Weise aufgeschnitten wird.
- Geschlossener Rundverband: Ein geschlossener Rundverband wird angelegt, wenn keine Weichteilkontrollen erforderlich sind („Liegegips"), oder wenn die Belastung („Gehgips") vorgesehen ist.
- Stellung des Sprunggelenks: Normalerweise steht das Sprunggelenk in Rechtwinkelstellung (= Neutral-Null-Stellung). Wenn diese etwa aufgrund der Verletzungen nur mit Schmerzen zu erreichen ist, muß sie nicht erzwungen,

sollte aber angestrebt werden, da eine Spitzfußstellung den Gang behindert und erst nach längerer Übung rückgängig gemacht werden kann.
Ausnahme: Bei Achillessehnenrupturen erfolgt eine Fixierung in Spitzfußstellung in den ersten zwei Wochen nach der Operation (Abb. 6-103).
- Mit oder ohne Zehenplatte: Die Zehenplatte stützt die Zehen plantarwärts ab. Vielerorts fügt man sie grundsätzlich jedem Unter- und Oberschenkelcast an.
Therapeutisch notwendig ist sie bei Frakturen des Mittel- und Vorfußes (siehe Abb. 6-100 bis 6-102).
- Abnehmbare oder feste Gehstollen oder Gehwiegen: Die Frage, welches Prinzip als Gehhilfe zu verwenden ist, wird unterschiedlich beantwortet und ist letztlich eine Frage des Geschmacks (Abb. 6-104).
- Lagerung: Zur Anlage eines USRV ist es mehrheitlich üblich, den Patienten auf den Rücken zu legen.
Die Bauchlage bietet jedoch Vorteile, besonders wenn eine Person den Verband ohne weitere Hilfe anlegen muß. Bei gebeugtem Knie ist die Wadenmuskulatur entspannt und damit die korrekte Stellung im Sprunggelenk problemlos einzunehmen.

Durchführung: Als Beispiel für die verschiedenen möglichen Techniken sei ein USRV ohne Zehenplatte bei Lagerung auf dem Bauch beschrieben:
Es wird zwischen Zehen und Kniekehle mit Unterzug, Watte und Kreppapier gepolstert (Abb. 6-105). Die Polsterung ist besonders wichtig an der Ferse, den Knöcheln, der Achillessehne, über dem

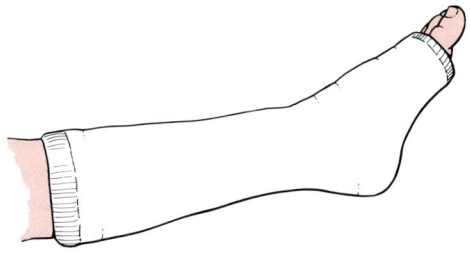

Abb. 6-103 Spitzfußcast.

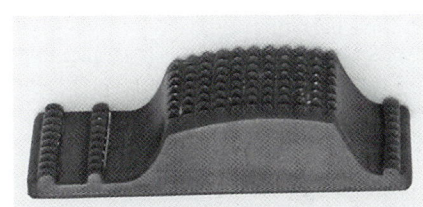

a

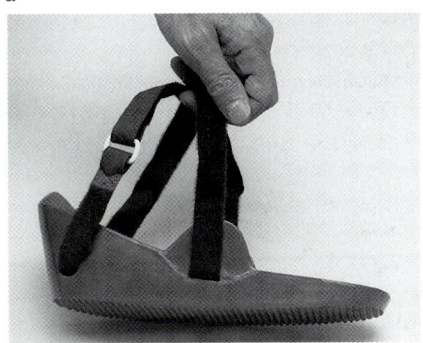

b

Abb. 6-104 Gehhilfen.
a) Gehstollen.
b) Gehwiege.

Schienbein und am Fibulaköpfchen (siehe auch Seite 85)!
Bei Gips wird zunächst eine Longuette von der distalen Kniekehle bis zu den Zehen angelegt (Abb. 6-106). Anschließend wickelt man darüber zirkuläre Touren und schlägt die Enden des Schlauchmulls

6 Stütz- und ruhigstellende Verbände

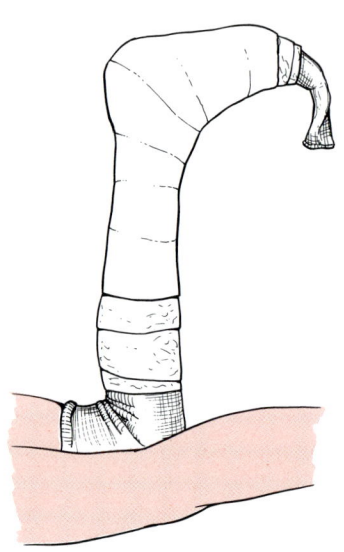

Abb. 6-105 Unterschenkelrundverband (Teil 1). Anlage in Bauchlage, Unterzug, Polsterung, Kreppapier.

mit der Polsterung zurück (Abb. 6-107). Distal ist darauf zu achten, daß auch die kleine Zehe freigelegt wird. Das Fußgewölbe modelliert man speziell in Längs- und Querrichtung an. Hat der Gips „angezogen", wickelt man eine weitere zirkuläre Lage darüber. Der Patient streckt die große Zehe beim Anlegen zum Fußrücken, damit er später beim Gehen genügend Platz hat.

Bei Verwendung von Kunststoff wird ähnlich verfahren. Wichtigster Unterschied: Longuetten entfallen am Unterschenkel, dafür wird an der Sohle eine doppelte Lage in Längsrichtung angelegt. Günstig ist die Technik mit einer 15 cm breiten und 3,6 m langen Dynacast-S®-Binde. Von dem Hartmaterial trennt man zunächst eine doppelte Lage für die Sohle ab. Dann wickelt man die Binde von proximal nach distal (Abb. 6-108) an. Nach

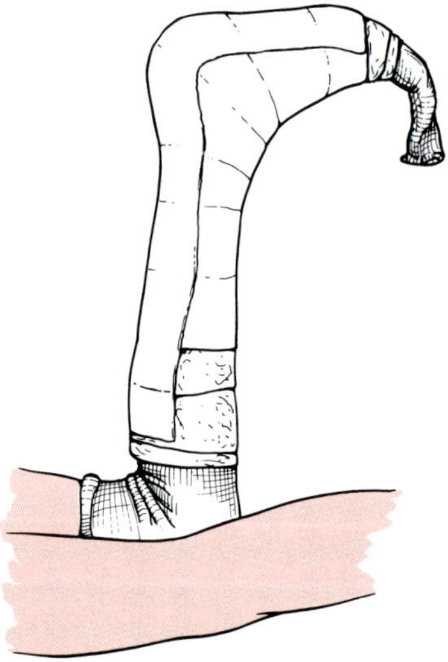

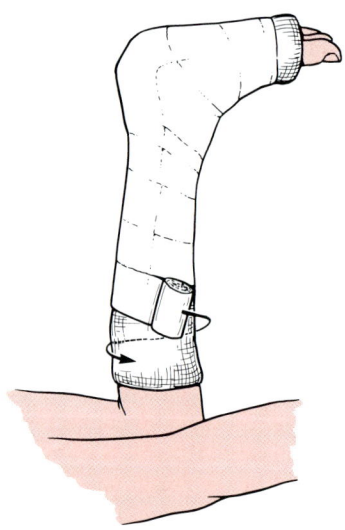

Abb. 6-106 Unterschenkelrundverband (Teil 2). Anlage der Longuette und der ersten Zirkulärschicht.

Abb. 6-107 Unterschenkelrundverband (Teil 3). Zurückschlagen der Polsterung und Anlage der zweiten Zirkulärschicht.

6.6 Spezielle Technik der Stütz- und ruhigstellenden Verbände

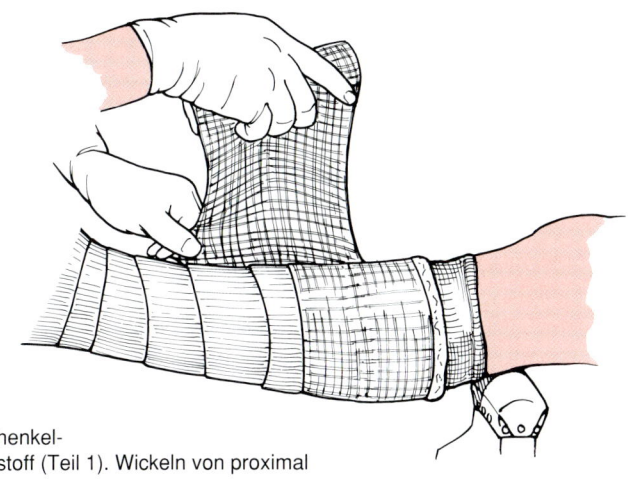

Abb. 6-108 Unterschenkelrundverband mit Kunststoff (Teil 1). Wickeln von proximal nach distal.

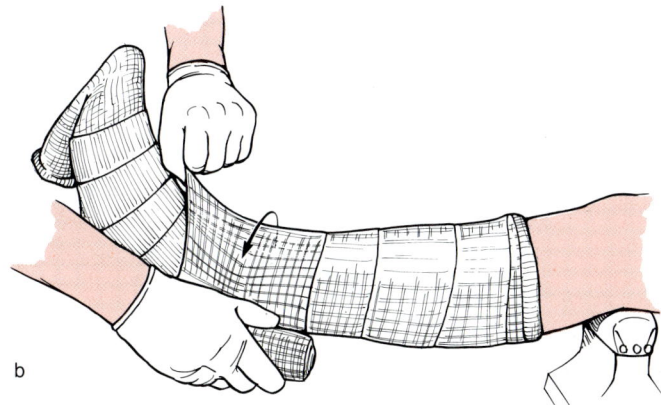

Abb. 6-109 Unterschenkelrundverband mit Kunststoff (Teil 2). **a)** Umschlagen und Anwickeln des Unterzugs. **b)** Anwickeln unter Ausnützen der Elastizität der Binde.

Anwickeln von zwei Bindentouren legt man die Binde kurzzeitig ab und schlägt den Unterzug zurück. Durch das weitere Anwickeln der Binde erfolgt die Fixation des zurückgeschlagenen Unterzugs (Abb. 6-109 a). Unter leichtem Zug in Querrichtung läßt sich die Binde durch ihre Elastizität exakt der Körperform anpassen (Abb. 6-109 b). Am Fuß wird die zurechtgelegte Doppellage mit eingewickelt. Abschließend sollten im Fußbereich ca. vier Lagen, am distalen Unterschenkel drei und proximal zwei Schichten übereinanderliegen. Bei großen, schweren Personen ist zusätzlich eine 7,5 cm breite Binde darüber zu wickeln.

Gehstollen und Gehwiegen legt man so an, daß der Scheitelpunkt im dorsalen Anteil des mittleren Fußdrittels zu liegen kommt. Werden die Gehhilfen zu weit dorsal angebracht, ist das Abrollen behindert.

Abschließend glättet man die Oberfläche mit etwas flüssiger Seife oder Creme (Abb. 6-110). In diesem Rahmen kann man durch kräftiges Massieren Korrekturen am Verband vornehmen. Die geglättete Oberfläche benötigt keinen Überzug.

Gefahren: Es müssen alle Vorkehrungen getroffen werden, um Komplikationen wie Venenthrombose und allgemeine oder lokale Druckerhöhung (Kompartmentsyndrom, Nekrosen der Haut) zu vermeiden. Wenn sie dennoch auftreten, müssen sie sofort behandelt werden (siehe auch Kap. 5.1.3)!

Der Hartverband führt mit der Gehhilfe zu einer relevanten Beinverlängerung. Die Behinderung beim Gehen kann dadurch gemildert werden, daß auf der anderen Seite der Schuh erhöht wird.

Dauer: Die Dauer des Verbands richtet sich nach der Indikation. Zur Schmerzbehandlung reicht meist eine Ruhigstellung von wenigen Tagen. Bandschäden und Frakturen werden 5–8 Wochen behandelt, wobei im Verlauf Wechsel in der Verbandtechnik erforderlich werden.

Antirotationscast

Indikation: Verhinderung der Luxation einer Hüftendoprothese durch Außenrotation bei schlaffer Muskulatur.

Material: Schlauchmull, Länge: von oberhalb der Patella bis über die Zehen; Polsterwatte; Kreppapier; Gips: Lon-

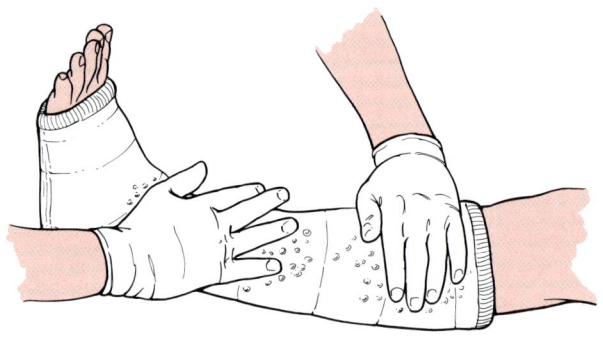

Abb. 6-110 Unterschenkelrundverband mit Kunststoff (Teil 3). Glätten der Oberfläche mit flüssiger Seife.

6.6 Spezielle Technik der Stütz- und ruhigstellenden Verbände

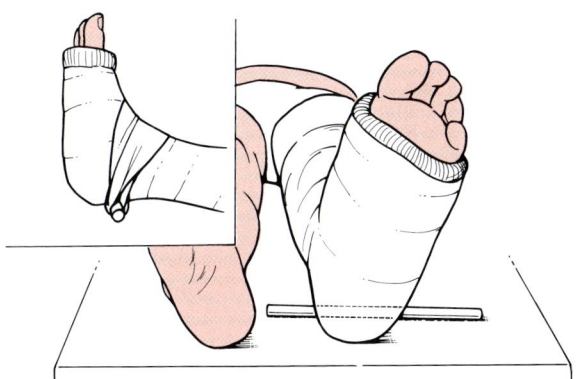

Abb. 6-111
Antirotationscast.

guette, 15 cm breit; 5 Rollen, 12 cm breit; Besenstiel, ca. 30 cm lang.
Durchführung: Es wird ein Unterschenkelcast wie oben beschrieben angelegt. Nachfolgend ist der Holzstab durch Gipsbinden so an den Schaftanteil anzuwickeln, daß die Korrekturstellung (in der Regel Innenrotation) gehalten wird.
Gefahren: Siehe Unterschenkelrundcast (Seite 146).
Dauer: Die meist alten Patienten können mit dem Antirotationscast nicht gehen. Dieser sollte deshalb nach Tonisierung der Muskulatur, d.h. nach ungefähr 3–7 Tagen, entfernt werden (Abb. 6-111).

Funktionelle Behandlung nach Sarmiento-Latta

Indikation: Unterschenkelfrakturen ohne Verkürzungstendenz, isolierte Tibiafrakturen nach Fibulaosteotomie.
Kontraindikation: Unzuverlässige Patienten, größere Weichteildefekte, Nerven- oder Gefäßschäden, Fehlstellung der Fraktur, Trümmerfrakturen, gelenknahe und offene Frakturen.

Allgemein: Bei keiner Fraktur gehen die Ansichten über die günstigste Behandlungsform so weit auseinander wie bei der Tibiafraktur. In den letzten Jahren hat die konservative Behandlung besonders für die Methode nach Sarmiento-Latta viele Anhänger gewonnen.
Die Gründe für die Beliebtheit:
- Die Kosten sind niedrig.
- Etwaige Heilungsprobleme können sekundär operativ angegangen werden.
- Die Krankenhausbehandlung ist kurz oder entfällt.

Dennoch: Die Behandlung erfordert Sachkenntnis und regelmäßige Kontrollen. Komplikationen sind möglich.
Durch die Sarmiento-Technik wird die Körperlast im Bereich des Tibiakopfes auf den Hartverband übertragen. Außerdem wird die Fraktur über eine leichte Kompression der Weichteile in der reponierten Stellung gehalten (Abb. 6-112).
Die Anlage eines Sarmiento-Cast erfordert eine exakte Technik, so daß man sie zunächst unter Anleitung eines Erfahrenen durchführen sollte.
Zeitlicher Ablauf:

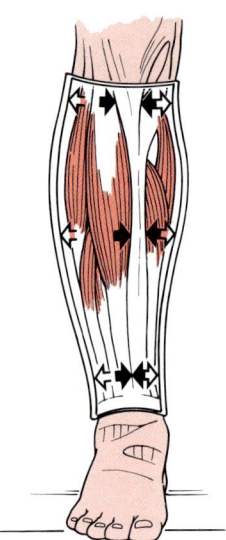

Abb. 6-112 Funktion der Sarmiento-Orthese. Durch Kompression der Weichteile wird die Fraktur in der reponierten Position gehalten.

Erste Phase: Oberschenkelcast. Die Tibiafraktur wird reponiert und im Oberschenkelcast fixiert. Bei erheblicher Schwellneigung muß eine Extensionsbehandlung vorgeschaltet werden. Der Patient soll Zehen und Hüfte mobilisieren und das Bein leicht belasten, sofern das keine Schmerzen bereitet.

Zweite Phase: Sarmiento-Cast. Wenn das Bein weitgehend schmerzfrei belastet werden kann und die Weichteilschwellung abgeklungen ist, kann der Oberschenkelcast durch einen Sarmiento-Cast ersetzt werden. Diese Phase kann übersprungen werden, wenn keine wesentlichen Weichteiltraumen, z.B. Schwellung, Kontusionsmarken, Schürfungen usw., vorliegen.

Dritte Phase: Funktionelle Schiene (Orthese, Brace). Wenn bei der Belastung keine Schmerzen mehr auftreten und die Weichteile vollständig abgeschwollen sind, wird die Funktionsschiene angelegt. Unter günstigen Bedingungen kann das in der dritten Woche geschehen. Die Schiene erlaubt die volle Belastung bei freier Funktion von Knie- und Sprunggelenk. Nach einer weiteren Woche erfolgt die radiologische Stellungskontrolle.

Material: Schlauchmull; Polsterwatte; Kreppapier;

Gips: Longuette, 12–15 cm breit; 5 bis 6 Gipsbinden, 12 cm breit. Wegen der guten Modellierungseigenschaften ist Gips besonders geeignet.

Oder Kunststoff: 3–4 Binden. Es müssen Kunststoffbinden verwendet werden, die eine hohe Modellierungsfähigkeit aufweisen.

Gehhilfe: Gehstollen oder -wiege.

Durchführung: Bei Frakturen, bei denen noch eine Fehlstellung eintreten kann, sichert ein Helfer die Reposition. Auch die Etappentechnik kann hilfreich sein: Zunächst wird die Fraktur in einem Tutor über dem Unterschenkelschaft geschient. Anschließend werden Knie, Sprunggelenk und Fuß versorgt.

> Am einfachsten ist der Cast am sitzenden Patienten anzulegen, kann aber auch bei unterlegtem Oberschenkel am Liegenden erfolgen. Das Knie wird 45° gebeugt, das Sprunggelenk befindet sich in Neutralstellung (Abb. 6-113).

Wenn bereits weitgehende Festigkeit eingetreten ist, kann der Patient die Stellung der Gelenke durch Zug an dem verlängerten Schlauchmull sichern (Abb. 6-113). Das Bein läßt sich auch an dem Schlauchmull aufhängen.

6.6 Spezielle Technik der Stütz- und ruhigstellenden Verbände

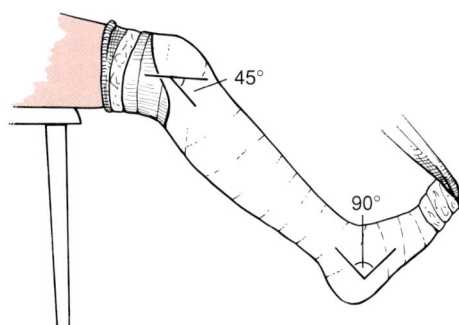

Abb. 6-113 Sarmiento-Cast (Teil 1). Wenn die Fraktur eine gewisse Festigkeit erhalten hat, hält der Patient in sitzender Stellung das Bein mit einem Schlauchmull in der vorgesehenen Position zur Anlage der Gipsbinden.

Um eine optimale Ruhigstellung zu erreichen, beschränkt man sich bei der Polsterung auf das Notwendigste: Zehengrundgelenke, Knöchel, Ferse, proximaler Unterschenkel, Patellarsehne. Mit dem Kreppapier soll gut vorkomprimiert werden.
Zunächst wird eine Hartbinde dem Unterschenkel straff zwischen Fessel und Tibiakopf angewickelt. Man erreicht dadurch eine vorläufige Stabilisierung.

 Wichtig: Bei der Stellung der Fragmente, speziell bei der Rotation, orientiert man sich an der Gegenseite!

Wenn das Material zu härten beginnt, wickelt man Fuß und Sprunggelenk sowie das Knie ein. Ventral reicht das Hartmaterial bis zum oberen Patellapol, dorsal bis zum Unterrand der Kniekehle = Unterrand des Fibulaköpfchens (siehe Abb. 6-117).

 Wichtig: Die Konturen am Kniegelenk, Seitenflächen des Tibiakopfes und Patellarsehne müssen sorgfältig anmodelliert werden (Abb. 6-114)!

Bei Verwendung von Gips werden nun die Seiten durch eine U-förmig angelegte Longuette verstärkt (Abb. 6-115). Danach schneidet man die Ränder auf die korrekte Höhe zurecht: ventral am oberen Patellapol, dorsal am Unterrand der Kniekehle (Abb. 6-116). Das Knie kann nun ausreichend gebeugt werden (Abb. 6-117a, b). Solange das Material noch weich ist, wird besonders der proximale Rand geglättet und durch Umschlagen des Unterzugs gepolstert. Danach wird eine weitere Lage Hartmaterial angewickelt.
Besonderheiten bei Kunststoff: Zunächst wird eine Schiene aus 3 bis 4 Lagen für

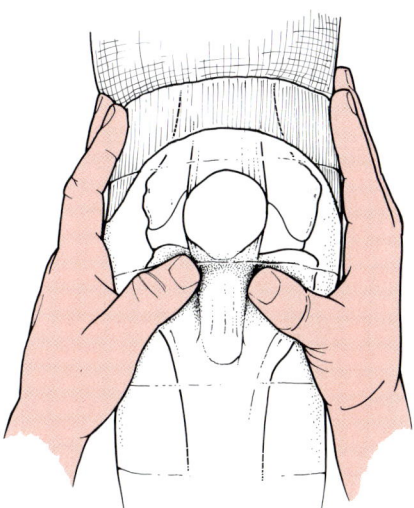

Abb. 6-114 Sarmiento-Cast (Teil 2). Am Kniegelenk sind die Konturen besonders sorgfältig zu modellieren.

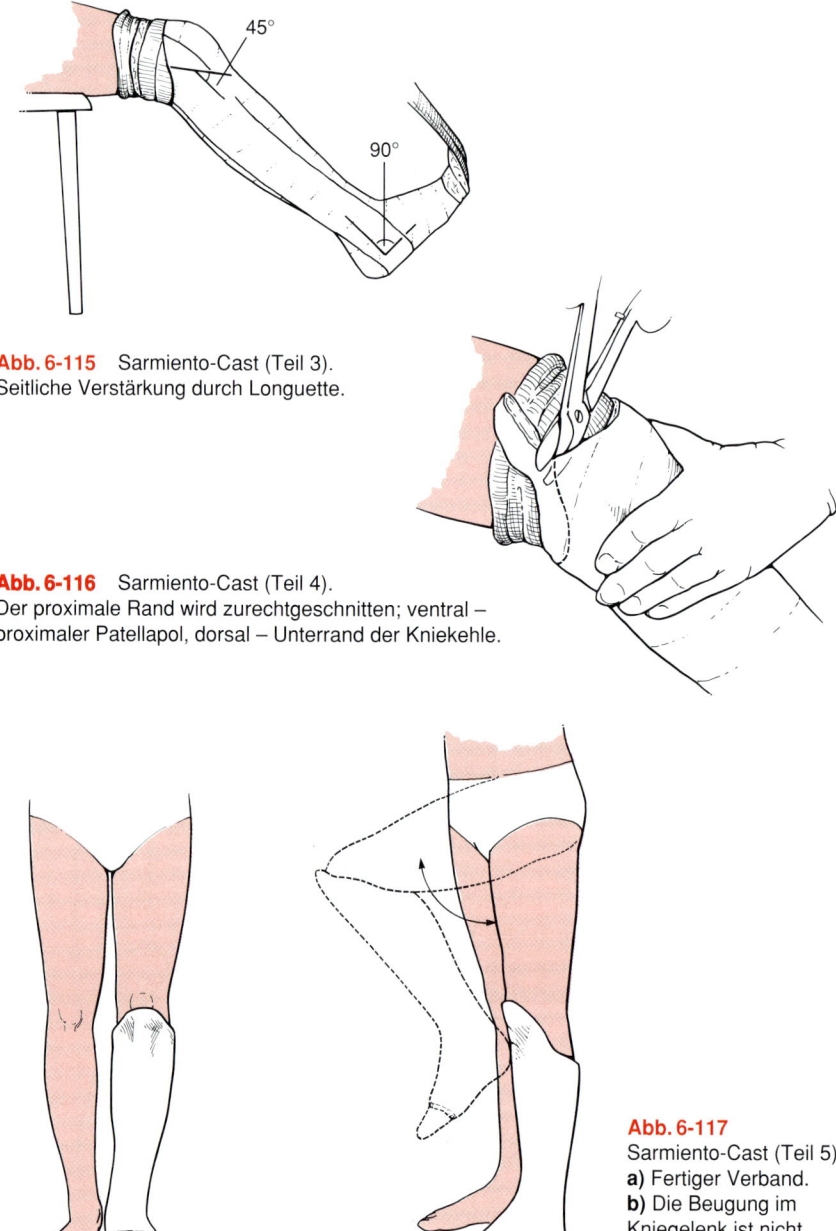

Abb. 6-115 Sarmiento-Cast (Teil 3). Seitliche Verstärkung durch Longuette.

Abb. 6-116 Sarmiento-Cast (Teil 4). Der proximale Rand wird zurechtgeschnitten; ventral – proximaler Patellapol, dorsal – Unterrand der Kniekehle.

Abb. 6-117
Sarmiento-Cast (Teil 5).
a) Fertiger Verband.
b) Die Beugung im Kniegelenk ist nicht eingeschränkt.

Patella und Tibiakopf zurechtgelegt und anmodelliert (Abb. 6-118 a). Nach dem Aushärten wickelt man die Schiene in Höhe des Tibiakopfes an (Abb. 6-118 b). Bei der Anlage eines Unterschenkelrundverbands bzw. des Sarmiento-Verbands sind seitliche Longuetten nicht erforderlich. Das Anmodellieren am Knie ist schwieriger als mit Gips. Außerdem eignen sich nicht alle Kunststoffe.

Gefahren: Verkürzung der Tibia: Falsche Indikation – Fraktur hat noch nicht „angezogen".
Sekundäre Fehlstellung: Verband liegt nicht optimal an.
Rotationsfehler: Vergleich mit der Gegenseite wurde unterlassen.
Thrombose: Bei gefährdeten Patienten sollte eine Low-dose-Heparinisierung vorgenommen werden.
Dauer: Nach der Originalmethode geht man nach Abschwellen und Eintreten einer schmerzfreien Belastung auf die funktionelle Schiene über.

Funktionelle Schiene (Orthese)

Indikation: Funktionelle konservative Frakturbehandlung nach Abschwellen der Weichteile und schmerzfreier Belastung.
Allgemein: Unter günstigen Bedingungen kann ab der 3. Woche eine Orthese (Miami-Brace®) anstelle des Hartverbands angelegt werden.
Die Vorteile:
- Die Orthese ist sehr leicht.
- Sie kann nachgespannt werden.
- Die Patienten können normales Schuhwerk tragen.
- Sie erlaubt die frühzeitige Rückkehr zu den üblichen Aktivitäten.
- Hautpflege ist möglich.

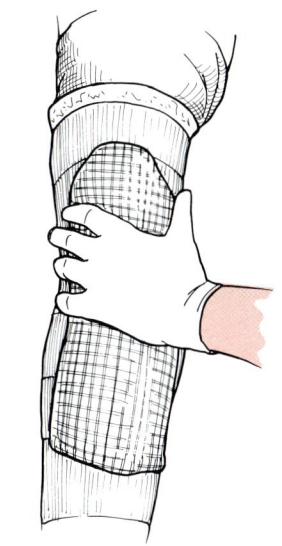

a

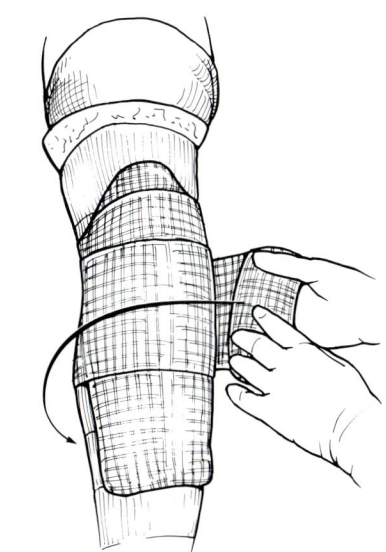

b

Abb. 6-118 Sarmiento-Cast mit Kunststoff.
a) Anfertigung der proximalen Abstützplatte.
b) Anwickeln der proximalen Abstützplatte.

6 Stütz- und ruhigstellende Verbände

Material: (z.B. Tibiafraktur-Orthese Miami-Brace®): Ein Baumwollstrumpf als Unterzug, eine vordere und eine hintere Schale aus Plastik zur Schienung des Unterschenkelschaftes, Klettverschlüsse, eine Fersenkappe zur Übertragung des Körpergewichtes von der Orthese auf die Schuhsohle (Abb. 6-119).

Durchführung: Den Baumwollstrumpf zieht man doppelt über die Wade und wählt die passende Fertigschale. Die Schale wird mit einer Schere so an den Enden zurechtgeschnitten, daß Knie- und Sprunggelenk nicht in der Bewegung eingeschränkt werden. Danach wird die ventrale und dann die dorsale Schale angelegt. Sie werden mit Schlaufen und Klettverschlüssen unter mäßigem Zug aneinander fixiert.

In Seitenlage wird für die Fersenkappe zunächst die Position festgelegt, in der die Neutralstellung und die Dorsalflexion gewährleistet sind. Nach Abziehen der Klebeschutzfolie wird die Fersenkappe fixiert.

Die Orthese muß fest anliegen, darf aber nicht drücken. Eine Zunahme von Beschwerden erfordert die Klärung und die Beseitigung. In der Regel kann die Orthese kurzfristig abgenommen werden. Dazu liegt das Bein bequem auf der Unterlage. Beim Duschen bleibt die Orthese angelegt und wird anschließend vorübergehend entfernt, um den Unterzug zu wechseln und die Schalen zu trocknen.

Dauer: Die Orthese wird so lange getragen, bis im Röntgenbild eine sichere Überbrückung nachgewiesen ist.

Tutor

Indikation: Weichteilverletzungen im Kniebereich, z.B. größere Hautwunden, Kollateralbandschäden, traumatisierte Arthrosen, Patellafrakturen ohne Dislokation bei intaktem Streckapparat sowie nach Operationen bei unsicherer Implantatverankerung, Ruhigstellung nach Kniebandoperationen sowie nach Naht der Patellar- und Quadrizepssehne.

Allgemein: Bei Patienten mit geringer bis mäßiger Varikosis sollte unter dem Tutor ein Zinkleimverband an Fuß und Unterschenkel angelegt werden (Freuler et al.). Bei der Nachbehandlung nach Kniebandoperationen haben sich auch industriell vorgefertigte Schienen bewährt. Ihre Vorteile: Sie gestatten einen definierten Bewegungsumfang freizugeben, sie können zur Reinigung abgelegt werden und sind mehrfach verwendbar. Wegen der hohen Kosten sind sie nur bei mehrwöchigem Gebrauch gerechtfertigt.

Material: Polstermaterial; Gips: 2 Lon-

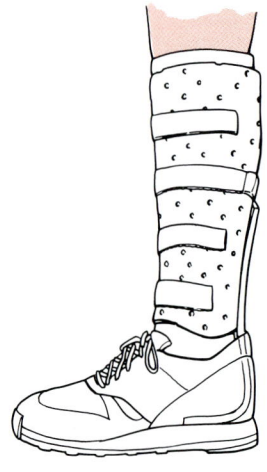

Abb. 6-119 Funktionelle Schiene nach Sarmiento.

6.6 Spezielle Technik der Stütz- und ruhigstellenden Verbände

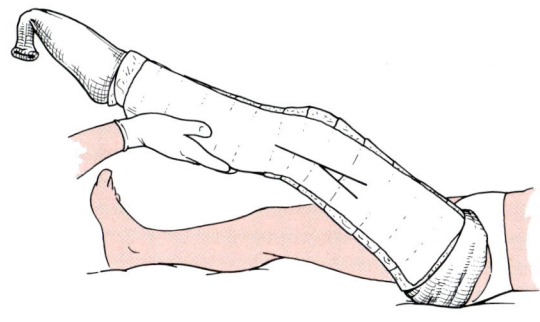

Abb. 6-120   Tutor (Teil 1).

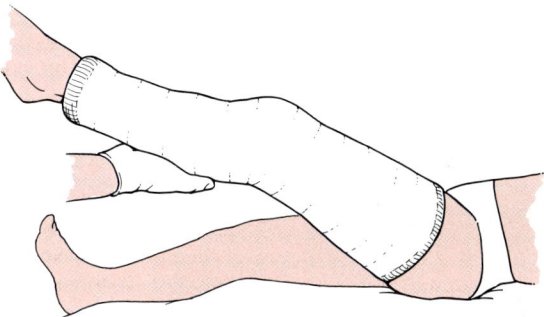

Abb. 6-121   Tutor (Teil 2).

guetten, 15 cm breit; 4–6 Binden, 12 bis 15 cm breit; oder Kunststoff, 2–3 Binden.
Durchführung: Lagerung: Abhängig von der Indikation 10–30°. Polsterung: Unterzug über das ganze Bein, Polsterwatte vor allem über den Knöcheln, am Knie und am proximalen Oberschenkel. Gute Vorkompression durch Kreppapier. Hartmaterial: Unter mäßigem Zug werden die Binden oberhalb des Knöchels bis zum proximalen Oberschenkel angewickelt. Das Hartmaterial wird besonders an der Fessel und im Kniebereich sorgfältig anmodelliert, um ein Abrutschen zu verhindern. Bei Verwendung von Gips legt man medial und lateral je eine Longuette an (Abb. 6-120). Abschließend bildet man eine gute Abschlußpolsterung, indem man den Unterzug umschlägt und zurückzieht sowie nochmals überwickelt (Abb. 6-121). Bei Verwendung von aktuellen Kunststoffabrikaten sind Longuetten nicht mehr erforderlich.
Gefahren: Thrombose: Bei gefährdeten Patienten wird ein Zinkleimverband unter dem Tutor angelegt und eine Low-dose-Heparinisierung verordnet.
Druckstellen: Sie entstehen leicht über den Knöcheln, wenn dort nicht ausreichend gepolstert ist.
Dauer: Die Dauer richtet sich nach der Indikation. Kontusionen 2–5 Tage, Nachbehandlung nach Bandrekonstruktion und Sehnennähten 5–6 Wochen.

Laterale Beinschiene

Allgemein: Zur Ruhigstellung des Kniegelenks können auch Kunststoffschienen verwendet werden. Gegenüber dem Tutor haben sie eine Reihe von Vorteilen: Sie sind wesentlich leichter; störendes Drücken und Reiben im Knöchelbereich ist nicht zu erwarten; ein Entfernen zur Kontrolluntersuchung oder zur Hautpflege ist wesentlich leichter; das Thromboserisiko wird vermindert, weil die Schiene mit einer elastischen Binde angewickelt wird und dadurch die Funktion der Muskelpumpe bei Belastung erhalten bleibt. Aus mechanischen Gründen wird

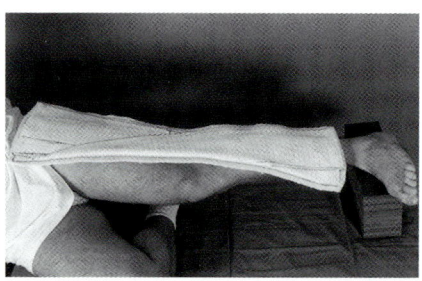

Abb. 6-122 Laterale Beinschiene zur Knieruhigstellung. Winkelbildung durch Umschlagen der Longuette um 180°.

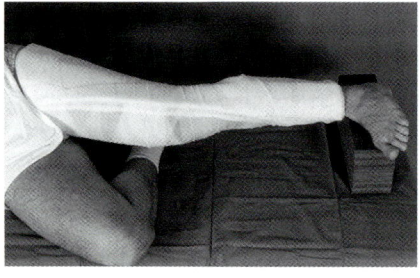

Abb. 6-123 Laterale Beinschiene, die die Patella frei läßt; temporäres Anwickeln mit einer Mullbinde.

die beste Ruhigstellung erreicht, wenn die Schiene seitlich (lateral) des Gelenks und nicht auf der Beugeseite angelegt wird.
Indikation: siehe Tutor.
Material: Schaumstoffpolster, Kunststoffbinde 10 cm oder 15 cm, Mullbinden, elastische Binden.
Durchführung: Polsterschaumstoff so zurechtschneiden, daß er die anzufertigende Schiene um ca. 2 cm überragt. Eine Longuette aus 4 Lagen anfertigen (bei kräftigen Patienten 5 Lagen), die proximal etwa doppelt so breit wie distal ist. Wie auf Abb. 6-122 um 180 Grad zurückschlagen. Eine Mullbinde fixiert die zuvor getauchte Longuette zusammen mit dem Schaumstoff. Die Ränder der Schiene reichen bis an die Ventral- und Dorsallinie von Ober- und Unterschenkel heran, die Patella bleibt frei (Abb. 6-123). Nachdem der Kunststoff angezogen hat, können störende Ecken mit der Schere abgeschnitten werden. Die Schiene wird mit einer elastischen Binde angewickelt, wobei mit den ersten Wickeltouren am Vorfuß begonnen wird.
Dauer: Die Dauer der Behandlung richtet sich nach der Indikation. Bei Kontusionen beträgt sie etwa eine Woche, bei Frakturen bis zu 6 Wochen. Die Belastung richtet sich nach den Beschwerden und ist, abgesehen von Frakturen im Bereich der Femurkondylen und des Tibiakopfes, grundsätzlich anzustreben.

Oberschenkelrundverband (OSRV) (engl. long-leg cast)

Indikation: Konservative Behandlung von Unterschenkelfrakturen.
Allgemein: Frakturen mit Verkürzungstendenz, lange Schräg- und Mehrfrag-

mentbrüche werden grundsätzlich nicht konservativ behandelt. Wenn die operative Behandlung nicht möglich ist, kann ein Hartverband in der üblichen Technik erst angelegt werden, wenn nach Extensionsbehandlung von ca. 3 Wochen die Fragmente durch Faserkallus verbunden sind. Quer- und kurze Schrägfrakturen können von Anfang an mit Hartverbänden behandelt werden. Das klassische Vorgehen: Am Unfalltag aufgeschnittener Oberschenkelrundverband. Nach Abschwellen: geschlossener Oberschenkelrundverband ohne Gehhilfe („Liegegips"). Wenn nach 2–3 Wochen eine erste Achs- und Rotationsfestigkeit eingetreten ist: Oberschenkelrundverband mit Gehhilfe („Gehgips").

Neuerdings wird überwiegend das Verfahren nach Sarmiento-Latta angewendet (siehe Seite 151).

 Bei vielen Verletzungen der unteren Extremität benötigt der Patient Gehstützen. Genaue Instruktionen zum Umgang mit diesen Gehhilfen geben besonders älteren Menschen mehr Sicherheit.

Material: Mullschlauch; Polsterwatte und Kreppapier; Gips: ca. 3 Binden, 12 cm breit; ca. 5 Binden, 15 cm breit; Longuetten, 15 cm breit; gegebenenfalls Gehhilfe; oder Kunststoff je eine Binde 7,5 cm, 10 cm und 15 cm breit, 3,6 m lang.

Durchführung: Der Oberschenkelrundverband kann in verschiedenen Techniken angefertigt werden. Hier werden die Standardtechnik und die Etappentechnik (Freuler et al.) dargestellt.
- Standardtechnik: Die Standardtechnik (Abb. 6-124) eignet sich, wenn genügend Helfer zur Verfügung stehen oder wenn die Fraktur so weit verheilt ist, daß während der Anlage nicht mehr mit einer Fragmentverschiebung zu rechnen ist. Um Achse und Rotation korrekt einzustellen, orientiert man sich an der Gegenseite. Wenn der Verband möglichst weit nach proximal reichen soll, abduziert man in der Hüfte etwa 20°.

Der Unterzug reicht von der Leiste bis über die Zehen; Polsterwatte wird besonders am Vorfuß, an den Knöcheln, der Schienbeinkante, dem Tibiakopf, dem Knie, den Femurkondylen und dem proximalen Oberschenkel angelegt.

Bei Frakturen im proximalen Tibiaschaft muß der Hartverband am Oberschenkel weit nach proximal reichen. Dies erreicht man am einfachsten, wenn die Hüfte bei der Anlage leicht abduziert ist. Grundsätzlich wird das Knie, abhängig von der Verletzung, in 10–25° und das Sprunggelenk in Neutral-Null-Stellung gehalten. Einer Verkürzungstendenz kann man bis zu einem gewissen Grade durch eine stärkere Beugung entgegenwirken. Die Knie- und Sprunggelenkstellung werden durch einen Helfer gehalten (Abb. 6-124). Die Sprunggelenkstellung kann auch durch den Patienten über Zug am Schlauchmull gehalten werden.

Auf die Polsterung wickelt man eine Lage Hartmaterial von den Zehen bis zum proximalen Oberschenkel. Bei Verwendung von Gips legt man darüber Longuetten medial und lateral über Knie- und Sprunggelenk. Die Konturen am Knie werden vor dem

6 Stütz- und ruhigstellende Verbände

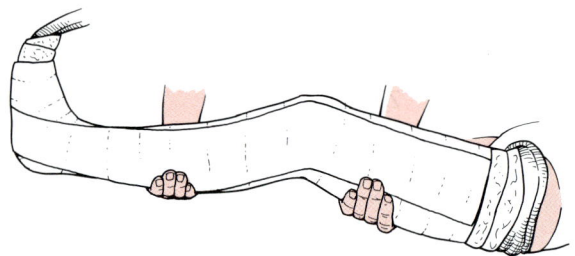

Abb. 6-124 Oberschenkelrundverband:
Standardtechnik. Lagerung in leichter Beugung im Knie und Neutral-Null-Stellung im Sprunggelenk. Ein Helfer unterstützt am Unterschenkel. An einem Schlauchmull kann der Patient das Bein mithalten. Nach üblicher Polsterung folgen die erste Zirkulärschicht und die Longuetten.

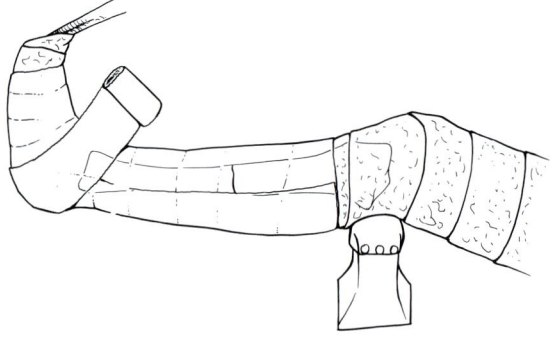

Abb. 6-125
Oberschenkelrundverband: Etappentechnik (Teil 1). Nach Polsterung bis zum proximalen Oberschenkel und korrekter Lagerung wird die Fraktur durch einen Zirkulärverband am Unterschenkel stabilisiert.

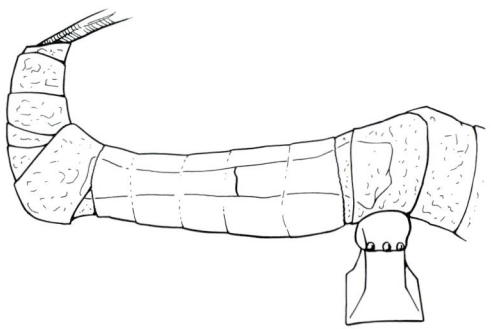

Abb. 6-126
Oberschenkelrundverband: Etappentechnik (Teil 2). Fuß und Sprunggelenk werden in den Rundverband mit einbezogen.

6.6 Spezielle Technik der Stütz- und ruhigstellenden Verbände

Aushärten sorgfältig anmodelliert. Um eine Rekurvation der Fraktur zu vermeiden, wird an der Wade mit der flachen Hand ein Gegendruck ausgeübt. Nach Ausbilden der proximalen und distalen Polsterkante durch Zurückschlagen des Unterzugs wickelt man 3–4 Gipsbinden bzw. 2–3 Kunststoffbinden an.

Besonderheiten bei Kunststoff: Zur Herstellung der Polsterkante siehe Unterschenkelrundverband. Außer zur Verstärkung der Fußsohle sind Longuetten nicht erforderlich. Dicke: am Fuß vier Schichten, Unterschenkel drei Schichten, Oberschenkel zwei Schichten.

- Etappentechnik (nach Freuler, Wiedmer, Bianchini): Dieses Vorgehen eignet sich besonders, wenn nur zwei Personen zur Anlage zur Verfügung stehen und der Knochenbruch noch relativ instabil ist.

Lagerung und Polsterung erfolgen grundsätzlich wie bei der Standardtechnik. Das Knie wird über einem gepolsterten Holzbock oder an der Tischkante um 10° gebeugt.

Erste Etappe, Unterschenkelschaft: Während die Fraktur in korrekter Stellung gehalten wird, wickelt man zirkulär an den Schaft des Unterschenkels die ersten zwei Binden unter mäßigem Zug an (Abb. 6-125). Nach Aushärten hat die Fraktur eine gewisse Stabilisierung erfahren.

Zweite Etappe, Sprunggelenk und Fuß: In Neutral-Null-Stellung werden Fuß und Sprunggelenk eingewickelt (Abb. 6-126). Bei Verwendung von Gips verstärkt man dorsal mit einer Longuette.

Die erste und zweite Etappe können zusammengefaßt werden, z.B. wenn die Fraktur schon eine gewisse Festigkeit erreicht hat.

Dritte Etappe, Knie und Oberschenkel: Durch Zirkulärtouren wickelt man den Oberschenkel bis zum proximalen Ende ein. Bei Gips verstärkt man mit Longuetten an der Medial- und der Lateralseite. Nach Zurückschlagen der Polsterung legt man die letzte Schicht an (Abb. 6-127).

Gefahren: Druckschäden: Bei frischen Verletzungen muß der Hartverband immer

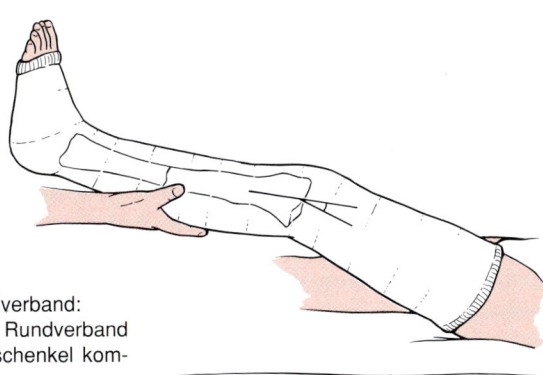

Abb. 6-127 Oberschenkelrundverband: Etappentechnik (Teil 3). Der Rundverband wird bis zum proximalen Oberschenkel komplettiert.

gespalten werden. Zur Vermeidung von schwellungsbedingten Schäden werden Unterschenkel mit frischen Frakturen erhöht gelagert. Sensibilität (vor allem zwischen 1. und 2. Zehe), Motorik und Schwellung werden in der Frühphase regelmäßig kontrolliert. Druckschäden an Haut und Nerven bei ungenügender Polsterung besonders am Knie- und Sprunggelenk (siehe auch Kap. 6.1).

Fehlstellung: Bei instabilen Frakturen muß die Achse bei der Anlage des Verbands im Seitenvergleich und mit dem Röntgenbildverstärker kontrolliert werden. Die genaue Beurteilung der Achse ist jedoch nur im abschließenden Röntgenbild möglich. Fehlstellungen werden zum gegebenen Zeitpunkt korrigiert (siehe auch Seite 99).

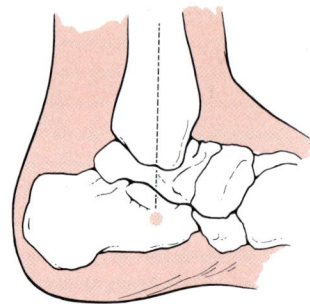

Abb. 6-128 Zur Extension von Unterschenkelfrakturen wird der Draht in das Fersenbein in Verlängerung der Tibiaachse eingebracht.

Extension von Tibia- und Femurfrakturen

Indikation: Frakturen am Ober- und Unterschenkel mit Tendenz zur Verkürzung oder Dislokation. Mit der Extension werden die Frakturen bis zur operativen Versorgung oder bis zur Anlage eines Hartverbands bzw. einer Funktionsschiene (Orthese/Brace) behandelt.

Allgemein: Über einen Bohrdraht mit Extensionsbügel oder einen Steinmann-Nagel, der in das Fersenbein (Abb. 6-128) oder die Tuberositas tibiae (Abb. 6-129) eingebracht wird, wird ein Längszug auf die Fraktur ausgeübt. Damit soll verhindert werden, daß die Fragmentenden in den Weichteilen Schmerzen verursachen und durch den Muskeltonus eine Verkürzung eintritt.

Die korrekte Anlage einer Extension erfordert Sachkenntnis. Die einzelnen Elemente müssen exakt unter Berücksichti-

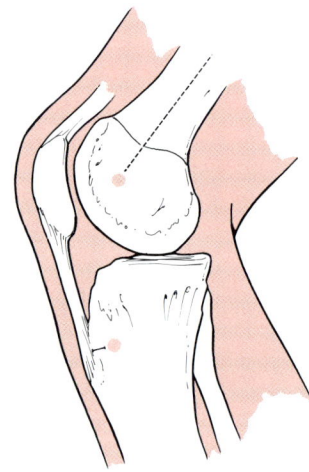

Abb. 6-129 Zur Extension von Femurfrakturen wird der Draht meist hinter der Tuberositas tibiae eingebracht. Selten besteht die Indikation zur Anlage in den Femurkondylus.

gung der Größe des Patienten sowie des Verletzungsmusters montiert werden, damit der Verletzte so wenig wie möglich belästigt wird.

Material: Extensionsverankerung: Lokalanästhetikum; steriler Extensionsdraht, 1,5–2 mm dick; sterile Bohrmaschine; Ex-

6.6 Spezielle Technik der Stütz- und ruhigstellenden Verbände

tensionsbügel mit passenden Schraubenschlüsseln, zwei Pelotten (verhindern das Verrutschen des Drahts) oder Steinmann-Nagel mit Handgriff; Bolzenschneider zum Kürzen der Steinmann-Nägel.
Lagerung: Lagerungsschiene mit Polsterung. Nach Möglichkeit sollte eine Schiene verwendet werden, die nicht auf der Matratze aufliegt, sondern am Bettgestänge befestigt ist, z.B. Krappsche Schiene (siehe Abb. 6-130).
Zur Spitzfußprophylaxe: Schlauchmull für den Fuß; Hautkleber, z.B. Mastix, Arasol®; Holzspatel.
Zusätzliche Ruhigstellung der Fraktur: Zellstoff und Mullbinden, evtl. Materialien für einen zusätzlichen Hartverband.
Durchführung: Anlage der Extensionsverankerung bei *Tibiafraktur*: Der Spickdraht wird in das Fersenbein in der Längsachse der Tibia parallel zum oberen Sprunggelenk plaziert (Abb. 6-128).
Anlage bei *Femurfraktur*: Der Spickdraht wird meist dorsal der Tuberositas tibiae eingebracht (Abb. 6-129). Wenn ausnahmsweise mit einer langen Extensionsbehandlung zu rechnen ist, legt man zur Schonung der Kniebänder den Draht in den Femurkondylus. Dies ist technisch schwieriger. Bei Unsicherheit sollte die Lage mit dem Röntgenbildverstärker kontrolliert werden. Das ist besonders bei offenen Epiphysenfugen angezeigt.
Ein- und Austrittsstelle werden ausreichend mit 1%igem Lokalanästhetikum infiltriert. Nach sorgfältiger Hautdesinfektion und steriler Abdeckung wird der Bohrdraht mit der Bohrmaschine unter aseptischen Bedingungen eingebracht.
Durch aufschraubbare Pelotten läßt sich verhindern, daß der Draht seitlich verrutscht und auf diese Weise Keime in den Bohrkanal eingezogen werden. Andere Autoren empfehlen statt dessen einen Steinmann-Nagel, der nach Inzision der Haut mit dem Handgriff einzubringen ist (Freuler). Die Durchtrittspunkte durch die Haut können mit kleinen sterilen Kompressen oder mit Schaumstoff abgedeckt werden.
Der Befestigungsbügel wird angeschraubt und der Draht gespannt. Damit überstehende Drahtenden nicht zu Verletzungen führen, werden diese entweder umgebogen und in einer Vertiefung des Bügels versenkt oder abgedeckt, beispielsweise mit Mull.
Lagerungsschiene (Abb. 6-130): Bei der Einstellung der Schiene sind folgende Punkte zu beachten:
- Die Schiene ist so einzustellen, daß Ober- und Unterschenkel flächenhaft aufliegen.
- Das Bein wird in Hüftabduktion von 10° gelagert. Das entspricht der entspannten Lage und erleichtert die Intimpflege.
- Das Knie ist um ca. 30° gebeugt.
- Das Sprunggelenk wird mit Hilfe von Schlauchmull in Neutral-Null-Stellung gelagert: Das eine Ende des Schlauchs wird mit Hautkleber an den Fuß geklebt; das andere wird so an der Extensionsvorrichtung befestigt, daß die korrekte Stellung eingenommen wird (Abb. 6-130).
- Ferse und Fibulaköpfchen dürfen wegen der Gefahr der Hautnekrose bzw. des Peroneusschadens nicht aufliegen.
- Die aufliegenden Anteile des Beins müssen z.B. durch Schaumstoff angemessen gepolstert sein.

Lagerung des Beins: Damit die Extension an der Fraktur korrekt wirken kann, muß

6 Stütz- und ruhigstellende Verbände

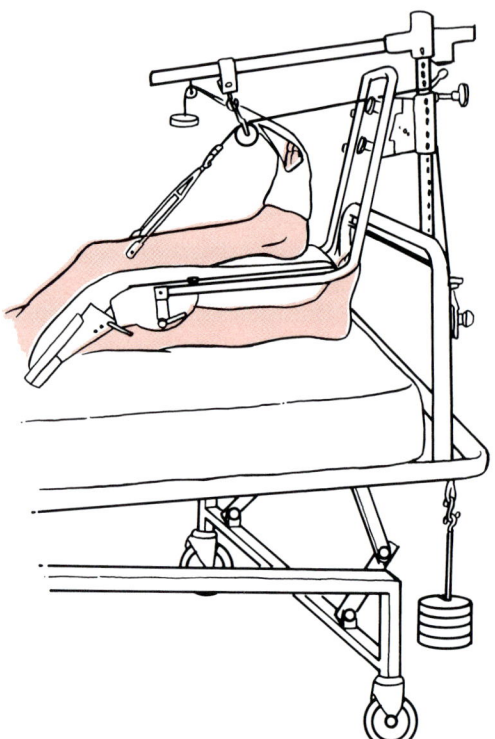

Abb. 6-130 Extension einer Femurfraktur. Eine leichte Kopftieflage wirkt als Gegengewicht zum Extensionsgewicht. Die Krappsche Schiene ist auf die Größenverhältnisse des Patienten eingestellt. Der Zug wirkt in Verlängerung des Femurs. Einer Spitzfußstellung wird entgegengewirkt.

das Bett durch Kippen oder durch Unterlegen am Fußende um ca. 10° schräggestellt werden. Der Oberschenkel wird durch eine elastische Binde an die Schiene gewickelt, damit das Bein nicht abrutscht. Gelegentlich empfiehlt es sich, auch den Unterschenkel anzuwickeln. Es ist darauf zu achten, daß in Höhe des Fibulaköpfchens die Schiene immer ausreichend gepolstert ist. Die Neutral-Null-Stellung im Sprunggelenk ist bei den verschiedenen Schienentypen unterschiedlich zu fixieren. Bei der Krappschen Schiene wird Schlauchmull mit Hautkleber (Mastix, Arasol®) befestigt. Dieser wird an den Zehen eingeschnitten und mit einem Holz-

spatel aufgeweitet gehalten, damit die Zehen nicht komprimiert werden. Bei sehr instabilen Frakturen oder Luxationen sowie bei unruhigen Patienten wird zusätzlich durch einen breit aufgeschnittenen Gipsverband ruhiggestellt. Der Extensionszug ist in Verlängerung der Unterschenkelachse auszurichten. Das Extensionsgewicht beträgt 2–3 kg bei Tibiafrakturen und ein Zehntel des Körpergewichts bei Oberschenkelfrakturen. Bei Verkürzungen wird bis zum Längenausgleich vorübergehend mehr Gewicht angehängt. Eine Fußstütze für das gesunde Bein unterstützt die korrekte Lagerung des geschienten Beines.

6.6 Spezielle Technik der Stütz- und ruhigstellenden Verbände

Gefahren: Entzündung des Bohrkanals: Das Einwandern von Bakterien in den Bohrkanal ist auf die Dauer nicht zu verhindern. Es tritt um so früher auf, je mehr Unruhe am Bohrdraht besteht, d.h. alle unnötigen Manipulationen an den Eintrittsstellen sind zu unterlassen. Die Eintrittsstellen sollen mit sterilen Schlitzkompressen abgedeckt werden. Geringe Entzündungen können kurze Zeit toleriert bzw. durch vorsichtiges Reinigen mit sterilen Watteträgern und Desinfizieren z.B. mit Kodanspray® oder Betaisodonasalbe® gebessert werden. Bei starker Entzündung muß der Draht entfernt und an anderer Stelle neu angelegt werden.

Druckstellen sind besonders unangenehm an Ferse und Fibulaköpfchen. Die korrekte Lagerung regelmäßig überprüfen!

Überextension und damit Kontaktverlust der Fragmente durch zu hohes Zuggewicht: Einen wichtigen Anhalt gibt der Vergleich mit der Gegenseite. Im Zweifelsfall Röntgenaufnahme anfertigen!

Aufliegen des Extensionsgewichts: Man wählt ein kürzeres oder längeres Zugseil. Achsfehler entstehen, wenn die Zugrichtung nicht in Verlängerung der Beinachse erfolgt.

Schmerzen in der Unterschenkelmuskulatur: Das Kompartmentsyndrom muß durch Überprüfung der Sensibilität vor allem zwischen den ersten beiden Zehen, der Motorik und der Gewebespannung abgeklärt werden.

Dauer: Die Dauer richtet sich danach, wann die geplante Folgebehandlung vorgenommen werden kann. Grundsätzlich ist man bestrebt, die Extensionsbehandlung möglichst zu begrenzen, um die Komplikationen der Immobilisation geringzuhalten.

Pflasterzügelbeinextension („Overhead-Extension")

Indikation: Femurschaftfrakturen bei Kindern bis zu 6 Jahren.

Allgemein: Kleinkinder tolerieren die ca. 4wöchige Dauer dieser Behandlung erstaunlich gut. Sie lernen innerhalb kürzester Zeit, in dieser ungewohnten Lagerung sich selbst zu beschäftigen und zu spielen. Nach einigen Tagen bereitet ihnen auch das Schlafen keine Probleme mehr. Engagement des Pflegepersonals und intensive Betreuung seitens der Eltern sind für den kleinen Patienten während der Behandlungsdauer unerläßlich. Die Reposition erfolgt durch das Eigengewicht des Kindes, und die Fraktur kann in korrekter Stellung ausheilen.

Material: Extensionsgestänge, Pflasterzügelfertig-Set mit selbstklebenden Pflasterzügeln, elastische Binde, 2 Mullbinden, speziell angefertigtes Holzbrettchen zur Sicherung der Rotationsstellung, evtl. Beckengurt.

Durchführung: Extensionsgestänge ans Bett montieren. Unter Analgesie werden beide Beine des Kindes durch einen Helfer senkrecht nach oben gehalten. Die Kniegelenke sind gestreckt. Zunächst wird am gesunden Bein ein Pflasterzügel angelegt. In diesen ist in Fußsohlenhöhe eine Kunststoffplatte eingearbeitet, an der später das Zugseil befestigt wird. Den Pflasterzügel beidseits, streng seitlich, absolut faltenfrei bis zum proximalen Drittelpunkt des Oberschenkels aufkleben. Einen Überstand von ca. 5 cm belassen und abschneiden. Pflasterzügel mit einer elastischen Binde vom oberen Sprungge-

6 Stütz- und ruhigstellende Verbände

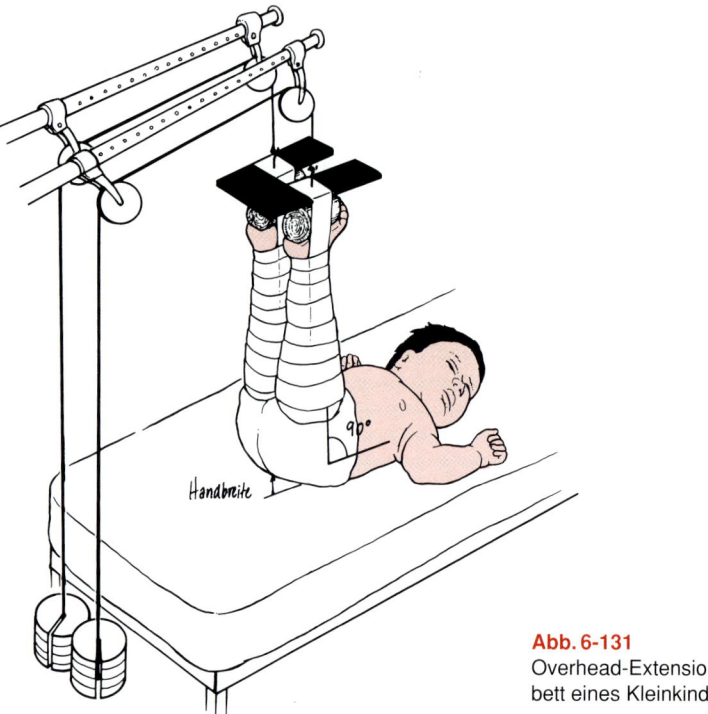

Abb. 6-131
Overhead-Extension am Gitterbett eines Kleinkindes.

lenk nach proximal unter leichtem Druck anwickeln. Die überstehenden Enden der Pflasterzügel umschlagen und mit einer letzten Wickeltour fixieren. Das Extensionsseil an der Kunststoffplatte befestigen. Es muß vom Bein des Kindes senkrecht nach oben führen, waagrecht über die Rollen des Extensionsgestänges laufen und, bedingt durch das später angehängte Gewicht, wieder senkrecht nach unten hängen. Pflasterzügelextension am erkrankten Bein in gleicher Technik anlegen.

Beim Ankleben der Pflasterzügel ist darauf zu achten, daß zwischen Fußsohle und Kunststoffplatte ein Abstand von ca. 2 bis 3 cm bleibt. Zur Verhinderung eines Rotationsfehlers werden beide Füße in der natürlichen Außenrotationsstellung von ca. 10 Grad mittels U-förmigem Holzbrettchen fixiert. Dieses wird mit Pflaster auf die Kunststoffplatten der Pflasterzügel geklebt. Zur Spitzfußprophylaxe schiebt man zwischen Fußsohle und Holzbrettchen eine Mullbinde. Beide Extensionsseile werden jetzt mit getrennten Gewichten gleichmäßig so weit belastet, daß das Becken des Kindes gerade zu schweben beginnt. Bei einer größeren Verkürzungsfehlstellung müssen gelegentlich die Extensionsgewichte erhöht werden.

6.6 Spezielle Technik der Stütz- und ruhigstellenden Verbände

In diesem Fall wird das Becken mit einem Beckengurt fixiert (Abb. 6-131).
Gefahr: Druckstellen im Bereich der Achillessehne und der Knöchel, Peroneusläsion. Bei sehr mobilen Kindern kann die Fixierung der Pflasterzügelextension abrutschen. In diesem Fall die elastische Binde durch eine selbstklebende elastische Binde austauschen.

Dauer: 3 bis 5 Wochen
Nach Konsolidierung werden die Beine langsam abgehängt und die Pflasterzügel vorsichtig entfernt. Die nahezu immer auftretende Hautirritation muß durch eine intensive Hautpflege mit Salben behandelt werden. Nach Abhängen der Beine ist bei Ausheilung der Fraktur eine Spontanmobilisation der Kinder erlaubt.

7
Sonderverbände

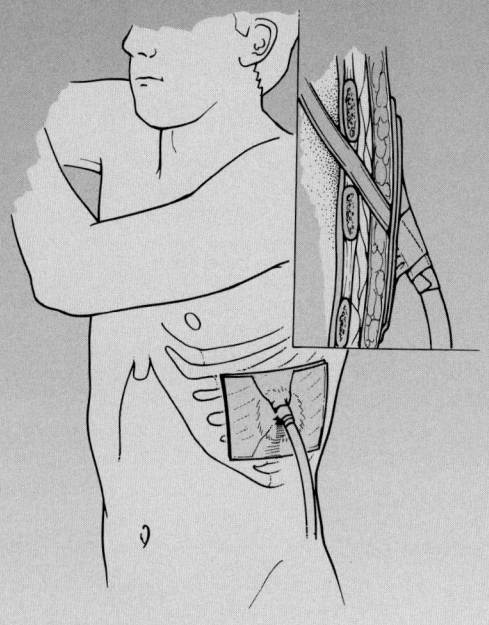

7.1 Verbände bei Druckgeschwüren (Dekubitus)

Ein Dekubitus ist eine durch längerfristigen Druck entstandene Gewebeschädigung, die mit Gewebstod (Nekrose) einhergehen kann. Die Verhütung solcher Drucknekrosen ist eine der wichtigsten Aufgaben der Krankenpflege.

7.1.1 Entstehung

Wirkt auf Hautstellen, die nur wenig „physiologische Polster" (Muskeln, Unterhautfettgewebe) aufweisen, ein zu großer Druck ein, wird die Durchblutung vermindert. Sauerstoffversorgung und Ernährung sowie der Abtransport von Stoffwechselprodukten reichen nicht mehr aus, das Gewebe stirbt ab. Die allgemeine Durchblutungssituation spielt ebenso wie die allgemeine Stoffwechsellage (katabole Stoffwechsellage, Mangelernährung) eine wesentliche Rolle bei der Entstehung eines Dekubitalgeschwürs. Bei Gelähmten kommt zur vermehrten Druckbelastung eine Lähmung der vasomotorischen Kontrolle (reaktive Weit-, Engstellung der Gefäße auf entsprechende äußere Reize) mit zusätzlicher Verminderung des Gewebewiderstandes hinzu. Infolge Aufhebung der Sensibilität fehlen Warnsymptome der Ischämie wie Kribbeln, Taubheitsgefühl und Schmerz. Eine Spastizität der Gliedmaßen erhöht außerdem die Verletzungsgefahr. Vor allem bei schlaffen Lähmungen treten häufig Muskelvenenthrombosen auf. Diesen können arterielle Durchblutungsstörungen folgen, wobei sich unter relativ kleinen Hautdefekten ausgedehnte Muskelnekrosen verbergen können.

Übermäßiger Druck

Der Muskelmantel und ein kräftiges Unterhautfettgewebe verteilen den Druck im Gewebe auf eine breitere Auflagefläche und verhindern als physiologische Polster eine übermäßige Kompression der Blutgefäße. Überall dort, wo eine geringe Polsterung vorliegt, ist druckbelastetes Gewebe besonders gefährdet, insbesondere, wenn Katabolie, Lähmung, Spastizität und/oder arteriosklerotisch bedingte Minderperfusion hinzukommen.

Außerdem kann es unter ungenügend gepolsterten Gipsverbänden, auf Lagerungsschienen und im Extensionsverband zu Druckgeschwüren kommen.

Die typischen Dekubituslokalisationen sind:
- rechter und linker Trochanter
- die Kreuzbeinregion
- die Region der Sitzbeinhöcker
- die Fersen
- Innen- und Außenknöchel
- die Spina iliaca anterior superior (vorderer Darmbeinstachel)
- die Tibiavorderkante
- das Hinterhaupt

Hier sind die Knochen nur durch Subkutis und Haut bedeckt, eine zusätzlich polsternde und druckverteilende Muskelschicht ist entweder sehr dünn oder fehlt ganz.

Zeitfaktor/Druckeinfluß

Untersuchungen haben gezeigt, daß sehr hohe Druckwerte von 240 mmHg, also weit über dem systolischen Blutdruck, ohne Folgeschaden toleriert werden, wenn diese nur kurz einwirken, z.B. fünf Minuten Druckbelastung, fünf Minuten Druckentlastung über einen Zeitraum von vier Stunden. Ein niedriger Druck von „nur" 70 mmHg, der andauernd zwei Stunden lang einwirkt, führt jedoch zu Gewebeschäden.

Hohe Drücke über eine kurze Zeit schädigen nicht. Niedrige Drücke führen, wenn sie permanent etwa zwei Stunden einwirken, zu Gewebeschäden.

Auch der Gesunde ist im Schlaf, beim Sitzen und Stehen über längere Zeit hoher Druckeinwirkung ausgesetzt. Als wichtigstes Warnsymptom werden Schmerzen empfunden. Deshalb entlastet er unwillkürlich, und sei es nur für kurze Zeit, das Gewebe. Dieser Vorgang der unbewußten Umlagerung wiederholt sich fortwährend, die Schmerzen werden nicht bewußt wahrgenommen.

Gefährdete Patientengruppen:
- ganz oder teilweise gelähmte Patienten
- zu schwache Patienten (Kachexie)
- bewußtlose Patienten
- sedierte Patienten
- Patienten mit Empfindungsstörungen (Nervenlähmung oder -erkrankung)

Diese Patienten können ihre Lage nicht, oder nur schwer selbst verändern. Bei Patienten mit Empfindungsstörungen wird der *Schutzreflex: Schmerzen → umlagern* nicht ausgelöst, da ihnen das Gefühl für die Schmerzempfindung fehlt.

Ähnlich ergeht es Diabetikern mit Gefühlsstörungen, bedingt durch eine allgemeine Nervenerkrankung. Diese führt sehr häufig zu schwer heilenden Geschwüren an den Belastungszonen des Fußes, etwa über dem Großzehengrundgelenk. Diese Patienten empfinden in den Füßen keine Schmerzen und bemerken nicht, daß der Schuh drückt und scheuert. Wichtig ist, daß die Gefährdung erkannt wird (siehe Tab. 7-1, Norton-Skala).

Allgemeine Durchblutungssituation und Stoffwechsellage

Die arterielle Durchblutung kann im Rahmen einer Gefäßerkrankung gestört sein (Ferse, Knöchel, Zehen). Patienten nach

Tab. 7-1 Norton-Skala zur Dekubitusprophylaxe (nach H. E. Köhnlein). Bei weniger als 14 Punkten besteht Dekubitusgefahr.

Körperlicher Zustand	Punkte	Geistiger Zustand	Punkte	Aktivität	Punkte
gut	4	klar	4	geht ohne Hilfe	4
leidlich	3	apathisch (teilnahmslos)	3	geht mit Hilfe	3
schlecht	2	verwirrt	2	rollstuhlbedürftig	2
sehr schlecht	1	stuporös (stumpfsinnig)	1	bettlägerig	1

längeren Phasen mit sehr niedrigem Blutdruck, z.B. im Rahmen einer Schockphase, sind besonders gefährdet. Im Schock schüttet der Körper vermehrt Katecholamine (z.B. Adrenalin) aus. Diese Substanzen bewirken eine Kreislaufzentralisation, das heißt, die Durchblutung an der Körperoberfläche (Peripherie) wird vermindert.

Ebenso kann die Zirkulation des Blutes durch eine venöse Stauung oder Ödembildung gestört sein. Ödeme (Anasarka) finden sich beim liegenden Patienten häufig in den der Auflagefläche näheren Körperpartien (präsakral).

Zur allgemeinen Stoffwechsellage gehören alle die Wundheilung schwächenden systemischen Faktoren, wie z.B. Vitaminmangel, Mangelernährung, allgemeine und spezielle Stoffwechselerkrankungen, Anämie, Mangel an Gerinnungsfaktoren und Abwehrschwäche bis hin zu AIDS (siehe Kap. 1 Wundheilungsstörungen).

Bagatellverletzungen

Hier sind besonders Mazerationen (Aufweichen) der Haut in einem feuchten Milieu zu nennen. Ursache hierfür können wasserundurchlässige Unterlagen sein, die wie ein Okklusivverband wirken, Urin- und Stuhlinkontinenz, starke Schweißabsonderung etc. Es kann zu Erosionen mit Infektionen kommen. Die physiologischen Schutzschichten der Haut können jedoch auch durch übermäßige Entfettung (durch häufige Alkoholabreibungen oder stetige Säuberung mit Seife) zerstört werden. Ein unvorsichtig abgerissenes Heftpflaster, ein unter dem Patienten weggezogener Leinendurchzug oder Verletzungen bei Nagelpflege und Rasur können bereits Anlaß für eine Dekubitusentwicklung sein.

7.1.2 Prophylaxe

Die einzelnen vorbeugenden Maßnahmen richten sich gegen die Entstehungsmechanismen, müssen aber auch innerhalb der Therapie berücksichtigt werden.

Tab. 7-1 Fortsetzung

Beweglichkeit	Punkte	Inkontinenz	Punkte
voll	4	keine	4
kaum eingeschränkt	3	manchmal	3
sehr eingeschränkt	2	meistens Harn	2
voll eingeschränkt	1	Harn und Stuhl	1

Druckentlastung

Patienten werden auf möglichst weichen glattgezogenen Unterlagen gelagert. Faltenbildungen im Durchzug müssen vermieden werden. Die Auswahl an weichen Unterlagen reicht von Fellen, über Gelkissen, Schaumstoffmatten bis hin zu verschiedenen Luftkissen, Wasserbetten oder dem Quarzsandbett AFX® von Clinitron. Ultraweich ist eine Lagerung dann, wenn bei einer Belastung von 250 g/cm^2 die Unterlage um mindestens 3 cm zusammengedrückt wird. Die Unterlage sollte so beschaffen sein, daß sie bei Bewegungen des Patienten nicht knittert. Sie verliert sonst ihre entlastende Funktion und wirkt durch Druckerhöhung im Bereich der Falten eher dekubitusfördernd.

Die Auflagedrücke sollten unter dem arteriellen Kapillarverschlußdruck, d. h. unterhalb von 19 mmHg liegen. Dies ist beispielsweise bei folgenden Betten gewährleistet:

- Low flow®-Betten von Clinitron (17 mmHg)
- Lotus Du-Care® (17 bis 19 mmHg, siehe Abb. 7-1)
- Sof-care® (17 mmHg)
- Protecto plus® (13 bis 17 mmHg)
- Quarzsandbett AFX® (12 mmHg)

Wechseldruckmatratzen, wie z. B. Pegasus-Airwave®, bestehen aus zweimal 18 querverlaufenden, konvex gekrümmten, doppellagigen Hohlkörpern. Diese werden abwechselnd ca. 7,5 Minuten insuffliert (bis zu einem Druck von 40 mmHg) und 2,5 Minuten desuffliert (Nulldruckphase). Hierdurch können eine Hyperämie und ein besserer venöser Rückstrom ausgelöst werden. Die Wechseldruckmatratze ist universell für alle Krankenhausbetten als Auflage verwendbar.

Zur Polsterung von Knochenvorsprüngen eignen sich dicke, weiche Schaumstoffe (Abb. 7-2). Eine noch bessere Druckentlastung erreicht man allerdings, wenn der Knochenvorsprung hohl gelagert wird. Der Druck liegt dann nicht auf dem Knochenvorsprung, sondern verteilt sich auf eine größere Fläche (Abb. 7-3 a, b).

Es eignen sich dazu besonders klebende Schaumstoffe (z. B. Reston®). Zunächst wird mit einem dicken Schaumstoffring die Belastungszone hohl gelegt. Mit einer zweiten Schaumstoffschicht werden Ferse und Umgebung zusätzlich gepolstert. Legt

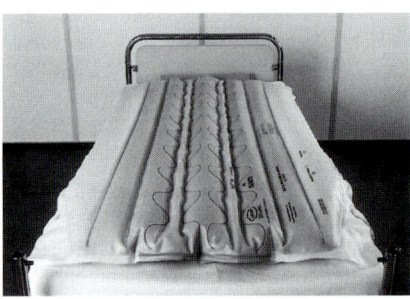

Abb. 7-1 Lotus Du-Care®. Statische Air-Flotations-Matratze, die sich dem Körper des Patienten anpaßt.

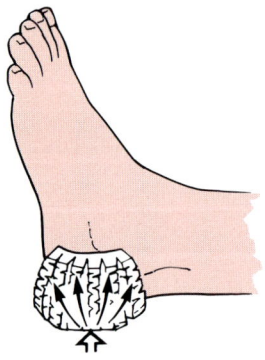

Abb. 7-2 Polsterung zur Druckentlastung von Knochenvorsprüngen.

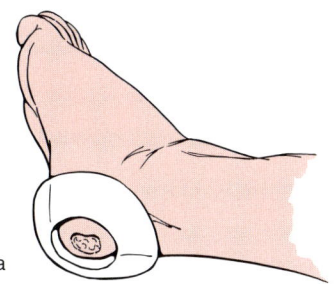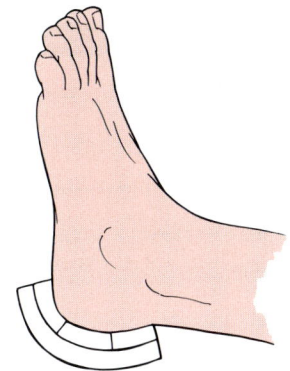

Abb. 7-3 a, b Hohllagerung zur Druckentlastung von Knochenvorsprüngen.

der Patient jetzt die Ferse ab, so wird zunächst der Schaumstoff in der Umgebung zusammengedrückt, der Druck verteilt sich auf eine größere Fläche. Zur Fersenentlastung können auch die Unterschenkel mit Kissen unterlagert werden, um die Fersen von der Unterlage abzuheben.

Druckentlastende Verbände gibt es auch industriell gefertigt (Comfeel®, Stomahesive®). Sie bestehen aus Polyurethanschaumplatten. Bei völligem Sensibilitätsverlust reichen diese jedoch gerade am Gesäß nicht aus, insbesondere, wenn schon Druckstellen aufgetreten sind.

Eine gute Druckentlastung kann man auch durch Einwickeln des Fußes in Polsterwatte erreichen. Hier ist es jedoch wichtig, daß die Wickeltouren **außerhalb** der druckbelasteten Zone dicker sind als die Wickeltouren direkt über den druckgefährdeten Bezirken (Hohllagerungs-Effekt).

Das Abrutschen eines solchen Verbandes kann man mit einem tg®-Strumpf verhindern, der darübergezogen wird. Eine ausreichende Entlastung durch diesen Polsterwatteverband bei schon bestehenden Druckgeschwüren ist jedoch kaum zu erreichen. Dann sollte das betroffene Areal möglichst vollständig entlastet werden. Aus großen, ca. 5 cm dicken Schaumstoffmatten (Reston®) können dazu Löcher herausgeschnitten werden. Nachteilig für die Heilung kann an abschüssigen, unterlagennahen Körperpartien eine dadurch verstärkte Ödembildung sein. Auf die Bedeutung der Lagerung wird noch eingegangen.

Unter Hartverbänden oder auch Prothesen sind Druckspitzen durch ausreichende Polsterung zu vermeiden. Diese ist, analog zum Polsterwatteverband, im druckbelasteten Bereich geringer als in der weniger druckbelasteten Umgebung.

Regelmäßige Umlagerung

Um eine längere Druckeinwirkung zu vermeiden, müssen immobile Patienten mobilisiert und aktiviert werden. Wenn dies nicht möglich ist, muß durch regelmäßige Umlagerung eine Entlastung erreicht werden. Die günstigste Lagerung ist die 30°-Schräglage nach rechts oder links. Dabei ist keine der klassischen Prädilektionsstel-

Tab. 7-2 Verschiedene Lagerungen und die dazugehörigen Belastungszonen.

Lagerung	Belastungszone
Rückenlagerung	Ferse, Sacrum
30°-Seitenlagerung	keine der klassischen Prädilektionsstellen
90°-Seitenlagerung	Trochanter major, Außen- und Innenknöchel
135°-Schräglage (halb auf dem Bauch)	Darmbeinstachel
Bauchlage	Darmbeinstachel (für ältere Patienten ungeeignet)
Sitzen	Sitzbein, u. U. Fersen und Ulnakante (Armstütze polstern)

len belastet. Einen Überblick über die Probleme der Lagerung gibt Tab. 7-2.
Selbstverständlich sind bei manifestem Dekubitus Lagerungen zu vermeiden, die den Dekubitus zur Belastungszone machen.

Durchblutungsförderung

Hier sind besonders aktive Übungen und Krankengymnastik gefordert, aber auch Massagen, Wärmebehandlungen und Wechselbäder. Bei sensibel Gelähmten sind Einreibungen mit Eiswürfeln veraltet (Erfrierungsgefahr), die Anwendung von Wärmflaschen wegen der Gefahr von Verbrennungen gefährlich. Die Lagerung auf einer Pegasus®-air-wave-Matratze kann die Durchblutung ebenfalls positiv beeinflussen. Auch die Wundbehandlung mit niederfrequenten Gleichstromimpulsen (siehe unter „Förderung der Granulation") verbessert die Durchblutung des Wundgrundes. Eine antiödematöse Therapie muß die Behandlung begleiten.

Verbesserung der Stoffwechselsituation

Ernährungs- und Vitaminmängel werden ausgeglichen. Ziel ist die Umstellung von einer katabolen zu einer anabolen Stoffwechsellage mit einer positiven Stickstoffbilanz. Stoffwechselerkrankungen wie z.B. im Bereich des Kohlenhydratstoffwechsels (Diabetes mellitus) werden behandelt.

Vermeidung von Bagatellverletzungen

Die schonende Hautpflege ist die beste Prophylaxe. Dazu gehört, daß die Haut immer trocken liegt, wasserundurchlässige Unterlagen mit Okklusiveffekt müssen vermieden und feuchte Moltex®- oder Moltonunterlagen müssen sofort ausgetauscht werden. Stuhl- und Urinverunreinigungen sind zu vermeiden. Wird der Durchzug gewechselt, sollte er nicht unter dem Patienten herausgezogen werden, da bei vorgeschädigter Haut sonst oberflächliche Abscherungen entstehen können.

Zum Betten wird der Patient erst auf eine Seite gedreht. Das Laken und/oder Stecklaken wird auf der anderen Seite unter seinem Rücken zusammengerollt. Anschließend dreht man den Patienten über die Rolle unter seinem Rücken auf die andere Seite, so daß die schmutzige Wäsche entfernt werden kann. In dem gleichen Vorgang, mit gleicher Technik, kann bereits die frische Wäsche eingelegt werden. Beim Transport vom Bett in den Stuhl/Rollstuhl und umgekehrt schonend vorgehen, d.h., Scherkräfte vermeiden.

7.1.3 Stadien des Dekubitalgeschwürs

Die Stadieneinteilung nach Campbell entspricht weitgehend der Stadieneinteilung der Verbrennung:
- Stadium 1: Rötung, nach Druckentlastung reversibel.
- Stadium 2: Rötung, Schwellung, Verhärtung, Blasenbildung, oberflächliche Erosionen, nach Druckentlastung voll reversibel.
- Stadium 3: Vollständige Zerstörung der Haut. Das subkutane Fettgewebe liegt frei oder ist bei einer trockenen Nekrose von schwarzer nekrotischer Haut bedeckt. Eine Heilung durch Entlastung und Wundpflege, eventuell begleitet von chirurgischen Maßnahmen, ist möglich, geht jedoch immer mit Narbenbildung einher.
- Stadium 4 bis 7: Zunächst sind von der Nekrose auch die Muskeln, die Faszien, schließlich das Periost und der Knochen selbst betroffen. Es kommt zu Ostitis und Osteomyelitis.

In jeder dieser Phasen kann es zu systemischen Infekten mit Bakteriämie und Sepsis kommen. Die Phasen der Tiefenausdehnung laufen natürlich nicht immer in der oben beschriebenen Reihenfolge ab. Es ist durchaus möglich, daß es bei noch intakter Haut bereits zu Druckschäden des darunterliegenden Gewebes (subkutanes Fett, Faszie, Muskel) gekommen ist. Erkenntlich ist dies oft an den in der Tiefe weit unterminierten Wundrändern. Diese Taschenbildung unter den Wundrändern bestimmt die Schwere und die Prognose eines Dekubitalgeschwürs weit mehr als die Größe der Hautwunde.

7.1.4 Wundbehandlung

Voraussetzung für eine erfolgreiche Wundbehandlung sind alle Begleitmaßnahmen der Druckentlastung, Lagerung, Durchblutungsförderung, Verbesserung der Stoffwechsellage und Hautpflege, wie sie bereits bei der Prophylaxe besprochen wurden.

Ausgedehntere höhergradige Dekubitalulzera werden durch plastisch-chirurgische Maßnahmen behandelt.

Wundreinigung

Auch wenn eine nichtoperative Behandlung geplant ist, muß nekrotisches, totes Gewebe des Wundgrunds und in den Wundtaschen entfernt werden. Dies geschieht am besten durch eine Wundausschneidung *(Débridement)*. Da totes Gewebe schmerzunempfindlich ist, kann dies in der Regel beim Routineverbandwechsel geschehen. Begleitend können jedoch auch sogenannte enzymatische Wundreiniger eingesetzt werden (Varidase®). Ihr Wirkungsmechanismus beruht auf der fibrinolytischen Wirkung der

Streptokinase. Blutkoagel, Hämatome, Abszeßmembranen und fibrinöse Verklebungen werden verflüssigt. Ähnlich, aber stärker, wirkt Fibrolan®, das Plasmin als Fibrinolyseenzym und Desoxyribonuclease enthält. Desoxyribonuclease zerlegt die im nekrotischen Material enthaltenen Desoxyribonucleinsäuren, wodurch das Wundsekret dünnflüssiger wird. In Trockenform angewendet, kann bei stark nässenden Wunden ein osmotischer Effekt ausgenutzt werden.

Förderung der Granulation

Bei lang bestehenden Geschwüren hat sich Zucker in der Wundbehandlung bewährt. Hierbei kann es sich um Wundzucker (Debrisorb® oder auch um Bienenhonig handeln. Diese Substanzen haben einerseits einen stark hygroskopischen (wasserziehenden) und antiödematösen Effekt. Gleichzeitig werden die Wunden innerhalb von kurzer Zeit keimarm. Andere granulationsfördernde Stoffe sind z.B. auch im Serubalsam®, im Granugenol®, Eiweißextrakten aus Kälberblut, Milz- und Plazentaextrakten enthalten. Antibiotika lokal sind meist nur bei einer Sepsis erforderlich.

Beim täglichen Verbandwechsel werden die Wunden mechanisch gespült, gesäubert und das granulationsfördernde Mittel in einer dicken Schicht aufgebracht. Typisch ist zunächst eine deutliche Sekretion aus dem Wundgrund, außerdem können aufgrund der hygroskopischen Wirkung gelegentlich Wundschmerzen auftreten.

Bei stark atrophischen, trockenen Wunden empfiehlt sich eine Behandlung mit Oxoferin®, das die Makrophagenaktivität induziert. Es wird auf Kompressen geträufelt und so in die Wunde eingelegt. Zu einer guten Wundkonditionierung und Granulationsförderung trägt auch ein temporärer Hautersatz (Epigard®) bei, besonders wenn eine Hautverpflanzung geplant ist.

Desinfizierende Substanzen sollten, insbesondere bei der Granulationsförderung, vorsichtig angewendet werden.

 Alkoholische Lösungen (Kodan®, Desderman® etc.) sind gewebetoxisch, ihre Anwendung bei offenen Wunden verbietet sich.

Polyvidonjod (Betaisodona®, Braunovidon®) ist ebenfalls gering zytotoxisch und verzögert eher die Wundheilung. Zur Wundspülung und zur mechanischen Wundreinigung bei stark schmierigen, infizierten Wunden kann es jedoch eingesetzt werden. Meist genügt jedoch zur Wundsäuberung und Spülung physiologische Kochsalzlösung bzw. Ringer-Lösung. Wasserstoffperoxid soll nach Möglichkeit nicht mehr verwendet werden. Die freiwerdenden Radikale zerstören die Kapillargefäße.

Epithelisierung

Wenn die Wunde keimfrei und makroskopisch sauber ist, d.h. Stadium A nach Seiler erreicht hat (Tab. 7-3), können Hydrokolloidverbände angelegt und/oder Vakuumversiegelungstechniken angewendet werden. Ein Schwamm aus Polyvinylalkohol (PVA), in den Drainagen eingebracht werden, wird in die Wunde eingelegt. Die Redon-Drainagen werden transkutan, d.h. durch das Gewebe durch, oder epikutan ausgeleitet. Die gesamte Wunde wird nun mit einer transparenten, wasser-

7.1 Verbände bei Druckgeschwüren (Dekubitus)

Tab. 7-3 Stadieneinteilung der Wundkonditionierung nach Seiler.

Stadium A	Wunde sauber, Granulationsgewebe rot, keine Nekrosen
Stadium B	Wunde schmierig belegt, Restnekrosen, keine Infiltration des umgebenden Gewebes
Stadium C	Wunde schmierig belegt, Restnekrosen, Infiltration des umgebenden Gewebes und/oder Allgemeininfektion

dampfdurchlässigen Polyurethanfolie versiegelt. Nach Anschluß handelsüblicher Redon-Flaschen entsteht im Versiegelungssystem ein Unterdruck von 60 bis 80 kPa. Der PVA-Hydroschwamm ist zwar inert, reinigt jedoch durch seine chemische Struktur und absorbierende Eigenschaften die Wunde. Das Wundsekret kann über die Redon-Drainage ablaufen. Durch die Vakuumableitung wird eine Kontamination mit Krankenhauskeimen vermieden und zusätzlich die Einsprossung von Kapillargefäßen gefördert.

Um die weitere Wundbehandlung festzulegen, muß vorab geklärt werden, ob weiteres konservatives oder operatives, plastisch-chirurgisches Vorgehen geplant ist. Bei Dekubitalulcera im Stadium 2 oder 3 nach Campbell, die konservativ behandelt werden, läßt man den Wundgrund so lange granulieren, bis er weitgehend ausgefüllt ist.

Die Epithelisierung vom Rand her kann am besten durch Abdecken der Wundränder mit Zinksalbe gefördert werden. Epithelisierungsfördernde Wirkung haben z.B. auch Epigard® oder Medikamente wie Dexpanthenol (Bepanthen®, Panthenol®), Eiweißextrakte aus Kälberblut, Milzextrakte, Plazentaextrakte und Allantoisbestandteile. Der Wert dieser spezifischen Maßnahmen ist dabei nur bei Zinksalbe gesichert, die einen hohen adstringierenden und epithelisierungsfördernden Effekt hat.

Überschießende Granulationen sollten nicht mit Silbernitrat (Höllenstein) behandelt werden. Höllenstein führt zu einer oberflächlichen Nekrose und wieder zu einer Heilungsstörung. Es ist besser, Granulationen mit dem Skalpell scharf abzutragen. Es kommt dabei zu kapillären Blutungen, die jedoch spontan stehen, der Wundgrund bleibt vital und bildet somit einen guten Boden für die Epithelwanderung.

Sofern die Durchblutung des Wundgrundes nicht ausreicht, um eine Spontanepithelisierung zu erzielen und auch Spalthaut nicht anwächst, gibt es die Möglichkeit der Strombehandlung. Dabei werden die offenen Hautstellen zweimal täglich 30 Minuten lang, je nach Wundzustand mit negativer oder positiver Polarität, über feuchte Elektroden mit 128 Gleichstromimpulsen/Minute behandelt (Stromdurchfluß etwa 38 mAs). Bei negativen Impulsen ist eine deutliche Verbesserung der Durchblutung des Wundgrundes zu beobachten.

Soll ein Druckgeschwür mit Taschenbildungen oder freiliegendem Knochen zur Defektdeckung operativ behandelt werden, so ist der beste Zeitpunkt zur Operation das Stadium A nach Seiler, jedoch bedarf es nur einer dünnen Granulationsschicht (Abb. 7-4 a). Bei Druckgeschwürstadien 4 bis 7 nach Campbell sind immer plastisch-chirurgische Eingriffe erforderlich. Als Möglichkeiten der plastisch-

7 Sonderverbände

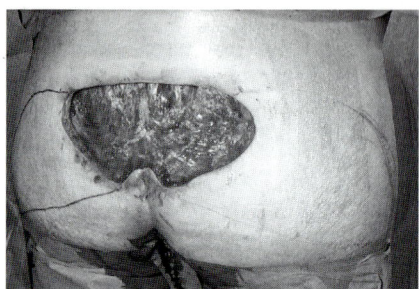

Abb. 7-4 a Dekubitus über dem Kreuzbein. Planung einer plastischen Deckung.

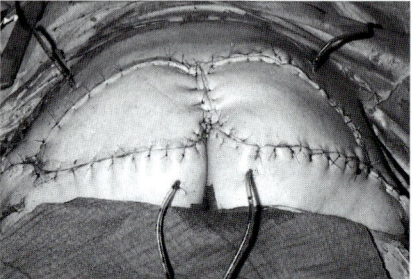

Abb. 7-4 b Gedeckter Haut-, Muskeldefekt mit myokutanen V-Y-Lappen.

chirurgischen Deckung werden fasziokutane oder myokutane Verschiebeschwenklappen oder auch Lappenplastiken eingesetzt (Abb. 7-4 b).
Grundsätzlich ist nach diesen Lappenplastiken eine sehr sorgfältige Wundnachbehandlung erforderlich. Drainagen zur Sekretableitung sollten ausreichend lange, wegen der Infektionsgefährdung aber nicht zu lange belassen werden. Zur Infektverhinderung, vor allem bei Diabetikern oder anderen Problempatienten, empfiehlt sich das Einlegen eines voll resorbierbaren, antibiotikahaltigen Vlieses. Hierbei muß beachtet werden, daß das Vlies sich erst am 4. postoperativen Tag verflüssigt und deshalb eine Redon-Drainage so lange im Wundgebiet verbleiben muß.

7.2 Stomata

Definition: Ein *Stoma* (griechisch: Mund, Öffnung, Mehrzahl: Stomata) ist die *künstliche Öffnung* zwischen einem Hohlorgan und der Körperoberfläche. Diese Öffnungen können den Magen-Darm-Trakt (Enterostomie für Ernährung und Stuhlableitung), den Harntrakt (Urostomie) und die Atemwege (Tracheostoma) betreffen.

7.2.1 Stomata zur Ernährung

Gastrostoma

Das Gastrostoma stellt eine künstliche Verbindung zwischen Körperoberfläche und *Magen* her.
Indikation: Die Gastrostomie dient meist zur Ernährung bei Verengungen der Speiseröhre oder des Mundbodens.
Durchführung: Bei der sogenannten *Witzel-Fistel* wird operativ ein kräftiger Blasendauerkatheter in den Magen eingenäht und durch die Bauchwand ausgeführt. Heute legt man jedoch meist eine *perkutane endoskopische Gastrostomie* (PEG) an (Abb. 7-5 a). Ein dünner Ernährungskatheter wird, unter endoskopischer Sicht, im Magen plaziert und unter örtlicher Betäubung durch die Bauchwand ausgeleitet. Narkose und Bauchschnitt sind nicht notwendig. Die PEG-Sonde wird von außen durch Annaht und von innen durch eine dünne Kunststoffplatte fixiert (Abb. 7-5 b).
Der Katheter wird am besten durch ein

7.2 Stomata

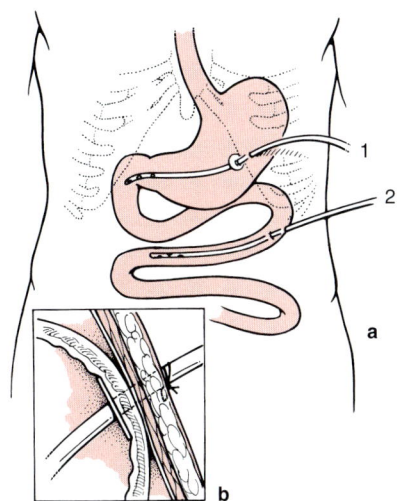

Abb. 7-5 Gastro- und Jejunostoma.
a) 1: Perkutane endoskopische Gastrostomie.
   2: Operativ angelegte Jejunostomie.
b) Fixation der PEG-Sonde.

Klebevlies mit Wundauflage verbunden, wie Abb. 7-23 am Beispiel einer Redon-Drainage zeigt.

Jejunostoma

Das Jejunostoma ist die künstliche Verbindung zwischen *Dünndarm* und Körperoberfläche (Abb. 7-5 a).
Indikation: Der Einsatz erfolgt zur frühen Ernährung nach Operationen im Bereich der Speiseröhre und des Magens oder bei Verengungen dieser Organe.
Durchführung: Das Jejunostoma kann ebenfalls als *Witzel-Fistel* angelegt werden. Allerdings sind heute *dünne Ernährungskatheter,* die operativ in den oberen Dünndarm (Jejunum) eingepflanzt werden, gebräuchlicher.

Versorgung: *Gastrostoma* und *Jejunostoma* werden wie andere Katheter gepflegt und verbunden (siehe Kap. 7.4 Katheter).

7.2.2 Stomata zur Stuhlableitung

Ileostoma

Formen: Bei einer *Ileostomie* wird der Dünndarm im Endbereich (Ileum) *prominent* (hervorstehend) ausgeleitet. Es entsteht gewissermaßen ein künstlich gewollter Darmvorfall. Dadurch kann der Darm in den Auffangbeutel hineinhängen, so daß der stark reizende Dünndarmstuhl direkt in den Beutel fällt und nicht mit der Haut in Berührung kommt. Ileostomata können *endständig* (Abb. 7-6 a) oder *doppelläufig* (Abb. 7-6 b) angelegt werden. Beim endständigen Ileostoma wird das Dünndarmende, beim doppelläufigen nur eine Ileumschlinge nach außen geleitet. Der aktive oder proximale Schenkel entleert den Dünndarmstuhl, während dem distalen Schenkel meist keine Funktion zukommt. Gelegentlich können sich, wenn zum Beispiel ein Darmverschluß vorgelegen hat, über den distalen Schenkel Stuhl oder Winde entleeren. Ein doppelläufiges Stoma (dies gilt auch für die doppelläufige Kolostomie) wird für die ersten zehn Tage durch einen sogenannten Reiter vor der Bauchwand gehalten (Abb. 7-6 b).
Besonderheit: Der Stuhl im Dünndarm ist noch ganz dünnflüssig und enthält viele Verdauungsfermente. Daher greift Dünndarmstuhl die Haut leicht an.
Versorgung: Eine Ileostomie entleert mehrmals am Tag größere Stuhlmengen, die entsorgt werden müssen, deshalb sind

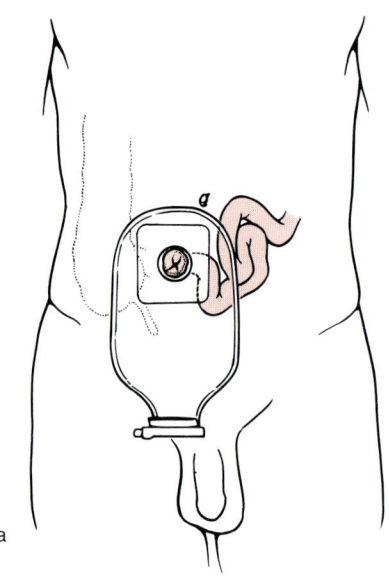

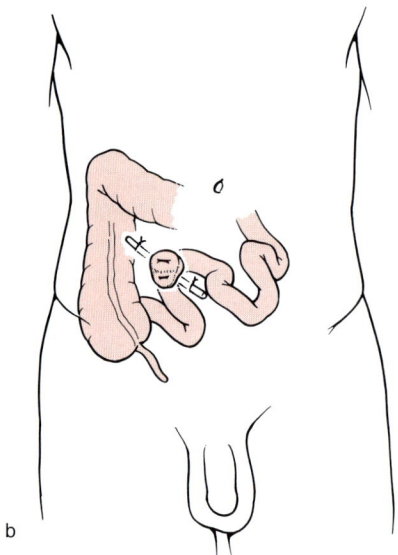

Abb. 7-6 Ileostomie.
a) Endständige Ileostomie mit Ausstreifbeutel.
b) Doppelläufige Ileostomie mit liegendem Reiter.

Ausstreifbeutel für die Versorgung zu empfehlen.

Kolostoma

Synonym: Künstlicher Darmausgang, Kunstafter, Anus praeter, Anus praeternaturalis, Bauchafter.

Formen: Je nach Lage spricht man auch von einer Kolostomie, Transversostomie, Sigmoidostomie.

Der künstliche Dickdarmausgang ist die häufigste Form der Stuhlableitung. Wurde eine Stuhlableitung nur für eine gewisse Zeit geplant, so spricht man von einer temporären Kolostomie. Soll die Stuhlableitung für immer bestehenbleiben, handelt es sich um eine permanente Kolostomie. Die temporäre Kolostomie wird meist in Form eines doppelläufigen Anus praeter (Abb. 7-7 a, b), eine permanente Kolostomie dagegen endständig angelegt wird (Abb. 7-7 c). Bei einem doppelläufigen Stoma wird eine Darmschlinge durch eine Lücke in der Bauchwand gezogen und durch einen Reiter vor der Bauchwand gehalten (Abb. 7-7 a, b).

Der Dickdarm ist vor dem künstlichen Darmausgang meist noch lang genug, um die wichtige Funktion, die *Eindickung des Stuhls*, zu übernehmen. Daher kommt der Stuhl aus einer Kolostomie normal geformt. Je kürzer die verbleibende Darmstrecke ist, desto weicher und flüssigkeitshaltiger wird der Stuhl. Eine Strecke von 40 cm reicht gut aus, um einen breiigen bis geformten Stuhl zu produzieren. Auch die Funktion des *Stuhlreservoirs* kann der Dickdarmrest oft übernehmen. Durch diese Speicherkapazität entleert er sich nicht dauernd. Deshalb können einige Patienten lernen, ihren Darm durch eine Spü-

7.2 Stomata

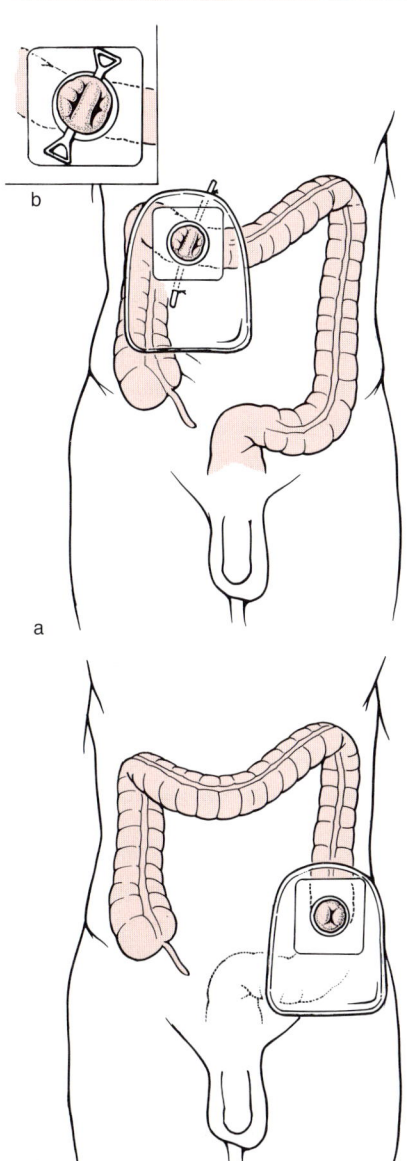

Abb. 7-7 Kolostomie.
a) Doppelläufige Kolostomie mit subkutan liegendem Reiter.
b) Auf der Haut liegender Reiter.
c) Endständige Kolostomie mit Einmalbeutel.

lung *(Irrigation)* zu entleeren. Nach der Irrigation kommt es über eine längere Zeit zu keiner Stuhlentleerung, und der Anus braucht nur durch eine unscheinbare Abdeckkappe geschützt zu werden.

Jede Auslaßöffnung des Körpers hat normalerweise einen Schließmuskel, der die Ausscheidung reguliert. Bei allen künstlichen Ableitungen fehlt dieser, so daß ein Stoma in der Regel inkontinent ist. Es gab und gibt viele Versuche, einen Verschluß zu erzielen. Dazu wurden Magnete eingesetzt, Klappenventile gebildet und künstliche Schließmuskel geformt. Neuerdings gibt es auch *selbstquellende Stöpsel* (Conseal®), die nach einer Eingewöhnungszeit von einigen Patienten recht gut angenommen werden. Allerdings hat sich kein Verfahren richtig bewährt und durchgesetzt. Auch der Abgang von Winden kann nicht kontrolliert werden, der Beutel würde sich in kurzer Zeit aufblähen. Daher haben viele Systeme ein eingebautes Luftablaßsystem mit einem Kohlefilter, über den die Luft relativ geruchlos abströmen kann (siehe Kap. 7.2.3 Versorgungsartikel).

7.2.3 Versorgungsartikel

Einteilige Systeme

Bei den einteiligen Systemen (geschlossener Einmalbeutel oder Ausstreifbeutel) sind Auffangbeutel und Klebeplatte fest miteinander verbunden. In der Mitte der Klebeplatte ist eine Öffnung zur Aufnahme für das Stoma. Bei den geschlossenen Einmalbeuteln müssen zur Stuhlentsorgung Platte und Beutel gewechselt werden. Für die Haut, auf die die Platte aufgebracht wird, bedeutet das bei häufiger Stuhlentleerung eine große Beanspruchung.

Zweiteilige Systeme

Um die Haut zu schonen, wurden zweiteilige Systeme mit einem sogenannten Rastring entwickelt. Auf der Basisplatte befindet sich ein relativ steifer Kunststoffring. Die Basisplatte muß so ausgeschnitten werden, daß das Stoma gerade durch die Öffnung paßt. Der Ringdurchmesser ist variabel erhältlich. Auf diesen Ring wird der Beutel, der ebenfalls einen Ring trägt, aufgesetzt und eingerastet. Man geht dabei so vor wie beim Verschluß von Plastikfrischhaltebehältern (z.B. Tupper-Ware®). An einer Seite wird der Ring aufgesetzt, nach und nach rundherum angedrückt, bis er ganz einrastet. Dazu muß oft recht heftig auf den Bauch des Patienten gedrückt werden, was unmittelbar nach der Operation sehr unangenehm ist (Abb. 7-8). Um diesen Druck abzufangen, wurden Ringe entwickelt, die sich auf einer kleinen Ziehharmonika (Akkordeon-Rastring Convatec®) befinden. So kann man sie zum Verschließen von der Haut abheben (Abb. 7-9). Die verschiedenen Systeme der unterschiedlichen Hersteller können nicht miteinander kombiniert werden.

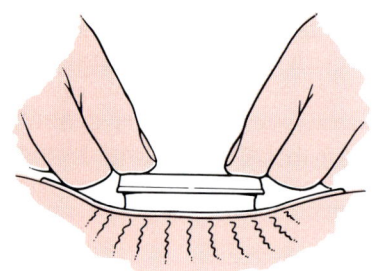

Abb. 7-8 Anlegen eines Rastrings.

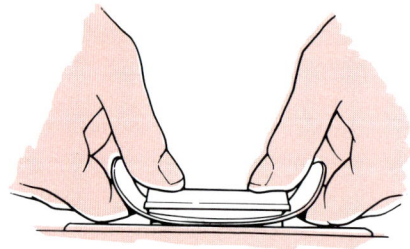

Abb. 7-9 Anlegen des Akkordeon-Rastrings Convatec®.

Basisplatten

Man unterscheidet *klebende* und *haftende* Basisplatten. Bei klebenden Platten wird der Beutel durch einen Kleber (Polyacrylatkleber, Zinkkautschuk) auf der Haut befestigt (zu Vor- und Nachteilen siehe Kap. 2.5.5 Klebemassen).
Bei empfindlicher Haut werden am besten haftende Platten aus einem Adhäsivstoff (z.B. Stomahesive®, Karaya) verwendet. Weil die Haut direkt um das Stoma am empfindlichsten ist, sind die Klebeplatten oft kombiniert aufgebaut. Um das Stoma herum befindet sich eine Adhäsivplatte oder ein Adhäsivring, stomafern eine Acrylatklebefläche. Klebeflächen haben gegenüber den relativ starren Adhäsivplatten den Vorteil, daß sie sich im Sitzen, Stehen und Liegen den Hautfalten besser anpassen. Die Entwicklung geht hin zu immer dünneren Adhäsivplatten, die sich der Haut besonders gut anschmiegen.

Beutel

Die Stomabeutel bestehen aus verschiedenen, raschelfreien Kunststoffen. Damit der Beutel nicht direkt auf der Haut liegt, kann er in eine Stoffhülle („Beuteldress") gesteckt werden, oder man verwendet Beutel, die auf der Innenseite mit einem Vlies überzogen sind.

Jeder Beutel sollte die Möglichkeit haben, Luft abzulassen. Dazu sind entweder bereits *Kohlefilter* in den Beutel integriert, oder es gibt die Möglichkeit, nachträglich einen Filter anzubringen. Verwendet man einen *Ausstreifbeutel* (Abb. 7-10 a, b), so wird lediglich der Beutelinhalt entleert, der Beutel selbst aber nicht gewechselt. Dies hat den Vorteil, daß nicht bei jeder Entleerung die Basisklebeplatte mit entfernt werden muß, wie bei einem *Einmalbeutel*. Der Ausstreifbeutel muß so verschlossen werden, daß das Beutelende hinter der Verschlußklammer nicht auf der Haut liegt. So wird verhindert, daß minimale Stuhlreste zu Hautirritationen führen.

Indikation: Ileostomie, postoperative Stomata, Fisteln, Drainagen.

Adhäsivpaste

Stomapasten stellen einen idealen Hautschutz dar, sie können Hautunebenheiten glätten und Stomata abdichten. Sie sind auf pflanzlicher Basis hergestellt und nehmen mehr (Karayapaste) oder weniger (Stomahesive®) Wasser auf. Durch diese Quellfähigkeit dichten sie einerseits gut ab, andererseits werden sie nach einiger Zeit zähflüssig (Karayapaste). Die meisten dieser Pasten enthalten Alkohol und brennen daher zunächst auf der gereizten Haut. Dies muß man dem Patienten vor der Anwendung sagen, sonst verliert er schnell das Vertrauen in die Versorgung.

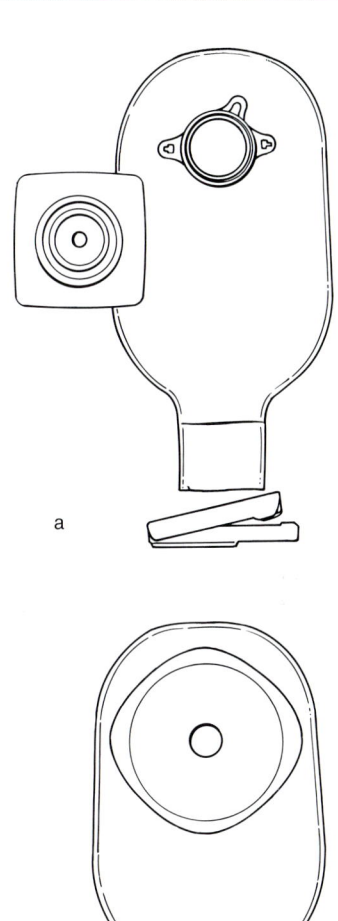

Abb. 7-10 Ausstreifbeutel.
a) Ausstreifbeutel mit separater Basisplatte, Rastring und Verschlußklammer.
b) Ausstreifbeutel mit integrierter Basisplatte und Verschlußklammer.

7.2.4 Belastungsfaktoren für den Stomaträger

Ängste und Unsicherheit

Für einen Stomaträger bedeutet der künstliche Darmausgang zunächst eine große Umstellung. Eine wesentliche Aufgabe des Pflegepersonals und des ärztlichen Personals ist es, dem Patienten diese Umstellung zu ermöglichen und zu erleichtern. Zunächst sind bei den Patienten Ängste vorhanden, die häufig aufgrund von Unsicherheit entstehen. Diese Ängste ernsthaft aufzunehmen ist wichtig. Ausführliche *Information, Beratung* und praktische *Anleitung* können zur Angstbewältigung beitragen. Der Patient sollte deshalb, entsprechend seinen Fähigkeiten, von Anfang an in die Pflege mit einbezogen werden und Teilaufgaben übernehmen, um so möglichst schnell selbständig zu werden. Heute ist die Technik der Stomaversorgung so weit entwickelt, daß sich für fast alle Probleme und jeden Patienten gute Lösungen finden lassen. Voraussetzung ist die genaue Kenntnis der Produktpalette mit ihren Vor- und Nachteilen. Die Stomaträger dürfen nicht eher aufgeben, bis sie ihr Optimum für die Stomaversorgung gefunden haben. Das therapeutische Team muß immer wieder versuchen, die Patienten zu motivieren, verschiedene Systeme auszuprobieren. Der Aufwand lohnt sich, schließlich müssen die meisten mit diesem System lebenslang auskommen.

Schon während des stationären Aufenthalts sollte der Patient auch auf die Möglichkeit der ambulanten Weiterbehandlung und Selbsthilfegruppen hingewiesen werden. Sofern er eine solche Kontaktaufnahme wünscht, kann diese bereits vom Sozialdienst der Klinik hergestellt werden.

Geruchsbelastung

Viele Patienten glauben, sie riechen nach Stuhl. Interessanterweise können andere diesen Geruch jedoch meist nicht wahrnehmen. Es entsteht eine schwierige Situation für die Patienten, weil sie denken, daß der andere den Geruch zwar wahrnimmt, jedoch aus Höflichkeit dies nicht zugibt. Solche Probleme können nur gelöst werden, wenn eine offene und ehrliche Beziehung zwischen den betreffenden Personen besteht.

Aber warum riecht der Stomaträger etwas, was andere nicht wahrnehmen? Hierzu gibt es einige mögliche Erklärungen: Beim Beutelwechsel kann es natürlich unangenehm riechen, und dieser Geruch setzt sich in der Nase des Stomaträgers fest. Dazu kommen Verunsicherung, Angst vor einem „Unglück", z.B. Beutelleck, und eine anfängliche Überempfindlichkeit, die ihn diesen Geruch immer wieder verspüren läßt. Sollte auch für andere einmal etwas zu riechen sein, kann dies leicht als Katastrophe empfunden werden.

 Der Stomaträger sollte an sich keinen strengeren Maßstab anlegen, als dies der Rest der Menschheit tut. Aufgrund der regelmäßigen Gasentwicklung im Darm müssen von jedem Menschen laufend, und zwar ohne Kohlefilter, Winde abgelassen werden (bis zu 2 Liter am Tag).

Partnerbeziehung

Nicht nur der Stomaträger, auch der Partner muß in die Stomabetreuung eingeweiht werden. In diesem Rahmen ist besonders das therapeutische Team gefordert, um von vornherein den Partner in alles, was das Stoma und die Stomaversorgung betrifft, mit einzubeziehen. Nicht erst nach Entlassung aus der Klinik sollte der Partner das Stoma erstmals sehen. Es darf sich kein Tabu um das Stoma bilden, indem der Patient sein Stoma aus Angst nicht zeigen will oder der Partner beginnt, den Stomaträger zu meiden.

7.2.5 Stomaversorgung

Hautunebenheiten

Die Haut um das Stoma sollte im Idealfall eben sein, nur so ist sie durch eine Abdeckplatte vor Stuhl und Sekreten zu schützen.
Häufig sind jedoch Hautunebenheiten vorhanden.
Ursachen: Der Anus praeter kann sich bei einer postoperativen Gewichtszunahme durch ein dickeres subkutanes Fettpolster zurückziehen. Er liegt dann schüssel- oder trichterförmig eingezogen in der Haut. Auch Narben oder Hautfalten können einen Ausgleich der Hautunebenheiten notwendig machen.
Versorgungsmöglichkeiten: Zum Abdichten gibt es spezielle Basisplatten (Berostoma®), die trichterförmig geformt sind. Eine trichterförmige Anpassung kann auch durch Einsetzen eines Rings, in den Rastring der Basisplatte eines zweiteiligen Systems erreicht werden (Firma Convatec). Eventuell ist der eingezogene Randbereich auch mit einer Stomapaste abzudichten. Bei einigen Beuteln oder Basisplatten besteht die Möglichkeit, einen Gürtel einzuhängen und so den Sitz zu verbessern. Manchmal ist durch eine Verbesserung des planen Andrucks unter Verwendung einer Andruckplatte (sie kann im Sanitätshandel maßangefertigt werden), eines Mieders oder einer breiten Binde, in die eine Öffnung für den Beutel eingenäht ist, eine bessere Abdichtung zu erzielen. Ist das Problem konservativ nicht lösbar, sollte man sich nicht vor einer operativen Korrektur scheuen.

Anpassen der Ringgröße

Die äußere Haut um das Stoma sollte komplett abgedeckt werden, um einen Kontakt mit den Ausscheidungen zu vermeiden. Dazu muß man die Öffnung individuell anpassen. Hat man die richtige Größe und Form des Ausschnitts in der Basisplatte gefunden, kann nach diesem Muster eine *Schablone* abgezeichnet werden, die später weitere Zuschnitte erleichtert. Bei Beuteln mit Kleberingen kann die Ringgröße mit vorgefertigten Schablonen abgemessen werden.

Hautreizungen

Eine andauernde Rötung der Haut, die einen feuchten Glanz zeigt, weist auf eine Hautentzündung mit Ablösung der obersten Hornhautschichten hin. Geht die Entzündung weiter, kann sie zu tieferen Rissen und Geschwüren, die bis in die Unterhaut reichen, führen. Diese Erosionen bluten und sind sehr schmerzhaft.
Ursachen: Stuhlkontakt mit der Haut, schlechte Hautpflege oder Allergien.
Versorgungsmaßnahmen:
Stuhlkontakt mit der Haut vermeiden:
- Haut und Beutelende des Ausstreifbeutels von Stuhlresten reinigen
- Hautunebenheiten ausgleichen
- Stomaöffnung in Beutel bzw. Platte nur so groß wie unbedingt nötig auswählen

7 Sonderverbände

- Beutel und Platte nicht zu selten wechseln

Hautpflege:
- schonende Reinigung
- keine Öle verwenden (sonst klebt der Beutel nicht)
- keine aggressive Entfettung
- Haut gut trocknen, evtl. fönen
- evtl. mit Mercurochrom oder Benzoetinktur pinseln

Allergien können gegen alle Elemente der Stomaversorgung bestehen: Kleber, Adhäsivstoff, Plastikbeutel, Metallschnallen, Pflegesalben, Gürtel etc.
- Ursachenfeststellung durch gezielte Auslaßversuche über eine ausreichend lange Zeit und durch Allergietestungen der Haut (Epikutantestung).
- Grundsätzlich sollte der Stomaträger so wenig verschiedene Substanzen wie unbedingt notwendig verwenden. Verträgt er ein Produkt, sollte er es nicht ohne Grund wechseln.

Aufkleben der Basisplatte bei heftiger Stomasekretion

Bei einem Ileostoma, typischerweise jedoch bei einem Urostoma, aus einer postoperativen Drainage oder aus einer heftig sezernierenden Fistel tritt laufend Sekret aus und benetzt die Haut. Eine sichere Versorgung kann jedoch nur auf trockener Haut erfolgen. In diesem Fall sollten Beutel bzw. Basisplatte schrittweise aufgeklebt werden. Dazu schneidet man die abziehbare Papierschutzfolie auf der Klebefläche mehrfach ein, damit sie stückweise entfernt werden kann (Abb. 7-11 a). Zunächst wird das Stoma mit einer saugfähigen Kompresse abgedeckt, so daß kein Sekret mehr nachlaufen kann. Die Haut unter dem Stoma muß trocken sein. Ein Teil der Klebefläche wird freigemacht und aufgeklebt (Abb. 7-11 b). Da der Rest der Klebefläche noch nicht haftet, kann die Kompresse entfernt, die Haut noch

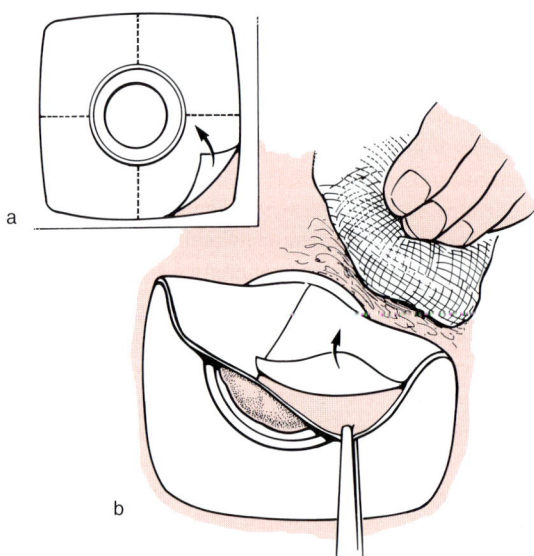

Abb. 7-11 Schrittweises Aufkleben der Basisplatte.
a) Einschneiden der Schutzfolie in mehrere Teile.
b) Schrittweises Abziehen der Schutzfolie, Trocknen der Haut und Aufkleben der Platte.

einmal getrocknet und die restliche Fläche aufgeklebt werden (Abb. 7-11 b). Es ist günstig, nicht nur zwei, sondern vier Segmente zu schneiden, um mehr Variationsmöglichkeiten zu haben.

Versorgung eines doppelläufigen Anus bei liegendem Reiter

Bei liegendem Reiter ist die Haut unter dem Reiter nur schwer zu schützen. Auch hier bewährt sich der Trick mit dem schrittweisen Abziehen des Klebeschutzes. Zunächst wird die Stomaöffnung so eng, wie es das Stoma gerade erfordert, ausgeschnitten, dann die Schutzfolie in 4 Segmente geschnitten. Die Basisplatte wird bei noch abgedeckter Klebefläche erst über den einen, dann über den anderen Arm des Reiters gezogen. Die Platte liegt jetzt unter den Schenkeln des Reiters und reicht direkt an den Haut-Schleimhaut-Übergang heran (siehe Abb. 7-7 b). So ist die Haut komplett abgedeckt. Nach Trocknen der Haut unter der Platte, wird die Schutzfolie schrittweise abgezogen und die Platte aufgeklebt. Diese Probleme entstehen nicht bei einem subkutan gelegten Reiter, wie er in Abb. 7-7 a gezeigt ist. Hier liegt der Reiter nicht auf der Haut und stellt somit keine Behinderung für die Stomaversorgung dar.

Entfernen der Klebefläche

Die Klebefläche muß *so schonend wie möglich* entfernt werden.
Dazu wird sie langsam, auf keinen Fall ruckartig von der Haut abgelöst. Man kann einen weichen, feuchten Schwamm oder eine Kompresse zu Hilfe nehmen. Klebstoffreste sollten nicht mit Benzin, Äther oder Aceton entfernt werden, da dadurch der Säureschutzmantel der Haut zerstört wird. Gelegentlich können medizinische Pflasterentferner eingesetzt werden. Rückstände von Karaya oder anderen Adhäsivstoffen und Pasten müssen nicht unbedingt entfernt werden, es sei denn, sie sind durch Stuhl verschmutzt.

Haarentfernung

Beim Abziehen der Basisplatten können Haare mit ausgerissen werden. Es kommt zu Einrissen und kleinen Verletzungen im Bereich der Haarwurzeln. Von diesen Verletzungen können unangenehme Entzündungen ausgehen. Daher sollte die Haut um das Stoma regelmäßig (ca. 1- bis 2mal/Woche) schonend rasiert werden. Am besten verwendet man einen Trockenrasierer, da Naßrasierer und Enthaarungscremes zu kleinsten Hautreizungen bzw. -verletzungen führen. Die Haare direkt am Stoma können mit einer feinen Schere gekürzt werden.

Hautreinigung

Nach Entfernen der Basisplatte müssen die Haut um das Stoma und das Stoma selbst inspiziert werden: Sind Stuhlreste auf der Haut? Wenn ja, warum? Ist das Loch in der Platte zu weit ausgeschnitten? Wurden Hautunebenheiten nur ungenügend korrigiert? etc.
Ein Stoma kann sich nicht infizieren, es braucht jedoch eine genauso gründliche Pflege wie der natürliche Darmausgang auch. Man sollte *nur* mit *Wasser* waschen und nicht mit scharfen Seifen, allenfalls mit hautverträglichen Waschlotionen. Der Säureschutzmantel und die natürlichen Hautfette dürfen nicht zerstört werden.

Zur Reinigung kann man einen Waschlappen oder, wie in der Klinik meist üblich, Mullkompressen nehmen. Stuhlkontakt schädigt die Haut, daher sollte immer zum Stoma hin und nicht vom Stoma weg gereinigt werden. Dies kann in Spiraltouren erst stomafern, dann zunehmend stomanah erfolgen. Dem Waschen folgt ein Abspülen mit klarem Wasser, danach wird trockengetupft oder geföhnt. Alles hat liebevoll zu erfolgen. Auf trockener Haut klebt die Stomaversorgung besser, wobei Adhäsivplatten auch auf leicht feuchter Haut haften können. Gehfähige Patienten können das Stoma selbstverständlich auch unter der Dusche reinigen.

Viele Firmen bieten spezielle Mittel an, die das Säubern der Haut erleichtern. *Pflegeschaum* (z.B. Esemtan®) läßt sich leicht auftragen, wirkt geruchshemmend, fließt nicht wie Wasser in das Bett und läßt sich kontrolliert wieder abwischen. Gerade in der postoperativen Pflege bedeutet das eine große Erleichterung.

Darmreinigung

Allgemein: Unter Irrigation versteht man das Ausspülen des Dickdarms, damit dieser sich komplett entleert. Danach produziert der Darm in den nächsten 12 bis 24 Stunden keinen Stuhl, und auch Winde entweichen nur wenig. Das Stoma muß nur mit einem Minibeutel oder einer Abdeckkappe versorgt werden.

Durchführung: Mit der Irrigation kann in der Regel 2 bis 3 Monate nach Anlage einer Kolostomie begonnen werden. Die Anleitung zur Spülung sollte durch einen Stomatherapeuten erfolgen. Auf das Stoma wird ein Konus aufgesetzt, über den ein Katheter die Irrigationsflüssigkeit in den Darm einfüllt. Die Spülung dauert bis zur kompletten Entleerung, individuell sehr unterschiedlich, eine halbe bis eineinhalb Stunden.

7.2.6 Fisteln

Fistelarten und ihre Versorgung

Bei der *äußeren Fistel* handelt es sich um eine unnatürliche Verbindung von einem inneren Hohlraum oder Organ mit der Körperoberfläche. Die *innere Fistel* stellt eine Verbindung zwischen inneren Organen und/oder Hohlräumen dar, es gibt keine Verbindung zur Körperoberfläche. Sie wird im Rahmen dieser Verbandlehre nicht berücksichtigt.

Versorgung: Es bestehen große Gemeinsamkeiten mit den allgemeinen Grundsätzen, die auch für die Versorgung von Stomata gelten. *Pankreas-, Gallen-, Duodenal-* und *Dünndarmfisteln* sind ganz besonders *hautreizend*. Hier erfolgt die Versorgung wie bei der Ileostomie. Bei Stuhlfisteln oder chronischer Eitersekretion ist ebenfalls ein Hautkontakt zu vermeiden. Zum Auffangen des Sekrets sollten keine Kompressen, sondern Auffangbeutel verwandt werden. So läßt sich die Sekretmenge genau bestimmen, und dem Patienten bleibt eine Belästigung durch unangenehme Gerüche erspart.

Äußere Fisteln liegen oft im Wundgebiet bei sehr unebenen Hautverhältnissen. Hier kommt es darauf an, die Haut vollständig, am besten mit Adhäsivhautschutzplatten, abzudecken. In den Randbereichen zur Fistel muß meist zusätzlich mit einer Hautschutzpaste abgedichtet werden, damit kein Sekret unter die Hautschutzplatte fließt. Die Fistel selbst wird mit einem

Stomabeutel versorgt, wobei es hierzu spezielle Beutel mit sehr großen Ringen gibt. So ist es möglich, großflächig Sekret aufzufangen oder das Sekret von mehreren benachbarten Fisteln in einem Beutel zu sammeln. Manchmal müssen auch mehrere Beutel geklebt werden. In der Regel setzt man Ausstreifbeutel ein. Bei sehr großen Sekretmengen von 2 Litern und mehr kann zusätzlich eine Schlürfabsaugung angelegt werden.

Die Konstruktion aus Hautschutzplatten, Beuteln und Abdichtung durch Stomapaste kann man zusätzlich mit Klebemull fixieren. Die Abdeckung muß nicht täglich erneuert, wohl aber täglich kontrolliert werden. Den Verband sollte man dann nur alle vier bis sechs Tage wechseln.

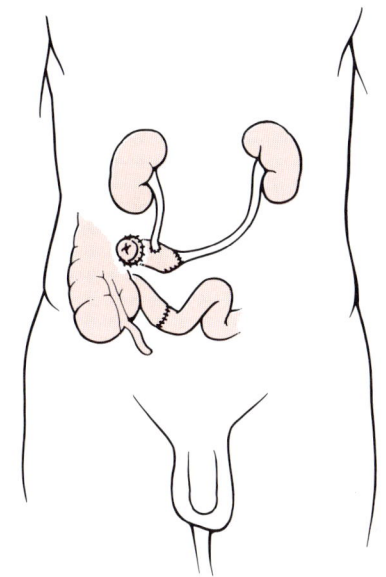

Abb. 7-12 Ileumconduit (Bricker-Blase).

7.2.7 Stomata zur Harnableitung

Ileumconduit (auch Bricker-Blase)

Die beiden Harnleiter (Ureteren) werden in ein ausgeschaltetes Dünndarmsegment (Ileum) eingepflanzt. Der Dünndarm wird dann als Stoma in die Bauchhaut eingenäht. Er leitet den Urin aus beiden Nieren weiter, die Speicherfunktion der Blase kann er jedoch nicht übernehmen (Abb. 7-12).

Kolonconduit

Beide Harnleiter werden in ein ausgeschaltetes Dickdarmsegment geleitet. Dieses wird wie beim Ileumconduit als Stoma ausgeführt.

Versorgung: Ileum- und Kolonconduit können, da das Stoma auf der Bauchwand angebracht wird, von den meisten Patienten selbst versorgt werden. Außerdem kommt es selten zu Einengungen (Stenosen). Bei der Stomaversorgung im Bereich der Urostomie gelten im allgemeinen die gleichen Grundsätze in bezug auf Hautpflege und Versorgungsmaterialien wie bei den Enterostomien auch. Die Versorgung ist jedoch erschwert, da der Urin im Normalfall fortwährend aus dem Stoma herausträufelt. Der Beutelwechsel bzw. das Aufkleben der Basisplatte muß daher bei Bedarf schnell erfolgen. Folgende Tricks sind hilfreich: Man fordert den Patienten auf, zunächst anhaltend zu pressen, der Urin träufelt jetzt vermehrt. Dann soll er langsam einatmen und die Luft anhalten. In dieser Phase läuft kein Urin, und der Beutel kann trocken aufgeklebt werden. Eine andere Möglichkeit besteht darin, das Schutzpapier auf der Klebe-

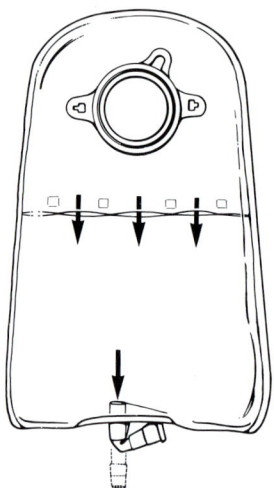

Abb. 7-13 Auffangbeutel mit Rückflußsperre und Ablaßventil bei Ileum- oder Kolonconduit.

fläche schrittweise zu entfernen, wie in Abb. 7-11 dargestellt.
Die Beutel haben ein Ablaßventil, über das der Urin ausgeleert wird (Abb. 7-13). Zudem verfügen sie über eine Rückflußsperre, die verhindert, daß Urin in das Stoma zurückfließt. Es stehen vielfältige Beutelvarianten zur Verfügung, die an Gürteln oder an den Beinen befestigt getragen werden können. Einige Beutel sind mit Zwischenschweißnähten versehen und wie eine Luftmatratze gekammert. Dadurch verteilt sich der Urin im Beutel flächenhaft. Er kann angenehmer und unauffälliger getragen werden.

7.3 Tracheostoma

Definition: Ein Tracheostoma ist eine künstlich angelegte Öffnung der Luftröhre nach außen, die unterhalb des Kehlkopfes angelegt wird. Diese Öffnung muß durch ein Röhrchen, eine sogenannte Trachealkanüle, offengehalten werden.
Die Tracheotomie (Luftröhrenschnitt) erfolgt normalerweise unterhalb des Kehlkopfes *(untere Tracheotomie);* wird dabei jedoch oberhalb des Schilddrüsenisthmus (-enge) eingegangen, so handelt es sich um eine *obere Tracheotomie* (Abb. 7-14). In der Regel bevorzugt man die untere Tracheotomie. Zum Schluß wird in die Luftröhre ein rundes Loch geschnitten, damit die Trachealkanüle eingeführt werden kann (Abb. 7-14).

7.3.1 Trachealkanülen

Arten: Die *Silberkanüle* nach Luer ist eine der gebräuchlichsten Trachealkanülen. Sie besteht aus einem gekrümmten Außenrohr, in das ein Innenrohr, die sogenannte „Seele", geschoben wird (Abb. 7-14). Die Seele kann zum Säubern herausgenommen werden, außerdem gibt es spezielle Seelen, die dem Patienten das Sprechen ermöglichen. Sie sind über einen Drehhebel („Fahne") an dem Außen-

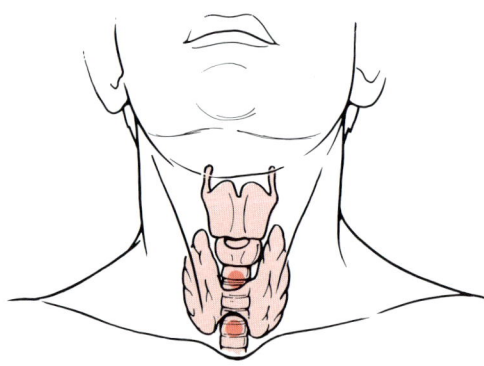

Abb. 7-14 Untere und obere Tracheotomie.

rohr zu fixieren. Das Außenrohr ist an einem Ende mit einem Schild versehen. Dieses Schild liegt bei eingeführter Kanüle auf der Haut bzw. auf dem Schutzverband. An dem Schild sind Ösen befestigt, durch die die Bänder zur Kanülenfixation geführt werden. Die Bänder werden hinter dem Hals des Patienten zusammengeknotet (Abb. 7-15).

Kunststoffkanülen sind elastisch und passen sich ungewöhnlichen Strukturen innerhalb der Luftröhre besser an.

Mit Hilfe einer Sprechkanüle kann der Patient, wenn er die Luft nach oben in den eingeengten Kehlkopf preßt, sprechen.

Blockbare Trachealkanülen sind mit einem aufblasbaren Ballon („cuff") an der Kanülenspitze versehen (Abb. 7-16).

Indikation: Sie werden bei maschinell beatmeten Patienten oder bei Aspirationsgefahr (Speichel und Speisen gelangen in die Luftwege, da Abwehrreflexe fehlen) eingesetzt. Außerdem bei Verschluß der oberen Luftwege (Tumor, Stimmbandlähmung, Schwellung, Blutung), Verlust des

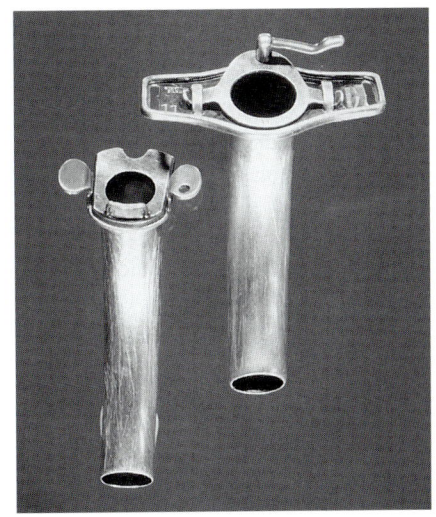

Abb. 7-15 Silberkanüle mit „Seele".

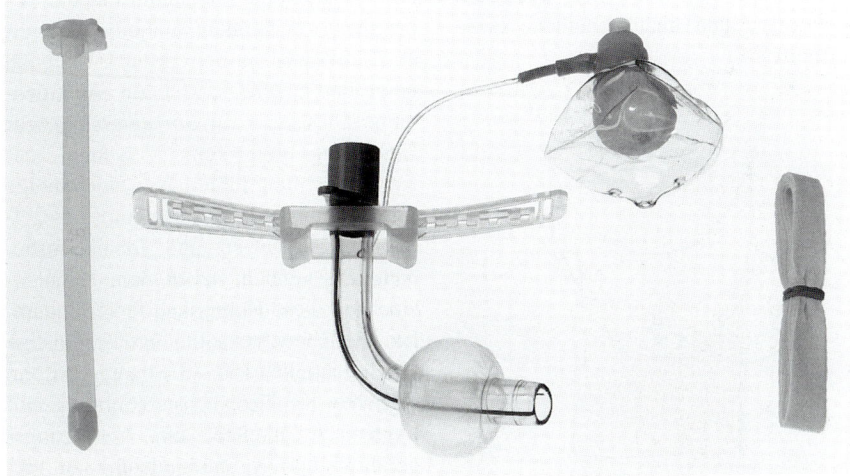

Abb. 7-16 Blockbare Trachealkanüle aus Kunststoff. Von links nach rechts: Mandrin zum Einführen der Kanüle, Trachealkanüle Mallinckrodt-hi lo lanz™, Befestigungsbändchen aus Baumwolle.

Kehlkopfes (bei Kehlkopfkrebs), Langzeitbeatmung oder schwieriger Beatmungssituation.

Gefahren: *Schädigung* der Trachealschleimhaut und der Trachea durch einen zu stark aufgeblasenen Ballon. Deshalb vorbeugend Cuff-Druck messen.
Keimverschleppung durch unhygienisches Vorgehen. Deshalb immer mit sterilen Einmal-Absaugkathetern absaugen.

7.3.2 Maßnahmen und Regeln bei der Tracheostomaversorgung

Versorgung: Frisch nach Anlage einer Tracheostomie tritt um die Kanüle herum eine deutliche Wund- und Schleimsekretion auf. Der Kanülenverband muß daher saugfähig sein und oft gewechselt werden. Zum Verbinden gibt es schlitzförmige Kompressen, die wie eine Schürze unter die Kanüle (Abb. 7-17) gelegt werden. Darüber kann man eine große, wasserundurchlässige und hautverträgliche Folie (sog. Billroth-Batistlätzchen) legen. Sie verhindert, daß die Kompresse durch den Trachealschleim durchfeuchtet wird und es zu Mazerationen (Hautaufweichungen) kommt.

Tracheostoma-Schlitzkompressen gibt es auch speziell beschichtet (Metalline® – Tracheokompresse).

Bei der normalen Atmung wird die Atemluft durch die Nase und den Rachenraum angefeuchtet. Bei einem Tracheostoma muß die *Atemluftbefeuchtung* künstlich durch aufgesetzte, sich selbst befeuchtende Filter oder Tücher erzeugt werden. Stomaschutztücher bestehen aus mehreren Lagen Diolentüll, die mit einem luftdurchlässigen Tuch abgedeckt sind. Sie werden wie ein Lätzchen getragen. Schutzrollis sind ähnlich wie die Schutztücher aufgebaut, ahmen jedoch einen Rollkragen nach. Schutzfilter schützen nicht nur die Kanülenöffnung vor dem Eindringen von Staub, sondern sie feuchten sich durch die Ausatemluft an und geben diese Feuchtigkeit an die Einatemluft ab (Flüssigkeitsaustauschfilter). Dennoch neigt das Trachealsekret zur Austrocknung. Dies kann zur *Borkenbildung,* zur Einengung und zum Verschluß der Kanülenöffnung führen. Nur regelmäßige Befeuchtung, Trachealspülung, regelmäßiges Absaugen und Inhalationsbehandlung können, neben dem Kanülenwechsel, diese Komplikation verhindern. Ein Luftbefeuchter sollte für eine günstige Luftfeuchtigkeit (60–70%) sorgen. Beim täglichen Kanülenwechsel sorgfältig und hygienisch arbeiten, um Verletzungsgefahren und Keimbesiedelung zu vermeiden. Genaue Inspektion des Tracheostomas und Pflege der Haut mit Stomaöl oder weicher Zinkpaste.

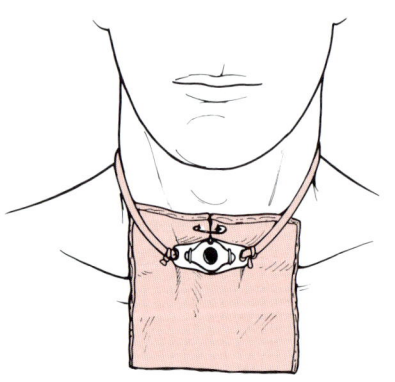

Abb. 7-17 Befestigung der Trachealkanüle mit Bändchen. Verband mit einer Schlitzkompresse.

Besonderheiten: Baden ist nur im Sitzen möglich, da sonst Wasser oder Seifenschaum in das Tracheostoma läuft (Husten und Erstickungsgefahr).
Duschen sollte man mit einem in der Hand gehaltenen Duschkopf. Ein zusätzlicher Duschschutz verhindert, daß Wasser in das Tracheostoma dringt.

7.4 Katheter

Definition: Katheter sind feine Röhrchen, die in den Körper (Venen, Arterien, Blase, Gallenwege, Magen-Darm-Trakt etc.) eingelegt werden, um einen Zugang von und nach außen zu schaffen. Eine Sonderform stellen die Drainagekatheter und Sonden dar.
Arten: Gastrostomiekatheter, suprapubische Katheter, Thoraxdrainagen, Magensonden, Drainagekatheter, periphere Verweilkanülen, zentrale Venenkatheter, Gallendrainage etc.

7.4.1 Grundregeln beim Verbinden von Kathetern

Sterilität, Wundpflege

Jede Kathetereinstichstelle muß sorgfältig unter *aseptischen Bedingungen* gepflegt werden (siehe Kap. 2.2 Das Verbinden).
- *Desinfektion* der Katheteraustrittsstelle
- *Säuberung* von Wundsekret
- *Inspektion* der Wunde auf Entzündungszeichen: Rötung, Schwellung, Schmerz, Sekretion
  → Muß der Katheter gewechselt werden?
- eventuell Behandlung der Katheteraustrittsstelle mit desinfizierenden Salben (z.B. Betaisodona®)

Sekretaufnahme

Um jeden Katheter, der durch die Haut ausgeführt wird, kommt es zu einer gewissen Wundsekretion. Daher muß die Haut um diese Wunde herum mit Mullkompressen oder einem saugfähigen Vlies abgedeckt werden. Die Industrie bietet dazu *Schlitzkompressen* an. Es ist jedoch meist einfacher, eine sterile Kompresse um die Katheteraustrittsstelle herumzuwickeln und danach flächenhaft mit einem Pflastervlies zu fixieren. Den gleichen Zweck erfüllt ein Wundschnellverband.

Fixation

Jeder Katheter muß gut befestigt werden, um nicht zu verrutschen. Dies kann alleine durch einen *Pflasterverband* erfolgen, wird jedoch meist, wenn eine Dislokation schwerwiegende Folgen hätte, durch eine *Annaht* ergänzt. Die Annaht stellt allerdings nur eine zusätzliche Sicherung dar. Die eigentlichen Zugkräfte am Katheter müssen durch entlastende Pflasterfixation abgefangen werden. Dauerzug an der Annaht führt zu Drucknekrosen der Haut, die Naht entzündet sich, und letztendlich schneidet der Faden langsam durch die Haut.
Zum Fixieren eignen sich am besten Pflastervliese (Fixomull stretch®, Mefix®). Diese werden flächenhaft über den Katheter gelegt, um den Katheter herum anmodelliert und ebenso flächenhaft an der Haut fixiert. Es ist günstig, den Katheter noch auf der Haut in eine *Schlinge* zu legen, damit bei versehentlichem Zug am Katheter die Kräfte zunächst an dieser Schlinge ziehen und nicht bereits an der Annaht.

Das Entfernen der Pflaster ist häufig problematisch. Hier gibt es jedoch einen einfachen Trick: Acrylatkleber lassen sich durch alkoholische Desinfektionsmittel auflösen. Es genügt also, mit einem gebräuchlichen Desinfektionsspray (Kodan®) das Pflaster zu benetzen und etwas einwirken zu lassen. Danach kann es problemlos vom Katheter abgezogen werden.

7.4.2 Katheter zur Harnableitung

Nierenfistel

Eine Nierenfistel wird mit Hilfe eines Katheters, der von hinten seitlich durch die Niere in das Nierenbecken vorgeschoben wird, angelegt.

Nierenfisteln werden häufig in Notfallsituationen gelegt, um eine schnelle Entlastung der gestauten Harnwege zu erreichen. Da die Kathetereintrittsstelle seitlich am Rücken liegt, haben die Patienten oft Schwierigkeiten, sich selbst zu versorgen. Der Katheter wird durch Annaht, Klammern, Platten oder ähnliches *gut fixiert*. Sollte er trotzdem verrutschen (dislozieren), so muß sofort ein neuer Katheter gelegt werden, da sich der Kanal schnell verschließt. Bei *Verstopfung* des Katheters kann man ihn vorsichtig mit einer kleinen Menge Kochsalzlösung (NaCl 0,9 %, bis 7 ml) spülen. Größere Mengen dürfen nicht verwandt werden, da sich sonst das Nierenbecken zu sehr dehnt, was dem Patienten große Schmerzen bereitet. Die Katheter sollten monatlich gewechselt werden.

Ureterokutaneostomie

Bei einem Ureterostoma wird der Harnleiter in die seitliche hintere Bauchwand eingenäht. Dies kann entweder für beide Nieren getrennt erfolgen, dann sind zwei Ureterostomien zu versorgen, oder es erfolgt eine Verbindung des linken Harnleiters mit dem rechten Harnleiter, so daß nur der rechte Harnleiter als Stoma ausgeleitet wird. Ureterostomien neigen zu *Stenosierungen,* daher werden sie durch Katheter geschient.

Blasendauerkatheter

Über die Harnröhre wird ein steriler Katheter in die Blase eingeführt. An der Spitze des Dauerkatheters befindet sich ein Ballon, der mit *Aqua destillata* gefüllt wird, um ein Herausrutschen zu vermeiden. Keine Kochsalzlösung verwenden, da sie auskristallisieren kann. Der Zugang zum Ballon würde verstopfen und ein Abziehen der Flüssigkeit wäre nicht mehr möglich. Man sollte immer eine einheitliche Menge, ca. 10 ml, zum Füllen des Ballons benutzen und diese dokumentieren, damit es beim Entfernen des Katheters, wenn der Ballon entleert wird, nicht zu Verunsicherungen kommt.

Ein Blasenkatheter muß unter völlig aseptischen Bedingungen eingelegt werden, da schwerwiegende Blasen- und auch Nierenbeckenentzündungen entstehen können.

Das Einführen muß immer sanft erfolgen. Wird ein Widerstand bemerkt, ist der Katheter entweder zu groß, und/oder es liegt eine Harnröhrenverengung z.B. beim Mann durch eine Prostatavergrößerung vor.

 Dauerkatheter sollten nur so kurz wie unbedingt notwendig belassen werden.

Versorgung: Den Harnröhreneingang und den unmittelbar daran angrenzenden Blasenkatheteranteil sollte man möglichst zweimal am Tag mit Wasser oder Pflegeschaum reinigen. Während der Katheterpflege müssen der Harnröhreneingang, die Haut des Intimbereichs und beim Mann die Vorhaut und Eichel gut inspiziert werden, damit man beginnende Entzündungen oder Hautveränderungen nicht übersieht. Nach dem Waschen mit Wasser und Seife ist der Intimbereich gründlich abzutrocknen, da die Patienten sonst leicht wund werden. Bei der Harnentsorgung ist zu beachten, daß nur *geschlossene Urin-Drainagesysteme* mit Rückflußventil verwendet werden. Die Verbindung zwischen Blasenkatheter und Drainagesystem sollte nicht getrennt werden; ist es doch einmal notwendig, so hat dies unter streng *aseptischen Bedingungen* zu geschehen.

Der Zeitpunkt des Katheterwechsels ist produktabhängig. Er sollte jedoch in regelmäßigen Abständen erfolgen, als Faustregel ca. 14tägig.

Suprapubische Blasenfistel

Bei einer suprapubischen Blasenfistel wird die Blase durch die Haut oberhalb des Schambeins anpunktiert und ein an der Spitze aufgeringelter dünner Katheter eingelegt.

Die Blaseninfektionsraten sind geringer als beim Dauerkatheter, und die Patienten können lernen, wenn der Katheter abgeklemmt ist, wieder auf natürlichem Wege Wasser zu lassen. So kann geprüft werden, ob sich die Blasenfunktion schon ausreichend erholt hat.

Versorgung: Siehe Kap. 7.4.1 Grundregeln beim Verbinden von Kathetern.

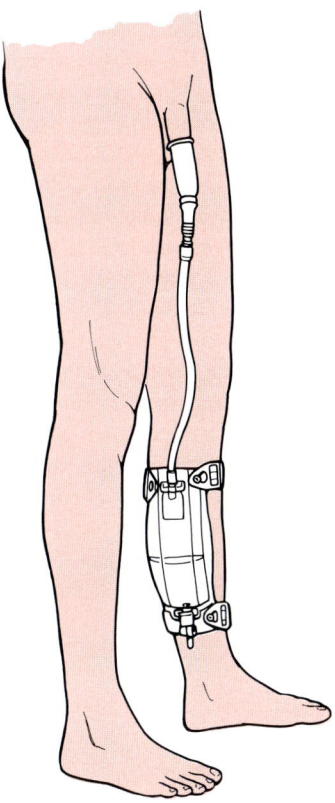

Abb. 7-18   Kondomurinal mit Auffangbeutel.

Urinale

Besteht beim Mann eine deutliche Sphinkterinsuffizienz (Abschlußschwäche) der Blase, wie dies nach Prostata-, Blasen- oder Rektumoperationen sein kann, so kann mit einem Urinal der träufelnde Urin aufgefangen und in einen Auffangbeutel weitergeleitet werden. Die Auffangbeutel werden wie bei den Urostomien meist als Mehrkammersysteme am Bein befestigt (Abb. 7-18).

Die früher gebräuchlichen Köcherurinale wurden heute weitgehend durch Kondomurinale abgelöst. Bei den Köcherurinalen sammelt sich der Urin in einem Köcher, der gut am Penis fixiert wird. Ein Schlauch, der mit dem Köcher verbunden ist, leitet den Urin in ein Auffanggefäß weiter. Speziallatexkondome lassen sich jedoch viel zuverlässiger und bequemer befestigen. Die Kondomspitze ist mit dem Ableitschlauch verbunden, in dem der Urin bis zum Auffangbeutel geleitet wird. Besteht nur eine geringe *Tröpfelkontinenz,* so können auch Windeleinlagen (Abb. 7-19) oder Spezialvorlagen (z.B. Maxi-Herrenvorlage Mölnlycke, Conveen-Tropfenfänger, Convatec) ausreichend sein. Dabei liegt der Penis in einem wasserundurchlässigen Köcher, der hoch saugfähigen, vliesbeschichteten Zellstoff enthält.

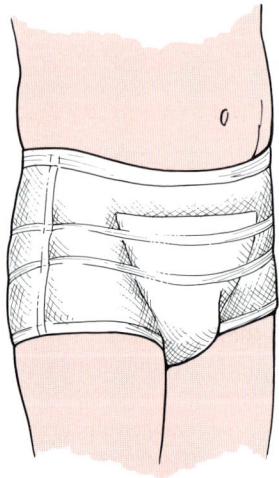

Abb. 7-19
Slipeinlage bei Tröpfelkontinenz.

Bei Verwendung von Urinalen oder Vorlagen ist stets auf eine *gute Hautpflege* zu achten.

7.4.3 Katheter zur Diagnostik und/oder zur Ernährung

Magensonde

Magensonden werden durch die Nase, über den Nasenrachenraum und die Speiseröhre in den Magen eingelegt.
Indikation: Sie dienen dazu, gestauten Magensaft abzulassen, Magensaft zu untersuchen oder zur Ernährung (Ernährungssonde).
Versorgung: Das Fixieren der Magensonde muß besonders sorgfältig erfolgen. Druck am Nasenflügel, durch eine zu straffe Befestigung der Sonde, führt zu starken Schmerzen (Abb. 7-20 a). Es kann ein Dekubitus bis auf den Knorpel entstehen. Tägliche Nasenpflege und Sondenpolsterung sind deshalb wichtige Prophylaxen. Die Magensonde sollte nicht zu starr befestigt sein, damit sie bei den Kopfbewegungen leicht folgen kann. Dazu ist es notwendig, einen *Pflastersteg* zwischen Sonde und Nase anzulegen (Abb. 7-20 b).
Es ist darauf zu achten, daß die Sicht und Lidbewegungen nicht gestört werden, die Sonde aber gut fixiert ist.
Um Verklebungen in der Magensonde zu vermeiden, regelmäßig nach Verabreichung von Sondennahrung, mit klaren Flüssigkeiten, z.B. lauwarmem Tee, spülen. Da die Nase häufig schweißnaß und etwas fettig ist, kleben Pflaster oft schwer. Es empfiehlt sich, bevor man das Pflaster aufklebt, die Nase mit etwas Benzin zu entfetten. Dabei sollte die Kom-

7.4 Katheter

Zentraler Venenkatheter

Eine ganz besonders große Infektionsgefahr besteht bei zentralen Venenkathetern. Ihre Pflege muß daher *streng aseptisch* erfolgen. Die gleichen Grundsätze gelten auch bei peripheren Verweilkanülen.

Versorgung: Ein zentraler Venenkatheter wird durch Annaht fixiert. Um den Katheter entsteht nur wenig Sekret, so daß ein einfaches Fertigpflaster (siehe Kap. 2.5.7 Wundverbände) die Eintrittsstelle abdecken kann. Zusätzliche Pflasterstreifen oder Pflastervliese müssen allerdings für eine Zugentlastung sorgen. Einige Katheter neigen dazu, abzuknicken, und müssen, bis hin zur Verbindung mit dem Infusionsbesteck, entsprechend fixiert werden.

Ein Verbandwechsel, mit der Kontrolle auf entzündliche Veränderungen an der Eintrittsstelle, muß regelmäßig erfolgen. Bei minimaler Sekretion und nur geringer Schweißproduktion des Patienten kann gelegentlich auch das alleinige Abdecken der Eintrittsstelle mit einer durchsichtigen Plastikfolie, die zu einem geringen Grad feuchtigkeitsdurchlässig ist, erfolgen. Tegaderm® ist eine hauchdünne, stark dehnbare und reißfeste Klebefolie, die auf einem Papprähmchen aufgespannt ist. Ihre Handhabung wird dadurch sehr erleichtert.

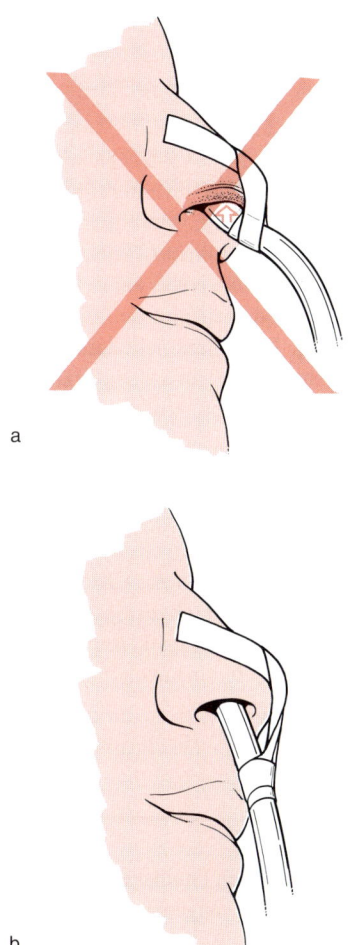

Abb. 7-20   Befestigung der Magensonde.
a) falsch.
b) richtig.

presse nur ganz wenig mit Benzin befeuchtet sein. Den Patienten bittet man beim Säubern, den Atem kurz anzuhalten, damit ihm der scharfe Geruch erspart bleibt.

7.4.4 Katheter zum Ableiten von Sekret

Thorax-Drainage

Die Thorax-Drainage wird durch einen kleinen Hautschnitt über den Zwischenrippenraum in die Brusthöhle eingeführt und liegt im Pleuraspalt zwischen Brustwand und Lunge (Abb. 7-21 a, b). Da

7 Sonderverbände

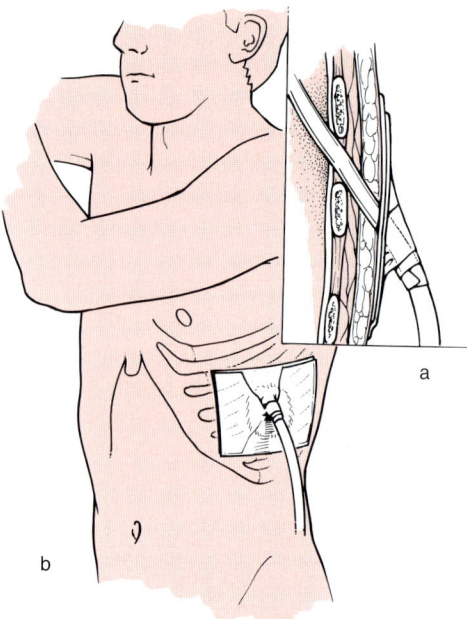

Abb. 7-21 Thorax-Drainage.
a) Lage der Thorax-Drainage im Pleuraspalt.
b) Verbundene Thorax-Drainage.

im Pleuraspalt ein Unterdruck herrscht, soll Luft und Sekret zwar aus der Thorax-Drainage heraus, aber nicht in die Thorax-Drainage hinein gelangen. Daher wird die Thorax-Drainage über ein sogenanntes Wasserschloß abgeleitet und abgedichtet. Zusätzlich kann an der Thorax-Drainage noch ein Sog angelegt werden, um den Unterdruck im Pleuraspalt herzustellen.
Indikation: Sie dient dazu, Sekrete (Erguß, Blut) oder Luft (beim Pneumothorax) abzulassen.
Versorgung: Die Auffassung, Thorax-Drainagen müßten luftdicht verbunden werden, ist falsch. Nur wenn die Thorax-Drainage durch eine breite Thoraxwunde eingelegt ist und diese nicht verschlossen wurde, muß der Verband ein zusätzliches Eindringen von Luft über die Wunde verhindern.

Thorax-Drainagen werden angenäht. Für den Verband legt man einige sterile Kompressen um die Drainageaustrittsstelle. Diese werden mit je einem Klebevlies (Fixomull stretch®, Mefix®), von oben und unten her kommend, fixiert. Das Klebevlies wird dabei etwas auf den Katheter geklebt und dient somit der zusätzlichen Sicherung. Es kommt nicht darauf an, daß der Verband straff und glatt sitzt. Durch Querelastizität und leichten Faltenwurf lassen sich die Stretchvliese besonders gut anpassen. Ist das Klebevlies nicht elastisch, müssen die beiden Hälften, wie in Abb. 7-22 gezeigt, zugeschnitten werden.

 Wird die Thorax-Drainage diskonnektiert (abgestöpselt), so muß sie vorher abgeklemmt werden, damit keine Luft von außen in den Pleuraspalt eindringen kann. Es sollte daher immer eine Klemme am Bett des Patienten vorhanden sein.

Redon-Drainage

Beispiel für einen Drainageverband:
Es genügt, die angenähte Redon-Saugdrainage an der Austrittsstelle mit einem Wundschnellverband zu überkleben (Abb. 7-23). Dabei sollte das Pflaster etwas um den Drainagekatheter anmodelliert werden. So wird die Drainageaustrittsstelle rundherum abgeschlossen und der Katheter zusätzlich fixiert. Diese Verbandtechnik ist einfacher als das Verfahren mit Schlitzkompressen und einem eingeschnittenen Pflastervlies, wie es beim Verbinden von Thorax-Drainagen beschrieben ist.

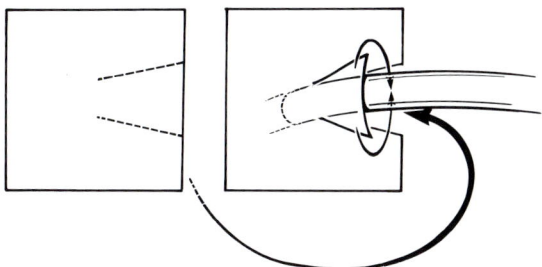

Abb. 7-22 Zuschnitt und Aufkleben von unelastischen Klebevliesen bei Thorax-Drainagen.

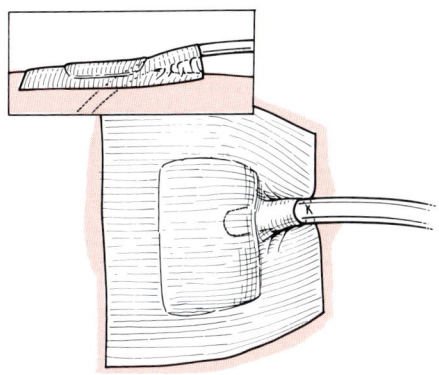

Abb. 7-23 Verband einer Redon-Drainage mit elastischem Klebevlies.

7.5 Augenverbände

Augenverbände sollen das Auge meist vor Austrocknung schützen. Sie können Salben vor dem Auge halten, gelegentlich ist auch eine Ruhigstellung und Kompression bei Verletzungen um das Auge herum notwendig. Eine Ruhigstellung des Auges kann in der Regel nur durch einen Verband beider Augen erreicht werden, da das einseitig abgedeckte Auge die Bewegungen der gesunden Seite mitmacht.

7.5.1 Augenkompresse und Augenkissen

Augenverbände müssen besonders *weich, falten-* und *fusselfrei* sein. Daher werden industriell hergestellte Augenkompressen angeboten. Weiche reine Wattekissen sind beidseitig mit Verbandmull abgedeckt, eine Seite kann gelegentlich hautfarben sein. Sie haben eine ovale oder dreieckige Form. Bei einem Augenkissen ist die Watte ganz textil eingestrickt. Die Fixation erfolgt in der Regel mit Pflasterstreifen.

7.5.2 Augen- und Orbitadruckverband (einseitig und doppelseitig)

Indikation: Nach Verletzungen der Lider und Augenbrauen kann gelegentlich ein leichter Druckverband zur Ruhigstellung und Sicherung der Wundheilung nützlich sein. Das Auge wird zunächst mit einer Augenkompresse abgedeckt, auf die man etwas Salbe (z. B. Bepanthen®) geben kann.

Durchführung: Beim *einseitigen Augenverband* wird zunächst der Bindenanfang mit horizontalen Touren um den Kopf, die tief im Nacken (so verrutschen sie nicht) und oberhalb der Augenbraue verlaufen, fixiert. Die Touren werden dann schräg nach unten über das abgedeckte Auge geführt, unter dem Ohr der verletzten Seite vorbei. Diese Schrägtouren wechseln sich beim Verbinden mit den horizontalen Touren ab.

Beim *doppelseitigen Augenverband* wird nach horizontalen Verankerungstouren die Binde achtertourig geführt. Die Touren verlaufen auf der Stirn von rechts nach links und gehen oberhalb des linken Ohres auf den Nacken. Im Nacken wendet sich die Richtung schräg über das Hinterhaupt zum rechten Kieferwinkel. Hier tritt die Binde nach vorn über auf die rechte Wange und das rechte Auge, um über die linke Stirn und oberhalb des linken Ohres wieder auf das Hinterhaupt zu kommen. Im Gegensatz zum einseitigen Augenverband wird jetzt achtertourig weitergewickelt. Die Tour wird um das Hinterhaupt fortgesetzt, tritt oberhalb des rechten Ohres auf die Stirn, überkreuzt die zuvor angelegte Tour über der Nasenwurzel, überquert das linke Auge und tritt über den linken Kieferwinkel auf das Hinterhaupt. Die erste Achtertour ist komplett, die weiteren Touren können wie bei einem Kornährenverband (Spica) etwas gegeneinander versetzt werden.

Material: Für den einseitigen Augenverband: 1–2 Binden, nicht zu breit (ca. 6 cm). Für den doppelseitigen Augenverband: 2–4 Binden, nicht zu breit (ca. 6 cm).

7.5.3 Uhrglasverband

Indikation: Bei fehlendem Lidschluß, fehlenden Hornhautreflexen oder fehlen-

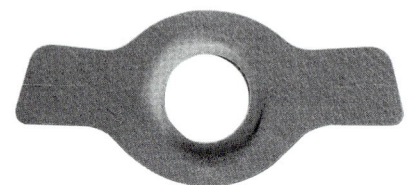

Abb. 7-24 Uhrglasverband.

der Tränenflüssigkeit kann das Auge durch einen durchsichtigen sogenannten Uhrglasverband vor Austrocknung geschützt werden.

Durchführung: Eine transparente Scheibe wird – wie das Uhrglas über dem Zifferblatt – über das Auge gelegt und am Orbitarand befestigt (Abb. 7-24). Es entsteht eine abgeschlossene feuchte Kammer. Das Auge trocknet nicht aus und ist vor Verletzungen geschützt. Pflastergeklebte Augenverbände beim Verbandwechsel vorsichtig lösen. Grundsätzlich das geschlossene Auge sorgfältig vom äußeren zum inneren Augenwinkel reinigen.

Material: Als Fertigverband ist z.B. Poroplast®-Augenverband S (= Scheibe) erhältlich. Ist die Scheibe undurchsichtig, wie in der Schielbehandlung gelegentlich notwendig, so gibt es auch Pflaster mit undurchsichtigen Deckeln, z.B. Poroplast®-Augenverband D (= Deckel).

7.6 Verbände nach Faden- und Klammerentfernung

Indikation: Fäden- und Klammerentfernung erfolgen nach ärztlicher Anordnung. Grundsätzlich gilt jedoch: Je früher die Fäden entfernt werden, desto schöner wird die Narbe. Richtlinien zur Fädenentfernung gibt Ihnen folgende Auflistung:

Gesicht	ca. 4 Tage
Körperstamm	ca. 10 Tage
Obere Extremität	ca. 10 Tage
Untere Extremität	ca. 14 Tage

Auch Klammerpflaster (siehe Kap. 2.5.7), die Wunden nahtlos verschließen, werden nach den gleichen Richtlinien entfernt.
Material: Sterile anatomische Pinzette, Klammerentferner, steriles Fadenmesser (Abb. 7-25), sterile Handschuhe, sterile Tupfer und Schnellverbände, Desinfektionslösung und Abwurfschale.
Durchführung: Mit sterilen Handschuhen arbeiten; Wunddesinfektion. Fadenende mit steriler Pinzette fassen, hochziehen, knapp über dem Hautniveau abschneiden und herausziehen. Für die Entfernung von Klammern spezielle Klammerentferner benutzen. Eventuell steril abdecken und mit Pflaster fixieren.

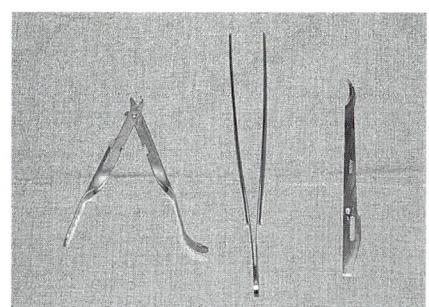

Abb. 7-25   Klammerentferner, Pinzette, Fadenmesser.

Abb. 7-26   Verband einer Schanz-Schraube mit Schlitzkompresse und eingeschnittenem Klebevlies.

7.7 Verband bei Fixateur externe

Indikation: Verband der Austrittsstellen von Steinmann-Nägeln und Eintrittsstellen von Schanz-Schrauben, wie sie z.B. bei der Anlage des Fixateur externe verwendet werden.
Allgemein: Die Wunden stellen prinzipiell Eintrittspforten für Erreger dar, die entlang des Fremdmaterials den Nagel-, Schraubenkanal und auch den Knochen infizieren können.
Material: Sterile Schlitz- oder Mullkompressen, Klebevlies, Mercurochrom oder Polyvidon-Jodsalbe.

Durchführung: Wunden trocken halten. Die Haut um die Erregereintrittspforten sorgfältig auf Entzündungszeichen inspizieren. Unsaubere Wunden werden vorsichtig mit physiologischer Kochsalzlösung gereinigt und infizierte Beläge abgetragen. Ein reizloser Schorf sollte nicht entfernt, sondern als biologisches Pflaster belassen werden. Die Eintrittsstellen werden mit Mercurochrom abgetupft und mit einer sterilen Schlitzkompresse oder einer ausgezogenen Mullkompresse, die um den Nagel herumgewickelt wird, abgedeckt. Der Verband wird mit einem Klebevlies oder einer elastischen Mullbinde fixiert (Abb. 7-26).

Zum Schutz des Patienten und Dritter werden die spitzen Enden der Fixationsstäbe mit Schutzkappen abgedeckt.

Dauer: Die Verbandintervalle sind abhängig von der Wundsekretion. Bei reizlosen, trockenen Wunden genügen Kontrollintervalle von 4–8 Tagen.

8
Verbandtechnik in der Ersten Hilfe

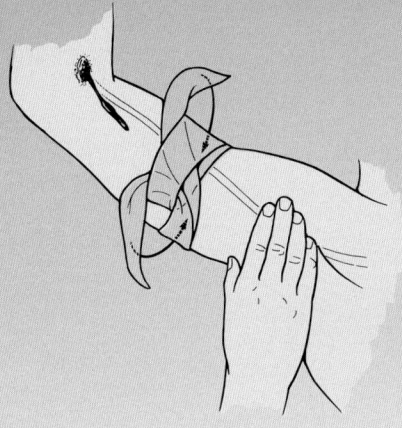

Als Erste Hilfe bezeichnet man Maßnahmen, die bei Verletzungen oder akuten Erkrankungen außerhalb von medizinischen Spezialeinrichtungen vorgenommen werden. Es geht dabei vor allem darum, *lebensrettende Maßnahmen* einzuleiten mit dem Ziel, Atmung und Kreislauf aufrechtzuerhalten. Daneben ist es die Aufgabe der Ersten Hilfe, *Schmerzen zu mindern* und die *Voraussetzungen für den Transport* in ein Krankenhaus zu schaffen. Bei jedem Notfall ergibt sich das Problem, Art und Schwere der Verletzung richtig einzuschätzen. Im allgemeinen neigt der Unerfahrene dazu, bei äußeren Blutungen (z.B. aus einer oberflächlichen Vene) die Gefahr zu überschätzen, bei inneren, äußerlich nicht sichtbaren (z.B. bei Beckenfrakturen) die Gefahr zu unterschätzen. Die korrekte Beurteilung von Verletzten erfordert eine sorgfältige Ausbildung und Erfahrung, deshalb sollten sich Laien jedoch nicht scheuen, wenn es notwendig ist, einzugreifen.

Verbandtechniken stellen im Rahmen der Notfallbehandlung nur einen Teil der Problematik dar. Sie haben außer bei starken Blutungen keine unmittelbar lebensrettende Bedeutung. Ihre Aufgabe ist es in erster Linie, weitere Schäden z.B. durch Verunreinigung der Wunde zu verhindern sowie die Schmerzen zu lindern.

Erste Hilfe kann oft nicht unter optimalen Bedingungen vorgenommen werden,
- weil das Ausmaß der Verletzung nicht bekannt ist;
- weil die Patienten zur Untersuchung und Versorgung nicht fachgerecht gelagert werden können;
- weil kein standardmäßiges medizinisches Instrumentarium und Material vorliegt.

Um bei unvollkommenen Voraussetzungen zurechtzukommen, muß der Ersthelfer sich darüber im klaren sein, welche Gefahren durch die Verletzung oder Erkrankung bestehen und welche Risiken die Erste-Hilfe-Maßnahmen darstellen können. Viele Hilfsmaßnahmen sind zu improvisieren.

Wirkungsweise der *Verbandtechnik* in der Ersten Hilfe:
- Verunreinigung von Wunden verhindern,
- Blutungen stillen,
- Schmerzen lindern und
- Sekundärschäden bei Frakturen verhindern.

8.1 Verhinderung von Wundverunreinigungen

Material: Als Wundauflage: Baumwollkompressen, Fettgaze oder nicht-haftende Folien (Metalline®).
Zur Verbandfixation: Binden, Pflasterstreifen oder Dreiecktücher.
Leicht zu handhaben sind natürlich Wundschnellverbände: Hansaplast®, Cutiplast® (siehe Abb. 2-7).
Ersatzweise können als Wundauflage saubere Wäsche, unbenütztes Papier, z.B. Zeitungspapier, Papiertaschentücher, und zur Verbandfixation z.B. Bänder, Stoffstreifen, Gürtel oder ähnliches verwendet werden.

Allgemein: Die Technik des Notverbands richtet sich nach der Art und dem Ausmaß der Verletzung sowie nach den vorhandenen Materialien. Das allgemeine *Prinzip* ist, die *Wundfläche mit einer keimarmen Auflage zu bedecken*. Eine

Kontamination mit einer geringen Anzahl von Keimen ist für die meisten Wunden tolerabel. Die Wundabdeckung verhindert, daß die Kleidung auf der Wunde scheuert und damit Schmerzen verursacht.

 Wichtige Besonderheiten sind großflächige Verbrennungswunden und offene Knochenbrüche. Hier müssen alle Anstrengungen unternommen werden, um die sekundäre bakterielle Kontamination so gering wie möglich zu halten.

Darüber hinaus bedeutet der Anblick einer Wunde für viele Verletzte eine psychische Belastung. Diese wird gemildert, wenn die Wunde abgedeckt ist.

Durchführung: Kleine Wunden werden vorzugsweise mit einem selbstklebenden Schnellverband bedeckt. Dieser wird von der Industrie in unterschiedlichen Größen und Qualitäten angeboten (siehe Abb. 2-7). Ersatzweise kann die Wunde mit einer Kompresse entsprechender Größe bedeckt werden, die mit Pflasterstreifen fixiert wird.

Dies ist die typische Notversorgung auch von tiefergehenden Wunden mit begrenzter Flächenausdehnung wie Platz-, Stich-, Schuß- oder Pfählungswunden.

Ausgedehnte Wunden wie Schürf-, Verbrennungs- und Verätzungswunden bedürfen unbedingt einer flächenhaften Abdeckung.

Günstig sind nicht-haftende Salbengaze oder metallbeschichtete Folien (Abb. 8-1). Als Ersatz kommen trockene Gaze, saubere Stoffe („frisch aus dem Schrank") oder Papier (z.B. eine nicht gelesene Zeitung) in Frage.

8.2 Blutstillung

Allgemein: Bei Verletzungen kann es zu Blutungen nach außen oder nach innen kommen. Blutungen nach außen sind nicht zu verkennen. Unerfahrene neigen

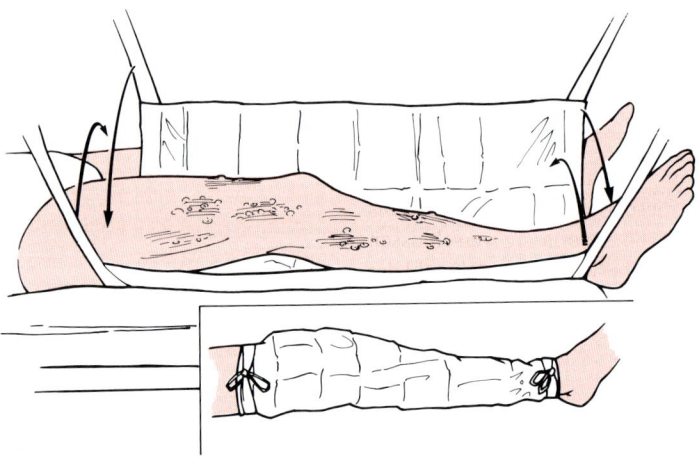

Abb. 8-1 Metalline®-Folien verhindern auf flächenhaften Wunden (z.B. Brand- oder Schürfwunden), daß die Wundfläche mit dem Verbandmaterial verklebt.

dazu, die Menge des verlorenen Blutes und die daraus resultierende Gefahr zu überschätzen. Innere Blutungen werden leicht unterschätzt, weil sie nicht unmittelbar erkennbar sind. Bei schweren Verletzungen am Thorax, im Bauch, am Becken und am Oberschenkel muß man mit einem großen Blutverlust rechnen. Blutungen im Becken und im Oberschenkel lassen sich durch Verbände mindern oder stillen.

Grundregeln für die Notfallbehandlung:
- Die Standardmethode zur Stillung der äußeren Blutung ist der Druckverband!
- Die Standardmethode zur Stillung der Blutung bei Becken- und Femurfrakturen ist die Reposition und provisorische Fixation der Frakturen!

8.2.1 Äußere Blutung

Druckverband

Der Druckverband besteht neben der *Wundauflage*, auf die notfalls verzichtet werden kann, aus dem *Druckpolster* und der *Befestigung* (Abb. 8-2 a, b).

Das Druckpolster muß so hoch sein, daß damit eine Kompression auf die blutenden Gefäße ausgeübt wird. Man legt es auf die Blutung und wickelt eine Binde, einen Streifen, einen Gürtel usw. *unter Zug* darüber. Auf diese Weise werden kleine bis mittlere Gefäße zuverlässig verschlossen und damit die überwiegende Mehrzahl der Blutungen gestillt. Die Gewebedurchblutung bleibt ansonsten erhalten. Aus diesem Grunde ist der Druckverband den anderen Verfahren vorzuziehen, sofern damit die Blutstillung erreicht wird (siehe auch Kap. 5.7).

Maßnahmen zur Drosselung der gesamten Blutzufuhr

Blutungen an den Extremitäten lassen sich dadurch stillen, daß die gesamte Blutzufuhr proximal (Abb. 8-3) unterbunden wird. Von der technischen Seite her bieten sich dazu verschiedene Möglichkeiten (Abb. 8-2 a, b). Dabei ist zu beachten:

 Es dürfen keine schnurartigen Gegenstände verwendet werden!

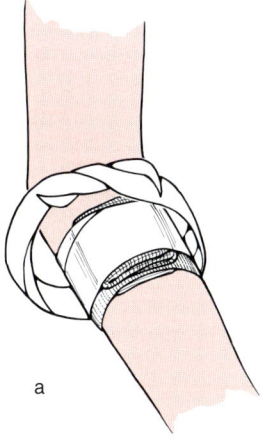

a

b

Abb. 8-2 Druckverband mit Wundauflage und Druckpolster.
a) Befestigung mit einem verknoteten Dreiecktuch.
b) Befestigung mit einem breiten Gürtel.

8 Verbandtechnik in der Ersten Hilfe

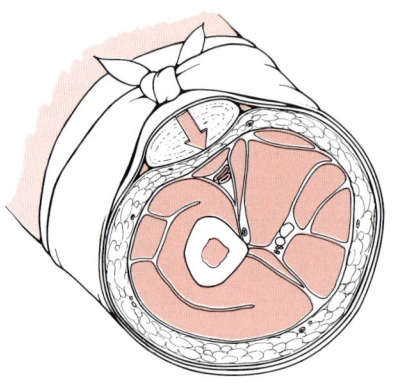

Abb. 8-3 Drosselung der Blutzufuhr. Wenn man über den großen Gefäßen – am Oberschenkel vorne innen – einen ausreichend hohen Druck ausübt, unterbindet man die Blutzufuhr zu den distalen Extremitätenabschnitten.

Schnüre, Draht, Stricke usw. „schnüren ab", statt daß sie „abbinden". Abschnüren führt zu schwerer Schädigung an Haut, Muskulatur, Nerven und Gefäßen.

 Die Ischämiezeit darf eineinhalb bis zwei Stunden nicht überschreiten!

Um die Dauer der Ischämie zu kontrollieren, muß der *Zeitpunkt der Anlage so dokumentiert* werden, daß sie auch der Nachbehandler findet (siehe Abb. 8-5 b). Normalerweise kann heute davon ausgegangen werden, daß die Einlieferung in die Klinik innerhalb der Toleranzzeit erfolgt. Wenn Verletzungen aber in abgelegenen Gegenden oder im Katastrophenfall bei überlastetem Rettungssystem zu versorgen sind, kann die Maximalzeit leicht überschritten werden. Auch in diesen Fällen muß gewährleistet sein, daß die Ischämie rechtzeitig aufgehoben wird.

Pneumatische Manschetten und Textil- oder Gummibinden sind Standardmittel zur Anlage einer Ischämie. Behelfsmäßig eignen sich breite Gurte oder Textilien.

Pneumatische Manschetten

Am Arm und am Unterschenkel reicht eine übliche Blutdruckmanschette, um die Blutzufuhr zu drosseln. Am Oberschenkel sind meist größere Manschetten erforderlich. Die Manschetten werden so weit *aufgepumpt, bis die Blutung steht* (Abb. 8-4).

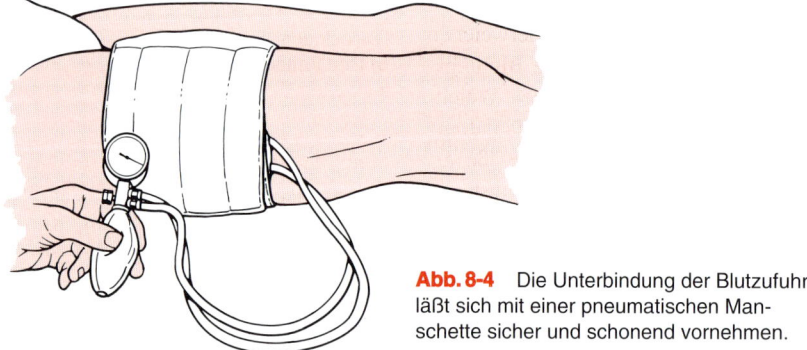

Abb. 8-4 Die Unterbindung der Blutzufuhr läßt sich mit einer pneumatischen Manschette sicher und schonend vornehmen.

Binden

Am besten eignen sich 6–8 cm breite Gummibinden. Textile Binden, elastisch oder unelastisch, können in gleicher Weise benützt werden (Abb. 8-5). Wenn man auf die großen Gefäße ein Druckpolster legt, erleichtert man deren Kompression. Derselbe Effekt wird erreicht, wenn man Tücher o.ä. verwendet. Sie können geknotet und evtl. mit einem Stiel aufgedreht werden (Abb. 8-6 a, b). Vorsicht ist jedoch geboten: Es darf nur so weit angezogen werden, bis die Blutstillung eingetreten ist. Zu hoher Druck führt zu Schäden am Gewebe und an den Leitungsbahnen. Diese aggressiven Maßnahmen sind nur selten erforderlich, z.B. bei einer traumatischen Amputation.

8.2.2 Innere Blutung

Blutungen bei Frakturen am Femur und im Becken können durch äußere Maßnahmen, wenn nicht gestillt, so doch wesentlich vermindert werden.
Bei Beckenfrakturen kommen die großen Blutungen aus den Frakturflächen am Kreuzbein und aus den eingerissenen Venen des Beckenplexus. Große Blutmengen können im Retroperitoneum verlorengehen, wenn durch Auseinanderweichen der Beckenknochen eine große Blutungshöhle entsteht. Die umgebenden Weichteile üben mit Zunahme des Hämatoms immer größeren Druck auf die Gefäße aus und führen grundsätzlich zur Selbsttamponade. Wenn allerdings die Beckenfragmente weit auseinandergewichen sind, wird das Fassungsvermögen so groß, daß vor Eintritt der Tamponade der *Kreislaufschock* eintritt. Es ist deshalb eine wesent-

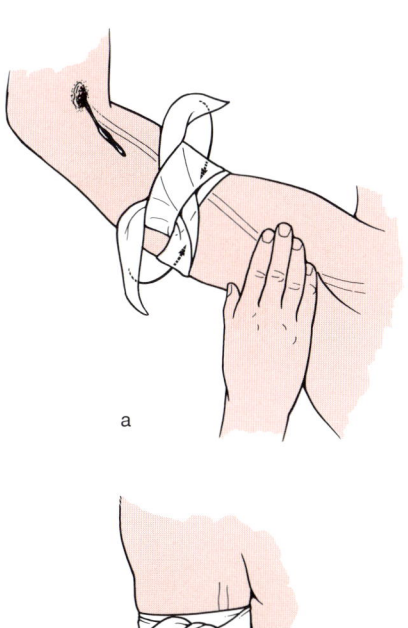

Abb. 8-5
Behelfsmäßige Blutstillung am Oberarm.
a) Abbinden mit einem Tuchstreifen oder Dreiecktuch.
b) Den Zeitpunkt des Abbindens schriftlich festhalten.

liche Maßnahme, die *Fragmente zu reponieren und zu fixieren* und dadurch das Beckenvolumen auf ein Minimum zu verkleinern, was dann zur Eigentamponade der Blutung führt. Dazu eignen sich Bandagen mit breiten Binden oder die „Anti-Schock-Hose".

8 Verbandtechnik in der Ersten Hilfe

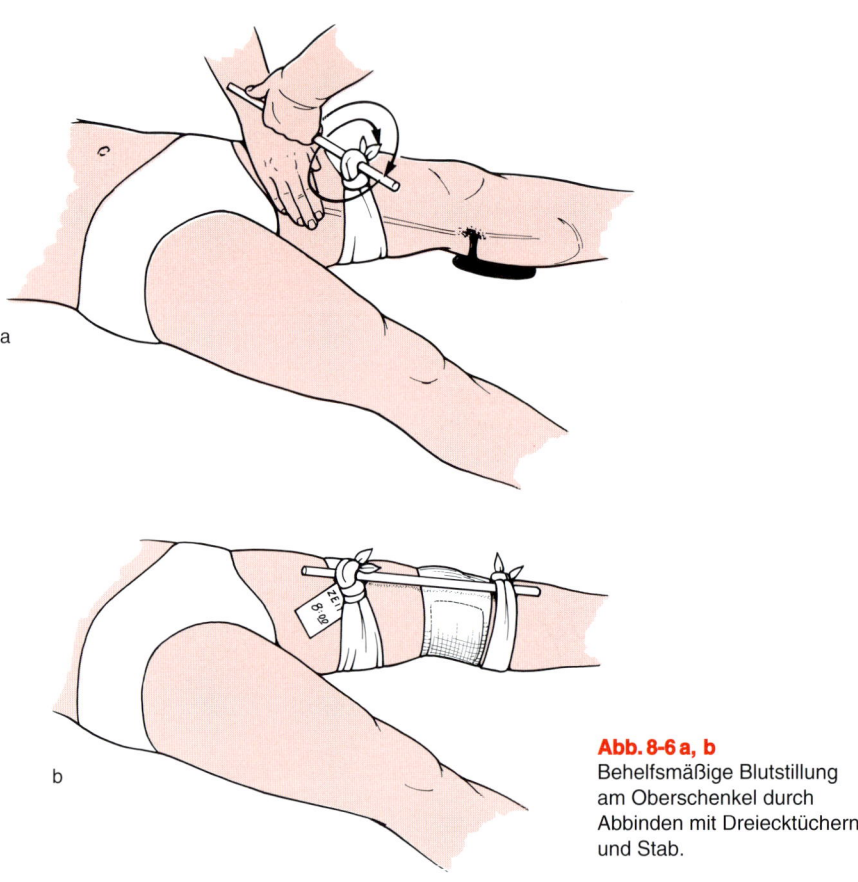

Abb. 8-6 a, b
Behelfsmäßige Blutstillung am Oberschenkel durch Abbinden mit Dreiecktüchern und Stab.

Bandagierung des Beckens

Hierfür kommen Binden in 12–15 cm Breite oder Abdominalverbände (Tricodur®-Abdominalverband), die zur Sicherung von Nähten der Bauchwand verwendet werden, in Frage. Die Gurte bestehen aus zugfestem Stoff mit einem Klettverschluß. Es handelt sich dabei um ein einfaches, aber wirkungsvolles Prinzip, welches angewendet werden muß, solange mobile Beckenfrakturen nicht durch operative Maßnahmen stabilisiert werden können (Abb. 8-7a bis c).

Anti-Schock-Hose (ASH)

Sie ist im zivilen und militärischen Rettungsdienst der Vereinigten Staaten unter der Abkürzung MAST (military anti-shock-trousers) oder ASG (anti-shock-garnment) routinemäßig im Einsatz. Wie

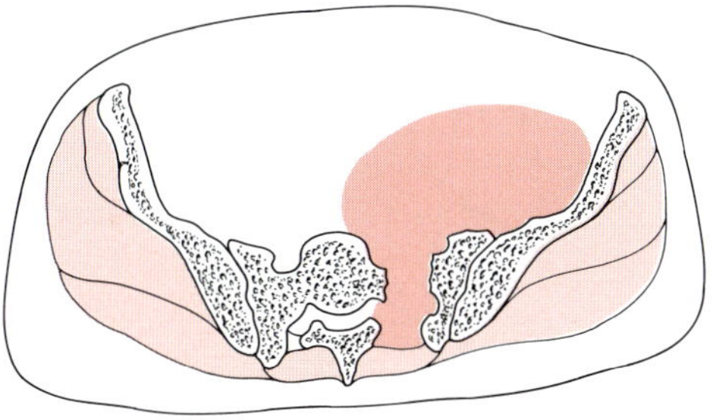

8.2 Blutstillung

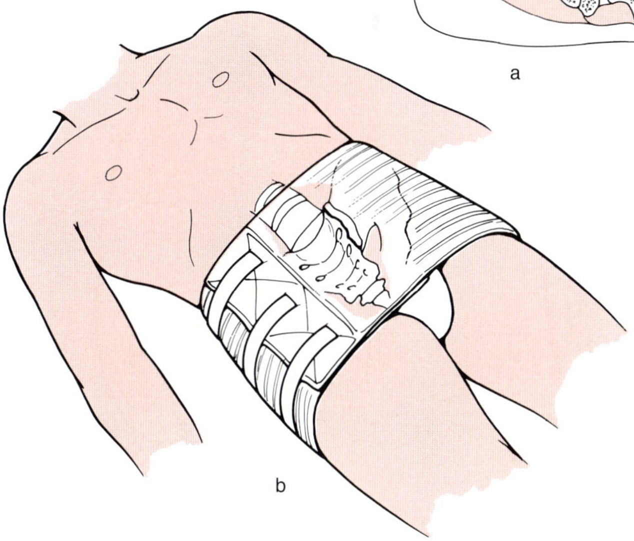

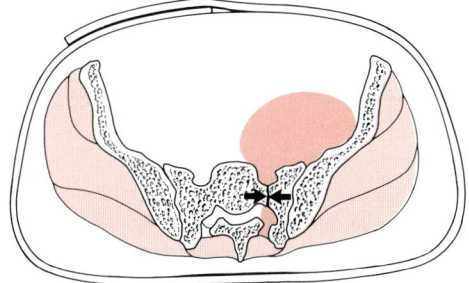

Abb. 8-7 a bis c Kompression des Beckens mit dem Abdominalverband.
a) Sacrumfraktur mit großem Hämatom.
b) Bandagierung des Beckens mit Tricodur® und Pflastersicherung.
c) Durch die Bandage ist der Raum im kleinen Becken zur Aufnahme des Hämatoms wesentlich verkleinert.

der Name ausdrückt, dient sie in erster Linie zur Schockprophylaxe und -behandlung. Aus verschiedenen Gründen, insbesondere wegen des unterschiedlichen Rettungssystems, hat die ASH bei uns nur geringe Bedeutung. Die wesentliche (wenn nicht die einzige) Indikation unter unseren Bedingungen ist die *Schock-*

8 Verbandtechnik in der Ersten Hilfe

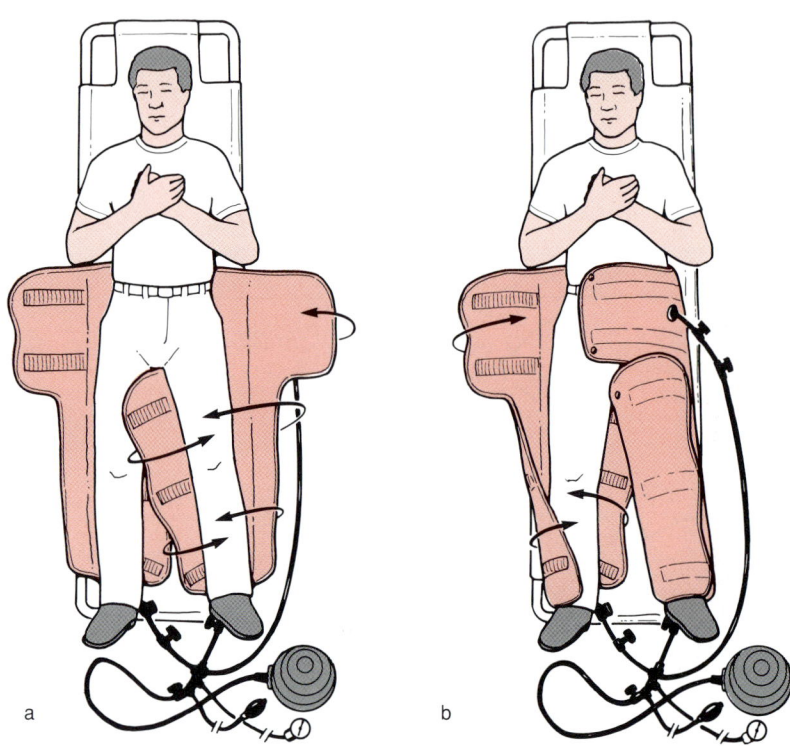

Abb. 8-8 a bis c   Korrektes Anlegen der Anti-Schock-Hose.

bekämpfung bei Frakturen des Beckens, evtl. in Kombination mit Frakturen der unteren Extremität.
Die ASH besteht aus Kammern (Abb. 8-8 a bis c), die an den Teilen der Beine und des Beckens jeweils separat aufzublasen und zu entlasten sind. Der Druck wird mit Hilfe eines Manometers eingestellt. Dadurch werden die *Frakturen* weitgehend *fixiert* und die *Venen* komprimiert. Neben der Blutstillung erreicht man, daß das Blutvolumen aus den Beinen dem Kreislauf zur Verfügung gestellt wird. Die *falsche Handhabung* der ASH kann zu schweren, evtl. tödlichen *Komplikationen* führen.
Die Kompartimente werden einzeln in ausreichendem zeitlichem Abstand von proximal nach distal abgelassen. Während des Entlastungsvorgangs müssen alle Möglichkeiten zur Kreislaufstützung gegeben sein. Wenn der Druck zu schnell aus der ASH abgelassen wird, verliert der Patient abrupt große Mengen Blut in die Gefäße der Beine und kommt in den Schock.

8.3 Schmerzbekämpfung und Verhinderung von Folgeschäden

8.3.1 Lokale Kühlung

Indikation: Prellungen, Distorsionen, schmerzhafte Hämatome, Schmerzen bei Luxationen und Frakturen.

Allgemein: Die örtliche Kühlung von Verletzungen führt zu einer relevanten Linderung der Schmerzen, weshalb dieses Verfahren nicht nur in der Ersten Hilfe, sondern auch routinemäßig in der postoperativen Behandlung angewendet wird. Die Linderung der Schmerzen beruht auf einer *Herabsetzung der Reizschwelle der Schmerzrezeptoren*. Außerdem führt sie zu einer Verengung der Gefäße *(Gefäßkonstriktion)* und damit zu einer Verminderung des Austrittes von zellulären und plasmatischen Bestandteilen des Blutes *(Hemmung der Exsudation)*. Auf diese Weise wird die örtliche Schwellung vermindert. Da die Blutbestandteile bzw. deren Abbauprodukte im Gewebe Schmerzen hervorrufen, stellt die Verminderung der Exsudation auch eine schmerzlindernde Maßnahme dar.

Material: Kältespray (Chloräthyl), Eiswasser in Plastikbeuteln, „cold-pack" (Abb. 8-9).

Durchführung: Flüssiges Chloräthyl sprüht man auf die verletzte Region. Durch Verdunstung kommt es zu einer wesentlichen Abkühlung. Da eine zu starke Unterkühlung des Gewebes erhebliche Schmerzen hervorruft, ist das Aufsprayen zu unterbrechen, wenn der Verletzte kältebedingte Mißempfindungen angibt. Der Vorgang kann nach einiger Zeit wiederholt werden.

Mit Eiswasser in Plastiktüten (behelfsmäßig) oder mit „cold-packs" (standardmäßig) läßt sich eine dosierte, länger anhaltende Kühlung erreichen. Bisweilen

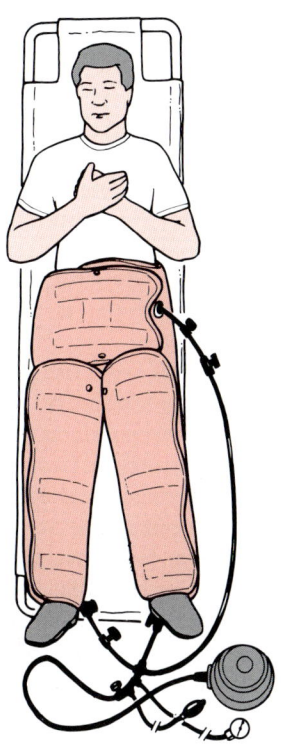

c

Der Druck in der ASH darf nur langsam und Kammer für Kammer unter ständiger Kontrolle des Blutdrucks entlastet werden!

8.3 Schmerzbekämpfung und Verhinderung von Folgeschäden

Im Rahmen der Ersten Hilfe erfolgt die Schmerzbekämpfung durch
- örtliche Kühlung
- gezielte Schmerzmittelgabe und
- korrekte Lagerung bzw. durch ruhigstellende Verbände.

8 Verbandtechnik in der Ersten Hilfe

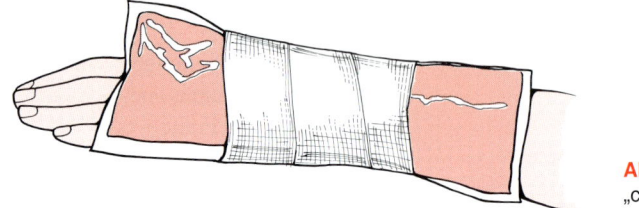

Abb. 8-9 „cold-pack"

werden Eispackungen anfänglich als unangenehm empfunden, so daß es sich empfiehlt, Stoff- oder Verbandmaterial zwischen Packung und Haut zu legen. Gelegentlich ist es ratsam, die Eispackung mit Binden zu fixieren (Abb. 8-9).

8.3.2 Korrekte Lagerung

Allgemein: Mit der korrekten Ruhigstellung *verhütet* man *Folgeschäden,* die beispielsweise durch Druck oder das Eindringen der Fragmentenden in das Gewebe entstehen können.
Wie ruhiggestellt wird, hängt einerseits davon ab, welche Körperregion verletzt ist und welche Verletzungsform vorliegt, andererseits davon, welche Geräte oder Materialien zur Verfügung stehen.
Material: Pneumatische Schienen, Vakuummatratzen, Extensionsschienen, als Ersatz kann man Drahtleiterschienen, Dreiecktücher, Stäbe, Stangen, Bretter, Skier, Anzugteile, Binden und Stoffstreifen verwenden.

Pneumatische Schienen

Es handelt sich um aufblasbare Kunststoffhüllen, die für Arme und Beine in unterschiedlichen Größen angeboten werden (Abb. 8-10 a, b). Sie sind einfach anzulegen: Die entleerte Schiene wird über die

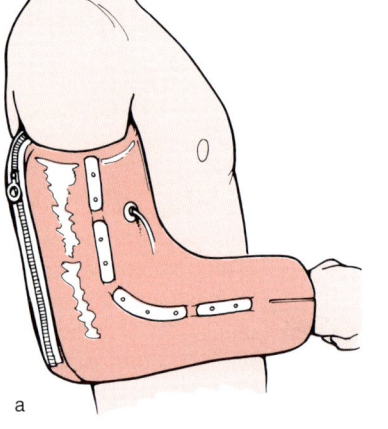

a

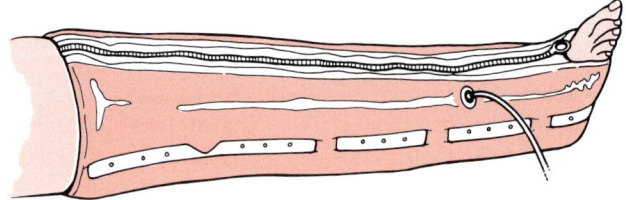

b

◁ **Abb. 8-10 a, b** Pneumatische Schienen zur Ruhigstellung bei Frakturen an Arm und Bein.

8.3 Schmerzbekämpfung und Verhinderung von Folgeschäden

bekleidete oder unbekleidete Extremität gezogen, mit dem Reißverschluß verschlossen und locker aufgepumpt. Man erreicht eine weitgehende *Ruhigstellung* und *Schmerzstillung*. Zur Röntgenuntersuchung muß die Schiene nicht abgenommen werden, weil das Plastikmaterial vollständig strahlendurchlässig ist. Von Vorteil ist außerdem, daß die Schiene sehr leicht ist.

Gefahren: Die pneumatische Schiene darf nicht zu stark aufgepumpt werden, maximal 20 mm Hg. Höherer Druck behindert die venöse Zirkulation.

Wenn die Hülle durch scharfe Gegenstände verletzt wird, fällt der schienende Effekt aus.

Vakuumschiene

Die Vakuumschienen („Erdnußbetten") bestehen aus luftdichten Plastik- oder Gummikammern, die in unterschiedlichen Größen angeboten werden. Am gebräuchlichsten sind zwei Meter lange Matratzen zur Immobilisierung des ganzen Menschen *(Vakuumimmobilisator)*. Sie sind etwa zu zwei Dritteln mit geschäumten Kunststoffkügelchen angefüllt. Wenn man die Matratze der Körperform grob anmodelliert und anschließend mit einer Vakuumpumpe die Luft absaugt, entsteht eine Schienung, die einerseits exakt anliegt, so daß keine Druckstellen entstehen können, andererseits ist das System so fest, daß keine relevante Fragmentverschiebung möglich ist (Abb. 8-11) und der Patient nur aus der Matratze genommen werden kann, wenn das Vakuum wieder aufgehoben wird. Diese Immobilisierung ist besonders bei Frakturen der Wirbelsäule, des Beckens und der Oberschenkel erwünscht. Transportbedingte Schäden, die besonders am Rückenmark bei Wir-

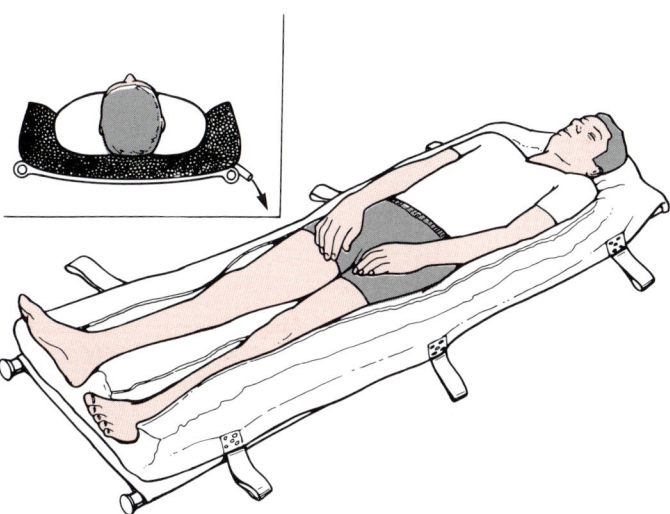

Abb. 8-11 Vakuumimmobilisator („Erdnußbett") zur Ruhigstellung des Verletzten bei Wirbel- und Oberschenkelfrakturen.

8 Verbandtechnik in der Ersten Hilfe

belfrakturen gefürchtet sind, werden vermieden. Becken- und Femurfrakturen werden weitgehend in Reposition gehalten, wodurch *Blutung und Schmerzen gemindert* werden. Die Vakuumsysteme sind röntgendurchlässig und können deshalb für eine Reihe von Röntgenuntersuchungen belassen werden.

Gefahren: Für den Patienten sind keine Gefahren bekannt. Verletzungen der Hülle der Vakuumschiene sind zu vermeiden, da sonst der schienende Effekt aufgehoben ist.

Extensionsschiene

Mit den Extensionsschienen können Fragmente einem Längszug ausgesetzt werden. Dadurch wird verhindert, daß die scharfen Knochenenden Schmerzen und Sekundärschäden verursachen. Es gibt unterschiedliche Ausführungen für das einheitliche Prinzip. Die einfachste ist die *Thomas-Schiene* (Abb. 8-12). Sie besteht aus einem U-förmigen Metallbügel und aus einem gepolsterten Halb- oder Vollring. Die Ringe werden bei Armschienen

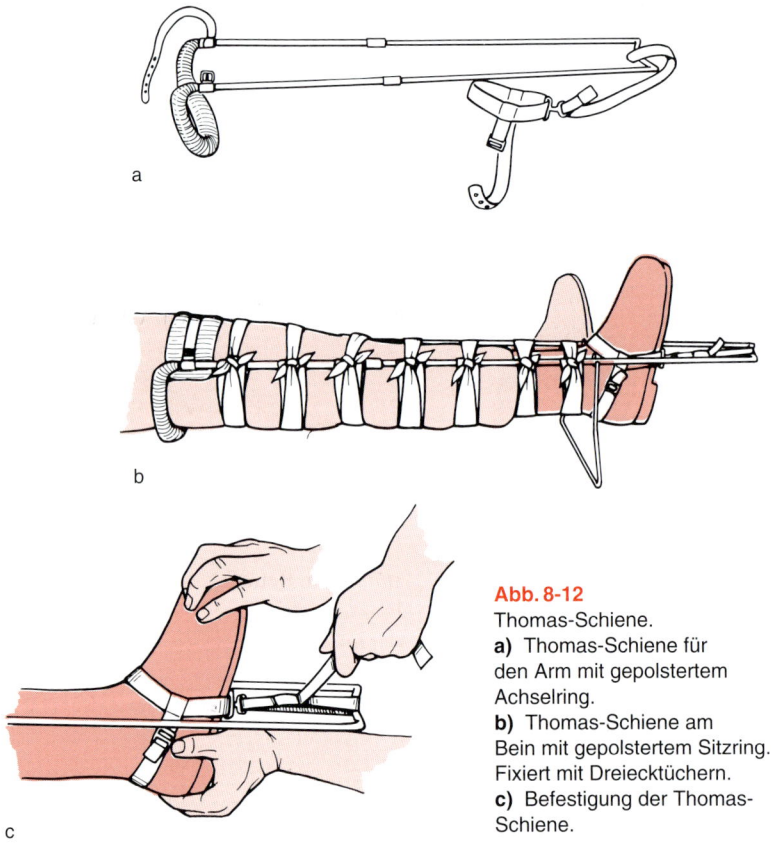

Abb. 8-12
Thomas-Schiene.
a) Thomas-Schiene für den Arm mit gepolstertem Achselring.
b) Thomas-Schiene am Bein mit gepolstertem Sitzring. Fixiert mit Dreiecktüchern.
c) Befestigung der Thomas-Schiene.

8.3 Schmerzbekämpfung und Verhinderung von Folgeschäden

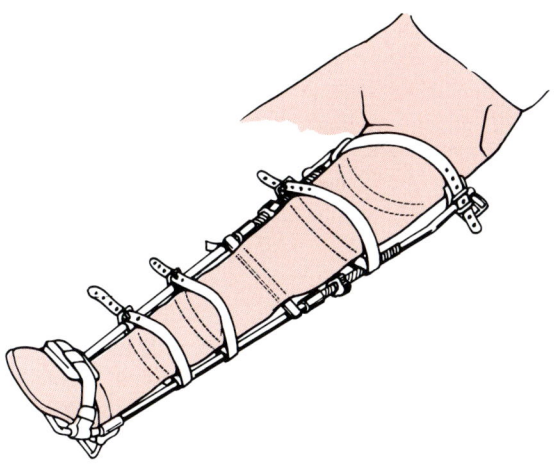

Abb. 8-13 Mit der Bergwacht-Streckschiene läßt sich das verletzte Bein unter Extension ruhigstellen und weitgehend schmerzfrei transportieren.

(Abb. 8-12 a) an der Achsel und bei Beinschienen (Abb. 8-12 b) am Sitzbein abgestützt. Die Hand bzw. der Fuß ist durch Binden oder Gurte unter entsprechendem Zug am Scheitelpunkt zu befestigen (Abb. 8-12 c). Darüber hinaus sollten Arm und Bein mehrfach durch Binden an die Schiene fixiert werden (siehe Abb. 8-15 b).

Die *Bergwachtschiene* stellt die Weiterentwicklung dieses Prinzips dar (Abb. 8-13). Sie ist leicht, nicht störanfällig und platzsparend, weshalb sie bei Bergunfällen mit Vorteil verwendet wird. Ansonsten sind die Extensionsschienen heute weitgehend durch pneumatische oder Vakuumschienen ersetzt, weil diese leichter zu handhaben sind.

Ersatzmaterialien zur Schienung

Es kann vorkommen, daß Extremitäten behelfsmäßig geschient werden müssen. Einerseits kommen dazu *starre Gegen-*

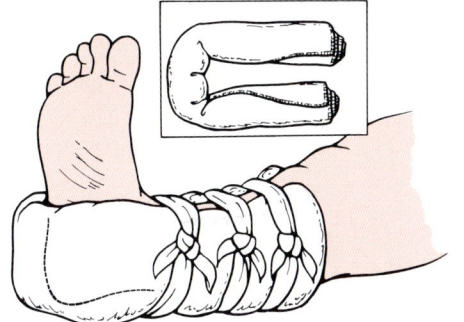

Abb. 8-14 Behelfsmäßige Ruhigstellung von Frakturen im Bereich des Sprunggelenks durch gerollte Wolldecke.

stände in Betracht, andererseits können Frakturen im Hand- und Fußbereich auch mit *textilen Materialien* wie Wattepolster, mehrlagigen Decken u.ä. ruhiggestellt werden, beispielsweise eine Sprunggelenkfraktur mit einer eingerollten Decke (Abb. 8-14) oder Mittelhandfrakturen mit einem gepolsterten Faustverband (Abb. 8-15).

8 Verbandtechnik in der Ersten Hilfe

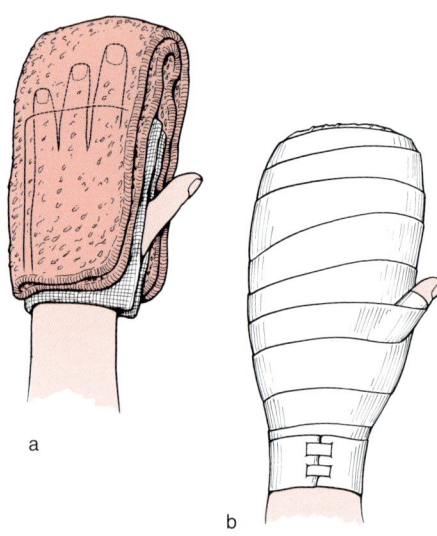

Abb. 8-15 a, b Behelfsmäßige Ruhigstellung von Frakturen im Bereich der Hand durch einen Fäustlingverband.

Unterarmbrüche sind in einem Dreiecktuch (Abb. 8-16) oder in dem umgeschlagenen Jacken- oder Pulloverende ruhigzustellen (siehe Abb. 8-17).

Lattenartige Gegenstände eignen sich nach Polsterung zur Ruhigstellung, indem sie mit Binden o.ä. dem Arm oder Bein angewickelt werden (Abb. 8-18). Wenn keine geeigneten starren Gegenstände vorhanden sind, kann die gebrochene Extremität *an einem anderen Körperteil* ruhiggestellt werden, beispielsweise Anwickeln des Oberarms gegen den Oberkörper (Abb. 8-17) oder des verletzten Unterschenkels gegen den unverletzten. Oberschenkelfrakturen lassen sich durch gepolsterte Latten ruhigstellen, wobei die Immobilisation möglichst den ganzen Rumpf miteinbeziehen sollte, um das Hüftgelenk zu fixieren.

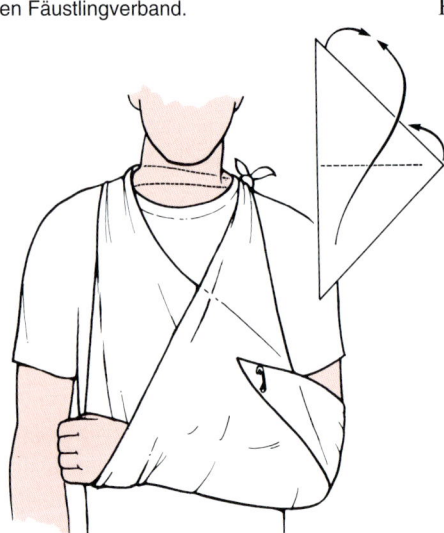

Abb. 8-16 Behelfsmäßige Ruhigstellung von Frakturen am Arm durch ein Dreiecktuch.

Abb. 8-17 Behelfsmäßige Ruhigstellung des Armes durch Schienung an den Körper mit Hilfe eines hochgeschlagenen Jackenzipfels.

8.3 Schmerzbekämpfung und Verhinderung von Folgeschäden

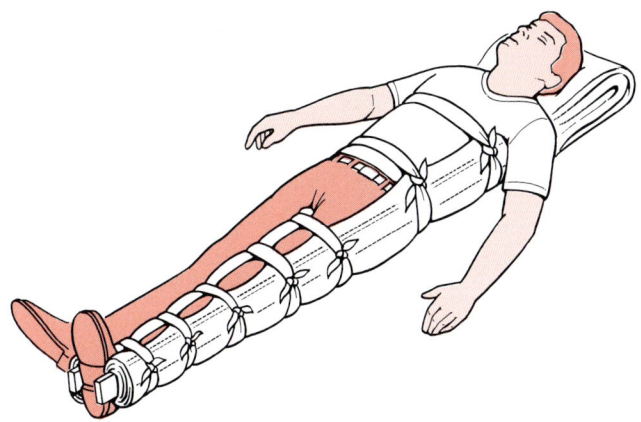

Abb. 8-18 Behelfsmäßige Ruhigstellung von Oberschenkelfrakturen mit Brettern, Decken und Dreiecktüchern.

Literatur

Ehler, J.B., H.G. Dönhöfer: Lehrbuch für den Sanitätsdienst. Hofmann, Augsburg 1973.

Freuler, F., U. Wiedmer, D. Bianchini: Gipsfibel 1 und 2. Springer, Berlin – Heidelberg – New York – Tokyo 1986.

Härter, R., K. Fawer, O. Wicki: Praxis der Gipstechnik. Thieme, Stuttgart 1977.

Hallern, B.v. (Hrsg.): Klinik-Magazin, Verbandtechnik und Krankenhausbedarf. Offizielles Organ des Deutschen Verbandes der medizinischen Gipspfleger und -schwestern e.V.

Jahna, H., H. Wittich: Konservative Methoden in der Frakturenbehandlung. Urban & Schwarzenberg, München – Wien – Baltimore 1985.

Montag, H.J., P.D. Asmussen: Taping-Seminar. Perimed, Erlangen 1988.

Most, E., D. Havemann: Kompendium der Verbandlehre. Thieme, Stuttgart 1984.

Sarmiento, A., L.L. Latta: Nichtoperative funktionelle Frakturenbehandlung. Springer, Berlin – Heidelberg – New York – Tokyo 1984.

Spier, W., R. Härter, G. Kern: Checkliste Gipstechnik. Thieme, Stuttgart 1992.

Strache, D.: Moderne stabilisierende Verbände. Springer, Berlin – Heidelberg – New York – Tokyo 1987.

Herstellerinformationen folgender Firmen: Beiersdorf AG, 2000 Hamburg 20, Unnastr. 48; BSN Braun, Smith & Nephew GmbH, 3509 Spangenberg; Lohmann GmbH, 5450 Neuwied 12.

U&S U&S U&S U&S U&S U&S U&S U&S

Ihre Meinung und Mitarbeit ist uns wichtig!

Sehr geehrte Leserin, sehr geehrter Leser,
Ihre Rückmeldung hilft uns, unsere Bücher weiter zu verbessern. Unser Ziel ist es, für Sie das „ideale Lehrbuch" zu entwickeln.
Bitte helfen Sie uns dabei, indem Sie die nachstehenden Fragen zu dem Buch **Stenger „Verbandlehre"** beantworten und an uns zurücksenden.

> Denise Karch, Lehrerin für Pflegeberufe
> Urban & Schwarzenberg, Verlag für Medizin
> Postfach 201930, 80019 München

Unter den Einsendern verlosen wir jährlich zum 31. Dezember 100 Büchergutscheine à 100,– DM. Für Ihre Mitarbeit bedanken wir uns herzlich.

1. **Wie beurteilen Sie das Lehrbuch, bezogen auf folgende Gesichtspunkte?** Bitte verteilen Sie Noten!

	1	2	3	4	5
Lesbarkeit der Schrift	❑	❑	❑	❑	❑
Optische Seitengestaltung	❑	❑	❑	❑	❑
Umschlaggestaltung	❑	❑	❑	❑	❑
Buchformat	❑	❑	❑	❑	❑
Vollständigkeit des Stoffes	❑	❑	❑	❑	❑
Lerngerechter Umfang	❑	❑	❑	❑	❑
Inhaltliche Strukturierung	❑	❑	❑	❑	❑
Lernhilfen, z.B. Merksätze	❑	❑	❑	❑	❑
Verständlichkeit	❑	❑	❑	❑	❑
Verhältnis Text/Abbildungen	❑	❑	❑	❑	❑

2. **Besonders gefallen hat mir:** _____

   _____

3. **Folgendes habe ich vermißt:** _____

   _____

4. **Diese Kapitel haben mir überhaupt nicht gefallen:** _____

   Weil: _____

   _____

5. **Wie finden Sie die besonders hervorgehobenen Beiträge zur pflegerischen Versorgung von Kindern?**

   ❑ Gut   ❑ Zu knapp   ❑ Überflüssig

6. **Benutzen Sie das Buch:**
   - ❑ Für Ihre Ausbildung
   - ❑ Als Nachschlagewerk
   - ❑ Als Informationsquelle zur Unterrichtsvorbereitung

7. Folgende Druckfehler, sachliche Unstimmigkeiten, falsche Bildunterschriften sind mir aufgefallen (bitte Seitenzahl und Stichwort angeben):

_____

_____

8. Ist der Text verständlich geschrieben?

- ❏ Ja
- ❏ Nein
- ❏ Zu viele Fremdwörter
- ❏ Schachtelsätze
- ❏ Könnte besser sein
- ❏ Verdrehte Sätze
- ❏ Zu abgehoben

9. Mit welchen Bildern waren Sie nicht zufrieden (Abbildungsnummern)?

_____

Sind die Bilder ausreichend beschriftet und erklärt?

_____

10. Wie ist die ausklappbare Seite am Ende des Buches?

- ❏ Hilfreich
- ❏ Wichtig
- ❏ Überflüssig

Sonstiges:_____

11. Finden Sie ein Fremdwort- und Personenregister im Buch nützlich?

Fremdwortregister: ❏ Ja ❏ Nein   Personenregister: ❏ Ja ❏ Nein

12. Wie wurden Sie auf das Buch aufmerksam?

- ❏ Vorschlag von Kollegen
- ❏ Vorschlag von Lehrkräften
- ❏ Äußeres Erscheinungsbild
- ❏ Inhalt
- ❏ Günstiger Preis
- ❏ Werbung
- ❏ Buchbesprechungen
- ❏ Gliederung
- ❏ Gliederung

13. Für welche Bereiche fehlen Ihrer Meinung nach gute Lehrbücher?

_____

14. Haben Sie Anregungen, Verbesserungsvorschläge oder Wünsche für die nächste Auflage?

_____

Bitte geben Sie Name und Adresse an, wenn Sie an der Verlosung für die Büchergutscheine teilnehmen wollen.

Name	Straße
Ort	evtl. Telefon
Beruf	Alter

Ich bin an einer konzeptionellen Mitarbeit weiterer U & S-Lehrbücher (Probelesen, kritische Durchsicht der Manuskripte) interessiert.   ❏ Ja   ❏ Nein

Fremdwörterverzeichnis

adaptieren: (lat.) operatives Aneinanderfügen von Wundrändern
Adhäsivität/adhäsiv: das Aneinanderhaften, anhaftend, (an)klebend
adipös: fettleibig, fetthaltig
Adsorption/adsorbieren: (lat.) Anlagerung, physikalische Bindung von Gasen oder Stoffen an oberflächenaktive Feststoffe (oder Flüssigkeiten), etwas aufnehmen
anabol: (gr.) Aufbau, Förderung des Stoffwechsels bewirkend
antibakteriell: gegen Bakterien wirksam oder gerichtet (häufig Medikamente)
Bursitis olecrani: Schleimbeutelentzündung des Ellenbogens
Débridement: (frz.) Ein- bzw. Ausschneiden von Gewebe zur Erweiterung von Öffnungen oder zur Wundsäuberung
Dehydratation/dehydrieren: Entzug von Wasser
Deklaration/deklarieren: Erklärung, eine Erklärung abgeben, etwas bezeichnen
denaturieren: Stoffe durch Zusätze so verändern, daß sie ihre ursprüngliche Eigenschaft verlieren
Dermatitis: Hautentzündung
Distorsion: (lat.) Zerrung, Verstauchung eines Gelenks
distrahieren: (lat.) auseinanderziehen (von Bruchenden)
Elephantiasis: (gr.) speziell durch Lymphstau hervorgerufene Verdickung der Haut und des Unterhautgewebes
Enzym: in der lebenden Zelle gebildetes Eiweiß das den Stoffwechsel gezielt beeinflußt = Ferment
enzymatisch: von Enzymen bewirkt
Erosion: (lat.) abnagen, zerfressen
extendieren: (lat.) ausdehnen, ausstrecken, in die normale Lage bringen
fibrös: (gr.) faserreich
Fissur: (lat.) Spalte, Furche, spaltförmiger Zwischenraum
Indikation: (lat.) Grund bzw. Umstand, eine bestimmte Maßnahme durchzuführen
induzieren: (lat.) vom besonderen Einzelfall auf das Allgemeine, Gesetzmäßige schließen
inert: untätig, (reaktions)träge
infektresistent: widerstandsfähig gegenüber Krankheitserregern u. dadurch bedingter Ansteckung
initial: (lat.) anfänglich, ursprünglich
Inkontinenz: Unvermögen, willkürlich Harn oder Stuhl im Körper zu halten
Insertionstendopathie: (auch als Tendopathie bezeichnet) degenerative, mit Knochenhautreizung einhergehende Bindegewebserkrankung im Sehnen(ansatz)bereich; primär durch übermäßige Beanspruchung
insuffizient: unzureichend, ungenügend
Inzision/inzidieren: (lat.) Einschnitt, einschneiden
Irritation: Reizung, Reizausübung
Ischämie/ischämisch: (gr.) Minderdurchblutung, örtliche Blutleere
katabol: (gr.) das Niederlegen, Stoff-

wechsel mit Abbau des körpereigenen Gewebes
kohäsiv: (lat.) zusammenhaltend
Kompart(i)ment: (lat.) abgeteilter Raum
kontaminiert: (lat.) verunreinigt, verschmutzt
Kontusion: (lat.) Quetschung, Prellung
Luxation: (lat.) Verrenkung, Ausrenkung eines Gelenks
Mobilität: (lat.-frz.) Beweglichkeit
modellieren: (lat.) formen
monieren: (lat.) etwas bemängeln, beanstanden
Morbus Sudeck: schmerzhafte Bewegungseinschränkung nach Knochenbrüchen und Gelenkverletzungen mit Gebrauchsunfähigkeit der Gliedmaßen
Muskelatrophie/Atrophie: (gr.) Auszehrung, Schwund von Organen, Geweben, Zellen (wobei Gewebsstrukturen und Organaufbau erhalten bleiben)
Nekrose/nekrotisch: (gr.) örtlicher Gewebstod, Absterben von Zellen, Zellverbänden, Gewebs- oder Organbezirken
obligatorisch: verpflichtend, bindend
Ödem/ödematös: (gr.) Ansammlung von seröser Flüssigkeit, Gewebewassersucht
Okklusion/okklusiv: (lat.) Verschluß unter Luft- und Feuchtigkeitsabschluß
Osmose: (gr.) Übergang des Lösungsmittels einer Lösung in eine stärker konzentrierte Lösung durch eine feinporige (semipermeable) Scheidewand, die zwar für das Lösungsmittel, nicht aber für den gelösten Stoff durchlässig ist (Chemie)
osmotisch: mit Hilfe der Osmose
Ostitis: (lat.) Knochenentzündung
Osteomyelitis: (lat.) Knochenmarkentzündung
Osteosynthese: (gr.) das Zusammensetzen von Knochenbrüchen
perforieren: (lat.) nach außen oder in eine Körperhöhle durchbrechen (z.B. Magendurchbruch)
Phlebographie: röntgenographische Darstellung bestimmter Venen mit Hilfe von Kontrastmittel
Pneumothorax: Luftansammlung im Pleuraraum (häufig nach Verletzungen im Brustkorbbereich; kann lebensbedrohlich sein)
polymerisieren: einfache Moleküle zu größeren Molekülen vereinigen (Chemie)
Porosität: Durchlässigkeit, Löchrigkeit
Prädilektionsstellen: bevorzugte Stellen (z.B. ein bestimmtes Organ) für das Auftreten einer Krankheit
prätibial: (lat.) vor dem Schienbein
progredient: (lat.) fortschreitend, Verschlimmerung einer Krankheit
Projektil: (lat.-frz.) Geschoß
proportional: (lat.) verhältnisgleich, entsprechend, angemessen
Regeneration/regeneriert: (lat.-frz.) Erneuerung, Wiederauffrischung
Rekurvation/rekursiv: (lat.) Durchgebogensein, zurückgehend
reponieren: (lat.) zurücklegen, in die ursprüngliche Lage zurückbringen
resorbieren: (lat.) „hineinschlürfen", aufsaugen
Retention: (lat.) zurückhalten
Retraktion: (lat.) Verkürzung zurückziehen (von Muskeln, Sehnen)
reversibel: (lat.-frz.-engl.) umkehrbar
Ruptur: (lat.) Zerreißung eines Gewebes
sezernieren: (lat.) absondern, ausscheiden
subkapital: unterhalb eines (Gelenk-) Kopfes liegend
suprakondylär: oberhalb eines Gelenkknorrens gelegen
tangieren/tangential: (lat.) berühren(d), betreffen(d)
Tendovaginitis: Sehnenscheidenentzündung
Varikosis: Krampfaderleiden

Personenverzeichnis

Kapitel 2:	– **Bruns von,** Viktor; 1823–1883, Chirurg, Tübingen
Kapitel 4:	– **Desault,** Pierre-Joseph; 1744–1795, Chirurg, Paris
	– **Gilchrist,** Thomas C.; 1862–1927, Hautarzt, Baltimore
Kapitel 5:	– **Watson-Jones,** Sir Reginald; 1902–1992 Orthopäde, Liverpool, London
Kapitel 6:	– **Volkmann von,** Richard; 1830–1889, Chirurg, Halle, Greifswald
	– **Böhler,** Lorenz; 1885–1973, Chirurg, Wien
	– **Braun,** Heinrich F. W.; 1862–1934 Chirurg, Zwickau
	– **Kleinert,** Harold Chirurg, Universität von Louisville, USA
	– **Sudeck,** Paul H. M.; 1866–1945, Chirurg, Hamburg
	– **Blount,** Walter Putnam; 1900, Orthopäde, USA
	– **Velpeau,** Alfred Armand Louis Marie; 1795–1867, Chirurg, Paris
	– **Sarmiento,** Augusto Orthopäde, Los Angeles
	– **Schanz,** Alfred; 1868–1931, Orthopäde, Dresden

Personenverzeichnis

- **Montag,** Hans Jürgen
  Masseur und Sportphysiotherapeut, München
- **Freuler,** Franz
  Orthopäde, St. Gallen
- **Spier,** Walter
  Chirurg und Unfallchirurg, Ulm
- **Härter,** Reinhold
  Oberpfleger, Herisau
- **Kern,** Gerhard
  Krankenpfleger, Ulm
- **Latta,** Loren
  Orthopäde, Miami
- **Wiedmer,** Ulrich
  Orthopäde, St. Gallen
- **Bianchini,** Donizio
  Krankenpfleger, St. Gallen
- **Steinmann,** Fritz; 1872–1932,
  Chirurg, Bern

Kapitel 7:
- **Witzel,** Oscar; 1856–1925,
  Chirurg, Düsseldorf
- **Luer,** Wülfing, gestorben 1883 in Paris,
  Instrumentenmacher, BRD
- **Billroth,** Christian-Theodor; 1829–1894,
  Chirurg, Zürich, Wien
- **Redon,** Henri
  Kieferchirurg, Paris

Kapitel 8:
- **Thomas,** Hugh O.; 1834–1891
  Chirurg, Liverpool

Sachverzeichnis

A

ABC-Cast 83
Abdominalverband 213
Abrollen der Binde 43
Abschnürungen s. Einschnürungen
Achillessehnenruptur, Unterschenkelrundverband 147
Achselhöhlenverband 61, 63
Achsenfehler, Hartverbände 100–101
Achtertour oder Kreuzgang, Bindenverbände 45
Acrylastik® 104, 128
Acrylatkleber 196
Adhäsivhautschutzplatten 190
Adhäsivstoffe, Verbandfixation 31
AIDS, Dekubitus 173
Akkordeon-Rastring Convatec®, Stomata 184
Alkoholumschlag 23
Allergien
 – Adhäsivstoffe/Kleber 30–31
 – Stomata 187–188
 – Verbandmaterialien 27
Allgemeinanästhesie
 – Halofixateur 136
 – Langarmgips 125
Aluminium, Wundauflagen 33
Ankerstreifen
 – Handgelenktape 115
 – Sprunggelenktapeverbände 143
 – Tapeverbände 105–106
Anlegen
 – Gipsbinden 92
 – Hartverbände 89–104
 – Kompressionsstrümpfe 77

Anlegen
 – Kompressionsverbände 72
 – Kunststoffbinden 96–97
 – Tapeverbände 105–106
Anmodellierung, Sarmiento-Cast 153
Annaht, Katheterfixation 195
Antirotationscast 150–151
Anti-Schock-Hose 212–215
Antithrombosestrümpfe 77–78
Anus praeter 182, 189
Applikatoren, Schlauchmullverbände 53
Arasol® 31
 – Extension 163–164
Armfrakturen
 – s.a. unter Humerus- bzw. Radiusfrakturen
 – Ruhigstellung 127–128
 – – behelfsmäßige 220
Armschienen 127, 218
Armschienenverbände 63
Armverbände 63
 – hohe 61–62
Arthrosen, traumatisierte, Tutor 156
Artiflex® 90, 105
 – s.a. Polsterwatte
Artifoam® 105
 – s.a. Tapeverbände
 – Sprunggelenktapeverbände 143
ASG (anti-shock-garment)/ASH s. Anti-Schock-Hose
Atemluftbefeuchtung, Tracheostoma 194
Auffangbeutel
 – Ileumconduit/Kolonconduit 192
 – Sekretaufnahme 22

Aufklärungsformular, Verbände, ruhigstellende 88
Aufschneiden, Gips-/Kunststoffverbände 103
Augendruckverband 202
Augenkissen/-kompresse 201
Augenverbände 201–202
Augenwatte 29
Ausdrücken, Gips-/Kunststoffbinden 92
Aushärtungsphase, Gipsverbände 93
Außenknöchel
 – Bandverletzung 141–142
 – Dekubitus 171
Ausstreichen, Gipslonguetten 93
Ausstreifbeutel, Stomata 185

B

Bänkchen, Hartverbände 89
Bagatellverletzungen
 – Dekubitus 173
 – Dekubitusprophylaxe 176–177
 – Moltonunterlagen 176
Band-Aid-Butterfly® 36
Bandheilung 16–17
Bandinstabilität
 – Sprunggelenktapeverbände 142
 – Tutor 156
Bandrekonstruktionen, Verbände, ruhigstellende 83
Bandrupturen 16
 – Klebetapeverband 22
 – Tapeverbände 105

229

Sachverzeichnis

Basisplatten, Stomata 184
– Aufkleben 188–189
Basistouren, Tapeverbände 105–106
Bauchafter 182
Bauchbinden 47–48
Bauchlagerung, Dekubitusprophylaxe 176
Bauchmieder, Schlauchbandagen, elastische 57
Bauchverband 47–48
Baumwollbinden, Tapeverbände 105
Baumwolle
– Heftpflaster 30
– Mullbinden 42
– reine 29
– Schlauchmullverbände 53
– Verbandmaterialien 27
– Watte 28
– Wundauflagen 34
Baumwollkompressen 207
Baumwollstrumpf, Miami-Brace® 156
Baumwollwatte 27, 29
Baycast® 94
Bearbeitung, Hartverbände 101–102
Beckenblutung
– Abdominalverband 213
– Bandagierung 212
Beckenfrakturen
– Anti-Schock-Hose 214
– Blutung, innere 211
Beckenverband 48
– Druckschäden 48–49
Befestigungsbügel, Extension 163
Bein, Thomas-Schiene 218
Beinschiene, laterale 158
Beinvenensystem, Funktionsweise 67–69
Beinverbände 63
Bepanthen®
– Augen-/Orbitadruckverband 201
– Dekubitus 179
Bergwacht(-Streck)schienen 219
Berostoma® 187
Bestandteile, Tapeverbände 104

Betaisodona® (Salbe/Gaze)
– Brandwunden 13
– Dekubitus 178
– Extension 165
– Katheterverbinden 195
Beugesehnennaht, Schienung, dynamische nach Kleinert 113–114
Beutel, Stomata 184–185
Bienenhonig, Dekubitus 178
Billroth-Batistlätzchen, Tracheostoma 194
Bindanetz® 57
Bindegewebskallus 14
Bindegewebszellen, faserbildende 4
Binden
– s.a. Baumwollbinden
– s.a. Gipsbinden
– s.a. Kreppapierbinden
– s.a. Kunststoffbinden
– s.a. Mullbinden
– s.a. Schaumstoffbinden
– Abrollen 43
– Arten 41–43
– – Kompressionsbehandlung 71–72
– Blutstillung 211
– elastische 32, 42
– – s.a. Idealbinden
– Querelastizität 41
– textile, Blutstillung 211
Bindenanfang, Verankerung 43
Bindenbreite 43
– Achselhöhlenverband 61
– Antirotationscast 151
– Armverband, hoher 61–62
– Augenverband 202
– Bauchverband 47
– Beckenverband 48
– Beinschiene, laterale 158
– Ellenbogenruhigstellung mit Schiene, lateraler 126
– Fingerkuppenverband 49
– Großzehenverband 140
– Kahnbeincast 114
– Kopfverband 58
– Langarmcast 124
– Nasenschleuder 60
– Oberarm-U-Schiene mit Schulterkappe 133

Bindenbreite
– Oberschenkelrundverband 159
– Rucksackverband 134
– Sarmiento-Cast 152
– Sprunggelenktapeverbände 143
– Tapeverbände 104
– Tutor 157
– Unterarmcast 119
– Unterschenkelrundverband 146
– Verletzungen, Handgelenktape 115
– Zehenplatte 145
– Zehen-Zehenverband 140
Bindentouren, auf- und absteigende 44
Bindenverbände 39–50
– Achtertour oder Kreuzgang 45–46
– Bauchverband 47–48
– Bindentouren, auf- und absteigende 44
– Fingerkuppenverband 49
– Kopfkappe 46–47
– Kornährenverband 46
– Mitra Hippocratis 46–47
– Schildkrötenverband 45
– Schrauben- oder Spiralgang 44
– Serpentinengang 44–45
– Verbandtechnik 43–50
– Wickeltechniken 44
Blasendauerkatheter 196–197
Blasenfistel, suprapubische 197
Blutkörperchen, weiße 4
Blutstillung 208–215
– Binden, textile 211
– Blutung, äußere 209–211
– – innere 211–215
– Druckverband 209
– Gummibinden 211
– Kompressionsverband 67
– Manschetten, pneumatische 210–211
– Oberarm 211
– Oberschenkel 212
– Verbände 23
– – ruhigstellende 83

230

Sachverzeichnis

Blutung
 – äußere 209–211
 – – Druckpolster 209
 – – Druckverband 209
 – – Wundauflage 209
 – innere 211–215
 – – Becken, Bandagierung 212
 – – Eigentamponade 211
 – – Schock 211
 – Kontusionsmarken 9
 – Schürfwunde 9
Blutzufuhr, Drosselung 209–210
Bohrkanal, Entzündung 165
Bolzenschneider 163
bone morphogenic protein (bmp), Frakturheilung 14
Borkenbildung, Tracheostoma 194
Brace, Sarmiento-Cast 152
Brandwunden 12–13
 – Gaze, salbengetränkte 12–13
 – Gelverbände, hydrokolloide 13
 – Wundabdeckung 208
 – Wundversorgung 12
Braunovidon®, Dekubitus 178
Braunsche Schiene 99
Bretter, Lagerung, korrekte 216
Bricker-Blase 191
Bruns-Gipsschere 101
Bursitis
 – olecrani, Ellenbogenruhigstellung mit Drahtleiterschiene 127
 – – – mit Schiene, lateraler 126

C

Cast
 – s. Gips(verband)
 – Kunststoffverbände 98
Cellona Synthetikwatte® Lohmann 90
Chemiefasern, vollsynthetische, Verbandmaterialien 28
Chloräthyl, flüssiges, Kühlung, lokale 215
cold-pack 215–216
Collar-and-Cuff-Verband 130

Comfeel® 31
 – Dekubitusprophylaxe 175
Compactafrakturen 13
Compridur® 71
 – s.a. Kurzzugbinden
Conseal®, Kolostoma 183
Convatec, Urinale 198
Conveen-Tröpfchenfänger, Urinale 198
Cuff-Druck, Trachealkanülen 194
Curapont-Wundverschluß® 36
 – s.a. Klammerpflaster
Cutiplast®-Fingerkuppenverband 35

D

Dachziegelverband 138
Dampfsterilisierung, Verbandwatte 27
Darmausgang, künstlicher 182
Darmbeinstachel, vorderer, Dekubitus 171
Darmreinigung, Stomata 190
Daumen
 – Entlastungstape 110–111
 – Steigbügelschiene 108
Daumenaustritt, Unterarmcast 120
Daumenbeweglichkeit, Unterarmcast 123
Daumenfraktur/-distorsion, Daumenverband, thermoplastischer 108
Daumengrundgelenk, Verletzungen, Entlastungstape 110
Daumen-Hand-Verband 109
Daumenschiene, dorsale 107–108
Daumenverband, thermoplastischer 108–109
Daurodur straff® 71
Débridement
 – Dekubitus 177–178
 – Kopfplatzwunde 10
 – Quetschwunde 10
 – Verbandwechsel, therapeutischer 24
Debrisorb®, Dekubitus 178

Décollement 11
deep burn 12
Defektheilung, Brandwunden 12
Defektwunde 10
Dekubitus 8, 172–173, 177–178
 – Adhäsivstoffe 31
 – AIDS 173
 – Bagatellverletzungen 173
 – Bepanthen® 179
 – Betaisodona® 178
 – Bienenhonig 178
 – Braunovidon® 178
 – Débridement 177–178
 – Debrisorb® 178
 – Desderman® 178
 – Desoxyribonuclease 178
 – Dexpanthenol 179
 – Druckeinfluß 171–172
 – Durchblutungssituation 172–173
 – Eiweißextrakte 179
 – Empfindungsstörungen 172
 – Entstehung 171–173
 – Epigard® 178–179
 – Epithelisierung 178–180
 – Fibrolan® 178
 – Gleichstromimpulse 179
 – Granugenol® 178
 – Granulationen 178–179
 – Hautlappen, gedeckter 180
 – Höllenstein 179
 – Hydrokolloidverbände 178
 – Kodan® 178
 – Kreuzbein 180
 – Lähmungen 172
 – Lappenplastiken 180
 – Lokalisationen 171
 – Mangelernährung 173
 – Mazerationen 173
 – Milzextrakte 179
 – Ödeme 173
 – Panthenol® 179
 – Patientengruppen, gefährdete 172
 – Perubalsam® 178
 – Plazentaextrakte 179
 – Polyvidonjod 178
 – PVA-Hydroschwamm 179
 – Redon-Drainage 178–179
 – Schmerzen 172
 – Schutzreflex 172

231

Sachverzeichnis

Dekubitus
- Silbernitrat 179
- Spalthaut 179
- Varidase® 177
- Verbände 171–180
- Verbandwechsel 178
- Verschiebeschwenklappen, myokutaner 180
- Vitaminmangel 173
- V-Y-Lappen, myokutaner 180
- Wundbehandlung 177–180
- Wundheilungsstörungen 173
- Wundreinigung 177–178
- Zeitfaktor 171–172

Dekubitusprophylaxe 173–177
- Bagatellverletzungen 176–177
- Druckentlastung 174
- Durchblutungsförderung 176
- Hartverbände 175
- Hautpflege 176
- Hohllagerungs-Effekt 175
- Lagerung 176
- Lotus Du-Care® 174
- Low flow®-Betten 174
- Norton-Skala 172
- Polsterung 174
- Protecto plus® 174
- Prothesen 175
- Quarzsandbett AFX® 174
- Reston® 174
- Sof-care® 174
- tg®-Strumpf 175
- Umlagerung, regelmäßige 175–176

Delta-Cast® 94
Desault-Verband 57, 62, 132
Desderman®, Dekubitus 178
Desinfektionsspray, Katheterfixation 196
Desoxyribonuclease, Dekubitus 178
Deutsches Arzneibuch, 9. Ausgabe (DAB 9), Verbandmaterialien 27
Dexpanthenol, Dekubitus 179
Diabetes mellitus 8
Diolen, Verbandmaterialien 28

Distorsionen
- Großzehenverband 140
- Kühlung, lokale 215

Distorsionen
- Verbände, ruhigstellende 83

Dolabra ascendens/descendens/serpens 44
Dorlastan, Verbandmaterialien 28
Dorsalextension, Langarmcast 124
Drahtleiterschienen 106–107
- Armruhigstellung 128
- Ellenbogenruhigstellung 127–128
- Lagerung, korrekte 216
- Polsterung 107
- Schutzverbände, Venendauerkanülen 106

Drainagekatheter 195
Drainagen
- s.a. Redon-Drainage
- s.a. Thorax-Drainage
- Beutel 185
- Stichwunde 11
- Stomata 185

Drehmomentschraubenzieher, Halofixateur 136
Dreiecktücher, Lagerung, korrekte 216
Druckentlastung
- Dekubitus 174–175
- Verband 22

Druckgeschwüre s. Dekubitus
Druckpolster, Blutung, äußere 209
Druckschäden
- Beckenverband 49
- Oberschenkelrundverband 161
- Verbände, ruhigstellende 84–85

Druckverband
- Blutstillung 209
- Oberflächen 78–79
- Spannungsblasen 79
- Wundauflage 209

Dünndarm-/Duodenalfistel 190
Durchblutungsförderung, Dekubitus 172–173, 176

Durchblutungsstörungen
- arterielle, Hartverbände 99
- Kompressionsverband 67

Durchblutungsstörungen
- Wundheilungsstörungen 6
- Zinkleimverband 35

Durchfeuchtungsschutz, Wundauflagen 34
Dynacast® 94, 96, 119, 126
- s.a. Kunststoffbinden
- Unterschenkelrundverband 148

E

Eigentamponade, Blutung, innere 211
Einmalbeutel, Stomata 185
Einmalhandschuhe, Kunststoffbinden 96
Ein-Mann-Technik, Verbandwechsel 26
Einschnürungen
- Bauchbinden/Beckenverband 48
- Kompressionsverband 67
- Zinkleimverbände 75

Einsteifen der Gelenke, Verbände, ruhigstellende 86
Einziehdecken, Polyestervlies 28
Eiswasser, Kühlung, lokale 215
Eiweißextrakte, Dekubitus 179
Elasthan, Verbandmaterialien 28
Elastizität, Polyamide 28
Elastofix® 57
- s.a. Netzschlauchverbände

Elastoplast® 104, 128
Elephantiasis, Kompressionsstrümpfe 76
Ellenbogenruhigstellung
- Drahtleiterschiene 126–128
- Schiene, laterale 126–127

Ellenbogentapeverband 128–129
Elodur® 71
Empfindungsstörungen, Dekubitus 172
Endgliedfraktur
- Großzehenverband 139
- Stacksche Schiene 112

Enterostomie 180

Sachverzeichnis

Enthaarungscreme, Stomata 189
Entlastungstape, Daumen/Handgelenke 110–111
Entzündungen, Verbände, ruhigstellende 83
Entzündungsphase, Wundheilung 4
Epigard®
– Brandwunden 13
– Dekubitus 178–179
Epiglue®, Wundklebung 8, 31
Epiphysenlösungen, Finger-Fingerverband 111
Epitec®, Wundkleber 8, 31
Epithelisierung
– Dekubitus 178–180
– Wunden 5
Erdnußbett 217–218
Ernährung
– Magensonde 198–199
– Stomata 180–181
Ernährungskatheter 198–199
– Jejunostoma 181
Ersatzmaterialien, Schienung 219–221
Erste Hilfe, Verbandtechnik 205–221
Erstickungsgefahr, Tracheostoma 195
Esemtan®, Stomata 190
Etappentechnik, Oberschenkelrundverband 159–161
Exsudation, Hemmung, Kühlung, lokale 215
Extension
– Befestigungsbügel 163
– Bohrkanal, Entzündung 165
– Bolzenschneider 163
– Femurfrakturen 162–165
– Kompartmentsyndrom 165
– Lagerungsschiene 163
– Lokalanästhetika 163
– Neutral-Null-Stellung 163–164
– Oberschenkelfrakturen 162, 164
– Radiusfrakturen, dislozierte 120
– Steinmann-Nagel 163
– Tibiafrakturen 162–165
– Überextension 165

Extension
– Unterschenkelfrakturen 162
– Verankerung 162
Extensionsschienen 218–219
– Lagerung, korrekte 216
Extremitäten
– obere, Verbände 107–137
– Quetschwunde 10
– untere, Verbände 139–167
Exzision, Schnittwunde 10

F

Fadenentfernung, Verbände 202–203
Faltenbildungen, Bauchbinden 48
Fastanet® 57
Faustverband, gepolsterter, Mittelhandfrakturen 219
Fehlstellung
– Oberschenkelrundverband 162
– Sarmiento-Cast 155
Femurfrakturen s.a. Oberschenkelfrakturen
Femur(schaft)frakturen
– Blutung, innere 211
– Extension 162–165
– Pflasterzügelbeinextension 165
Fensterödem
– Hartverbände 102
– Kompartmentsyndrom 102
– Pflasterkompressionsverband 73
Fensterung, Hartverbände 102
Fersen, Dekubitus 171
Fertigbinden, Bauchverband 47
Fertig-Gilchrist-Verband s. Gilchrist-Verband
Fertigpflaster, Venenkatheter, zentraler 199
Fettgaze, Wundverunreinigungsverhinderung 207
Fibroblasten, Wundheilung 4
Fibrolan®, Dekubitus 178
Fibulaosteotomie, Behandlung nach Sarmiento-Latta 151

Fingereinschluß, Unterarmschiene 117
Finger-Fingerverband 111–112
Finger(gelenk)frakturen/-verletzungen
– Finger-Fingerverband 111
– Unterarmschiene mit Fingereinschluß 117
Fingerkuppen(verband) 49–50
– Pflaster 35
– Wundschnellverband 36
Fingermittelgelenk, Tapeverband 109
Fingerschienen 112–113
Fingerverbände 63
– Schlauchmull 53–56
Fisteln
– Adhäsivhautschutzplatten 190
– äußere/innere 190
– Beutel 185
– Stomata 185, 190–191
Fixateur externe 203–204
Fixation, Katheter 195
Fixationsstreifen, Handgelenktape 116
Fixierbinden 32, 42
Fixierstreifen, Tapeverbände 106
Fixierung, Unterarmcast 122
Fixomull stretch® 30
– Katheterfixation 195
– Semizingulum 138
– Thorax-Drainage 200
Fixomull® 105
Flüssigkeitsaustauschfilter, Tracheostoma 194
Flüssigkleber, Verbandfixation 31
fluff s. Zellstoffflocken
Folien, Wundabdeckung 207–208
Fragmentverschiebung, Vakuumschiene 217
Frakturen
– s.a. unter den einzelnen Knochen- bzw. Gelenkfrakturen
– Hämatom 14
– infizierte 13
– Kühlung, lokale 215
– offene 13
– – Wundabdeckung 208

233

Sachverzeichnis

Frakturen
- Ruhigstellung, behelfsmäßige 219–220
- Tapeverbände 105
- Verbände, ruhigstellende 83

Frakturheilung 13–15
Frakturstellung, Kontrolle und Korrektur, Hartverbände 99–101
full thickness burn 12
funktionelle Behandlung nach Sarmiento-Latta 151–155
Funktionsstellung, Hartverbände 92
Fußverbände 63
- Schlauchmull 56

G

Gallendrainage 195
Gallenfistel 190
Gastrostoma 180–181
Gastrostomie, perkutane, endoskopische (PEG) 180
Gastrostomiekatheter 195
Gaze
- salbengetränkte, Brandwunden 12
- trockene, Wundabdeckung 208
- Unterarmschiene, Fingereinschluß 117

Gazofix® 32, 105
Geflechtknochen 16
Gehapparate 83
- s.a. Orthesen
Gehgips(verband) 146
- Entlastung 21
- Oberschenkelrundverband 159
Gehhilfen 147
Gelenkbänderverletzungen s. Bandinstabilität
Gelverbände 13
Gerinnungsphase, Wundheilung 3
Geruchsbelastung, Stomaträger 186
Gesichtsverband 59–60

Gewebekleber, Kopfplatzwunde 10
Gilchrist-Verband 62, 130–131
- Schlauchmull 62
Gips 91–94
Gipsbinden 91–94
Gipsersatzmaterialien, Polyurethan 28
Gipsmesser 101–102
Gipsraum 89
Gipssäge 103
Gipsschere 98
Gipsschienen 97
Gipsverbände
- Antirotationscast 150
- Aufschneiden 103
- Aushärtungsphase 93
- Daumenschiene, dorsale 107
- Daumensteigbügelschiene 108
- Kahnbeincast 114
- Langarmcast 124
- Nachteile 91
- Oberschenkelrundverband 159
- Polsterkante 94
- Polsterung 93
- Sarmiento-Cast 152
- Tutor 156
- Unterarmcast 119
- Unterarmschiene ohne Fingereinschluß 118
- Unterschenkelfraktur 95
- Unterschenkelrundverband 146, 148
- Unterzug 93
- Vorteile 91
Glätten mit flüssiger Seife, Unterschenkelrundverband 150
Gleichstromimpulse, Dekubitus 179
Granugenol®, Dekubitus 178
Granulationen
- Dekubitus 178–179
- rotes 5
Granulozyten, polymorphkernige 4
Großzehenfrakturen, Großzehenverband 140

Großzehenverband
- Tapeverbände 140–141
- Zügeltechnik 139–140
Gummibinden, Blutstillung 211

H

Haarentfernung, Stomata 189
Hämatome 9
- Frakturen 14
- Kühlung, lokale 215
- Tapeverbände 104
Hämosiderose, Thrombose 86
Händedesinfektion, hygienische, Verbandwechsel 25
Haftbinden 32, 72
Haftelast® 32
Haken, Hartverbände 89
Halofixateur 136–138
Halskrawatte nach Schanz 135–136
Halswirbelsäule s. HWS
Hand(gelenk)frakturen
- Entlastungstape 110–111
- Ruhigstellung, behelfsmäßige 220
- Unterarmschiene mit Fingereinschluß 117
- – ohne Fingereinschluß 118
Handgelenktape 110–111, 115–116
Handverbände 63
Handwurzelbereich, Verletzungen, Handgelenktape 115
Hansamed® 33, 35
Hansaplast® 33, 35
Hansapor® 33
Harnableitung
- Katheter 196–198
- Stomata 191–192
Harnröhrenverengung, Blasendauerkatheter 196
Hartmaterial 91–97
- Röntgentransparenz 95
Hartverbände
- Achsen-/Rotationsfehler 100–101
- Anlegen 89–104
- Bänkchen 89
- Bearbeitung 101–102

234

Sachverzeichnis

Hartverbände
- Beschriftung 87
- Dekubitusprophylaxe 175
- Durchblutungsstörungen, arterielle 99
- Entfernung 102–104
- Fensterödem 102
- Fensterung 102
- Formen 97–99
- Frakturstellung, Kontrolle und Korrektur 99–101
- Funktionsstellung 92
- Gips 91–94
- Haken 89
- Keile 100
- Korrekturen 102
- Kreppapierbinden 90–91
- Kunststoffbinden 90–91
- Kunststoffe 94–97
- Lagerungstisch 89
- Nachbehandlung 99–104
- Ödeme 98–99
- Patientenaufklärung 87–88
- Polsterkante 91
- Polsterung 89–91
- Polsterwatte 90
- Röntgenbildverstärker 89
- Schienen 97
- Schlauchmullunterzug 90
- Schmerzen 99
- Thrombose 99
- Überzug 97
- ungepolsterte 90
- venöse Stauung 99
- Wasserbecken 89
- Weichteildruck, Kontrolle 99
- Wundmarkierung 102
- Zirkulärverband 97

Hautablederung 11
Hautlappen, gedeckter, Dekubitus 180
Hautnekrosen, Verbände, ruhigstellende 85
Hautpflege
- Dekubitusprophylaxe 176
- Pflasterzügelbeinextension 167
- Stomata 188
- Verbandwechsel 25

Hautreinigung, Stomata 189–190

Hautreizungen
- Kunststoffverbände 96
- Stomata 187–188

Hautschutzplatten, Konstruktion 191
Hauttransplantation 9–10
Hautwunden 21
Havers-Kanäle 14
Heftpflaster 30
Helmverband 58–59
Hinterhaupt, Dekubitus 171
Histamin, Mastzellen 4
HIV-Infektion, Wundheilungsstörungen 7
Höllenstein, Dekubitus 179
Hohllagerungs-Effekt, Dekubitusprophylaxe 175
Hollihesive® 31
Hornhautreflexe, fehlende, Uhrglasverband 202
Hüftgelenk
- Beckenverband 48
- Ruhigstellung, behelfsmäßige 220

Humerus(schaft)frakturen
- Gilchrist-Verband 130
- Oberarmbrace nach Sarmiento 133

HWS-Frakturen/-Verletzungen
- Halofixateur 136
- Schanz-Krawatte 135

Hydrokolloidverbände, Dekubitus 178
Hydrophilie
- Verbandmaterialien 27
- Zellwolle 28

Hydrophobie, Verbandmaterialien 27
Hyperextensions-Fingerschiene 112–113

I

Idealbinden 42
- s.a. Binden, elastische
- Bauchverband 47
- Beckenverband 48
- Eigenschaften 71
- Kompressionsbehandlung 71
- Mitra Hippocratis 46

Ileostoma 181–182, 185
- Basisplatte, Aufkleben 188
- Beutel 185

Ileumconduit 191–192
Infektionen, Wundheilungsstörungen 7
Innenbandruptur s. Bandinstabilität
Innenknöchel, Dekubitus 171
Insertionsendopathien, Tapeverbände 105
Instabilitätspseudarthrose, Oberarmbrace nach Sarmiento 134
Intertrigoprophylaxe, Ellenbogenruhigstellung mit Drahtleiterschiene 128
Irrigation
- Kolostoma 183
- Stomata 190

J

Jejunostoma 181

K

Kälteapplikation, Verband 23
Kältespray, Kühlung, lokale 215
Kahnbeincast 114
Kalfix® 57
Kallusknochen 16
Kanülenverband, Tracheostoma 194
Kapsel(bänder)schädigung
- Großzehenverband 140
- Tapeverbände 105

Karaya® 31
- Stomata 184–185

Katheter 195–201
- Diagnostik 198–199
- Ernährung 198–199
- Fixation 195
- Harnableitung 196–198
- – suprapubische 195
- Schlitzkompressen 195
- Sekretableitung 199–201
- Sekretaufnahme 195
- Sterilität 195
- Verbinden 195

235

Sachverzeichnis

Katheter
– Wundpflege 195
Keile, Hartverbände 100
Keloid 6
Kennzeichnung, Verbandmaterialien 27
Klammerentfernung, Verbände 202–203
Klammerpflaster 36
– Wundverschluß, nahtloser 36
Kleber
– Allergien 31
– Verbandfixation 30–32
Klebetapeverband, Bandverletzungen 22
Klebevlies 30
– Fixateur externe 203
– Redon-Drainage 201
– Thorax-Drainage 200
Knieruhigstellung
– Beinschiene, laterale 158
– Sarmiento-Cast 154
– Tutor 156
Knochenvorsprünge, Druckentlastung, Hohllagerung 175
Koagel 3
Koagulationsnekrose 13
Kodan®-Spray
– Dekubitus 178
– Extension 165
– Katheterfixation 196
Köcherurinale 198
Körperverbände 63
Kohlefilter, Stomata 185
Kollateralbandschäden
s. Bandinstabilität
Kolonconduit 191–192
Kolostoma 182–183
Kolostomie 181–183
Kompartmentsyndrom 84–85
– Extension 165
– Fensterödem 102
– Unterarmrundverband 150
– Verbände, ruhigstellende 84–85
Komplement 4
Kompressen
– Ellenbogenruhigstellung 128
– Unterarmschiene 117

Kompressionsbehandlung 69–70
– Bindenarten 70–72
– Lymphödem 70
– postthrombotisches Syndrom 69
– Thrombose 70
– venöse Insuffizienz 69
Kompressionsbinden 43, 71
Kompressionsstrümpfe 75–78
Kompressionsverbände 65–79
– Anlegen 72
– Beckenverband 48
– Binden, elastische 42
– Durchblutungsstörungen, arterielle 67
– Einschnürungen 67
– Knochenvorsprünge 72
– Kontraindikationen 67
– lokale 78–79
– Mitra Hippocratis 46
– Ödeme 67
– Pflasterkompressionsverband 73
– Quetschwunde, Extremitäten 10
– Thrombose 67
– Unterschenkel 74
– Zinkleimverband 71, 73–75
Kondomurinale 197–198
Kontrastmitteldarstellung, Stichwunde 11
Kontusionsmarken 9
– Sarmiento-Orthese 152
Kopfkappe 46–47
Kopf-Nacken-Ohr-Verband 60
Kopfplatzwunde 10
Kopfverbände 63
– klassische 58–59
– Schlauchmull 53, 58–59
– tg® 58–59
Kornährenverband 46
– Beckenverband 48–49
– Bindenverbände 46
Korrekturstellung, Unterarmcast 121
Kosmetikwatte 29
Kosten, Verbandmaterialien 27
Kragen, steifer 136
Krampfadern s. Varikose

Krappsche Schiene 99
– Extension 163–164
Kreppapierbinden
– Hartverbände 90–91
– Kahnbeincast 114
– Polsterung, Hartverbände 90
Kreuzbein(region), Dekubitus 171, 180
Kühlkompressen 23
– Brandwunden 12
Kühlung, lokale 215–216
Kunstafter 182
Kunststoffbinden 94
– s.a. Dynacast S®
– Anlegen 96–97
– Ausdrücken 92
– Einmalhandschuhe 96
– Hartverbände 90–91
– längselastische 96
– Lycra-Einschuß 96
– Tauchen 98
– Vorteile 94–95
Kunststoffe 94–97
Kunststoffkanülen, Tracheotomie 193
Kunststoffschienen 97
Kunststoffverbände
– Aufschneiden 103
– Cast 98
– Daumenschiene, dorsale 107
– Hautreaktionen 96
– Kahnbeincast 114
– Langarmcast 124
– Nachteile 95–96
– Oberschenkelrundverband 159, 161
– Polsterwatte 96
– Rundverbände 98
– Sarmiento-Cast 152
– Schaumstoffbinden 96
– toxische Reaktionen 95
– Unterarmcast 119
– Unterarmschiene ohne Fingereinschluß 118
– Unterschenkelfraktur 95
– Unterschenkelrundverband 146, 148
– Zirkulärverbände 98
Kurzzugbinden 43, 71
– s.a. Compridur®
– Kompressionsbehandlung 71

Sachverzeichnis

Kurzzugbinden
– Mitra Hippocratis 46
– Pflasterkompressionsverband 73

L

Lähmungen, Dekubitus 172
Lagerung
– Dekubitusprophylaxe 176
– Halofixateur 137
– korrekte 216
– Oberschenkelrundverband 161
– Tutor 157
– Unterschenkelrundverband 147
Lagerungsschiene, Extension 163
Lagerungstisch, Hartverbände 89
Langarmcast/-gips 123–126
– Allgemeinanästhesie 125
– Collar-and-Cuff-Verband 130
– Dorsalextension 124
– Kahnbeinfraktur 115
– bei Kindern 125–126
– Mullbinden, selbsthaftende 126
– Polsterung 123–124
– Radiusfrakturen, distale 125
– Schiene, dorsale 125
– Ulnarabduktion 124
– Unterarm 125–126
– Unterzug 124
– Zwei-Etappen-Technik 123
Langzugbinden 43, 71
Lappenplastiken, Dekubitus 180
Lastobind® 71
Lastodur® 71
Laugenverletzungen 13
Leukoclip porös® 36
Leukoplast 30
Leukosilk® 30
Leukotape® 104, 128
– Semizingulum 138
Lidschluß, fehlender, Uhrglasverband 202

Liegegips 146
– Oberschenkelrundverband 159
Lipophilie, Verbandmaterialien 27
Lokalanästhesie/-anästhetika
– Extension 163
– Halofixateur 136
– Schürfwunde 9
– Unterarmcast 119
long-leg cast s. Oberschenkelrundverband
Longuetten, Ausstreichen 93
Lotus Du-Care®, Dekubitusprophylaxe 174
Low flow®-Betten von Clinitron, Dekubitusprophylaxe 174
Low-dose-Heparinisierung
– Sarmiento-Cast 155
– Thrombose 86
– Tutor 157
L-Schienen
– Außenbandverletzung, Sprunggelenk 141–142
– Unterschenkelrundverband 146
Luftbefeuchter, Tracheostoma 194
Luftdurchlässigkeit, Wundauflagen 34
Lungenembolie, Thrombose 86
Lungenkontusion, Semizingulum 138
Luxationen
– Finger-Fingerverband 111
– Kühlung, lokale 215
Lycra
– Kunststoffbinden 96
– Verbandmaterialien 28
Lymphödem 70
– Beckenverband 49
– entzündliches 70
– Kompressionsstrümpfe/-verband 67, 76

M

Mädchenfängerstellung, Unterarmcast 119

Männerarmverbände 63
Magensonde 195, 198–199
Magnamündungsklappen-Insuffizienz 69
Mallinckrodt-hi lo lanz™ 193
Mangelernährung
– Dekubitus 173
– Wundheilungsstörungen 6
Manschetten, pneumatische, Blutstillung 210–211
MAST (military anti-shock trousers) 212
Mastix, Extension 163–164
Mastzellen, Histamin 4
Maxi-Herrenvorlage Mölnlycke, Urinale 198
Mazeration
– Dekubitus 173
– Verbandwechsel, pflegerischer 24
– Wundauflagen 34
Mediatoren 4
– Brandwunden 12
Medikamente, Wundheilungsstörungen 7
Medikamententräger
– Verband 22
– Verband/Wundauflagen 22–23
Mefix® 30
– Katheterfixation 195
– Semizingulum 138
– Thorax-Drainage 200
Mercurochrom, Fixatur externe 203
Meshgraft-Transplantat 11
Metacarpaliafrakturen, Unterarmschiene mit Fingereinschluß 117
Metalline®
– Tracheostoma 194
– Wundverunreinigung 207
Metaphysenfrakturen 13
Methacrylat 31
Miami-Brace® 155–156
Milzextrakte, Dekubitus 179
Mitra Hippocratis 46–47
Mittelfußfrakturen
– Unterschenkelrundverband 147
– Zehenplatte 145

237

Mittelhandfrakturen
– Faustverband, gepolsterter 219
– Handgelenktape 115
– Unterarmschiene ohne Fingereinschluß 118
Mittelhandknochen, Wölbung, fehlerhafte, Unterarmcast 123
Mittelzugbinden 43
– Mitra Hippocratis 46
Mobilisation, Halofixateur 137
Molinea® 28
Moltex®/Moltonunterlagen, Bagatellverletzungen 176
Moltoprenschaumstoff® 28
Montag-Asmussen-Tapeverband, Sprunggelenk 143
motorische Störungen, Verbände, ruhigstellende 84
Mull, flüssigkeitsdurchtränkter 23
Mullbinden (elastische) 32, 42
– Daumenschiene, dorsale 107
– Fingerkuppenverband 49
– Fixateur externe 203
– Langarmcast/-gips 124–126
– L-Schiene 142
Mullfolien, Heftpflaster 30
Mullkompressen, Fixateur externe 203
Muskelpumpe
– Beinvenensystem 68
– Tapeverbände 104
– venöse Insuffizienz 69
Muskeltraumen, Tapeverbände 105

N

Nachbehandlung, Hartverbände 99–104
Narben(bildung) 5–6
– Brandwunden 12
Nasenschleuderverbände 59–61
Nekrosen
– Brandwunden 13
– Unterschenkelrundverband 150

Nervenkompression
– Gilchrist-Verband 131
– Verbände, ruhigstellende 85–86
Nervenstörungen, Wundheilung 8
Netzschlauchverbände 51–63
– s.a. Elastofix®
– Gesichtsverband 59–60
– Kopf-Nacken-Ohr-Verband 60
– Nasenschleuder 59–61
Neutral-Null-Stellung
– Extension 163–164
– Oberschenkelrundverband 159
– Sprunggelenk 146
– Unterschenkelrundverband 146
Nierenfistel 196
Nobrahinal® 59
Norton-Skala, Dekubitusprophylaxe 172
Nylon, Verbandmaterialien 28

O

Oberarm
– Blutstillung 211
– Ruhigstellung 220
– – Desault-Verband 132
– – Gilchrist-Verband 130
Oberarmbrace nach Sarmiento 133–134
Oberarmcast/-gips 123–126
– Radiusfrakturen, distale 119
Oberarmschaftfrakturen
– Gilchrist-Verband 131
– Oberarmbrace nach Sarmiento 133
– Oberarm-U-Schiene mit Schulterkappe 132
Oberarmschiene in Schede-Stellung, Radiusfrakturen, distale 125
Oberarm-U-Schiene, Schulterkappe 132–133
Oberschenkel, Blutstillung 212
Oberschenkelcast, Sarmiento-Orthese 152

Oberschenkelfrakturen
– s.a. Femurfrakturen
– Extension 162, 164
– Ruhigstellung, behelfsmäßige 221
– Vakuumimmobilisator 217
Oberschenkelrundverband 158–162
– Kinder 63
– Lagerung 161
– Neutral-Null-Stellung 159
– Polsterung 159, 161
Ödeme
– Beckenverband 48–49
– Dekubitus 173
– Hartverbände 98–99
– Kompressionsstrümpfe/ -verband 67, 76
Oleo Tüll® 117
– Brandwunden 13
Orbitadruckverband 201–202
Orthesen 22, 83, 155–156
– s.a. Gehapparate
– Oberarmbrace nach Sarmiento 134
– Sarmiento-Cast 152
OSRV s. Oberschenkelrundverband
Overhead-Extension 165–167

P

Pankreasfistel 190
Panthenol®, Dekubitus 179
Papierbinde, Unterarmcast 121
Parästhesien, Rucksackverband 134
Patellafrakturen, Tutor 156
Patellarsehnennaht, Tutor 156
Patientenaufklärung, Verbände, ruhigstellende 87–88
Pegasus®-air-wave-Matratze, Durchblutungsförderung 176
PEG-Sonde 180–181
Peha Haft® 32
Perforansinsuffizienz 68–69
Perlon, Verbandmaterialien 28
Perubalsam®, Dekubitus 178
Pflasteradaption, Schnittwunde 10

Sachverzeichnis

Pflasterbinden, elastische 104
– Ellenbogentapeverband 128
– Entlastungstape 110
Pflasterkompressionsverband 72–73
– Fensterödem 73
– Unterschenkel 74
Pflaster(verbände) 29–30
– Fingerkuppen 35
– hypoallergene 31
– wasserundurchlässige 30
– Wundschnellverband 30, 35
Pflasterverbände, elastische
– Entlastung 21
– Katheterfixation 195
– Semizingulum 138
– zirkuläre 34
Pflastervlies
– Katheterfixation 195
– Venenkatheter, zentraler 199
Pflasterzügelbeinextension 165–167
– Wundheilungsstörungen 8
Pflegeschaum, Stomata 190
Plasminogenaktivator 5
Platzwunde 10
Plazentaextrakte, Dekubitus 179
Pneumothorax
– Semizingulum 138
– Thorax-Drainage 200
Polsterung
– Daumenschiene, dorsale 107
– Dekubitusprophylaxe 174
– Drahtleiterschienen 107
– Gipsverbände 93–94
– Hartverbände 89–91
– Kahnbeincast 114
– Langarmcast 123–124
– Oberschenkelrundverband 159, 161
– Pflasterkompressionsverband 73
– Sarmiento-Cast 153
– Tapeverbände 105
– Unterarmcast 120
– Unterschenkelrundverband 148

Polsterverbände 22
Polsterwatte 29
– s.a. Artiflex®
– Antirotationscast 150
– Hartverbände 90
– Kahnbeincast 114
– Kunststoffverbände 96
– Polyestervlies 28
– Polypropylen 28
– vollsynthetische 29
Polyacrylat, Verbandfixation 31
Polyäthylenfolien, Heftpflaster 30
Polyamide 28
Polyestervlies 28
Polypropylen 28
Polyurethan 28
– Polsterung, Hartverbände 90
– Schienen 97
Polyvidonjodsalbe
– Dekubitus 178
– Fixateur externe 203
Porofixklammerpflaster® 36
Poroplast®-Augenverband (D/S) 202
Positionierungsschrauben, Halofixateur 136
postthrombotisches Syndrom 69–70
– Kompressionsstrümpfe 76
– Thrombose 86
Prellmarken s. Kontusionsmarken
Prellungen
– Kompressionsverband, lokaler 78
– Kühlung, lokale 215
– Verbände, ruhigstellende 83
proliferative Phase, Wundheilung 4–5
Prostaglandin 4
Prostatavergrößerung, Blasendauerkatheter 196
Protecto plus®, Dekubitusprophylaxe 174
Prothesen 22
– Dekubitusprophylaxe 175
Pseudarthrose, Frakturheilung 16
PVA-Hydroschwamm, Dekubitus 179

Q

Quadrizepssehnennaht, Tutor 156
Quarzsandbett AFX®, Dekubitusprophylaxe 174
Querovalverband, Unterarmcast 122
Quetschwunde 10–11
– Kontusionsmarken 9

R

Rabenschnabel 101
Radialschicht, Unterarmcast 121
Radiusfrakturen
– Extension 120
– Extensionsgefahr 122
– Langarmcast/-gips 123, 125
– Oberarmcast/-gips 119, 123
– Oberarmschiene in Schede-Stellung 125
– Spickdrahttechnik 119
– Unterarmcast 119
Rastring, Anlegen, Stomata 184
Raucotube 63
Redon-Drainage 200–201
– Dekubitus 178–179
– Klebevlies 201
Reißfestigkeit, Verbandmaterialien 27–28
reparative Phase, Wundheilung 5
Reston®, Dekubitusprophylaxe 174
Retentionspneumonie, Semizingulum 138
Ringe, Armschienen 218
Ringgröße, Anpassen, Stomata 187
Rippenfrakturen/-prellungen, Semizingulum 138
Riß-Quetschwunde 10–11
Rivanolumschlag 23
Röntgenbildverstärker, Hartverbände 89
Rohstoffe, Verbandmaterialien 27–28
Rotationsfehler, Hartverbände 100–101

239

Sachverzeichnis

Rucksackverband 63, 134–135
Rückenlagerung, Dekubitusprophylaxe 176
Ruhedruck, Kompressionsbehandlung 70
Ruhigstellung
– Bandheilung 16
– behelfsmäßige, Frakturen 219–220
– Frakturheilung 16
– Schienen, pneumatische 217
Rundverbände 98
– Unterarmcast 122

S

Sacrumfraktur, Blutstillung, Becken 213
Säge, oszillierende 103
Säureverletzungen 13
Salbengaze/-verbände
– Brandwunden 13
– Unterarmschiene, Fingereinschluß 117
– Wundabdeckung 208
Sarmiento-Cast 151–155
– Abstützplatte, proximale 155
– Anmodellierung 153
– Fehlstellung 155
– Kniegelenk, Beugung 154
– Low-dose-Heparinisierung 155
– Polsterung 153
– Verstärkung, seitliche 154
Sarmiento-Latta-Methode 151–155
Sarmiento-Oberarmbrace 133–134
Sarmiento-Schiene, funktionelle 156
Saugfähigkeit
– Verbandmaterialien 27
– Wundauflagen 33–34
Schaftfrakturen 13
– Heilungsstadien 14–15
Schanz-Krawatte 135–136
Schaumstoffbinden 32
– Kunststoffverbände 96
Schede-Stellung, Oberarmschiene 125

Scheingelenk s. Pseudarthrose
Schienen
– Ellenbogenruhigstellung 126–127
– funktionelle 155–156
– Hartverbände 97
– Langarmcast 125
– pneumatische 216–217
– Polyurethan-Kunststoffe 97
Schienung
– dynamische nach Kleinert, Beugesehnennaht 113–114
– ersatzmäßige, Sprunggelenkfraktur 219
– Ersatzmaterialien 219–221
– funktionelle nach Sarmiento 152, 156
Schildkrötenverband 45
Schlauchbandagen, elastische 57
Schlauchmull 29
– Desault-Verband 132
– Gilchrist-Verband 130
– Hartverbände 90
– Rucksackverband 134
– Unterschenkelrundverband 146
Schlauchmullverbände 53
– Achselhöhlenverband 61
– Applikatoren 53
– Armverband, hoher 61–62
– Fingerverband 54–56, 112
– Fuß 56
– Helm-/Kopfverband 58–59
– Ruhigstellung 107
– Unterarmschiene ohne Fingereinschluß 118
– Verankerung 54
– Verbandtechnik 53–63
Schlauchverbände 51–63
Schlitzkompressen
– Fixateur externe 203
– Katheter 195
Schlüsselbeinfrakturen, Rucksackverband 134
Schmerz, Therapie 215–221
Schmerzen
– Dekubitus 172
– Hartverbände 99
– Kühlung, lokale 215
– Schienen, pneumatische 217

Schnellgipsbinden, fixierte 91
Schnellverband, selbstklebender, Wunden, kleine 208
Schnittwunde 9–10
Schock
– Beckenfrakturen 214
– Blutung, innere 211
Schräglagerung, Dekubitusprophylaxe 176
Schrauben- oder Spiralgang, Bindenverbände 44
Schürfwunden 9
Schulter, Ruhigstellung
– Desault-Verband mit Schlauchmull 132
– Gilchrist-Verband 130
Schulterkappe, Oberarm-U-Schiene 132–133
Schußwunde 11
Schutzfilter, Tracheostoma 194
Schutzhandschuhe, Verbandwechsel 25
Schutzverbände 21
– Venendauerkanülen 106
Schwellungen, lokalisierte, Kompressionsverband 67
Scotchcast® 94, 126
Sehnennähte, Verbände, ruhigstellende 83
Sehnenscheidenentzündungen, Tapeverbände 105
Seide, Heftpflaster 30
Seitenlagerung, Dekubitusprophylaxe 176
Sekretableitung, Katheter 199–201
Sekretaufnahme
– Auffangbeutel 22
– Katheter 195
– Verband 22
– Verbandmaterialien 27
Sekundärnaht, Schnittwunde 10
Semizingulum 138
Sensibilitätsstörungen
– Unterarmschiene, Fingereinschluß 117
– Verbände, ruhigstellende 84
Serpentinengang
– Bindenverbände 44–45
– Zinkleimverbände 75

Sachverzeichnis

short-leg cast s. Unterschenkelrundverband
Sigmoidostomie 182
Silberfolie, Wundauflagen 33
Silberkanülen 192–194
Silbernitrat, Dekubitus 179
Sitzbeinhöcker, Dekubitus 171
Slipeinlage, Tröpfelinkontinenz 198
Sofra Tüll®, Brandwunden 12–13
Softban® 90
Soft-care®, Dekubitusprophylaxe 174
Softcast® 94
Sonderverbände 169–204
Sondierung, Stichwunde 11
Sonnenbrand 12
Spalten, Rundverband 98
Spalthaut
– Dekubitus 179
– Schürfwunde 9
Spannungsblasen, Druckverband 79
Spickdrahttechnik, Radiusfrakturen, dislozierte 119
Spitzfußcast 147
Spitzfußprophylaxe, Extension 163
Spongiosafrakturen 13
Sprühkleber, Verbandfixation 31
Sprühpflaster 36
Sprunggelenk
– Bandverletzungen, L-Schiene 141–142
– – Tapeverbände 105
– Neutral-Null-Stellung 146
– Tapeverbände nach Montag und Asmussen 142–145
– Unterschenkelrundverband 146
Sprunggelenkfraktur 146
– Schienung, ersatzmäßige 219
– Unterschenkelrundverband 146
Sprunggelenkverband, Tapetechnik 143–144
Stacksche Schiene 112–113
Standardtechnik, Oberschenkelrundverband 159–160

Stangen, Lagerung, korrekte 216
Steifer Kragen 136
Steigbügelschienen
– Daumen 108
– Unterschenkelrundverband 146
Steinmann-Nagel 162–163
Sterilität/Sterilisierbarkeit
– Katheter 195
– Verbandmaterialien 27
Steri-Strip® 36
Stichwunde 11
Stille-Gipsschere 101
Stöpsel, selbstquellende, Kolostoma 183
Stomahesive® 31
– Dekubitusprophylaxe 175
– Stomata 184–185
Stomaöl, Tracheostoma 194
Stomasekretion, heftige, Basisplatte, Aufkleben 188–189
Stomata 180–192
– s.a. Ileostoma
– s.a. Kolostoma
– s.a. Tracheostoma
– s.a. Ureterostoma
– Akkordeon-Rastring Convatec® 184
– Allergien 187–188
– Ausstreifbeutel 185
– Basisplatten 184
– Belastungsfaktoren 186–187
– Beutel 184–185
– Darmreinigung 190
– Drainagen 185
– Einmalbeutel 185
– Enthaarungscreme 189
– Ernährung 180–181
– Esemtan® 190
– Fisteln 185, 190–191
– Haarentfernung 189
– Harnableitung 191–192
– Hautpflege 188
– Hautreinigung 189–190
– Hautreizungen 187–188
– Hautunebenheiten 187
– Ileostomie 185
– Irrigation 190
– Karaya(paste) 184–185
– Klebefläche, Entfernen 189

Stomata
– Kohlefilter 185
– Pflegeschaum 190
– postoperative 185
– – Beutel 185
– Rastring, Anlegen 184
– Ringgröße, Anpassen 187
– Stomahesive® 184–185
– Stuhlableitung 181–183
– Systeme, einteilige 183–184
– – zweiteilige 184
Stomaversorgung 183–187
– Adhäsivstoffe 31
Strecksehnenausriß, Stacksche Schiene 112
Streckstellung, Unterarmschiene ohne Fingereinschluß 118
Stülpa® 57, 62–63
– Desault-Verband 132
Stützstrümpfe 10
Stützverbände 81–167
– Extremität, obere 107–137
– – untere 139–167
– Schlauchmullverbände 53
– Thorax 138–139
– Wirbelsäule 135–138
Stuhlableitung, Stomata 181–183
Sudeck-Syndrom, Unterarmcast 123
superficial burn 12
Supinationsstellung, Unterarm, Langarmgips 126
Surgifix® 57

T

Tafelwatte 29
Tannin, Brandwunden 13
Tapeverbände 104–106
– s.a. Artifoam®
– Ellenbogen 128–129
– Finger-Fingerverband 112
– Fingermittelgelenk 109
– Großzehen 140–141
– Hämatome 104
– Handgelenk 115–116
– Sprunggelenk 142–145
Tauchen
– Gipsbinden 92

241

Sachverzeichnis

Tauchen
- Kunststofflonguette 98

Tegaderm®, Venenkatheter, zentraler 199

Tendovaginitis, Unterarmschiene ohne Fingereinschluß 118

Tensoban® 32, 90

Testudo inversa/reversa 45

Textilnorm, Verbandmaterialien 27

tg® 53, 63
- Desault-Verband mit Schlauchmull 132

tg®-Fix-Netzverband 57

tg®-Strumpf 29, 53
- Armverband, hoher 62
- Dekubitusprophylaxe 175

Thomas-Schiene 218

Thorax
- Stützverbände 138–139
- Verbände, ruhigstellende 138–139

Thorax-Drainage 195, 199–201

Thrombembolieprophylaxe, Kompressionsverband 67

Thrombose 70
- Beckenverband 48
- Hämosiderose 86
- Hartverbände 99
- Kompressionsverband, verrutschender 67
- Low-dose-Heparin 86
- Lungenembolie 86
- postthrombotisches Syndrom 86
- Risikofaktoren 70
- Tapeverbände 104
- Tutor 157
- Ulcus cruris 86
- Unterschenkelgeschwüre 86
- Unterschenkelrundverband 150
- Verbände, ruhigstellende 86
- Zinkleimverband 73

Thromboseprophylaxe 70
- Antithrombosestrümpfe 77
- Kompressionsstrümpfe 76
- Verband 23

Tibia(schaft)frakturen
- s.a. Unterschenkelfrakturen

Tibia(schaft)frakturen
- Extension 162–165
- funktionelle Behandlung nach Sarmiento-Latta 151
- Miami-Brace 156
- Oberschenkelrundverband 159

toxische Reaktionen, Kunststoffverbände 95

Trachealkanülen 192–194

Tracheokompresse 194

Tracheostoma 180, 192–195
- s.a. Stomata
- Erstickungsgefahr 195
- Flüssigkeitsaustauschfilter 194
- Versorgung 194–195

Tracheotomie 192–193

Trägermaterialien, Heftpflaster 30

Tränenflüssigkeit, fehlende, Uhrglasverband 202

Transversostomie 182

Trevira, Verbandmaterialien 28

Tricodur® 62
- Abdominalverband 212
- Blutstillung, Becken 213
- Clavicula-Bandage 134
- Desault-Verband mit Schlauchmull 132
- Gilchrist-Bandage 130–131

Tricofix® 63
- Desault-Verband mit Schlauchmull 132

Tricoplast® 104–105

Trochanter, Dekubitus 171

Tröpfelinkontinenz 198

tube gauze 29

tube gaze s.a. Schlauchmull

Tubeflex 63

Tubinette 63

Tubiton 63

Tutor 156–157

U

Überempfindlichkeit, Tapeverbände 105

Überextension 165

Uhrglasverband 202

Ulcus cruris 8
- Kompressionsstrümpfe 76
- Kompressionsverband 67
- Thrombose 86

Ulnarabduktion, Langarmcast 124

Umlagerung, regelmäßige, Dekubitusprophylaxe 175–176

Umschlag 23

Umweltverträglichkeit, Verbandmaterialien 27

Unterarm, Supinationsstellung, Langarmgips 126

Unterarmcast 119–123
- Daumenaustritt, Modellieren 120
- Daumenbeweglichkeit, eingeschränkte 123
- Fixierung 122
- Korrekturstellung 121
- Langarmcast 125
- Lokalanästhetika 119
- Mädchenfängerstellung 119
- Mittelhandknochen, Wölbung, fehlerhafte 123
- Papierbinde 121
- Polsterung 120
- Querovalverband 122
- Radialschicht 121
- Radiusfrakturen, distale 119
- Randabschluß, Modellieren 122
- Rundverband 122
- Sudeck-Syndrom 123
- Unterzug 120
- Weichteilschwellung 122–123
- Zirkulärschicht 121
- Zirkulationsstörungen 123

Unterarmfrakturen
- Kleinkinder 119
- Langarmcast/-gips 125
- Oberarmgips 123
- Unterarmschiene ohne Fingereinschluß 118

Unterarm-Kahnbeinverband, Kahnbeinfraktur 115

Unterarmschiene
- mit Fingereinschluß 117
- ohne Fingereinschluß 118–119

Unterarm-Zirkulärverband 118

Unterbindung, Blutzufuhr 210

Sachverzeichnis

Unterschenkel, Kompressionsverbände 74
Unterschenkelfrakturen
– s.a. Tibiafrakturen
– Extension 162
– funktionelle Behandlung nach Sarmiento-Latta 151
– Gipsverband 95
– Kunststoffverband 95
– Oberschenkelrundverband 158
– Ruhigstellung, behelfsmäßige 219
Unterschenkelgeschwür s. Ulcus cruris
Unterschenkelrundverband 146–148, 150
– Achillessehnenruptur 147
– Kompartmentsyndrom 150
– Lagerung 147
– Neutral-Null-Stellung 146
– Schienen 146
– Zehenplatte 145
Unterschenkelverbände 63
Unterzugmaterial
– Gipsverbände 93
– Langarmcast 124
– Tapeverbände 104–105
– Unterarmcast 120
Ureterokutaneostomie 196
Ureterostoma 196
Urinale 197–198
Urin-Drainagesysteme, geschlossene, Blasendauerkatheter 197
Urostoma, Basisplatte, Aufkleben 188
Urostomie 180
– Urinale 197
U-Schienen, Unterschenkelrundverband 146
USRV s. Unterschenkelrundverband
U-Zügel, Sprunggelenktapeverbände 143

V

Vakuumimmobilisator 217
Vakuummatratzen, Lagerung, korrekte 216
Vakuumschiene 217–218
Varidase®, Dekubitus 177
Varihesive® 13
Varikose 68
– Kompressionsstrümpfe 76
– Kompressionsverband 67
– Kurzzugbinden 71
– Zinkleimverband 73
Varix® 71
Varizen, Kompressionsstrümpfe 76
Varolast® 71
Venendauerkanülen, Schutzverbände, Drahtleiterschienen 106
Venenkatheter, zentraler 195, 199
Venenklappen 68
venöse Insuffizienz 68–69
– Bauchbinden/Beckenverband 48
– Dekubitus 173
– Hartverbände 99
– Lymphödem 70
– Verbände, ruhigstellende 84
– Zinkleimbinden 71
Verankerung, Bindenanfang 43
Verbände
– abschnürende 23
– Blutstillung 23
– Dekubitus 171–180
– Druckentlastung 22
– Entlastung 21
– Fadenentfernung 202–203
– Fixateur externe 203–204
– Funktionen 21–23
– Kälteapplikation 23
– Klammerentfernung 202–203
– Komplikationen 24
– Materialien 26–37
– Medikamententräger 22–23
– ruhigstellende 81–167
– – Aufklärungsformular 88
– – Druckschäden 84–85
– – Einsteifen der Gelenke 86
– – Extremität, obere 107–137
– – – untere 139–167
– – Gipsraum 89
– – Hautnekrosen 85
– – Indikationen 83–84
– – Kompartmentsyndrom 84

Verbände, ruhigstellende
– – Komplikationen 84–86
– – Patientenaufklärung 87–88
– – Schlauchbandagen, elastische 57
– – Schlauchmullverbände 53
– – Thorax 138–139
– – Wirbelsäule 135–138
– Schutz 21
– Sekretaufnahme 22
– Thromboseprophylaxe 23
– Wärmeapplikation 23
– Wundkompression 22
– Wundruhe 21
– zirkuläre 34
Verbandfixation
– Adhäsivstoffe 31
– Fixierbinden 32
– – elastische 42
– – selbsthaftende 42
– Kleber 30–32
– Materialien 29–32
– Mullbinden 42
– Pflaster 29–30
– Schlauchmullverbände 53
– Wundschnellverband 35
– Zinkoxid-Kautschuk 30
Verbandgitter, Wundauflagen, fettsalbengetränkte 33
Verbandlehre, allgemeine 19–37
Verbandmaterialien 27–28
– Allergenität 27
– DAB 9 27
– Eigenschaften 26–27
– Kennzeichnung und Kosten 27
– Rohstoffe 27–28
– Saugfähigkeit und Sekretaufnahme 27
– Sterilisierbarkeit 27
– Umweltverträglichkeit 27
– Wasserabweisung/-aufnahmefähigkeit 27
– Wattearten 28–29
– Zellstoff 27–28
Verbandstoffkleber 31
Verbandtechnik
– Bindenverbände 43–50
– Erste Hilfe 205–221
– Schlauchmullverbände 53–63
Verbandwatte 27, 29

243

Sachverzeichnis

Verbandwechsel
– Dekubitus 178
– diagnostischer 24
– Durchführung 25–26
– Ein-Mann-Technik 26
– Händedesinfektion, hygienische 25
– Hautpflege 25
– pflegerischer 24
– Schutzhandschuhe 25
– therapeutischer 24
– Wundbefund 25
– Wundinspektion 24
– Zwei-Mann-Technik 25
Verbandzellstoffe 28
Verbinden 23–25
– Katheter 195
Verbrennungen s. Brandwunden
Verbrühung 12
Verklebung
– Magensonde 198
– Wundauflagen 32–33
Verkohlung 12
Verödungsoperation, Kompressionsstrümpfe 76
Verrenkung, Kompressionsverband, lokaler 78
Verschalungsstreifen
– Handgelenktape 116
– Tapeverbände 106
Verschiebeplastik, Defektwunde 10
Verschiebeschwenklappen, myokutaner, Dekubitus 180
Verschorfung, Brandwunden 13
Verstopfung, Nierenfistel 196
Verweilkanülen, periphere 195
Vestan 28
Viskosefasern 28
Vitaminmangel, Dekubitus 173
Vliesstoffe, Wundauflagen 34
Volkmannsche Kontraktur 84
Vorfußfrakturen, Unterschenkelrundverband 147
V-Y-Lappen, myokutaner, Dekubitus 180

W

Wärmeapplikation, Verband 23
Wasserabweisung/-aufnahmefähigkeit, Verbandmaterialien 27
Wasserbecken, Hartverbände 89
Wasserdurchlässigkeit, Wundauflagen 34
Watte 28–29
– Wundauflagen 34
Wattee, Gilchrist-Verband 131
Weichteildruck, Kontrolle, Hartverbände 99
Weichteilschwellung, Unterarmcast 122–123
Weichteilverletzung
– Kompressionsverband, lokaler 78
– Verband, ruhigstellender 83
Weißgipslonguette 99
– Langarmgips 125
Wickel, warme 23
Wickeltechniken, Bindenverbände 44
Wiener Watte 29
Wirbelfrakturen, Vakuumimmobilisator 217
Wirbelsäule
– Stützverbände 135–138
– Verbände, ruhigstellende 135–138
Witzel-Fistel 180–181
Wundabdeckung 208
– Folien, metallbeschichtete 208
– Gaze, trockene 208
– Salbengaze 208
Wundauflagen 63, 207
– Aluminium 33
– Aufgaben 32–34
– Baumwolle 34
– Blutung, äußere 209
– Druckverband 209
– Durchfeuchtungsschutz 34
– Fixierbinden 32
– Fixierung, Netzschlauchverbände 57
– Luftdurchlässigkeit 34
– Mazeration 34
– Medikamententräger 22
– Polyestervlies 28
– Polypropylen 28
– Saugfähigkeit 33–34
– Schutz vor Fremdkörpern 34

Wundauflagen
– Silberfolie 33
– Verbandgitter, fettsalbengetränkte 33
– Verklebung 32–33
– Vliesstoffe 34
– Wasserdurchlässigkeit 34
– Watte 34
– Wundschnellverband 35
– Zellstoffflocken 34
– Zellwolle 34
Wundbefund, Verbandwechsel 25
Wundbehandlung
– Dekubitus 177–180
– geschlossene, Quetschwunde, Extremitäten 10
– offene, Quetschwunde, Extremitäten 10
Wundbenzin 30
Wunddébridement s. Débridement
Wunden 3
– Desault-Verband mit Schlauchmull 132
– Epithelisierung 5
– Formen 9–13
– Laugenverletzungen 13
– Säureverletzungen 13
– Schnellverband, selbstklebender 208
Wunderöffnung, Verbandwechsel, therapeutischer 24
Wundexzision, Platzwunde 10
Wundheilung 3, 6
– Diabetes mellitus 8
– Formen 6
– Nervenstörungen 8
– Phasen 3–6
– primäre 6–7
– sekundäre 6–7
– tertiäre 8
– Unterarmschiene ohne Fingereinschluß 118
– Wundkompression 22
– Wundruhe 21
Wundheilungsstörungen 6–8
– Dekubitus 173
– Pflasterzügel-overhead-Extension 8

244

Sachverzeichnis

Wundinfektionen 7–8
– Wundkompression 22
Wundinspektion, Verbandwechsel 24
Wundkissen 30
Wundklebung 8
Wundkompresse, Aufbau 33
Wundkompression 22
Wundkonditionierung, Stadieneinteilung nach Seiler 179
Wundmarkierung, Hartverbände 102
Wundnaht 8
– Hautwunden 21
– Platzwunde 10
Wundpflege, Katheter 195
Wundreinigung, Dekubitus 177–178
Wundruhe 6, 21
Wundschnellverband 35
– eingeschnittener über einem Gelenk 35
– Fingerkuppen 36
– Kinder 36
– Pflaster 30, 35
– Zehenkuppen 36
Wundunruhe, Hautwunden 21
Wundverbände 34–37
– Venenkatheter, zentraler 199

Wundverschluß, nahtloser, Klammerpflaster 36
Wundverschlußpflaster 36–37
Wundversorgung 8, 10–13
– chirurgische 10
Wundverunreinigungen 207–208

Z

Zehen
– Frakturen, Zehen-Zehenverband 140
– Quetschungen, Zehen-Zehenverband 140
Zehenkuppen, Wundschnellverband 36
Zehenplatte, Unterschenkelrundverband 145
Zehenverbände 63
Zehen-Zehenverband 140
Zellstoff
– Heftpflaster 30
– Verbandmaterialien 27–28
Zellstoffflocken 28
Zellstoffwatte 28–29
Zellwolle 28
– Hydrophilie 28
– Mullbinden 42

Zellwolle
– reine 29
– Schlauchmullverbände 53
– Verbandmaterialien 28
– Watte 28
– Wundauflagen 34
Zinkleimbinden 71
Zinkleimverband 63, 73–75
– Tutor 157
Zinkoxid-Kautschuk-Kleber 30
– Tapeverbände 104
Zinkpaste, Tracheostoma 194
Zirkulärverbände
– Hartverbände 97
– Kunststoffverbände 98
– Unterarmcast 121
– Unterschenkelrundverband 148
Zirkulationsstörungen, Unterarmcast 123
Zügeltechnik
– Großzehenverband 139–140
– Tapeverbände 105–106
Zugbügelvorrichtung, Halofixateur 138
Zwei-Etappen-Technik, Langarmcast 123
Zwei-Mann-Technik, Verbandwechsel 25
Zwerchfellatmung, Bauchbinden 48

245

Ebenen und Achsen des menschlichen Körpers

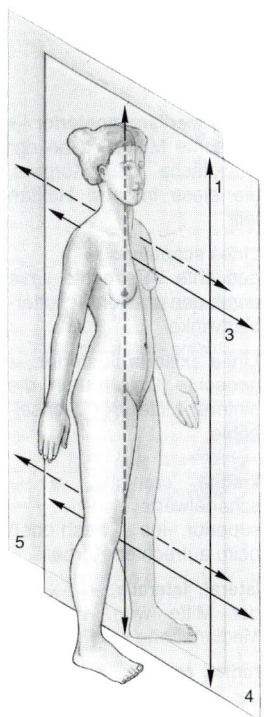

Hauptachsen

1) **Vertikale (longitudinale) Achse** → Längsachse des Körpers, steht bei aufrechtem Stand senkrecht zur Unterlage.

2) **Transversale (horizontale) Achse** → Querachse, steht senkrecht auf der Längsachse, verläuft von links nach rechts.

3) **Sagittale Achse** → verläuft von der Hinter- zur Vorderfläche des Körpers, in der Richtung des „Pfeiles", Sagitta, und steht senkrecht zu den beiden vorher genannten Achsen.

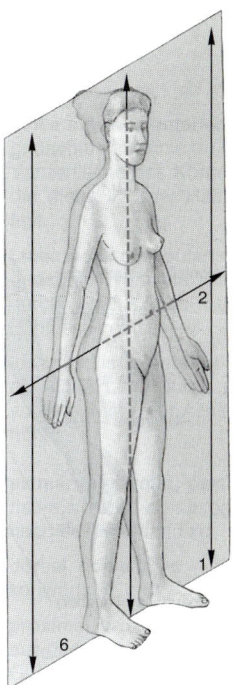

Hauptebenen

4) **Mediansagittalebene** → jene Ebene, die durch die Längs- und durch die Sagittalachse gelegt wird, teilt den Körper in zwei annähernd gleiche Hälften, Antimeren (Symmetrieebene)

5) **Sagittalebene** → Paramedianebene, jede parallel zur Mediansagittalebene stehende Ebene.

6) **Frontale Ebene** → eine Ebene, die transversale Achsen enthält, parallel zur Stirn und senkrecht zur Mediansagittalebene steht.

7) **Transversale Ebenen** → stehen senkrecht zur Mediansagittalebene und zu einer Frontalebene. Bei aufrechtem Stand liegen sie horizontal.

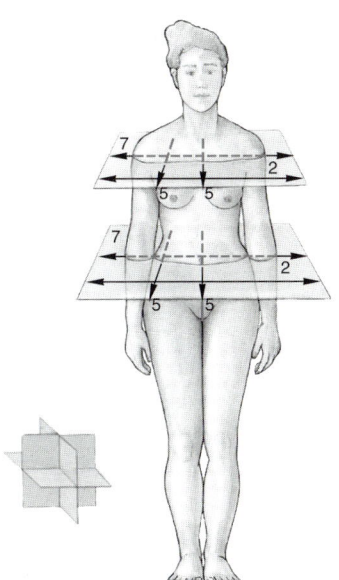

Abkürzungen von Richtungsbezeichnungen als Bestandteile anatomischer Begriffe

Es sind jeweils die vollständigen Formen in der Einzahl wiedergegeben. Man beachte jedoch, daß das Geschlecht im Lateinischen und im Deutschen nicht immer übereinstimmt: z.B. der Körper = „das" Corpus, die Lunge = „der" Pulmo, die Leber = „das" Hepar.

	männlich	weiblich	sächlich	deutsch
ant.	anterior	anterior	anterius	vorderer
caud.	caudalis	caudalis	caudale	unten
dext.	dexter	dextra	dextrum	rechts
dors.	dorsalis	dorsalis	dorsale	hinten (rückwärts)
ext.	externus	externa	externum	außen (i.S. von oberflächlich)
inf.	inferior	inferior	inferius	unterer
int.	internus	interna	internum	innen (i.S. von tief)
lat.	lateralis	lateralis	laterale	außen (i.S. von seitlich)
med.	medialis	medialis	mediale	innen (als Gegensatz von seitlich)
	medius	media	medium	mittlerer (von drei)
post.	posterior	posterior	posterius	hinterer
prof.	profundus	profunda	profundum	tief
sin.	sinister	sinistra	sinistrum	links
sup.	superior	superior	superius	oberer
superf.	superficialis	superficialis	superficiale	oberflächlich
ventr.	ventralis	ventralis	ventrale	vorn (bauchwärts)

Bewegungsrichtungen

Flexion, Flexio → Beugung

Extension, Extensio → Streckung

Abduktion, Abductio → vom Körper weg

Adduktion, Adductio → zum Körper hin

Rotation, Rotatio → Drehung, Kreiselung

Zirkumduktion, Circumductio → Umführbewegung (Kreisen)